职业技能培训教材

ZHIYE JINENG PEIXUN JIAOCAI

加工中心操作技能考核培训教程

JIAGONG ZHONGXIN CAOZUO JINENG KAOHE PEIXUN JIAOCHENG

（中级）

中国劳动社会保障出版社

图书在版编目(CIP)数据

加工中心操作技能考核培训教程：中级/周晓宏主编. —北京：中国劳动社会保障出版社，2009

职业技能培训教材

ISBN 978-7-5045-7985-0

Ⅰ.加… Ⅱ.周… Ⅲ.加工中心-操作-技术培训-教材 Ⅳ.TG659

中国版本图书馆 CIP 数据核字(2009)第 204085 号

中国劳动社会保障出版社出版发行

(北京市惠新东街1号　邮政编码：100029)

出 版 人：张梦欣

*

新华书店经销

北京印刷集团有限责任公司印刷二厂印刷　三河市华东印刷装订厂装订

787毫米×1092毫米　16开本　22印张　519千字

2009年11月第1版　2009年11月第1次印刷

定价：39.00 元

读者服务部电话：010-64929211

发行部电话：010-64927085

出版社网址：**http://www.class.com.cn**

编 者 的 话

当前，数控加工技术正在迅速发展并逐步得到普及。随着国内数控机床用量的剧增，急需培养一大批能熟练掌握现代数控机床编程、操作和维护等技术的应用型人才。加工中心和电加工机床的操作技能考核培训工作正在我国各地区广泛开展，为做好这项工作，必须要有与之相适应的教材。本套数控机床操作技能考核培训教材正是为适应这一形势的需要而编写的。

本套数控机床操作技能考核培训教材包括《加工中心操作技能考核培训教程》（中级、高级）和《电加工机床操作技能考核培训教程》（中级、高级），共计四本。每本教材既相对独立，又保持了相互之间的连续性。

本套教材根据加工中心和电加工机床操作技能考核标准中对中级工和高级工的知识要求、技能要求两个方面的考核项目、范围及内容要求编写。知识方面的内容包括基本知识和专业知识；技能方面介绍了生产实际中常见的加工中心和电加工机床的操作方法，以及加工中心和电加工机床的维护方法，列举了一系列代表不同等级水平的考核实例，并对其进行了详细的分析讲解，以促使读者迅速提高操作技能。每章都配有习题，在书后对所有习题都给出了详细答案。这些习题的形式和内容都是加工中心和电加工机床操作技能考核中经常出现的，通过对这些习题进行练习，可较快地提高读者参加加工中心和电加工机床操作技能考核的能力。

本套教材的编写者多年从事数控加工、编程及数控机床维护、维修方面的教学、科研工作，并主持加工中心和电加工机床操作技能考核培训工作，因此具有丰富的生产实践经验。

由于编写时间仓促，这套教材中难免会有一些疏漏之处，我们将在相关操作技能考核培训的过程中，积极听取各方面的意见，不断进行修订和完善工作。

编　者

内容简介

本书对加工中心中级技能考核培训的“应知”和“应会”内容作了一个简明的叙述。全书共分两篇：知识篇和技能篇。主要内容包括：机械制图及公差测量、金属材料及热处理、加工中心的切削知识与工具系统、加工中心加工工艺及夹具、加工中心的结构与工作原理、加工中心的程序编制、加工中心的操作、加工中心的维护与常见故障的处理、加工中心中级技能考核实例分析。

本书介绍了 FANUC 系统和华中（HNC－21/22M）系统加工中心的编程方法，介绍了生产中常用的 VP1050 加工中心（FANUC 0-MC 系统）和华中（HNC－21/22M）系统加工中心的组成及操作方法。各章后面都配有大量与加工中心中级操作技能考核范围和内容相符合的习题，所有习题都附有详细答案，以便读者练习和自学。

本书可作为加工中心中级操作技能考核培训的教材，读者对象为机电类本科、高职、中专、技校学生和从事数控技术应用的工程技术人员。

本书由深圳技师学院（深圳高级技工学校）副教授、高级技师周晓宏主编，肖清、刘向阳、胡旭兰参编，成亚萍副教授主审。

目　录

知识篇

技 能 篇

知识篇

第一章 机械制图及公差测量

考核要点

· 识图方法
· 零件图的绘制
· 公差配合知识
· 常用量具的使用

§1—1 识图知识及识图方法

一、基本视图和其他识图

不同形状和结构的零件，均可采用视图来表达。图样中的视图有基本视图、斜视图、局部视图和旋转视图四种。

1. 基本视图

（1）六个基本视图的形成和投影关系。基本视图一共有六个，它们的形成过程如图1—1所示。首先将零件放在一个正六面体系中，分别向六个基本投影面进行投影，如图1—1a所示；然后按图 1—1b 所示的方法展开，得到六个基本视图，它们的配置关系如图1—2 所示。

六个基本视图中，除原有的主视图、俯视图和左视图外，又增加了右视图、仰视图和后视图三个视图。

右视图是零件自右向左投影所得到的视图。

仰视图是零件自下向上投影所得到的视图。

后视图是零件自后向前投影所得到的视图。

六个基本视图的投影关系仍保持“三等”的对应关系，即：

主、俯、仰、后四个视图的长度相等。

主、左、右、后四个视图的高度相等。

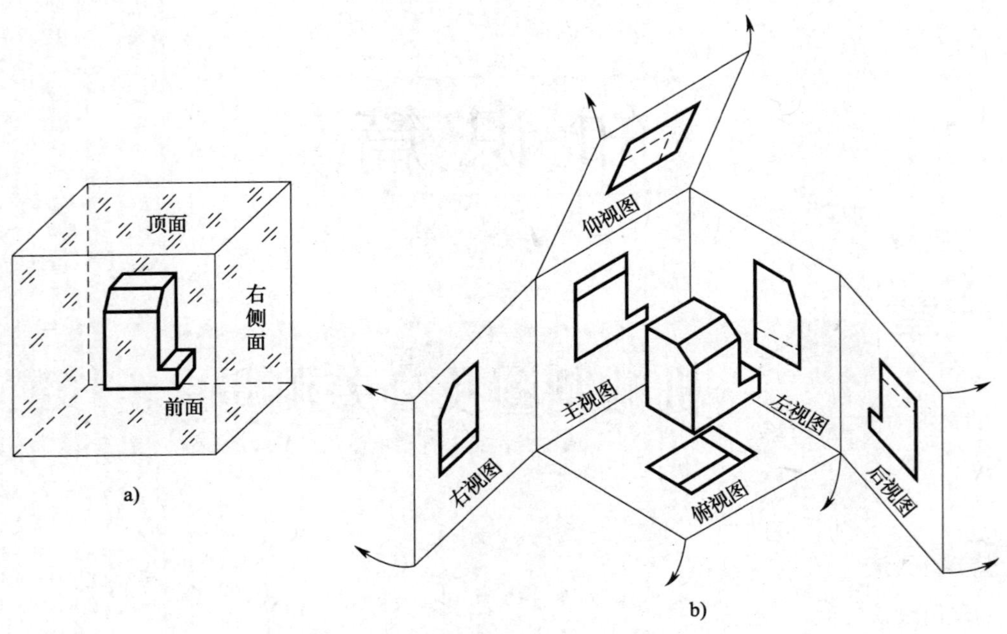

图 1—1　六个基本视图的形成

左、俯、右、仰四个视图的宽度相等。

（2）基本视图的标注。基本视图按图 1—2 所示配置时，一律不注视图的名称。如不能按图 1—2 所示配置视图时，在视图的上方应标注“×向”字样（“×”为大写拉丁字母），并在相应的视图附近画出带有相同字母“×”的箭头，这样便于识图时查找，如图 1—3 所示。

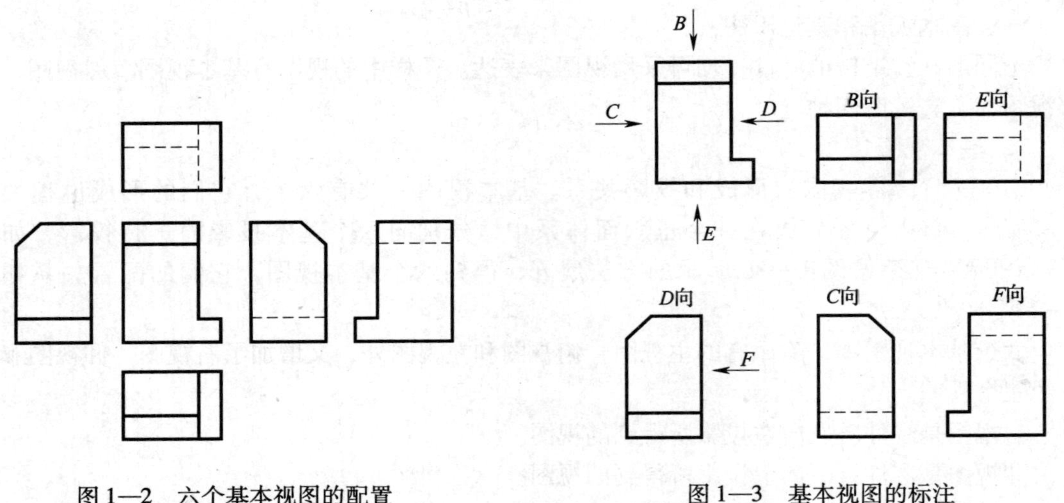

图 1—2　六个基本视图的配置　　　　图 1—3　基本视图的标注

2．斜视图和局部视图

（1）斜视图的表达特点。当零件有些结构与基本投影面倾斜时，在基本视图中就不能反映其真实形状。如果设置一个与该零件倾斜部分平行的新投影面，这样，在新投影面上就能得到该倾斜部分的真实投影。这种将零件向不平行于基本投影面的平面投影所得到的视图，称为斜视图，如图 1—4 中的“A 向”。

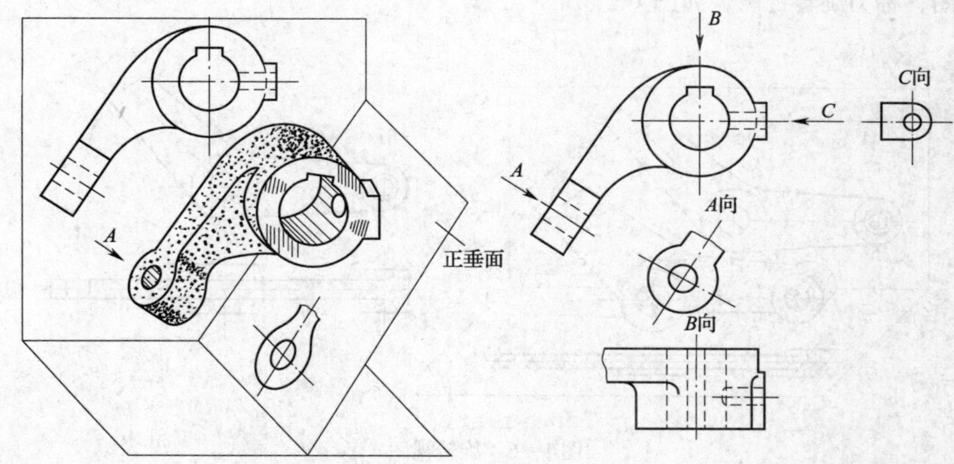

图 1—4　斜视图和局部视图

为便于看图，必须用箭头表明斜视图的投影方向，并注上大写拉丁字母，同时在斜视图的上方注写相同字母的“ × 向”。

（2）局部视图的表达特点。只将零件中的某一部分向基本投影面投影所得到的视图，称为局部视图。显然，局部视图是基本视图的一部分，它可以画在基本视图的位置上，如图 1—4 中的“B 向”；也可以画在其他地方，如图 1—4 中的“C 向”。

局部视图的断裂线用波浪线表示，如图 1—4 中的“B 向”所示。当所表达部分的外形轮廓线是封闭的线框时，可单独画出，不必再画波浪线，如图 1—4 中的“C 向”所示。

局部视图一般都要标注，但当局部视图按基本视图位置配置，中间又没有其他视图隔开时，可以省略标注。如图 1—4 中的“B 向”，在图 1—5 中就可省略了。

（3）识读斜视图和局部视图的注意点。

1）根据斜视图和局部视图都必须标注的特点，在识图时应先寻找带字母的箭头，分析所需表达的部位及投影方向，然后找出标有相同字母的“ × 向”视图。

2）箭头的投影方向在图中如果是水平或垂直方向的，画出的是局部视图。箭头的投影方向在图中如果是倾斜的，画出的就是斜视图。

3）斜视图通常放在按箭头所指的方向，如图 1—4 中的“A 向”。有时为便于作图和布图，允许将斜视图转正画出，但必须加注“旋转”两字，如图 1—5 中的“A 向旋转”。

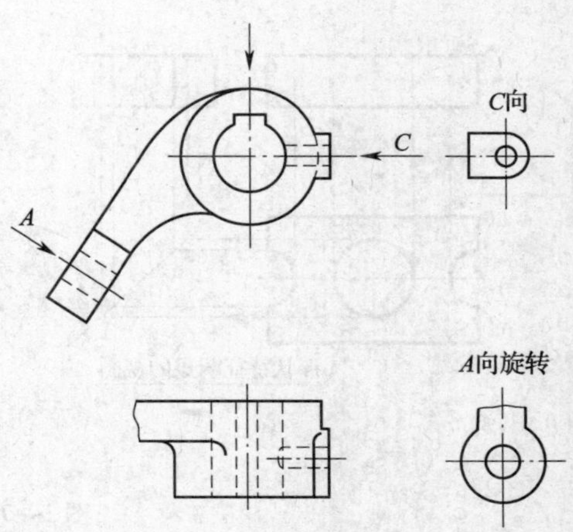

图 1—5　斜视图和局部视图的标注

3. 旋转视图

假想将零件的倾斜部分旋转到与某一选定的基本投影面平行后，再向该投影面投影所得到的视图，称为旋转视图，如图 1—6 所示。

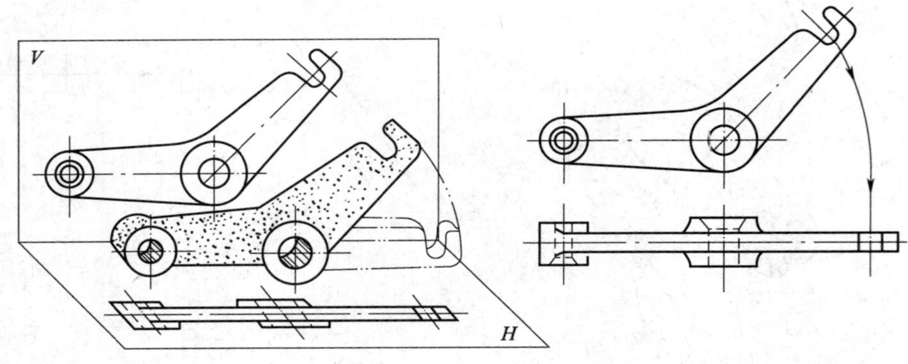

图 1—6　旋转视图

凡是作旋转视图的零件应具有较明显的回转中心，旋转的角度一般不能等于或大于 90°。旋转视图不需作任何标注。

二、读图的方法和步骤

1. 形体分析法

形体分析法是读图的主要方法。运用形体分析法读图，关键在于掌握分解复杂图形的方法。只有将复杂的图形分解出几个简单图形来，才能通过对简单图形的识读达到读懂复杂图形的目的。

（1）由形状特征视图想各立体的实际形状。物体在 3 个投影中至少能有一个视图反映其实际形状，该视图就是形状特征视图。如图 1—7a 所示，只看主、左视图只能判断出该形体大致是一个长方体，如果将主、俯视图结合起来看，即使没有左视图，也能想象出它的形状。因此俯视图是该形体的形状特征视图。用同样方法进行分析，图 1—7b 中的主视图、图 1—7c 中的左视图分别是立体的形状特征视图。

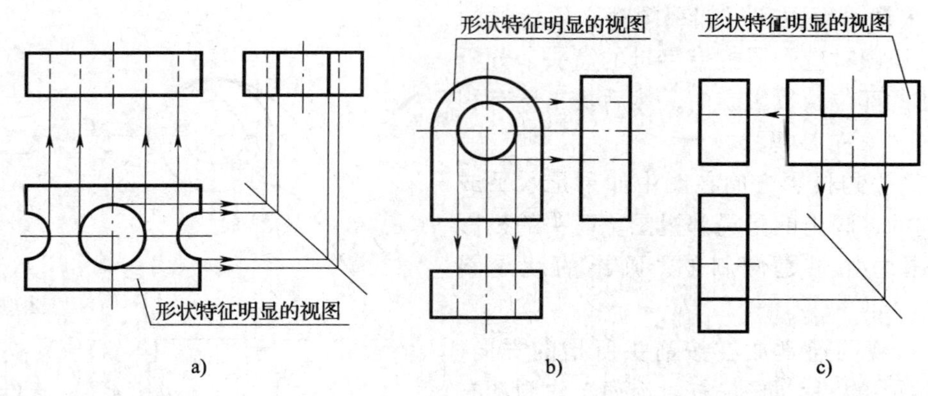

图 1—7　形状特征视图

a）俯视图为特征视图　b）主视图为特征视图　c）左视图为特征视图

（2）由位置特征视图想各立体的相对位置。物体在3个投影中至少有一个视图能反映其位置关系，该视图就是位置特征视图。如图1—8a所示，如果仅看主、俯视图是不能确定形体Ⅰ和Ⅱ哪个是凸出的，哪个是凹进的。如果将主、左视图结合起来看，显然，形体Ⅰ凸出，形体Ⅱ凹进，因此，左视图是反映该形体位置特征最明显的视图，主视图为形状特征视图。

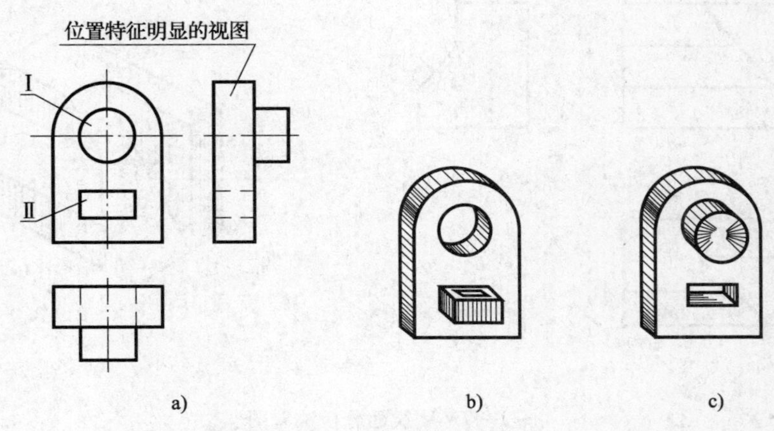

图1—8 位置特征视图

a）视图分析 b）错误 c）正确

（3）投影分析想形状，综合起来想整体。按形体分析法把组合体分解为若干个基本体，从体现每部分特征的视图出发，依据“长对正、高平齐、宽相等”的投影规律在其他视图中找出尺寸对应关系，经过分析想象出每部分的形状。然后再通过分析三视图中各形体间的相对位置、组合形式和表面连接关系等综合想象出组合体的空间形状。

2. 线面分析法

用线面分析法看图，就是运用投影规律，通过识别线、面等几何要素的空间位置、形状，进而想象出物体的形状。在看切割体的视图时，主要靠线面分析法。

例1—1 识读图1—9a所示的三视图。

粗略一看便知，该体属于切割型，采用线面分析法看图为宜。

利用线面分析法看图，主要是分析被切面的形状、相对位置以及切割面与切割面之间交线的位置。要善于利用线、面的投影特性（显实性、积聚性、类似性）和线框去分析问题。

例如：在三视图中，若一个线框对应两条线，则表示为投影面平行面；若一条线对应两个线框，则表示为投影面垂直面；若三个线框相对应，则表示为一般位置平面。其中，尤其应注意视图中的斜线，它们一般为投影面垂直面的投影，抓住其投影的积聚性和另两面投影均为平面原形类似形的特点，对看图将很有帮助。

本例的看图步骤如下：

（1）依据线框分清面。该三视图可大致分为四个封闭线框：线框Ⅰ（1、1′、1″）在三视图中是“一框对两线”，故表示正平面，线框Ⅱ（2、2′、2″），在三视图中是“一线对两框”，故表示正垂面。同样，可分析出线框Ⅲ（3、3′、3″）表示侧平面，线框Ⅳ（4、4′、4″）表示侧垂面。

（2）综合归纳想整体。切割体往往是由几何体经切割而形成的，因此在想象整个物体的形状时，应以几何体的原形为基础，再将各个表面按其相对位置在原形体上归位，整个物体的形状即可想象出来，如图 1—9b 所示。

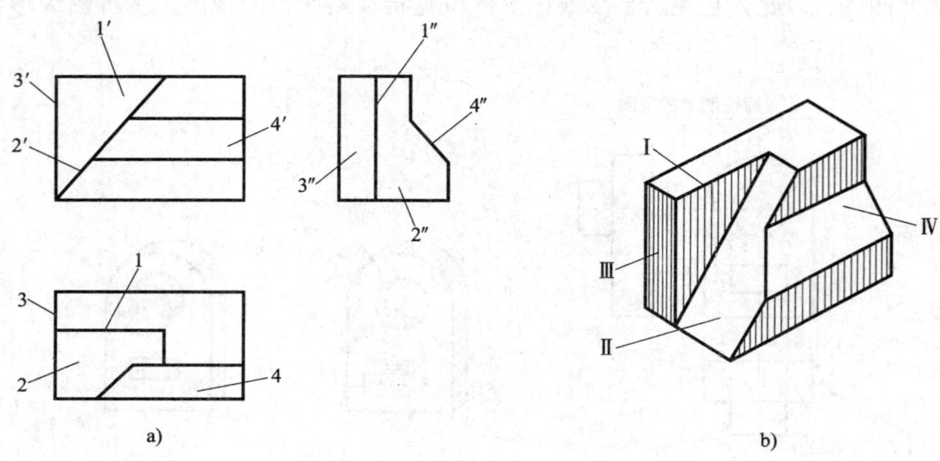

图 1—9　用线面分析法看图

三、剖视图的识读

当零件的内部结构比较复杂时，在视图中就会产生较多的虚线，这样既不利于标注尺寸，也不利于识图。为清晰地表达零件的内部结构，常采用剖视的画法。

1. 剖视图的形成

假想用剖切平面在零件的适当部位剖开，将处在观察者和剖切平面之间的部分移走，而将留下部分向投影面进行投影，并在剖切平面剖到的部分画上剖面符号，这样画出的图形称为剖视图，如图 1—10 所示。

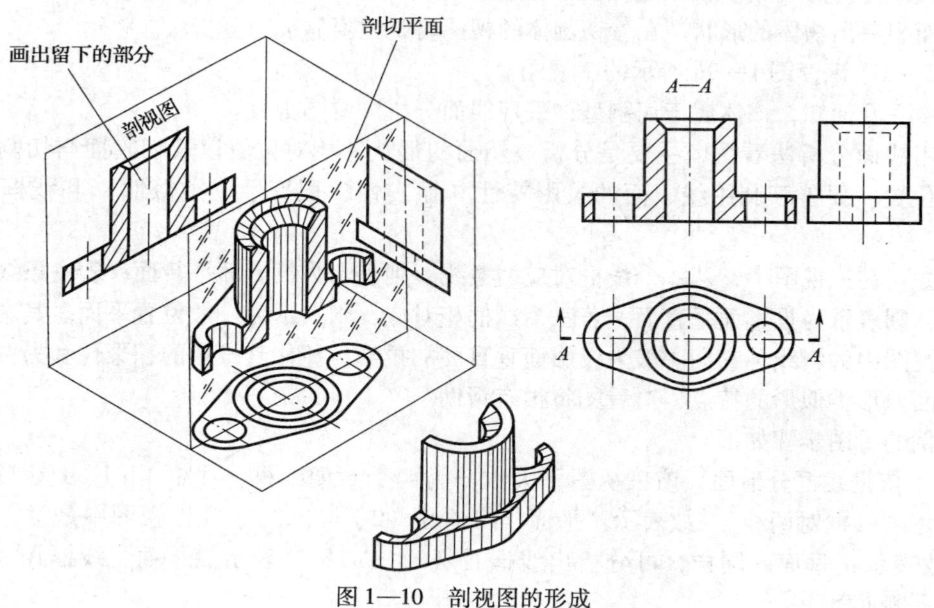

图 1—10　剖视图的形成

2. 识读剖视图中的剖面符号

因零件所用的材料不同，它们的剖面符号也不相同，零件中最常用金属材料的剖面符号是与水平方向成45°、间隔相等、方向相同的细实线。

3. 剖视图的标注

为便于识读，剖视图一般都要进行标注。标注的内容有：表示剖切平面位置的符号（两端各用一段粗实线画出，也叫剖切线），并在两端注有字母；表示投影方向的箭头；在剖视图上方注写有“×—×”字样，如图1—10所示。

4. 剖视图的种类

剖视图按剖切范围的大小可分为全剖视图、半剖视图和局部剖视图三种。

（1）全剖视图。用剖切平面完全剖开机件所得到的剖视图称为全剖视图。如图1—10和图1—11所示中的主视图均为全剖视图。当零件的外部形状比较简单时，常采用全剖视图来表达其内部形状。全剖视图的标注内容如图1—10所示，省略标注法如图1—11所示。

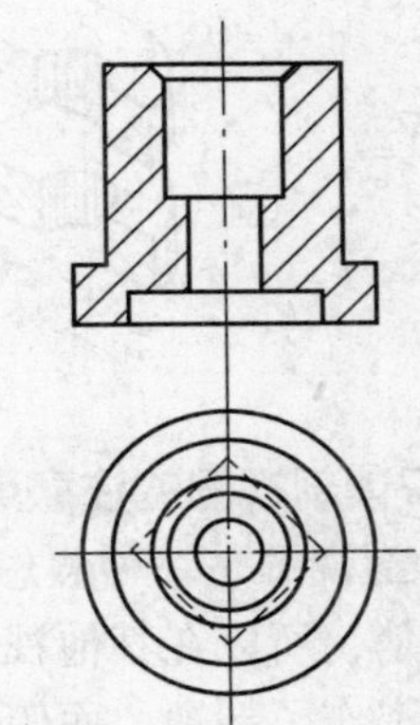

图1—11　剖视图中的省略标注

（2）半剖视图。当机件具有对称平面时，在垂直于对称平面的投影面上所得到的视图，可以对称中心线为界，一半画成剖视，另一半画成视图，这样组合成的图形称为半剖视图，如图1—12所示。半剖视图既能表达零件的内部形状，又能反映零件的外部形状，所以，当零件的内、外形状都比较复杂而又对称时，可用半剖视图的画法。半剖视图的标注与全剖视图相同。

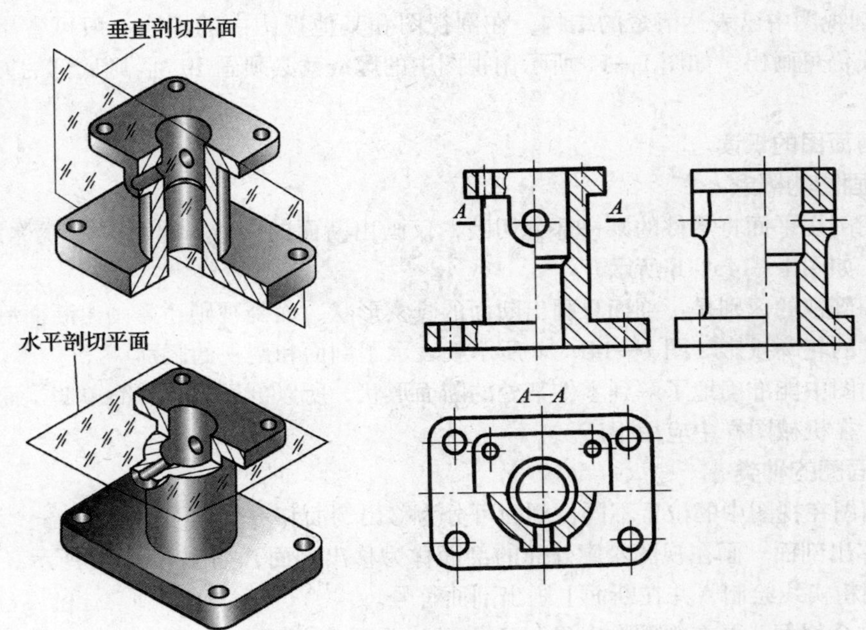

图1—12　半剖视图

（3）局部剖视图。用剖切平面局部地剖开机件所得到的剖视图，称为局部剖视图，如图1—13 所示。局部剖视图一般用波浪线作为分界线。局部剖视图是一种较为灵活的表达方法，它既能反映零件所需表达的内部形状，又保留了部分外形。当零件上只有局部结构需要表达，或者零件的内、外形状都比较复杂而又不对称时，常采用局部剖视图。局部剖视图一般不需标注。

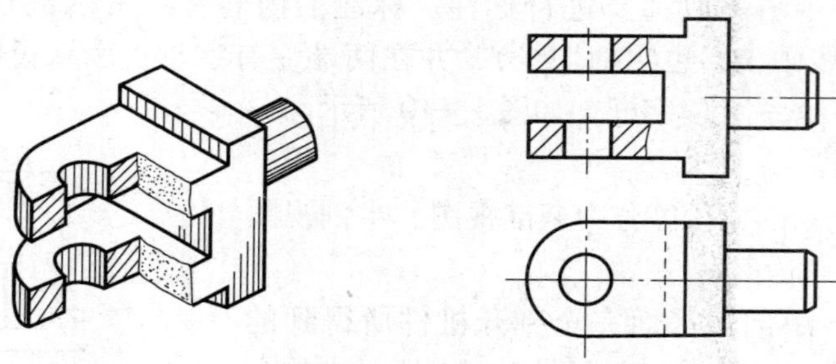

图 1—13　局部剖视图

5. 识读剖视图的注意点

（1）剖视图是一种假想将零件剖开的表达方法，目的是为了把零件的内部形状结构表达得更清楚，所以在其他视图中零件仍应按完整的形状画出。如图 1—10、图 1—11 所示中的主视图都作了剖视，而俯视图都仍按没有剖切的完整零件的形状画出。

（2）识读剖视图时，应首先找到剖切线的位置，再由剖切线上标注的字母找到对应的剖视图，如图 1—10 所示。如果剖视图中没有作任何标注，那就说明该剖视图是通过零件的对称平面进行剖切后而画出的，如图 1—11 所示。

（3）剖视图可根据剖面符号（剖面线）来区分零件某一部分是实体的还是空心的。凡画有剖面符号的为零件的实体部分，反之则为空心部分，如图 1—10、图 1—11 所示。

（4）剖视图中已表达清楚的结构，在剖视图和其他视图中的虚线一般可省略不画。但必要的虚线仍可画出，如图 1—11 所示俯视图中的虚线就必须画出，否则底部的方孔就不能表达清楚。

四、剖面图的识读

1. 剖面图的概念

假想用剖切平面将零件的某一部分切断，仅画出断面的图形，这种图形就称为剖面图，简称剖面，如图 1—14a、b 所示。

剖面和剖视的区别是：剖面只画出断面的真实形状，而剖视则还需画出断面后面所有能看到的零件的轮廓投影。图 1—14b、c 所示就表示了剖面和剖视的区别。

从剖面图中能准确地了解到零件某处的断面形状，所以剖面图具有简单明了而又灵活方便的特点，在机械图样中应用很广。

2. 剖面图的种类

按剖面图在视图中的位置不同，剖面可分为移出剖面和重合剖面两种。

（1）移出剖面。画在视图轮廓外面的剖面称为移出剖面，如图 1—14b 所示。移出剖面的轮廓线用粗实线绘制，并在断面上画出剖面符号。

（2）重合剖面。画在视图轮廓里面的剖面称为重合剖面，如图 1—15 所示。重合剖面的轮廓线用细实线绘制。

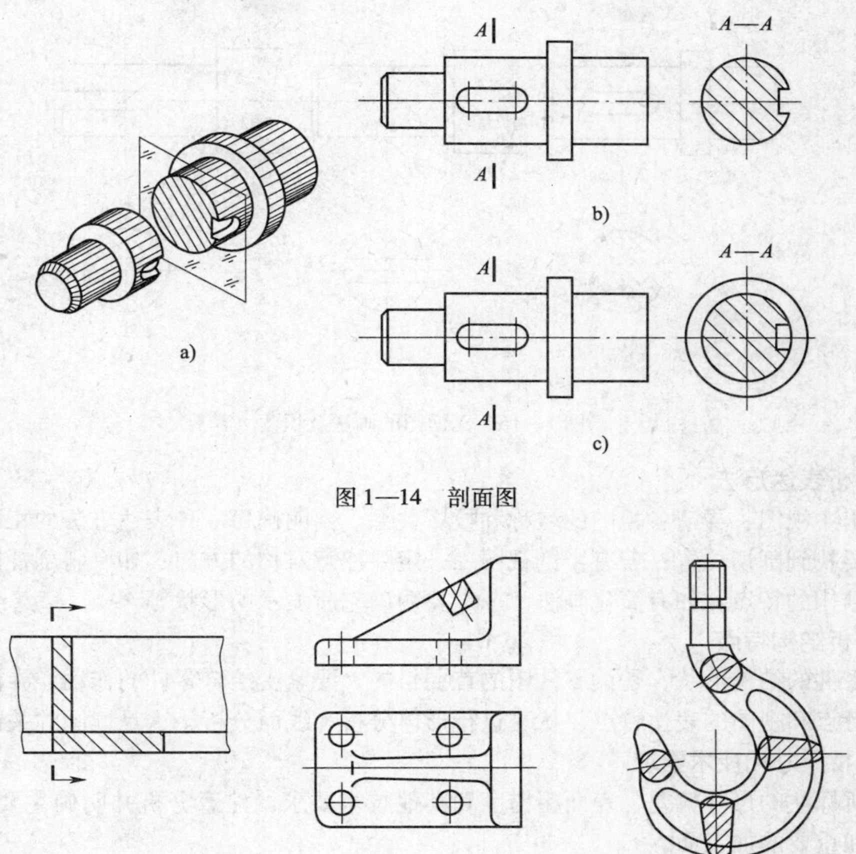

图 1—14　剖面图

图 1—15　重合剖面图

3. 识读剖面图的注意点

（1）剖面图一般都需标注，标注的内容与剖视图相同。所以，识读剖面图时，应从剖切位置及所标注的字母着手，就能找到相应的剖面图，如图 1—14b 所示。

（2）画在剖切位置延长线上的对称剖面，规定可不加任何标注，如图 1—16b、c 所示。不对称的剖面则必须用箭头表示其投影方向，如图 1—16a 所示。

（3）当剖切平面通过回转面形成的孔或凹坑的轴线时，其剖面应按剖视画出，如图 1—16b 所示。另外，当剖切平面通过非圆孔，会导致出现完全分离的两个剖面时，这些结构也应按剖视画出，如图 1—16c 所示。

五、识读零件图的方法

1. 看标题栏

了解零件的名称、材料、比例等内容。由名称可推测该零件的用途和大体的结构特点。如阀体，肯定有流体的通道；轴承座，必定有支撑孔和安装面；衬套，必是同轴回转体；端盖，一定在箱（壳）体的孔端上用来支撑、密封等。另外，根据比例，对照图形，即可获得对实际零件的大小概念。

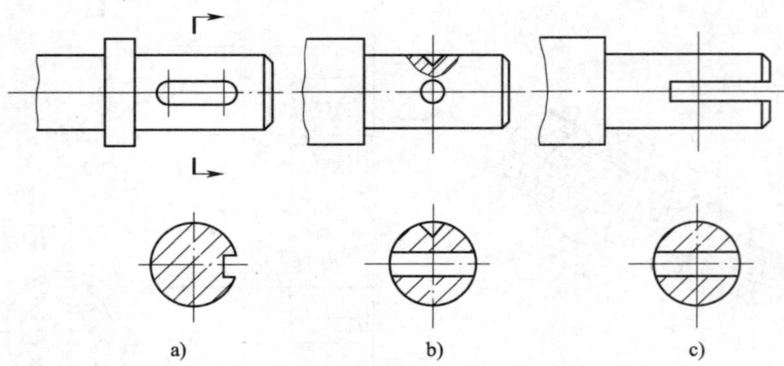

图 1—16　剖面图的画法及识读

2. 分析表达方法

先找出主视图，弄清各视图的名称和投影关系。要明确每一种表达方法的特点，如剖视图，一定要找到剖切位置；若有半剖视图，一定要注意对称的方向；如有斜剖视图，一定要注意歪斜结构的特点；如有简化画法，一定要明确它所表示的形状等。

3. 分析结构特点

看懂零件的结构形状，是读零件图的首要目的，要紧密结合零件的作用，弄清各部分形体的投影特点和视图的表达特点，认真进行形体分析和线面分析，这是读图的关键所在。

4. 分析尺寸和技术要求

根据所标注的尺寸偏差、表面粗糙度和其他技术要求，注意分析并明确主要尺寸基准、主要尺寸和重要的加工面。

以上读图步骤，是为了叙述方便而划分的。实际读图时，不可能这样截然分开，往往需结合起来。穿插进行，灵活运用。

例 1—2　读如图 1—17 所示前盖零件图。

（1）看标题栏。这是某箱体孔端的支撑和密封用盖。材料为铸铝，比例 1∶2，即图形为零件实际大小的一半。

（2）分析表达方法。该零件图采用两个基本视图：主视图反映零件外形（内腔用虚线表示），表示支撑孔和固定孔的分布，符合工作位置，也符合主要的加工位置；俯视图取阶梯全剖视图，反映三个孔的结构形状。

（3）分析结构特点。有三种孔：直径 ϕ9 mm 的沉孔六个，装配时穿内六角圆柱头螺钉，用于紧固；直径 ϕ40 mm 的大孔两个“1”和“4”，位于最下边的左右两侧；直径 ϕ31 mm 的孔两个“2”和“3”，孔中有 V 形环槽（俯视图的左边），用来装密封油毛毡。

（4）分析尺寸和技术要求。此图左下角有“镗孔坐标表”。此表说明左下角大孔“1”的轴线是 X、Y 两个方向尺寸的设计基准，符合加工情况，因此也是工艺基准。从尺寸公差和表面粗糙度上看，下面的两个大孔 ϕ40H7 mm 要求较高。

技术要求第 1 条该铸件要经时效处理，以消除内应力；淬火硬度 HB110，未注尺寸公差按 ITl4 级检验；未注形位公差按 C，其意思是：凡是不配合的面，其形位公差也有要求，用文字写在技术要求项目中，其等级分为 A、B、C、D 四级，以此为序，A 级最高。

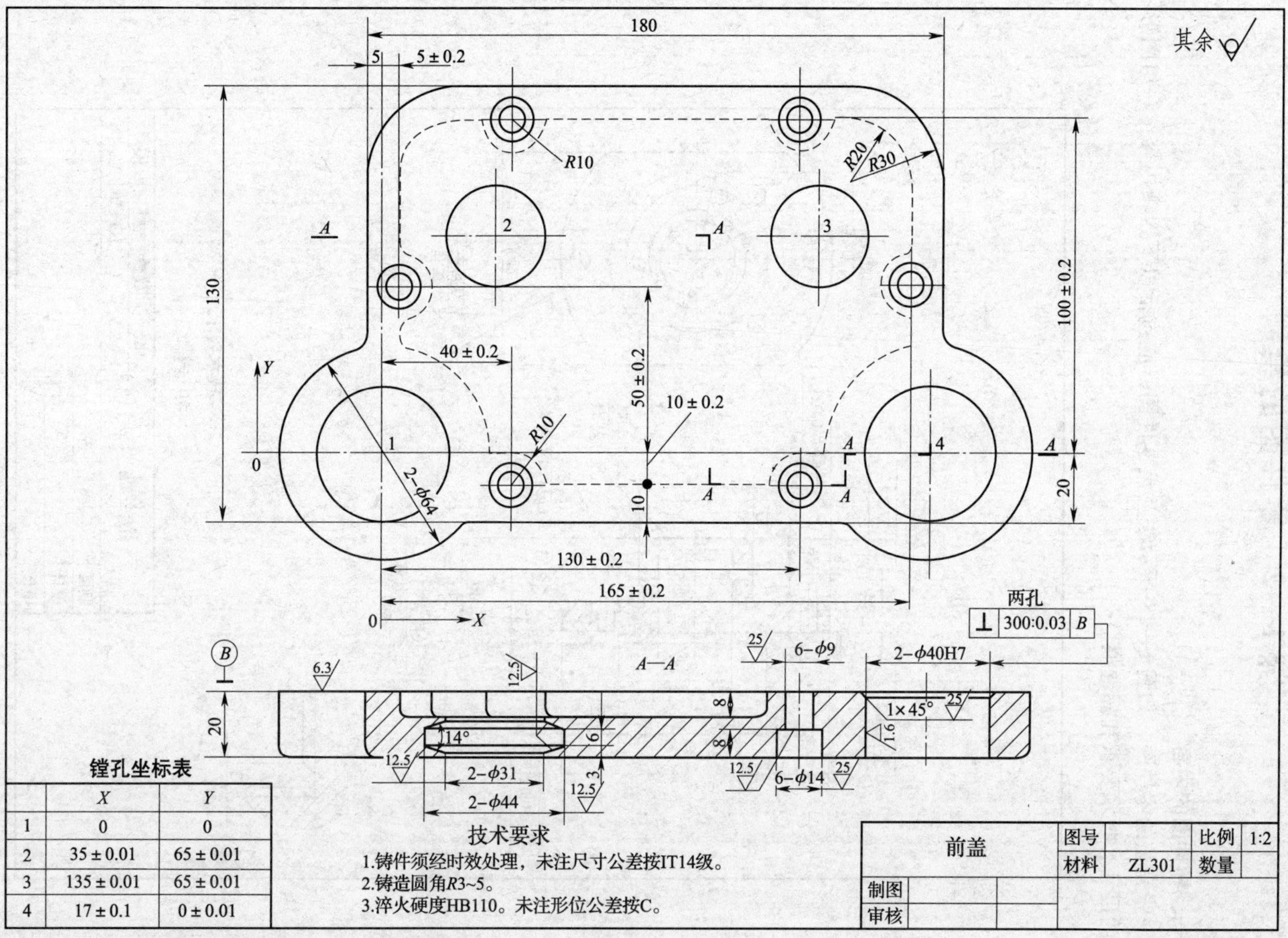

镗孔坐标表

	X	Y
1	0	0
2	35 ± 0.01	65 ± 0.01
3	135 ± 0.01	65 ± 0.01
4	17 ± 0.1	0 ± 0.01

技术要求

1.铸件须经时效处理，未注尺寸公差按IT14级。
2.铸造圆角R3~5。
3.淬火硬度HB110。未注形位公差按C。

图 1—17　前盖零件图

§1—2　零件图的绘制

一、零件图的内容

一张完整的零件图，如图 1—18 所示法兰盘零件图，应包括以下四项内容：一组图形、完整的尺寸、技术要求和标题栏。

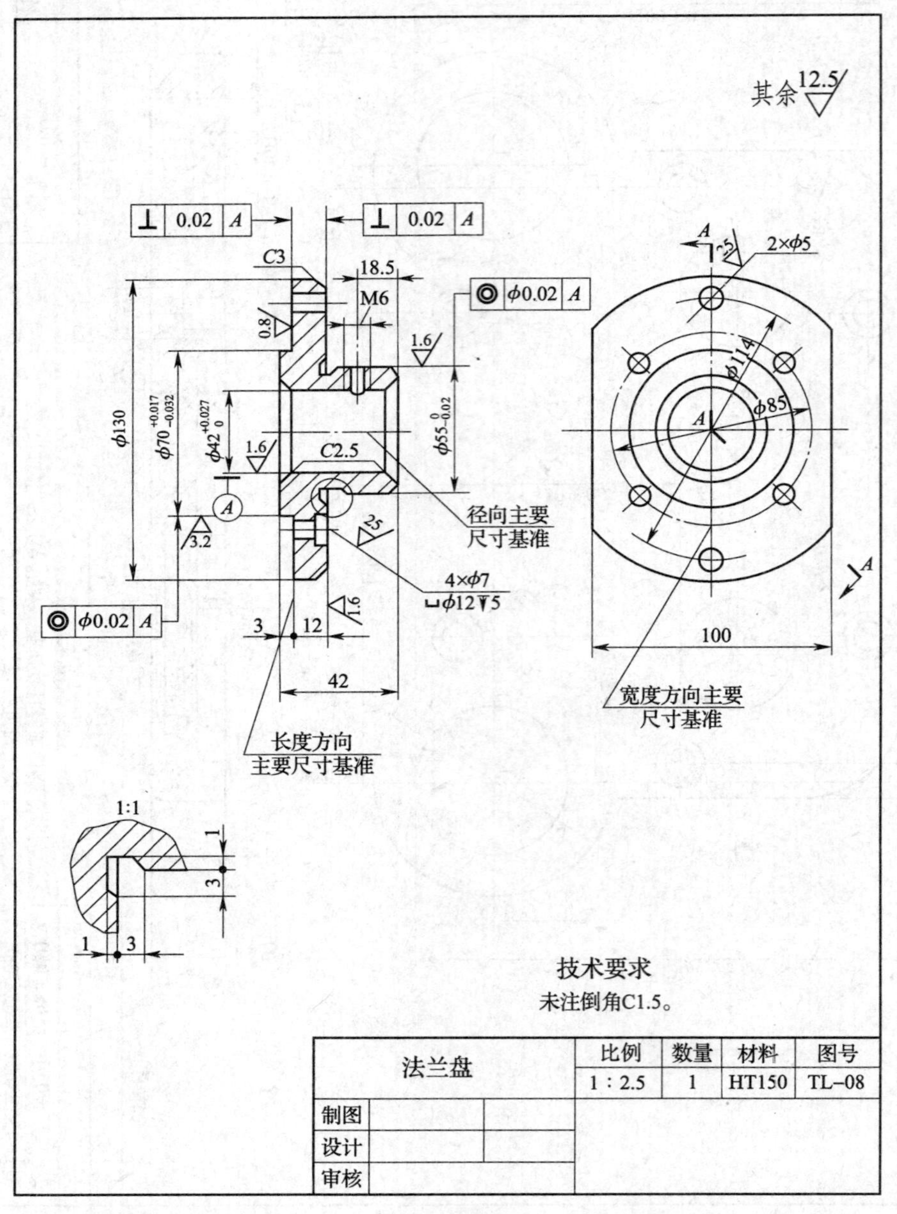

图 1—18　法兰盘零件图

1. 一组图形

用必要的视图、剖视、剖面和其他规定画法，准确、清晰、完整地表达出零件各部分的内外结构形状。

2. 完整的尺寸

能满足零件制造和检验时所需要的正确、完整、清晰、合理的尺寸。

3. 必要的技术要求

用国家标准规定的代号、符号标注或文字说明，表达出零件在制造、检验和装配过程中应达到的一些技术上的要求，如表面粗糙度、尺寸公差、形位公差、热处理及表面处理要求等。

4. 标题栏

零件图标题栏的内容包括零件的名称、材料、数量、图号、图样的比例及设计、校核者的姓名和日期，以及设计或制造单位的名称等。

二、四类典型零件的视图选择和表达方案

尽管零件各式各样，但从零件的形状、作用及加工方法上，可归结为具有代表性的四大类型，即轴套类、盘盖类、叉架类、箱体类零件。从典型零件的作用、结构特点着手，分析清楚其视图选择的原则，以总结其一般表达方法的规律，有助于开拓视野、触类旁通，提高绘图和看图的能力。

1. 轴套类零件

轴的作用是传递动力或支撑其他零件，由大小不等的同轴线的回转体组成，常带有倒角、螺纹、键槽、退刀槽等结构，如图 1—19 所示。

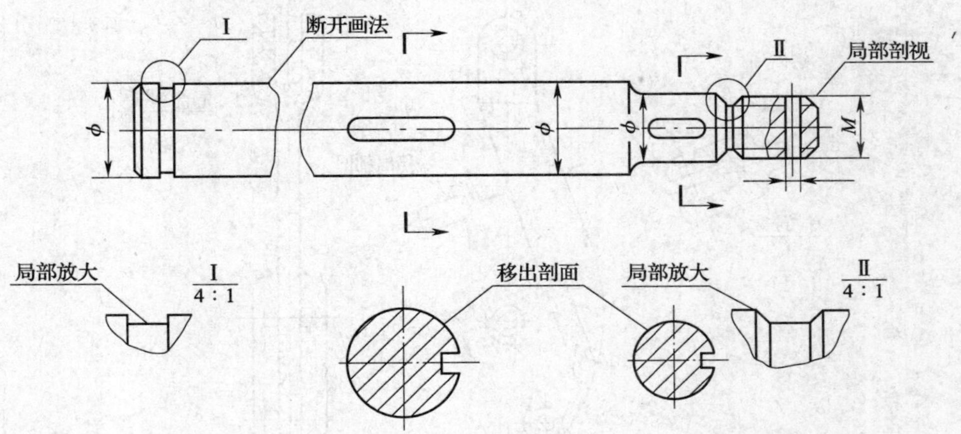

图 1—19　轴套类零件的视图选择

这类零件主要加工方法是在车床上车削，为便于看图和检测，应按加工位置放置。轴上如有键槽，则常让键槽朝前。基本视图一个，轴上的其他结构，如键槽深度，小孔、退刀槽等常采用移出剖面、局部放大等表达方法。

2. 盘盖类零件

带轮、飞轮、齿轮、轴承盖等零件都属于这类零件。这类零件的主体部分是回转体，另外还有一些沿圆周分布的孔、肋、耳片、槽、齿等结构，如图 1—20 所示。

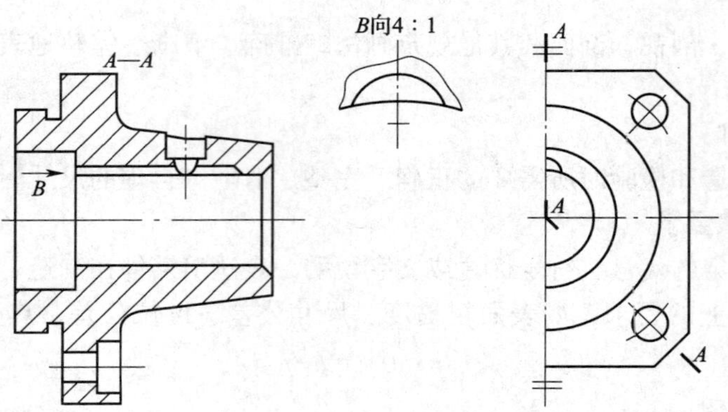

图 1—20　端盖的表达方案

主视图一般按零件的加工位置将轴线水平放置，并采用全剖、半剖或旋转剖视。左视图主要表示圆周上孔、肋等结构的分布情况。

3. 叉架类零件

汽车上的摇臂、拨叉、连杆等零件都属于这一类零件。它们一般由肋板、底板、耳片、销孔、套筒等结构组成，形状歪斜，很不规整。

这类零件在选择主视图时，主要应考虑形体特征原则和工作位置原则。起连接作用的孔等多采用局部，肋板截面形状常采用剖面图表示，有些还要采用斜视图、斜剖视等表达方法，如图 1—21 所示。

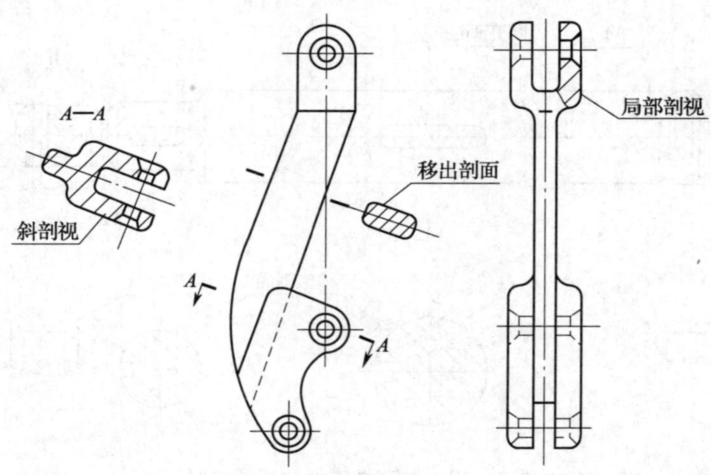

图 1—21　叉架类零件的视图选择

4. 箱体类零件

汽车上的缸体、变速箱体、主减速器壳体、转向器壳体等都属于这类零件，它有包容或支撑零件的作用。其结构更为复杂，加工部位较多，如图 1—22 所示。

这类零件一般需三个或三个以上的视图和一定数量的辅助视图才能表达清楚。选择主视图时，主要根据形状特征原则和工作位置原则而定。

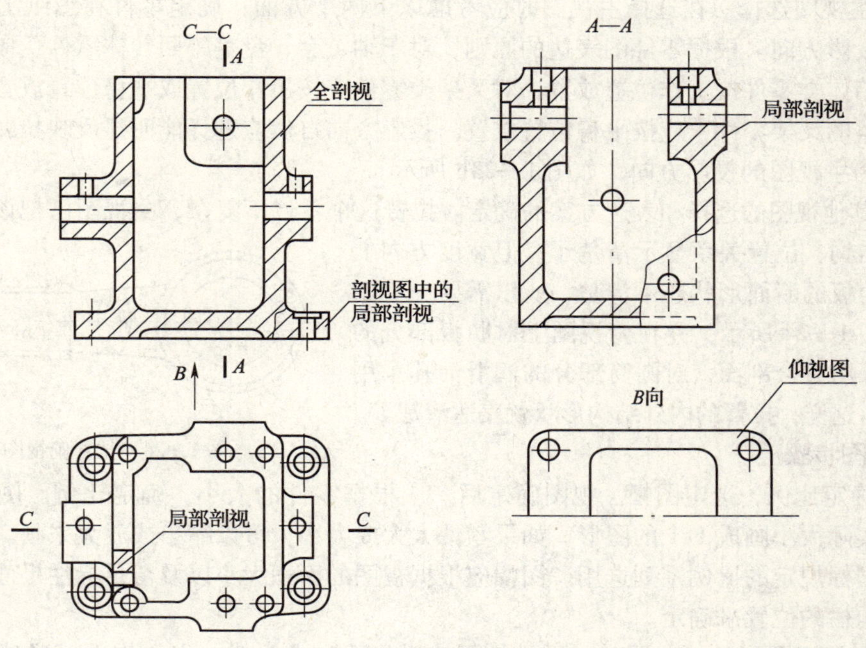

图 1—22　箱体类零件的视图选择

三、绘制零件图的工作步骤

1. 形体分析

根据零件功能要求首先作形体分析，弄清它的结构特点，以便选择恰当的表达方案。图 1—23 所示拉臂，由锻造毛坯，经机械加工而成，是由圆筒、肋板、接头叉三部分组成。圆筒头部有一个润滑油孔，中间有一个油槽。由于它与轴配合使用，因此内表面的尺寸精度与表面的光滑程度都有要求。接头叉是由两块长方形板组成的，叉头呈半圆形，上有销孔。由于孔与销配合使用，所以对它的尺寸精度和表面光滑程度也有要求。肋板圆断面是椭圆形，把圆筒和接头叉两部分连成整体。

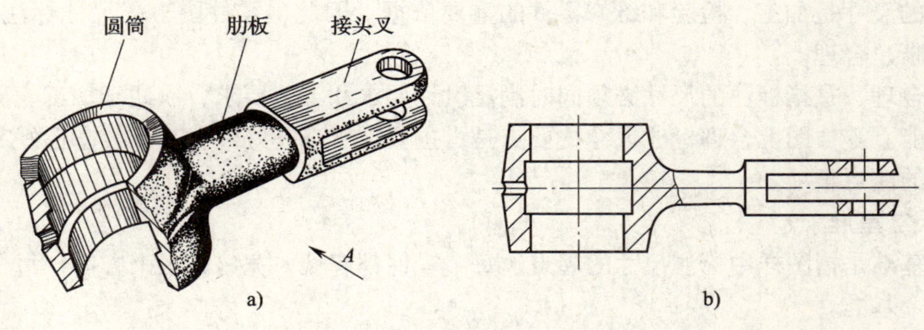

图 1—23　拉臂

2. 选择视图

视图表达方案若选择不好，会增加看图困难。在各视图中，主视图是主要的，所以首先要选好主视图，再确定其他视图。

（1）主视图选择。在选择主视图时应考虑以下两个方面：确定零件在图纸上的安放位置和选定投影方向。根据零件图表达的原则，对于轴、套、盘盖等回转体零件，应按加工位置放置。箱体类零件按工作位置放置，对叉架类零件应按工作位置或平稳位置放置。拉臂可以归属规整的叉架零件，应按平稳位置放置。投影方向自然应选择能明显反映拉臂形状特征的 *A* 向作为主视图的投影方向，如图 1—23b 所示。

（2）其他视图的选择和表达方案的确定。拉臂这个零件不复杂，主视图已把该零件的三部分形状结构、位置关系显示清楚了，但宽度方向上的形状和肋板的断面形状还不清楚，所以需要一个俯视图，如图 1—24 所示，并在俯视图上对肋板部分的断面形状采用重合剖面，对圆筒部分的润滑油孔采用局部剖视，这样，拉臂的内外结构形状就表达清楚了。

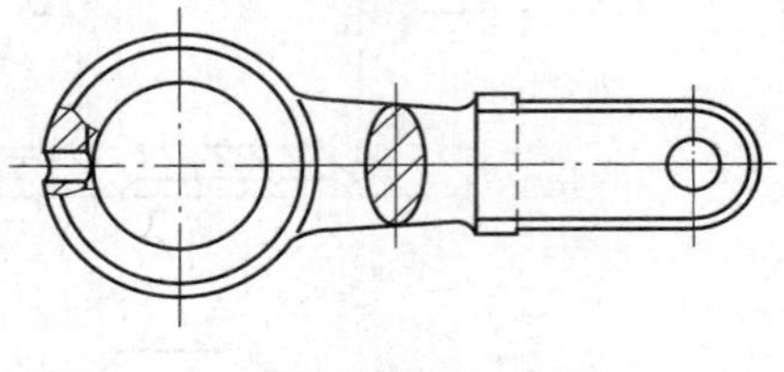

图 1—24　拉臂俯视图

3. 画图步骤

（1）确定比例，选定图幅。视图确定后，应根据零件的大小，确定比例。图形尽可能按零件的实际大小画成 1∶1 的图形。如果零件太大或太小，可以缩小或放大来画。确定比例时，应按国标规定的比例系列选用。图幅应根据视图的面积大小以及留足标注尺寸、技术要求和画标题栏的位置来确定。

（2）布置视图位置。布图时，画出各图的对称线、中心线、主要作图基准线。视图布置要恰当，各视图间应留有足够标注尺寸的位置，使各视图匀称地布置在图面上。

（3）按照形体逐步画图。画图时根据零件形状的特点，从主视（或俯视）着手，联系其他视图配合着画，先画主要轮廓，后画细部结构。画图时，要注意各视图的投影关系，先打底稿，经过检查，将多余线条擦去，改正错误后，最后将图线按线型要求描粗加深。

4. 标注尺寸、填写技术要求和标题栏

图形画完后，先拉各个尺寸的尺寸界线、尺寸线、画箭头，再填写尺寸数字。尺寸不能缺少或有错误。技术要求应根据实际需要填写，注意形位公差，在零件图上一般宜以框格与指引线加以标注，比较醒目。

四、零件图的尺寸标注

零件的尺寸是加工、检验和维修零件的重要依据。因此，零件图上的尺寸标注应正确、完整、清晰、合理。

所谓合理，是指标注的尺寸必须同时满足设计要求和工艺要求，以便于加工、测量和保证产品性能。零件图上合理标注尺寸的要点是：主要在于选择好尺寸基准，掌握好零件图中标注尺寸的注意事项。

1. 尺寸基准

尺寸基准是指图样中标注尺寸的起点。每个零件都有长、宽、高三个方向，每个方向至少应有一个基准。

尺寸基准按其来源、重要性和几何形式，可分为以下几类：

（1）设计基准和工艺基准。

1）设计基准。在设计过程中，根据零件在机器中的位置、作用，为保证其使用性能而确定的基准。

2）工艺基准。根据零件的加工工艺过程，为方便装卡定位和测量而确定的基准。

（2）主要基准和辅助基准。

1）主要基准。决定零件主要尺寸的基准。

2）辅助基准。为便于加工和测量而附加的基准。

图 1—25 所示的轴承座，它的长、宽、高三个方向的尺寸基准，应当这样考虑：高度方向，因为一根轴通常用两个轴承座支撑，两者的轴孔应保持同一轴线，而且轴承座是以其底面为安装基准平面的，轴线应平行于这一基准平面。因此，应选择底面 B 作基准；长度方向，因为轴承座的形体设计是对称的，要求以通过轴孔轴线的侧平面为基准，对称地布置其他结构，因此，应选择对称面 C（即侧平面）作基准；宽度方向，选择端面 D 作基准。因为装配轴时，这一端面是轴向的定位面。根据以上分析可知，底面 B、对称面 C 和端面 D 即为设计基准。

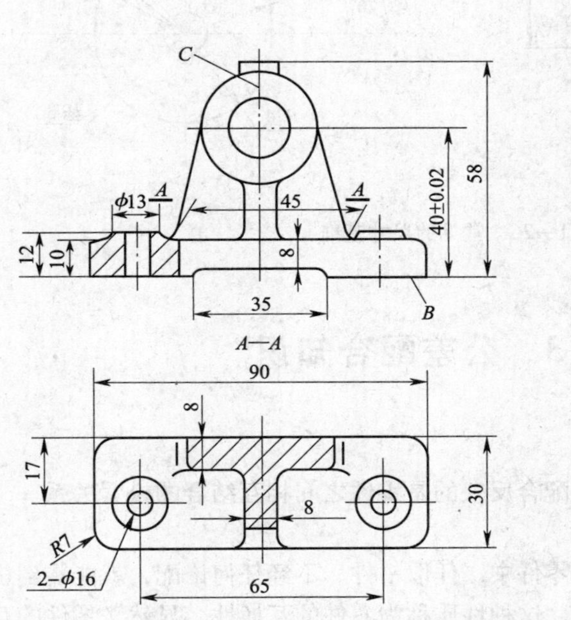

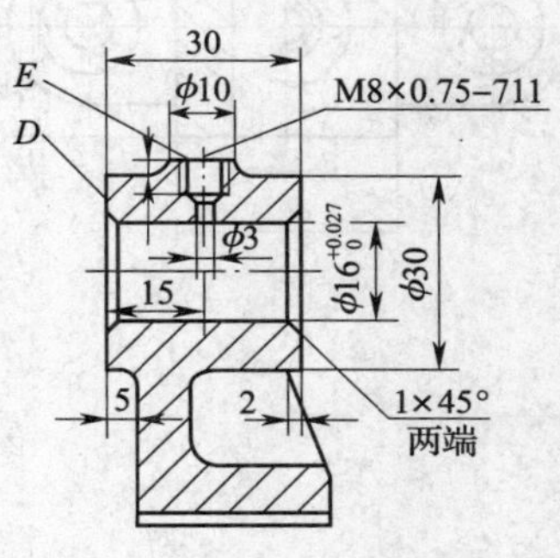

未注圆角 R2~3

图 1—25　轴承座的尺寸基准

图 1—25 中所示的底面 B，是加工轴孔时装在机床工作台面上的定位面，又是调整刀具高度的定位面。因此，它是确定轴孔中心高的工艺基准。又如轴承座上部的凸台面，是加工螺孔时确定钻头起始位置的基准，又是测量其深度的基准，因而它是确定螺孔深度的工艺基准。

每一方向的尺寸基准可以有多个，根据主次分为主要基准和辅助基准。每一方向的主要基准只能有一个，其他都是辅助基准，通常以设计基准作为主要基准。如图 1—25 所示，高度方向上以底面 B 为主要基准，凸台面为辅助基准。主要基准与辅助基准之间必须有尺寸联系。

2. 面基准、线基准和点基准

由于各种零件的结构形状不同，尺寸的起点不同，尺寸基准有时是零件上的某个平面（如底面、端面、对称平面等）；有时是零件上的一条线，如回转轴线、刻线等；有时是一个点，如凸轮、顶点等。

图 1—26a、b 所示分别为面基准和线基准，图 1—26c 所示为点基准。

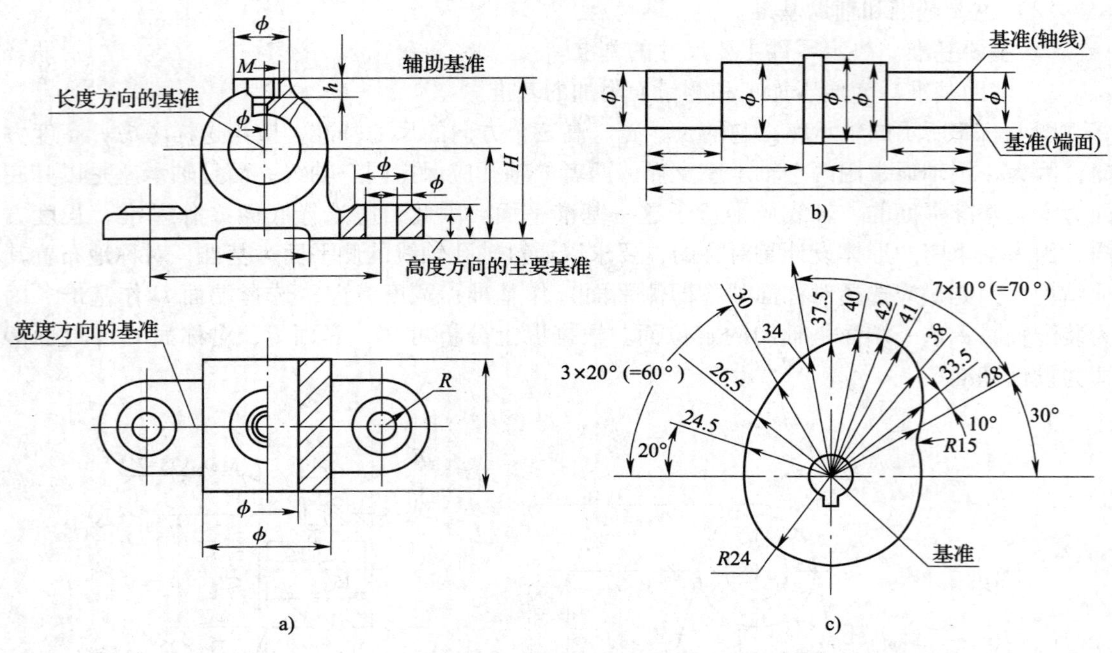

图 1—26　常见的尺寸基准

§1—3　公差配合知识

一、极限与配合

极限反映的是零件的精度要求，配合反映的是零件之间相互结合的松紧关系。

1. 零件的互换性与极限制

在按零件的要求加工出来的一批零件中，任取一件，不经任何修配，就能装到机器上或部件上去，并能达到规定的技术要求，这种性质称为零件的互换性。显然，零件的互换性是机械产品批量生产的需要，为了满足零件的互换性，就必须制定相应的制度，国家标准将经标准化的公差与偏差制度称为极限制。

2. 尺寸公差

（1）尺寸。以特定单位表示线性尺寸的数值，如图 1—27 所示。

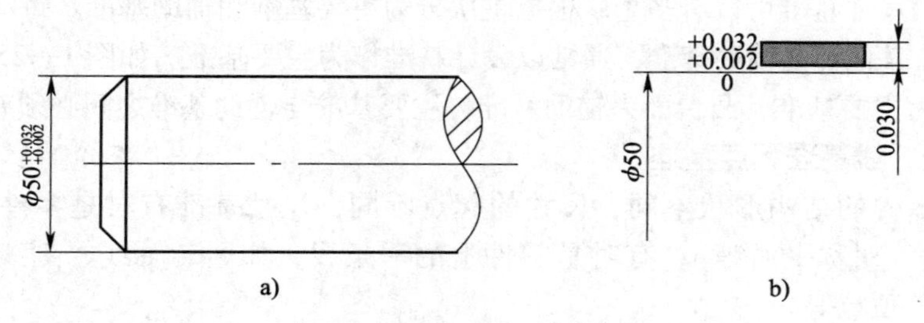

图 1—27　尺寸公差概念

（2）基本尺寸。设计给定的尺寸（ϕ50 mm）。

（3）实际尺寸。通过测量实际得到的尺寸。

（4）极限尺寸。允许零件实际尺寸变化的两个极限值。两个极限值中，大的一个称为最大极限尺寸（ϕ50.032 mm），较小的一个称为最小极限尺寸（ϕ50.002 mm）。

（5）尺寸偏差。最大极限尺寸减其基本尺寸所得的代数差称为上偏差（+0.032 mm）；最小极限尺寸减其基本尺寸所得的代数偏差称为下偏差（+0.002 mm）。上、下偏差统称为极限偏差，偏差可以为正、负或零。

（6）尺寸公差（简称公差）。最大极限尺寸减最小极限尺寸之差，或上偏差减下偏差之差。它是允许尺寸的变动量（0.030 mm）。尺寸公差永远为正值，如图 1—27b 所示。

（7）零线。在极限与配合图解中，表示基本尺寸的一条线，以其为基准确定偏差和公差。

（8）标准公差。在极限与配合制中，所规定的任一公差。国家标准中规定，对于一定的基本尺寸，其标准公差共有 20 个公差等级。

（9）基本偏差。在极限与配合制中，确定公差带相对零线位置的那个极限偏差，一般为靠近零线的那个偏差，如图 1—28 所示。国家标准中规定基本偏差代号用拉丁字母表示，大写字母表示孔，小写字母表示轴，对孔和轴的每一基本尺寸段规定了 28 个基本偏差。

3. 配合的种类

基本尺寸相同的相互结合的孔和轴公差带之间的关系称为配合。

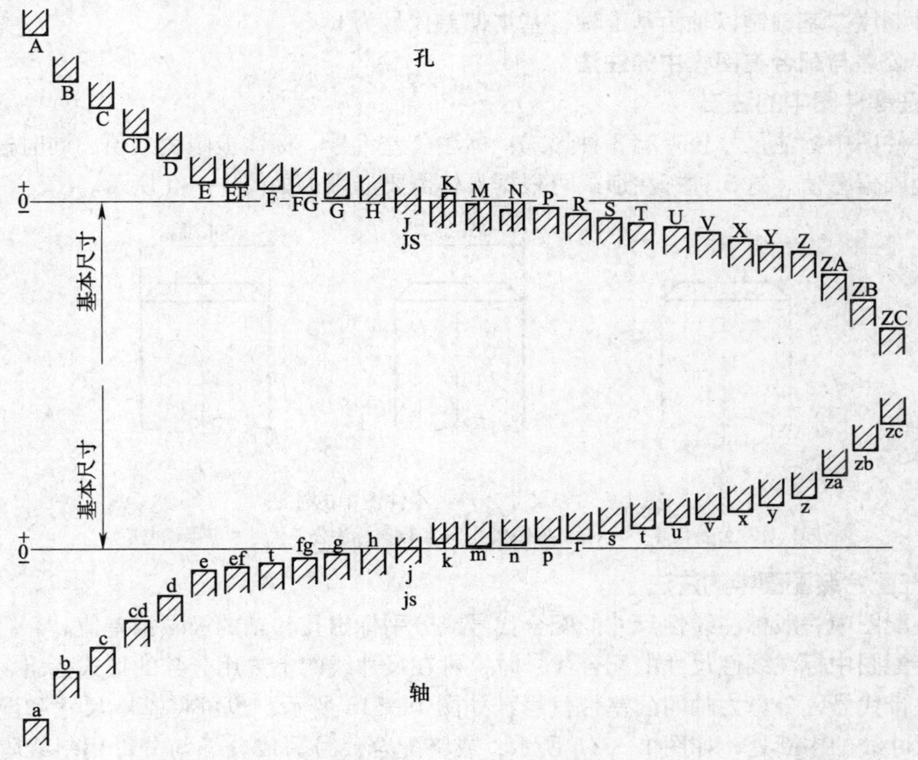

图 1—28　基本偏差系列图

（1）间隙配合。具有间隙（包括最小间隙等于零）的配合称为间隙配合。孔的公差带在轴的公差带之上，如图1—29a所示。

（2）过盈配合。具有过盈（包括最小过盈等于零）的配合称为过盈配合。孔的公差带在轴的公差带之下，如图1—29b所示。

（3）过渡配合。过渡配合是一种可能具有间隙或过盈的配合。孔的公差带与轴的公差带部分相叠，如图1—29c所示。

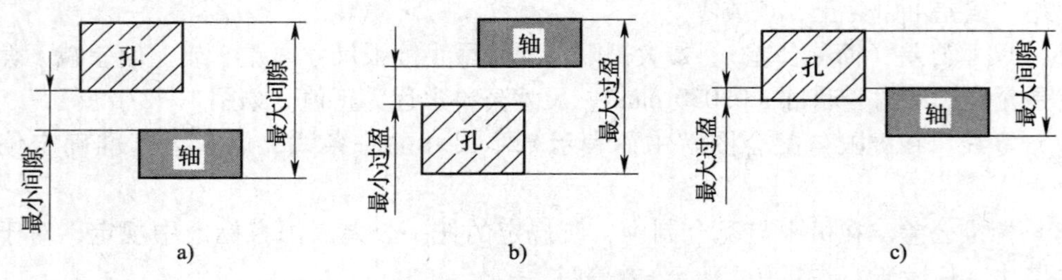

图1—29　配合公差带图

a）间隙配合公差带图　b）过盈配合公差带图　c）过渡配合公差带图

4. 配合制

国家标准对孔和轴公差带之间的相互关系，规定了两种制度，即基孔制与基轴制。

（1）基孔制。基本偏差为一定的孔的公差带，与不同基本偏差轴的公差带形成各种配合的一种制度。基孔制以孔为基准孔，基本偏差代号为H。

（2）基轴制。基本偏差为一定的轴的公差带，与不同基本偏差孔的公差带形成各种配合的一种制度。基轴制以轴为基准轴，基本偏差代号为h。

二、公差与配合在图样中的注法

1. 在零件图中的注法

在零件图中标注尺寸公差有3种形式：标注公差代号、标注极限偏差值、同时标注公差代号和极限偏差值。这3种标注形式可根据具体需要选用，如图1—30所示。

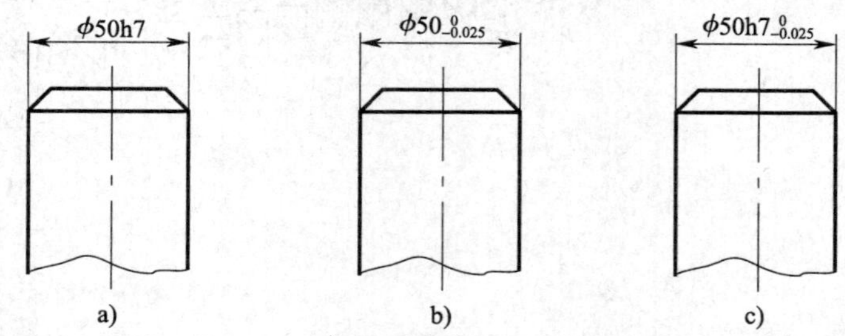

图1—30　尺寸公差在零件图中的注法

a）标注公差代号　b）标注极限代号　c）同时标注公差代号和极限偏差值

2. 在配合装配图中的注法

在装配图中一般标注线性尺寸的配合代号或分别标出孔和轴的极限偏差值。

在装配图中标注线性尺寸的配合代号时，可在尺寸线的上方用分数的形式标出，分子为孔的公差带代号，分母为轴的公差带代号，如图1—31a所示；也可将基本尺寸和配合代号标注在尺寸线的中断处，如图1—31b所示；或将配合代号写成分子与分母用斜线隔开的形式注在尺寸线的上方，如图1—31c所示。

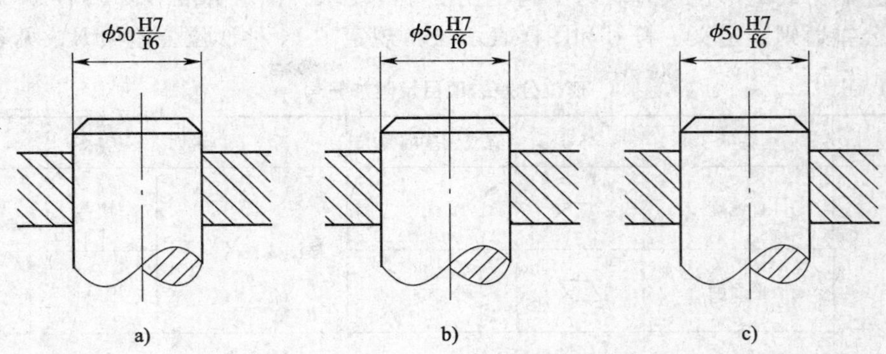

图 1—31　配合代号在装配图中的注法

在装配图中标注相配合零件的极限偏差时，一般将孔的基本尺寸和极限偏差注写在尺寸线的上方，轴的基本尺寸和极限偏差注写在尺寸的下方，如图 1—32a 所示。也允许基本尺寸只注写一次的标注，如图 1—32b 所示。

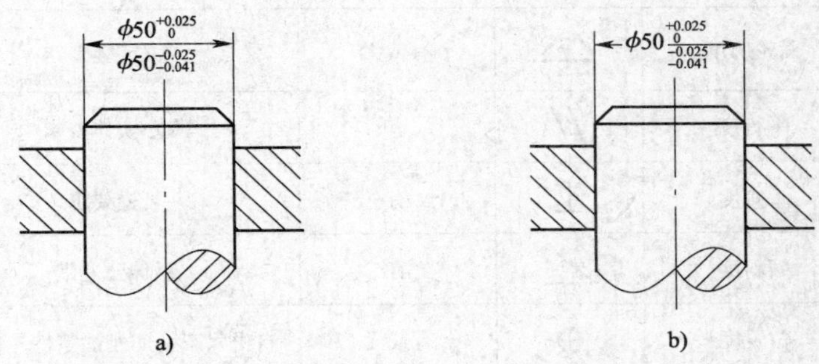

图 1—32　极限偏差在装配图中的注法

三、形位公差

1. 形位公差的概念及种类

在零件加工过程中，由于工件、刀具和机床的变形，相对运动关系的不准确，各种频率的振动以及定位不准确等原因，不仅会使工件产生尺寸误差，还会使几何要素的实际形状和位置相对于理想形状和位置产生差异，这就是形状和位置误差（简称形位误差）。

形位误差将对工件的使用性能产生不利影响。几何要素的形位误差不仅影响该工件的互换性，而且也影响整个机械产品的质量，降低寿命。这是因为形位误差对产品的功能要求，如零件的工作精度，固定件的连接强度、密封性，活动件的运动平稳性、耐磨性以及寿命等都有一定的影响。所以为了满足零件的使用性能要求，保证工件的互换性和制造的经济性，必须对工件的形位误差予以必要、合理的限制，即规定形状和位置公差（简称形位公差）。

形位公差是用来控制形位误差的。由于形位误差是指构成零件几何形状的各种点、线、面的加工误差，其误差形式既有反映表而轮廓或轴线不平、不直、不圆的形状误差，又有反映两个或两个以上点、线、面之间不平行、不垂直、不同轴的相互位置误差等多种，不像尺寸误差那样单一。因此形位公差就有许多项目，有的项目还有不同形状的公差带分别控制不同的形位误差。为了满足互换性的要求，国家标准 GB/T 1182—1996《形状和位置公差通则、定义、符号和图样表示法》规定了 14 种形位公差项 H，见表 1—1。

表 1—1　　形位公差的项目及附加符号

公差		特征	符号	有或无基准要求	说明		符号
形状	形状	直线度	—	无	被测要素的标注	直接	
		平面度	⏥	无		用字母	A
		圆度	○	无	基准要素的标注		Ⓐ
		圆柱度	⌭	无	理论正确尺寸		50
形状或位置	轮廓	线轮廓度	⌒	有或无	包容要求		Ⓔ
		面轮廓度	⌓	有或无	最大实体要求		Ⓜ
位置	定向	平行度	//	有	最小实体要求		Ⓛ
		垂直度	⊥	有	可逆要求		Ⓡ
		倾斜度	∠	有	延伸公差带		Ⓟ
	定位	位置度	⌖	有或无	自由状态（非刚性零件）条件		Ⓕ
		同轴（同心）度	◎	有	全周（轮廓）		
		对称度	⌯	有	只许中间向材料内凹下		(－)
	跳动	圆跳动	↗	有	只许中间向材料外凸起		(＋)
		全跳动	⌰	有	误差只许按小端方向逐渐减小		(▷)

由此表可知，形位公差分为形状公差、位置公差和形状或位置公差 3 大类，共有 14 个特征项目：其中形状公差 4 个，形状或位置公差 2 个，位置公差 8 个（将这 8 个特征项目分为定向公差、定位公差和跳动公差 3 种）。

2. 形位公差的标注

（1）公差框格。形位公差的要求在框格中给出，框格由两格或多格组成。框格中的内容从左到右按下列次序填写：公差特征符号、公差值，需要时用一个或多个字母表示基准要素或基准体系，如图 1—33a 所示。对同一个要素有一个以上的公差特征项目要求时，可将一个框格放在另一个框格的下面，如图 1—33b 所示。

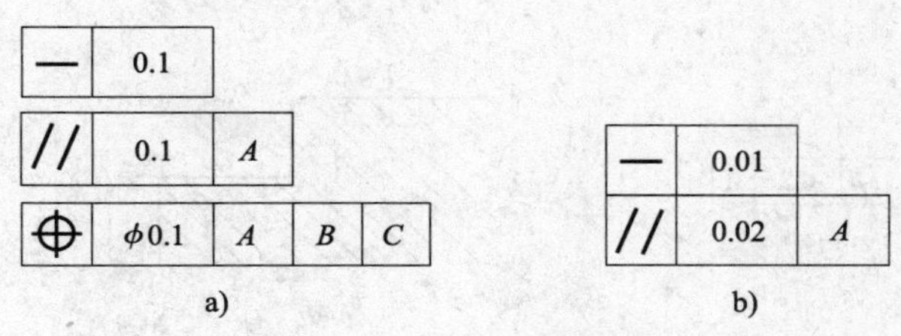

图 1—33　公差框图

（2）被测要素。用带箭头的指引线将框格与被测要素相连。除非另有规定，公差带的宽度方向就是给定的方向或垂直与被测要素的方向。

当公差涉及轮廓线或表面时，将箭头置于要素的轮廓线或轮廓线的延长线上（但必须与尺寸线明显地分开），如图 1—34 所示。

当指向实际表面时，箭头可置于带点的参考线上，该点指在实际表面上，如图 1—35 所示。

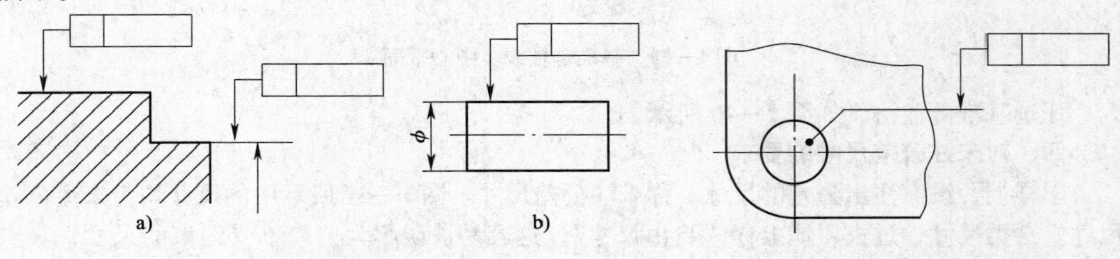

图 1—34　被测要素是轮廓线或表面　　　图 1—35　指向实际表面

当公差涉及轴线、中心平面或由尺寸要素确定的点时，则带箭头的指引线应与尺寸线的延长线重合，如图 1—36 所示。

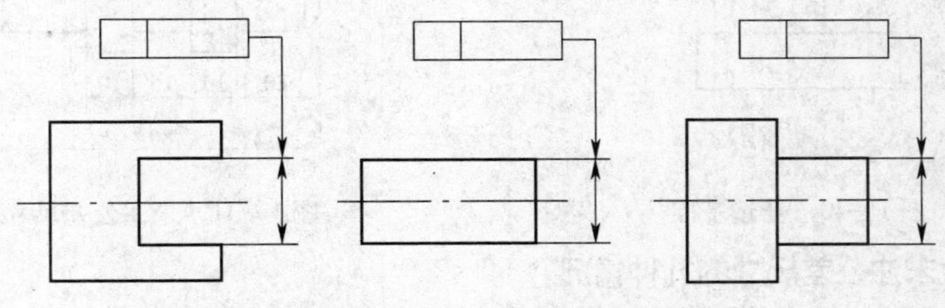

图 1—36　被测要素为轴线、中心平面

（3）基准。被测要素的位置公差总是对某一基准要素而定的。基准要素在图样上用符号表示，基准符号为一加粗的短划并用带圆圈的大写字母与短划相连。基准要素用代号标注时，在框格中一定要写上相同的字母，如图 1—37 所示。

当基准要素是轮廓线或表面时，基准应置于要素的外轮廓上或它的延长线上（但应与尺寸线明显地错开），基准符号还可以用圆点指向实际表面的参考线上，如图 1—38 所示。

当基准要素是轴线或中心平面时，则基准符号中的细实线与尺寸线对齐。如位置不够时，可用短划代替箭头，如图 1—39 所示。

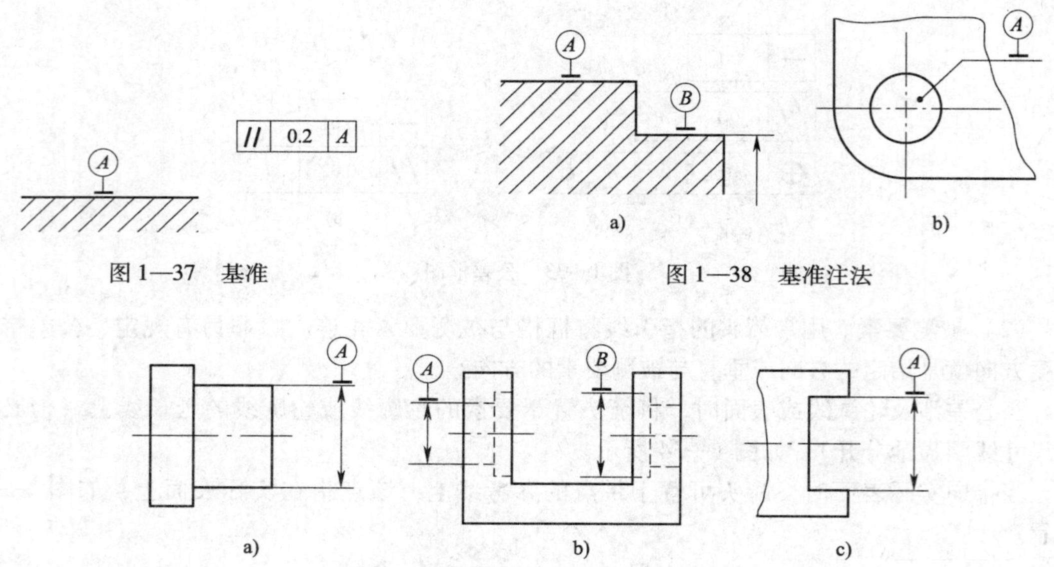

图 1—37　基准

图 1—38　基准注法

图 1—39　基准是轴线、中心平面

任选基准的注法，如图 1—40 所示。

四、对未注公差尺寸的要求

图样上，没有注出公差的尺寸，称未注公差尺寸。图 1—41 所示中的尺寸均为未注公差尺寸。这类尺寸，过去习惯上称“自由尺寸”，这容易被误解为公差不受约束的尺寸，其实这类尺寸在加工时的变动仍受限于一定的极限偏差，只不过未在图样上标注。

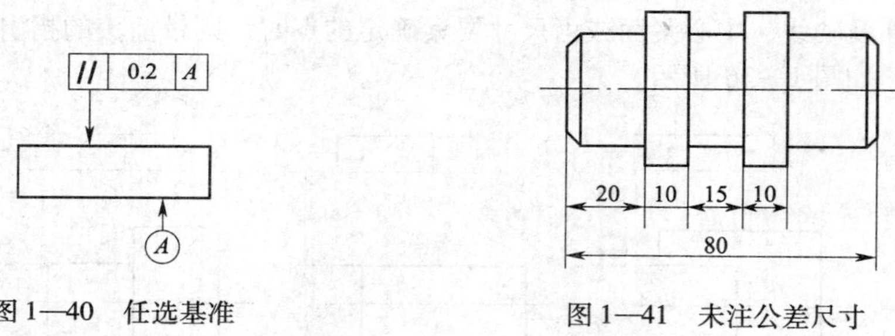

图 1—40　任选基准

图 1—41　未注公差尺寸

1. 图样上未注公差尺寸的几种情况

（1）某些非配合尺寸虽然没有配合要求，但从安装方便、减轻重量、节约材料及外形统一美观等方面考虑，应对这些尺寸加以限制，但限制的要求很低，由未注公差尺寸的极限偏差加以限制。

（2）对某些尺寸的公差，可由工艺方法保证，如冲压件的尺寸基本上由冲模确定：铸件的尺寸与铸模有关。只要冲模、铸模的尺寸正确，则工件尺寸的变动就被限制在一定范围之内，因此，对这些尺寸，也可采用不标注公差尺寸。

（3）为了简化制图，使图面清晰，并突出重要尺寸的公差要求，其余尺寸的公差不予标注。

2. 未注公差尺寸的极限偏差的规定

国标规定的未注公差尺寸的极限偏差既适用于金属切削加工尺寸，也可用于非切削加工尺寸，适应面很广。所以，其公差等级规定为 IT12～IT18。各行业、各工厂必须在国标规定的基础上，在行业或工厂标准中做进一步的规定，才便于具体使用。

对于未注公差尺寸的极限偏差，标准规定：孔用 H，轴用 h，即单向偏向；长度用 $\pm\frac{IT}{2}$，即双向对称分布（Js 或 js）；也可以不分孔、轴和长度，均按对称偏差 $\pm\frac{IT}{2}$。

五、表面粗糙度

1. 表面粗糙度的概念

表面粗糙度是指零件加工表面上具有较小间距和峰谷所组成的微观几何形状特性，如图 1—42 所示。评定零件表面粗糙度的主要参数有轮廓算术平均偏差 R_a 和轮廓最大高度 R_z。使用时，优先选用参数 R_a，在表面粗糙度代号标注时可省略 R_a。如果选用其他评定参数时，必须注明参数符号。

轮廓算术平均偏差 R_a，是在取样长度 l 内，轮廓偏距 Z 的绝对值的算数平均值。如图 1—43 所示。

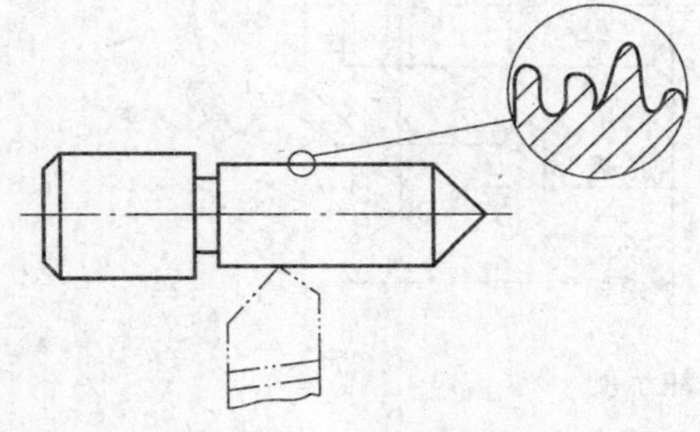

图 1—42　表面粗糙度的概念

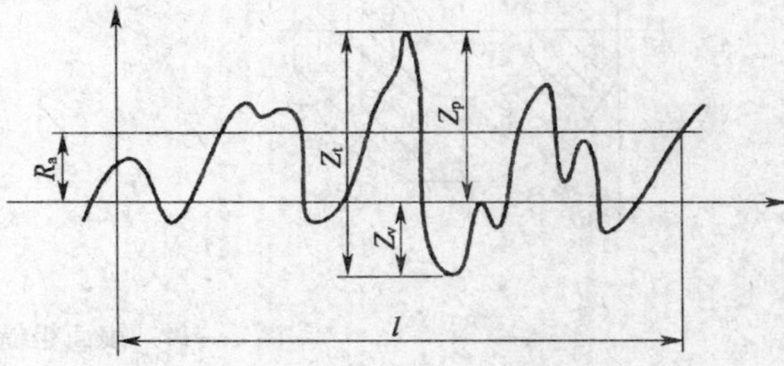

图 1—43　表面粗糙度的参数

轮廓最大高度 R_z，是在取样长度 l 内，轮廓峰顶线与轮廓谷底线之间的距离，如图 1—43所示，R_z的参数值即 Z_t。

2. 表面粗糙度符号及其意义

表面粗糙度符号及其意义见表 1—2。

表 1—2　　**表面粗糙度符号及其意义**

符号	意义及说明
	基本符号，表示表面可用任何方法获得，当不加粗糙度参数值或有关说明（例如表面处理、局部热处理状况等）时，仅适用于简化代号标注
	基本符号加一短横线，表示表面是用去除材料的方法获得，例如车、铣、钻、磨、剪切、抛光、腐蚀、电火花加工、气割等
	基本符号加一小圆，表示表面是用不去除材料的方法获得，例如锻、铸、冲压变形、热轧、冷轧、粉末冶金等；或是用于保持原供应状况的表面（包括保持上道工序的状况）
	在上述 3 个符号的长边上均可加一横线，用于标注有关说明和参数
	在上述 3 个符号的长边上均可加一小圆，表示所有表面具有相同的表面粗糙度要求

3. 表面粗糙度代（符）号在图样中的注法

在图样中，表面粗糙度代（符）号应注在图样的轮廓线、尺寸线或其延长线上，必要时可注在指引线上，符号的尖端必须从材料外指向该表面，在同一图样上，每一表面一般只标注一次代号或符号，为便于看图，最好与有关尺寸标注在一起（或附近）。当零件的所有表面具有相同的表面粗糙度时，可在图样的右上角统一标注，并加注“其余”两字。

4. 标注示例

有关标注方法的图例如图 1—44 所示。

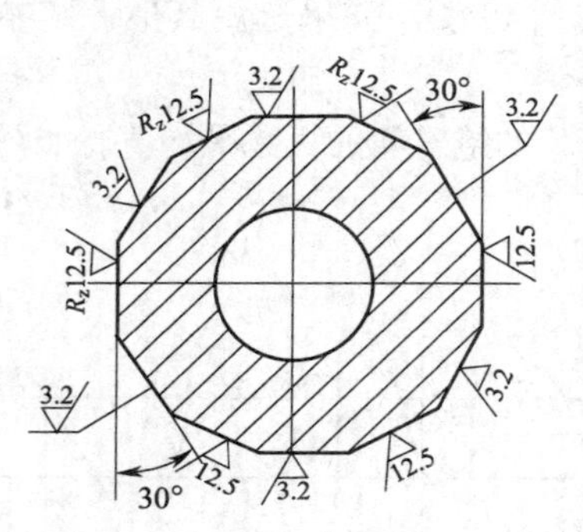

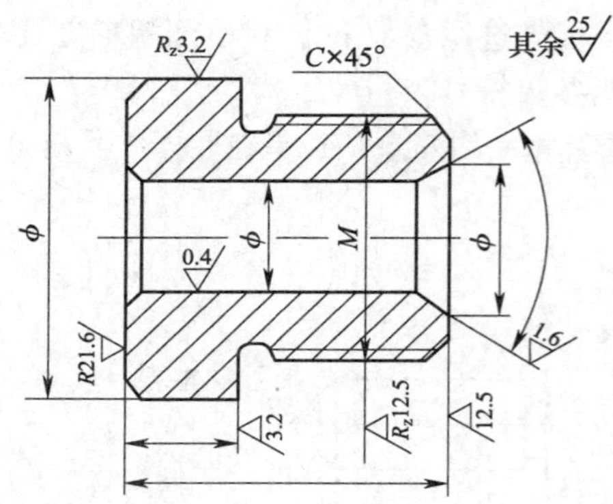

图 1—44　表面粗糙度标注示例

§1—4　尺寸链的基本知识

一、尺寸链的定义

图 1—45a 所示的孔、轴配合中，当孔的尺寸 D 和轴的尺寸 d 确定后，配合量（间隙）X 也就最后确定了。间隙量在这里也被当做一个尺寸看待（其基本尺寸为零）。因此，D、d、X 三个尺寸就构成了一个封闭的尺寸系统，即配合尺寸链。又如图 1—46a 所示为一装配图的局部示意图，当各零件的结构尺寸 $A_1 \sim A_5$ 确定后，轴与轴套端面的间隙量 A_0（回转轴的轴向游动量）也就确定了，$A_0 \sim A_5$ 这几个尺寸不在同一零件上，故由这些尺寸组成的尺寸链，称为装配尺寸链，其简图如图 1—46b 所示。在我们已学过的内容中，也有许多尺寸链的例子，如螺纹连接中内、外螺纹的中径尺寸与间隙量的关系、圆锥配合中内、外圆锥直径与配合间隙或过盈的关系、圆柱齿轮分度圆直径和齿轮中心距及齿轮副侧隙间的关系等，均可用尺寸链概念对其进行讨论。又如图 1—47a 所示的零件，其轴向尺寸 A_0、A_1、A_2、A_3 之间也具有封闭性，所组成的尺寸链叫零件尺寸链，如图 1—47b 所示。当尺寸 $A_1 \sim A_3$ 一旦确定了，尺寸 A_0 也就得到了，即尺寸 A_0 的大小受尺寸 $A_1 \sim A_3$ 大小的影响。

由上面的例子，我们可以得出尺寸链的定义，即尺寸链是由相互连接的尺寸构成的一个封闭的尺寸组。尺寸链有两个特征：一是它的封闭性，二是其相关性，即尺寸链中，有一个尺寸是最后形成的，其大小要受到其他尺寸大小的影响。

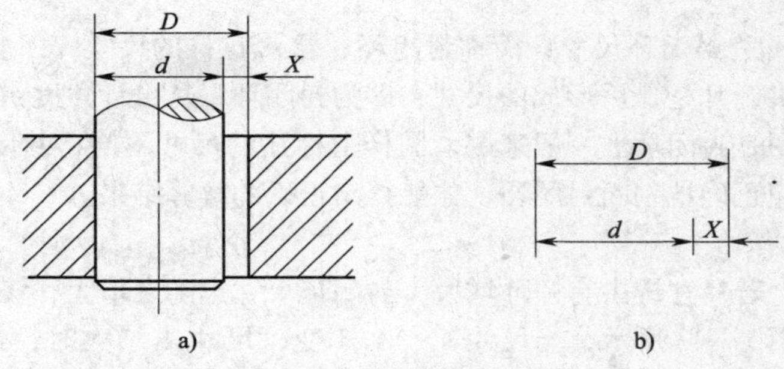

图 1—45　配合中的尺寸链

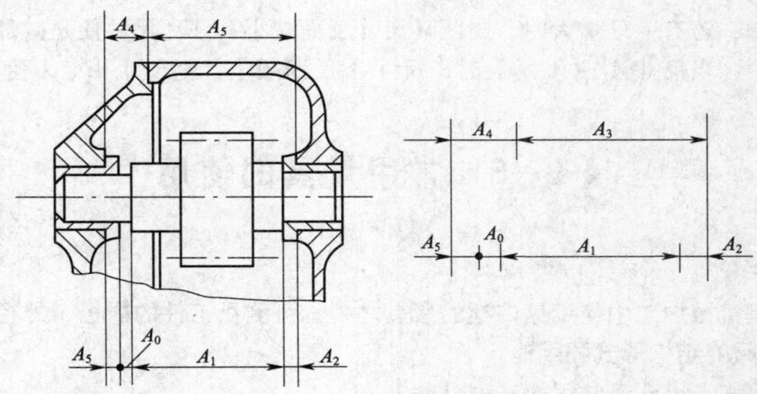

图 1—46　装配尺寸链

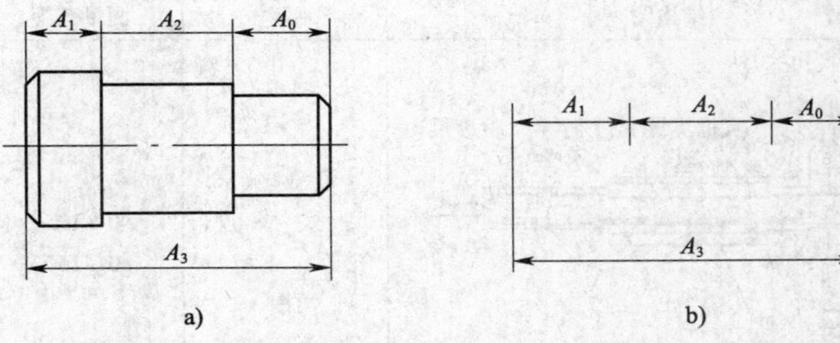

图 1—47　零件尺寸链

二、尺寸链的类型

尺寸链可分为设计尺寸链和工艺尺寸链，其中设计尺寸链又分为零件类设计尺寸链和装配类设计尺寸链。此外，尺寸链又分为直线尺寸链、平面尺寸链、空间尺寸链，如图1—45、图 1—46、图 1—47 所示均为直线尺寸链。尺寸链还可按几何量特征的不同分为长度尺寸链和角度尺寸链。

三、尺寸链的组成与各环的判别

尺寸链中的所有尺寸均称为尺寸链的环。尺寸链的环又分封闭环、增环、减环，其中增环和减环统称为组成环。现以图 1—47 为例，对各环加以说明。

1. 封闭环

在图 1—47 中，若尺寸 $A_1 \sim A_3$ 确定后，尺寸 A_0 也就最后得到了，即尺寸 A_0 是最后形成的尺寸，故称尺寸 A_0为封闭环尺寸，简称封闭环。像 A_0这样的尺寸，一般在图样上不标出。从加工或装配角度讲，凡是最后形成的尺寸，即为封闭环；从设计角度讲，需要靠其他尺寸间接保证的尺寸，便是封闭环。一般来讲，图样上标注的尺寸不同，封闭环也不同。因此，在解算尺寸链时，应正确地判断封闭环，才能得出正确的解算结果。

2. 增环

封闭环确定后，若尺寸链中有一环增大，封闭环尺寸也随之增大，该尺寸环便为增环尺寸，简称增环。如图 1—47 所示，当尺寸 A_1、A_2不变，尺寸 A_3增大时，封闭环尺寸 A_0也增大，则尺寸 A_3即为该尺寸链的增环。

3. 减环

在尺寸链中，若有一环增大时，封闭环尺寸反而减小，该环尺寸便是减环尺寸，简称减环。图 1—47 中，当尺寸 A_1或 A_2增大时，尺寸 A_0反而减小，则尺寸 A_1、A_2为减环。

§1—5　常用量具的使用

一、游标卡尺

游标卡尺是机械加工中使用最广泛的量具之一，可测量工件的内径、外径、深度等。

1. 游标卡尺的结构形式和用途

游标卡尺简称卡尺，最常用的三种见表 1—3。

表 1—3　　常用的游标卡尺　　单位：mm

种类	结构图	用途	测量范围	游标读数值
三用卡尺（Ⅰ型）	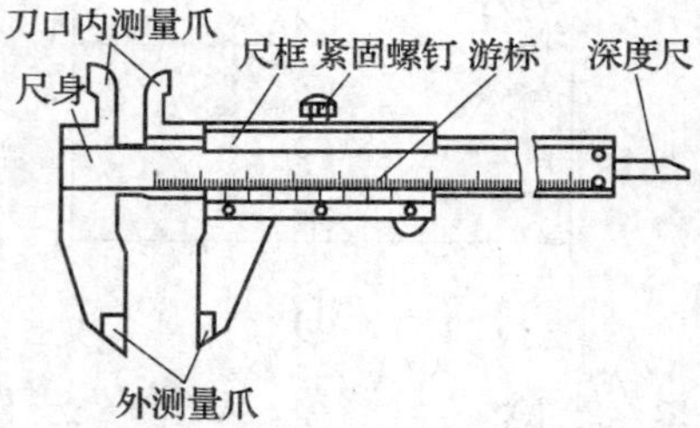 刀口内测量爪 尺身 尺框 紧固螺钉 游标 深度尺 外测量爪	可测内、外尺寸，深度，孔距，环型壁厚，沟槽	0 ~ 125 0 ~ 150	0.02 0.05
双面卡尺（Ⅲ型）	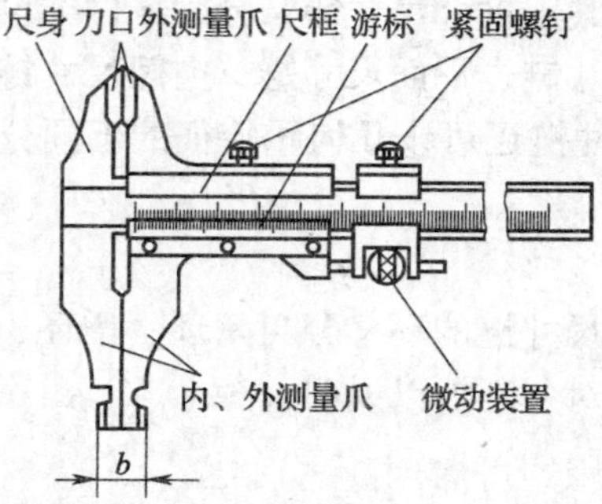 尺身 刀口外测量爪 尺框 游标 紧固螺钉 内、外测量爪 微动装置 b	可测内、外尺寸，孔距，环形壁厚，沟槽	0 ~ 200 0 ~ 300	0.02 0.05

续表

种类	结构图	用途	测量范围	游标读数值
单面卡尺（Ⅳ型）	尺身 尺框 游标 紧固螺钉 内外测量爪 微动装置 b	可测内、外尺寸，孔距	0～200 0～300	0.02 0.05
			0～500	0.02 0.05 0.1
			0～1000	0.05 0.1

2. 游标卡尺的刻线原理

游标卡尺的读数部分由尺身和游标组成。其原理是利用尺身刻度间距与游标刻度间距之差来进行小数读数。通常尺身刻度间距 a 为 1 mm，尺身（$n-1$）格的长度等于游标 n 格的长度（见图 1—48），则相应的游标刻度间距 $b=(n-1)\times a/n$，常用的 $n=10$、$n=20$、$n=50$ 三种，故 b 分别为 0.90 mm、0.95 mm、0.98 mm 三种，而尺身刻度间距与游标刻度间距之差即游标读数值 $i=a-b$，此时 i 分别为 0.10 mm、0.05 mm、0.02 mm。

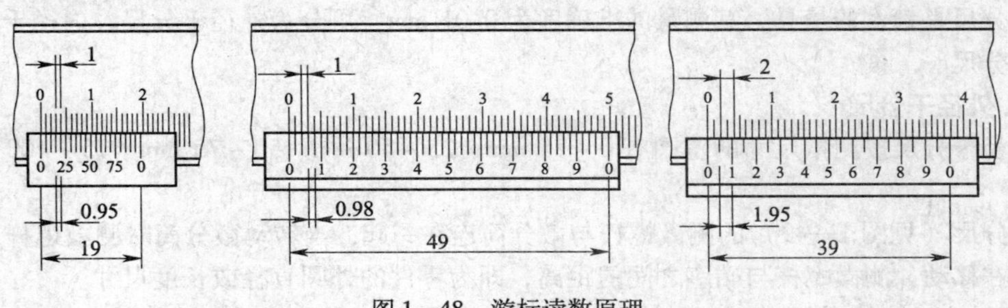

图 1—48 游标读数原理

若尺身（$\gamma n-1$）格的长度等于游标 n 格的长度时，$b=(\gamma n-1)a/n$，式中 γ 称游标系数，一般取 $\gamma=1$ 或 $\gamma=2$。

3. 游标卡尺的读数方法

（1）先读整数部分。游标零刻线是读数基准。游标零刻线所指示的尺身上左边刻线的数值，即为读数的整数部分。

（2）再读小数部分。判断游标零刻线右边是哪一条刻线与尺身刻线重合，将该线的序号乘游标读数值之后所得的积，即为读数的小数部分。

（3）求和。将读数的整数部分和小数部分相加，即为所求的读数。

4. 游标卡尺的使用注意事项

（1）使用前先把量爪和被测工件表面擦净，以免影响测量精度。

（2）检查各部件的相互作用，如尺框和微动装置移动是否灵活，紧固螺钉能否起作用。

（3）校对零位。使卡尺两量爪合拢后，看游标的零刻线与尺身零刻线是否对齐，如果没有对齐，一般应送计量部门检修，若仍要使用，需加校正值。

（4）测量时，要使量爪与被测表面处于正确位置。

（5）测量时要掌握好量爪与被测表面的接触压力，既不能太大，也不能太小。

（6）读数时，卡尺应朝着光亮的方向，使视线尽可能垂直尺面。

（7）应定期进行检查。

5. 游标卡尺的维护保养

（1）禁止把游标卡尺的两个量爪当做扳手或划线工具使用，也不准用卡尺代替卡钳、卡板等在被测工件上推拉，以免卡尺磨损，影响测量精度。

（2）游标卡尺受到损伤后，绝对不允许用锤子、锉刀等工具自行修理，应交专门修理部门修理，并经检定合格后才能使用。

（3）不可用砂布或普通磨料来擦除刻度尺表面的锈迹和污物。

（4）带深度尺的游标卡尺，用完后应将量爪合拢，否则较细的深度尺露在外边，容易变形，甚至折断。

（5）游标卡尺不要放在磁场附近，以免卡尺受磁。

（6）不可在游标卡尺的刻线处打钢印或记号，否则将造成刻线不准确。必要时允许用电刻法或化学法刻蚀记号。

（7）游标卡尺用完后应平放，避免造成变形，也不要将游标卡尺与其他工具一起堆放。使用完毕后，擦净并涂油，放置在专用盒内，防止弄脏或生锈。

二、千分尺

千分尺是精密的量具，其测量的准确度为0.01 mm，可分为外径千分尺、内径千分尺和深度千分尺。

1. 外径千分尺

外径千分尺按测量尺寸的范围有0～25 mm、25～50 mm、50～75 mm、75～100 mm 等规格。

千分尺（见图1—49）的测微螺杆与微分筒连在一起，当转动微分筒时测微螺杆即可向左或向右移动。测微螺杆与砧座之间的距离，即为零件的外圆直径或长度尺寸。

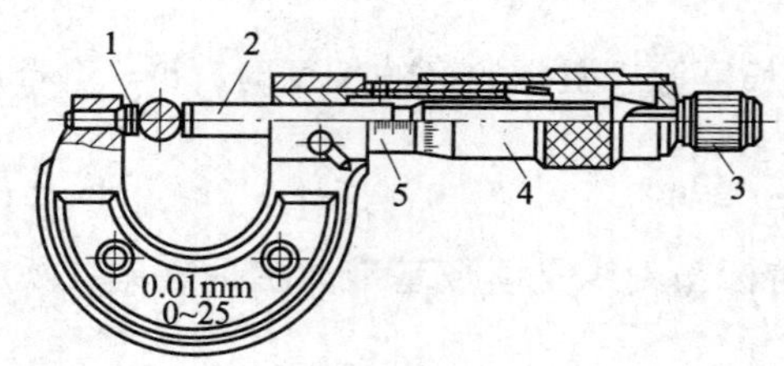

图1—49　外径千分尺

1—砧座　2—测微螺杆　3—棘轮　4—微分筒　5—固定套筒

（1）外径千分尺的读数方法。

1）固定套筒的纵线上、下方刻线值每格1 mm，但错开0.5 mm，可读得毫米整数和半毫米数。

2）微分筒左端圆周上分50格，刻度值每格为0.01 mm，与固定套筒纵线对准的刻线即为小数值，如纵线在两格之间不可近似估计到微米（μm）值。

3）将固定套筒读数与微分筒读数相加就是工件的测量尺寸，如图1—50所示。

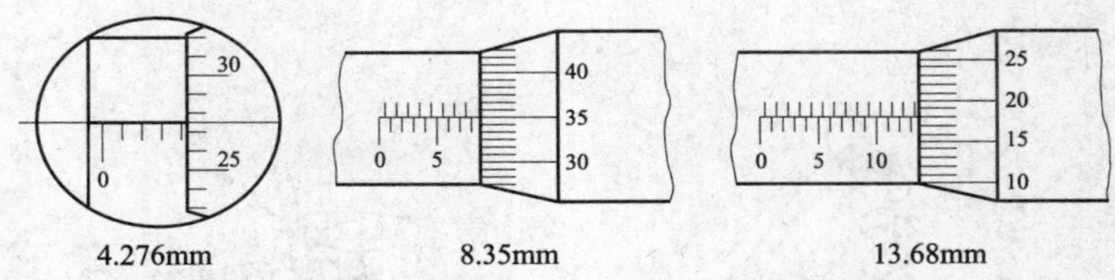

图 1—50　外径千分尺的读数方法

（2）外径千分尺的使用方法。

1）按被测工件直径尺寸的大小，选择千分尺的规格。

2）检查千分尺的零位，如图 1—51 所示。

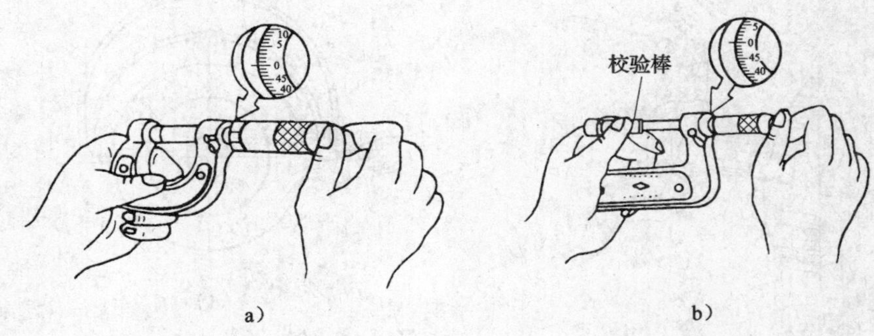

图 1—51　千分尺的零位检查

a）0～25 mm 千分尺的零位检查　b）大尺寸千分尺的零位检查

3）转动棘轮，使测微螺杆张开的距离略大于被测工件的直径。

4）左手握住尺架，右手大拇指和食指握住棘轮，并使砧座和测微螺杆伸入工件所测部位，如图 1—52a、b、c、d 所示。

5）顺时针方向转动棘轮，同时使测微螺杆作轻微的轴向移动和径向摆动，以对准工件的直径，当棘轮发出“嗒嗒”响声时，就可读出工件尺寸；或锁紧螺杆，将千分尺轻轻地取出再读数。

2. 内径千分尺

内径千分尺的结构如图 1—53a 所示，它由测微头和各种尺寸的接长杆组成。其测量范围为 50～1 500 mm，分度值为 0. 01 mm，读数方法和千分尺相同。测量时，内径千分尺应在孔内摆动，在径向方向应找出最大尺寸，轴向方向应找出最小尺寸，这两个重合尺寸就是孔的实际尺寸，如图 1—53b 所示。

3. 深度千分尺

（1）深度千分尺的结构。深度千分尺如图 1—54 所示。其结构与外径千分尺相似，只是用底板 1 代替尺架和测砧。深度千分尺的测微螺杆移动量是 25 mm，使用可换式测量杆，测量范围为 25～50 mm、50～75 mm、75～100 mm 等。

（2）使用方法。使用方法与前面介绍的几种千分尺使用方法类似。测量时，测量杆的轴线应与被测面保持垂直。测量孔的深度时，由于看不到里面，所以用尺要格外小心。

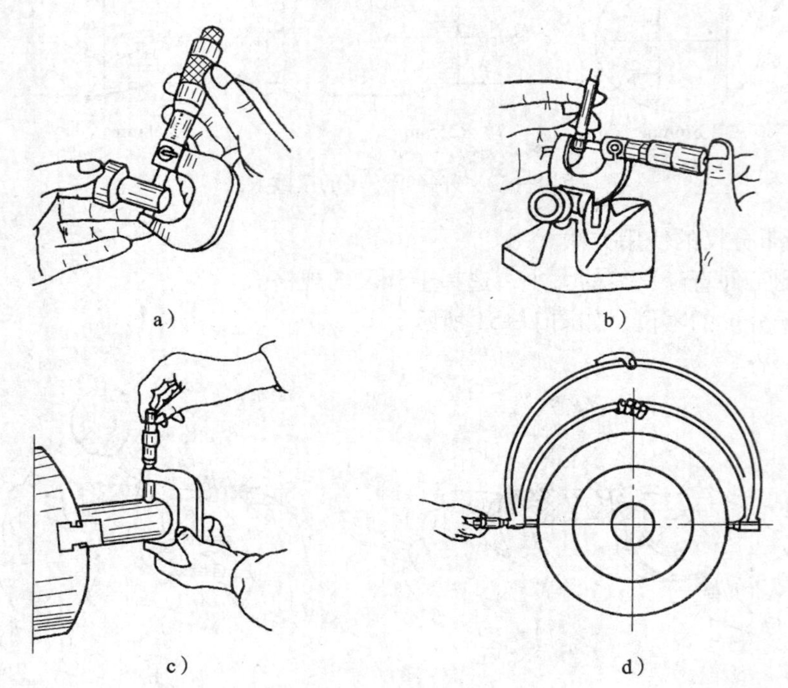

图1—52　千分尺的使用方法

a）手持工件测量　b）将千分尺固定的测量　c）工件在卡盘上的测量　d）特大工件的测量

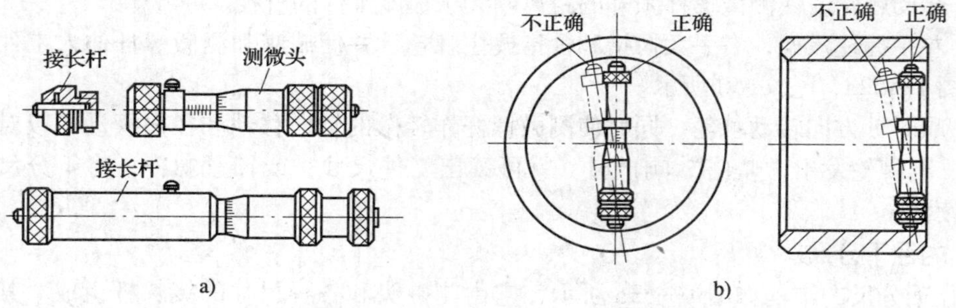

图1—53　内径千分尺及使用方法

a）外形结构　b）使用方法

三、百分表

百分表如图1—55所示，它可用来精确测量工件圆度、圆跳动、平面度和直线度等形位误差，其分度值为0.01 mm。测量时需配有表夹和表座，如图1—56所示。

（1）百分表的使用方法。百分表使用时应注意：

1）使用前将量表装夹在合适的表夹和表座上，用手指向上轻抬测头，然后让它自由落下，重复几次，此时长指针不应产生位移。

2）测平面时，测量杆要和被测面垂直；测圆柱体时，测量杆中心必须通过工件的中心。

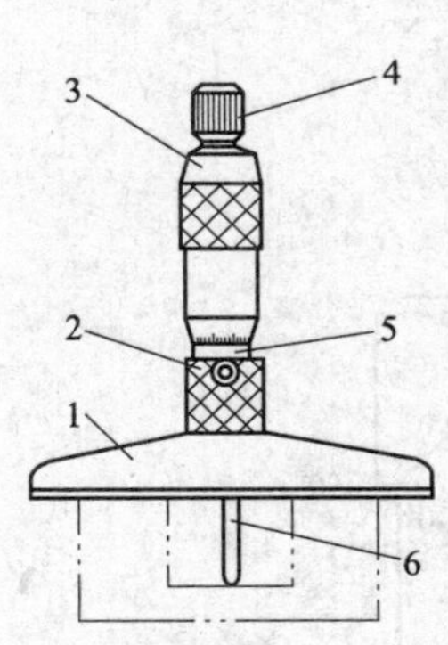

图 1—54 深度千分尺

1—底板 2—锁紧装置
3—微分筒 4—测力装置
5—固定套管 6—测量杆

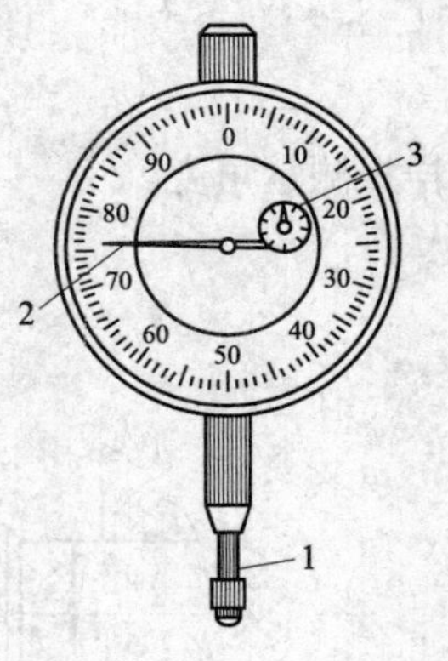

图 1—55 百分表

1—测量杆 2—大指针
3—小指针

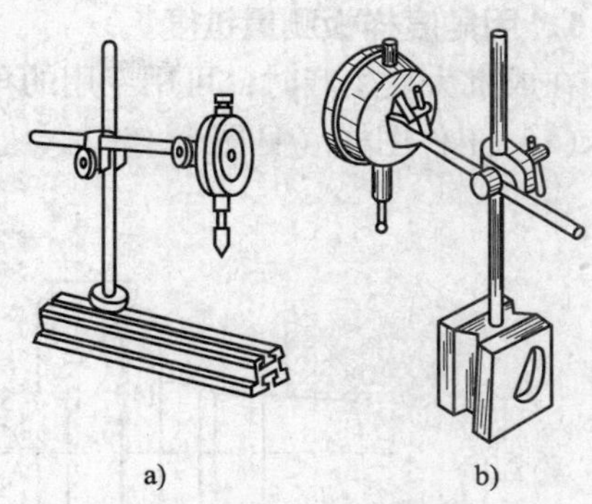

图 1—56 百分表的安装及使用

a）百分表的使用 b）百分表的安装

3）测量时先将测量杆轻轻提起，把表架或工件移到测量位置后，缓慢放下测量杆，使之与被测面接触，不可强制把测量头推上被测面。然后转动刻度盘使其零位对正长指针，此时要多次重复提起测量杆，观察长指针是否都在零位上，在不产生位移情况下才能读数。

（2）百分表的读数方法。长指针每转一格为 0. 01 mm，短指针每转动一格为 1 mm，把长、短指针读数相加即为测量读数。

（3）内径百分表的使用方法。内径百分表结构如图 1—57 所示，它是将百分表装夹在测架 1 上，触头 6（即活动测量头）通过摆动块 7、杆 3 将测量值 1∶1 传给百分表。测量头 5 可根据孔径的大小更换。测量前，应使百分表对准零位，测量时，为得到准确的尺寸，活动测量头应在径向摆动时找出最大值，轴向摆动时找出最小值，这两个重合尺寸就是孔的实际尺寸，如图 1—58 所示。内径百分表主要用于测量精度要求较高而且较深的孔。

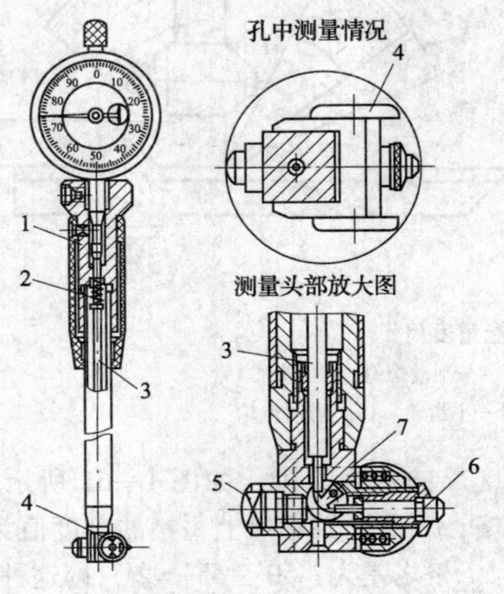

图 1—57 内径百分表

1—测架 2—弹簧 3—杆 4—定心器
5—测量头 6—触头 7—摆动块

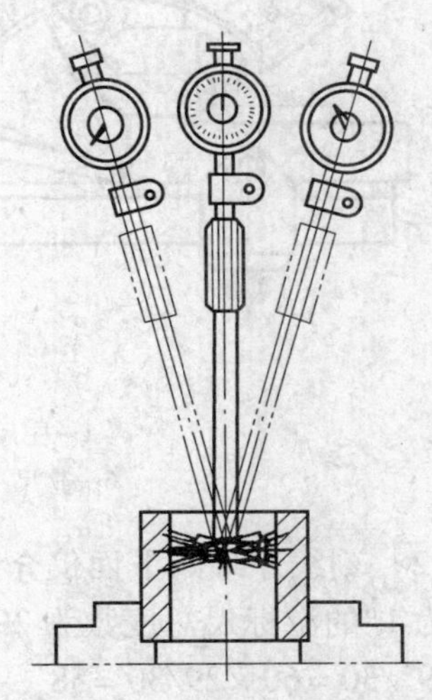

图 1—58 内径百分表的测量方法

四、锥度测量工具

1. 用角度样板测量锥度

在成批大量生产时，可用专用的角度样板测量角度。

（1）工件图样（见图 1—59）。

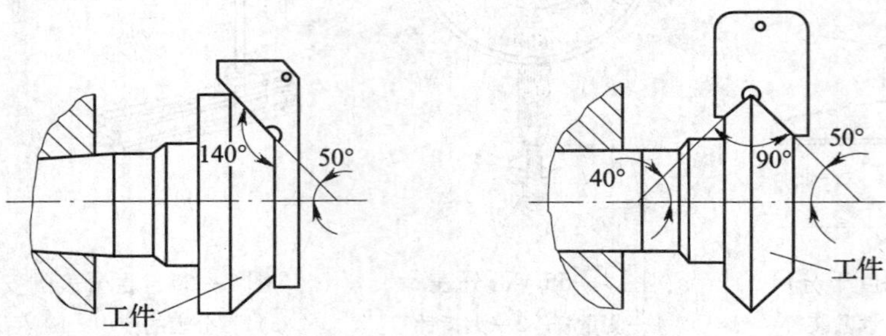

图 1—59　用样板测量圆锥齿轮坯的角度

（2）测量方法。样板的形状及角度由被测工件的形状和角度来决定。图 1—59 所示是测量圆锥齿轮坯角度的方法，通过透光法判定工件角度是否合格。

2. 用万能角度尺测量锥度

（1）万能角度尺的结构。万能角度尺的结构如图 1—60 所示。

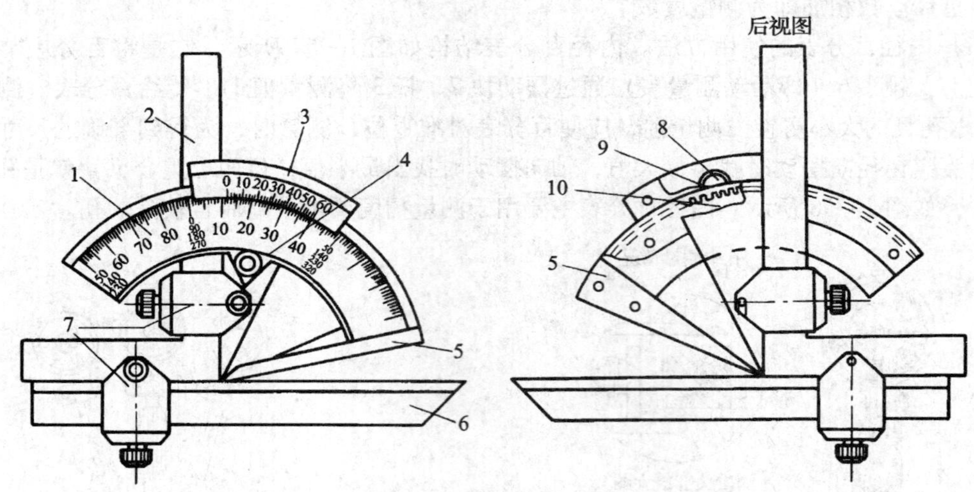

图 1—60　万能角度尺

1—主尺　2—角尺　3—游标　4—制动螺钉　5—基尺
6—直尺　7—卡块　8—捏手　9—小齿轮　10—扇形齿轮

（2）刻线原理。下面仅介绍 2′精度万能角度尺的刻线原理，如图 1—61 所示。主尺每格为 1°的游标尺总度数为 29°，并等分成 30 格，因此，游标尺上每格的刻度值为：

$29°/30 = 60 \times 29/30 = 58'$；主尺 1 格和游标尺 1 格之差为：$60' - 58' = 2'$，即这种万能角度尺的测量精度为 2′。

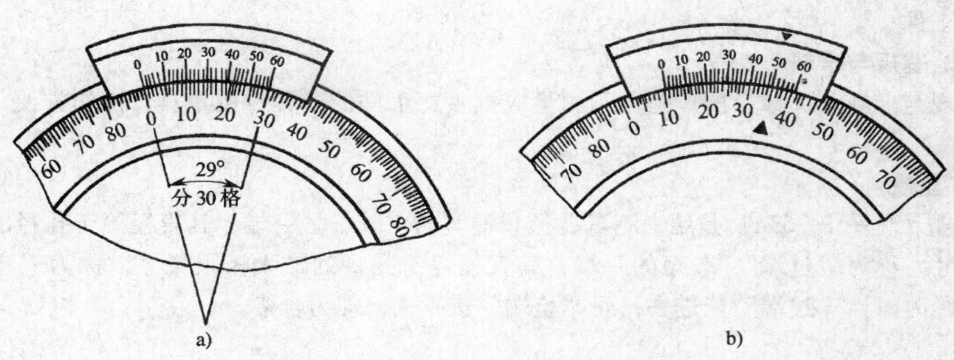

图 1—61　2′万能角度尺的刻线原理及读法

a）刻线原理　b）读数方法

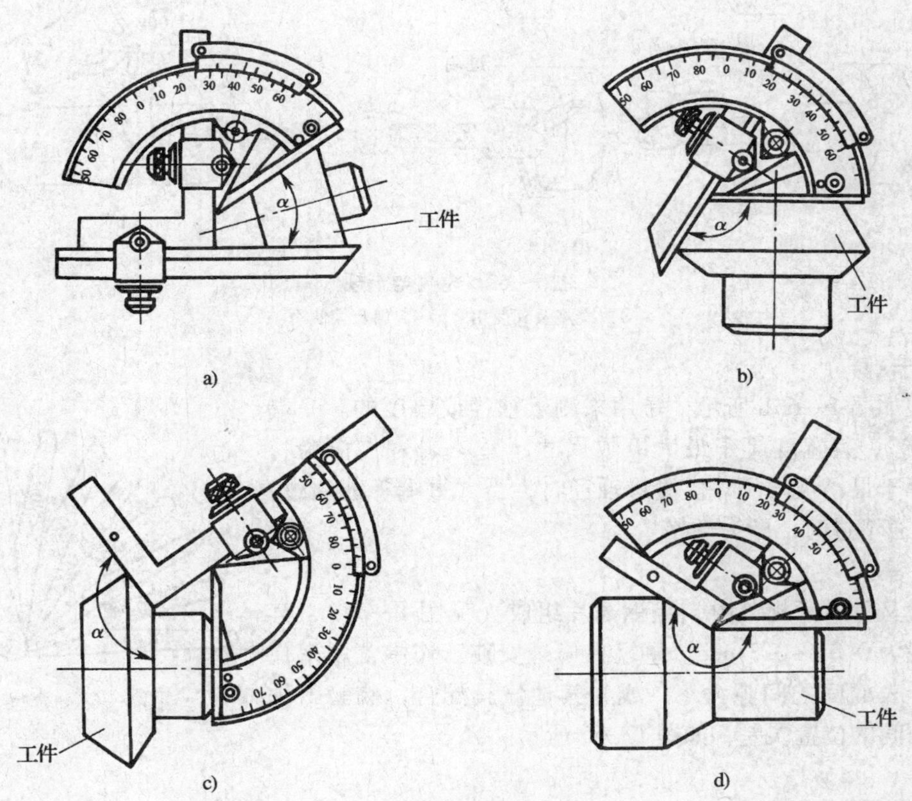

图 1—62　用万能角度尺测量工件的方法

a）测量 0°～50°　b）测量 50°～140°　c）、d）测量 140°～230°

（3）测量方法。用万能角度尺可以测量 0°～320°范围内的任何角度。用万能角度尺测量角度时，应根据工件角度的大小，选择不同的测量方法，如图 1—62 所示。测量 0°～50°的工件，可选择图 1—62a 所示的方法；测量 50°～140°的工件，可选择图 1—62b 所示的方法；测量 140°～230°的工件，可选择图 1—62c 和 d 所示的方法；若将图 1—60 中的角尺 2 和直尺 6 都卸下，由基尺 5 和扇形板（主尺 1）的测量面形成的角度，还可测量 230°～320°

之间的工件。

五、塞规与卡规

塞规与卡规（又称卡板）是用于测量成批生产工件的一种专用量具，操作方便、测量准确。

1. 塞规

塞规（见图 1—63a）是用来测量孔径和槽宽的。较长的一端，其直径等于孔径的最小极限尺寸，称为“过端”；较短的一端，其直径等于孔径的最大极限尺寸，称为“止端”。测量孔径时，当“过端”能进去，而“止端”进不去，即为合格。

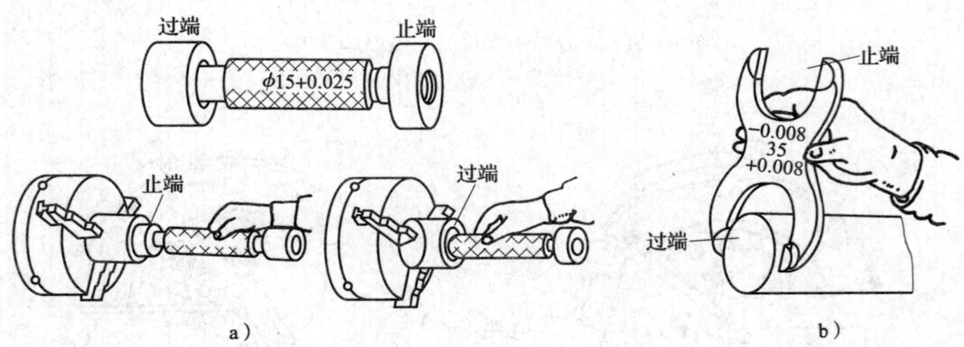

图 1—63　塞规与卡规

a）塞规及其使用　b）卡规及其使用

2. 卡规

卡规如图 1—63b 所示，是用来测量轴径或厚度的。一端为“过端”，其宽度等于最大极限尺寸，另一端为“止端”，其宽度等于最小极限尺寸。测量轴径时，当“过端”能通过，“止端”通不过时，即为合格。

六、塞尺

塞尺又称厚薄规，由一组钢薄片组成（见图 1—64），其厚度一般为 0.01 ~ 0.3 mm。塞尺在修理安装工作中常用来检验相配合表面间的间隙大小；或与其他量具配合，检验工件相关表面间的位置误差，如图 1—65 所示。

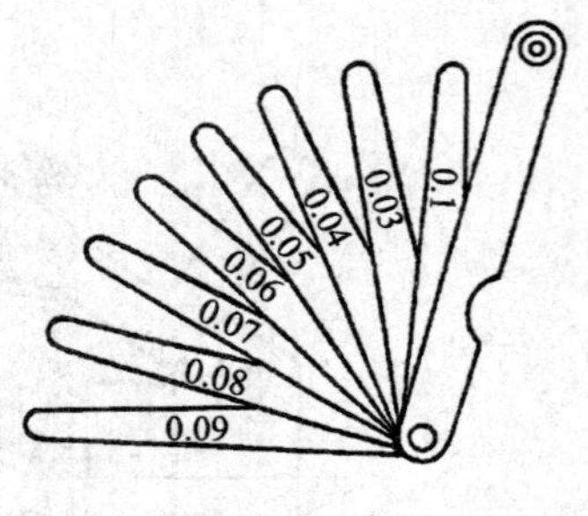

图 1—64　塞尺

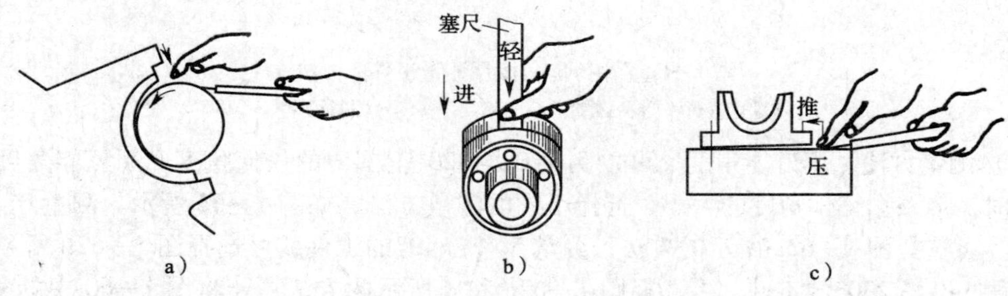

图 1—65　塞尺的使用

a）测圆柱面接触间隙　b）测端面间隙　c）测平面接触间隙

七、刀口形直尺

刀口形直尺用于检测小型平面的直线度和平面度误差（见图 1—66）。若平面不平，则刀口形直尺与平面之间即有缝隙，可根据光隙判断误差状况。

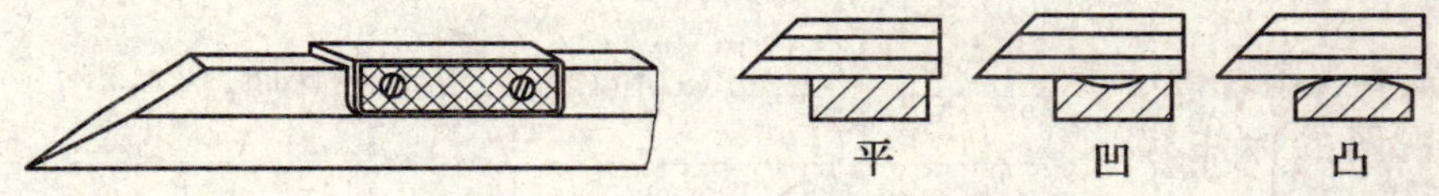

图 1—66 刀口形直尺及其应用

八、90°角尺

1. 90°角尺的结构

常用 90°角尺的外形如图 1—67 所示。

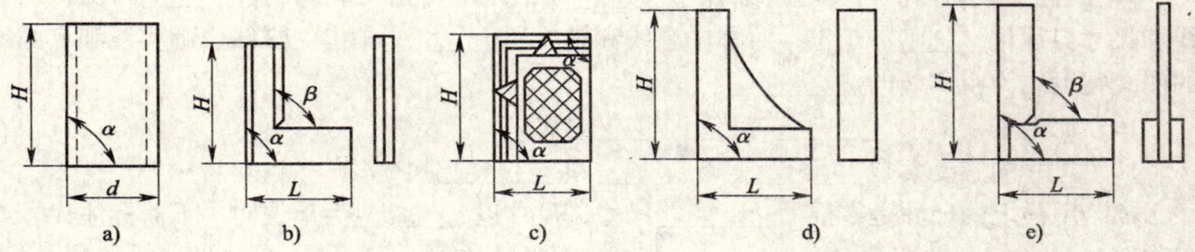

图 1—67 90°角尺

a）圆柱角尺 b）刀口形角尺 c）矩形角尺 d）铸铁角尺 e）宽座角尺

2. 90°角尺的用途

90°角尺主要用于检验 90°外角或内角，测量垂直度误差，检查机床仪器的精度和划线。

00 级、0 级 90°角尺用于检验精密仪器的垂直度误差，也用于检定 1 级或 2 级 90°角尺。1 级 90°角尺用于检验精密工件，2 级 90°角尺用于检验一般工件。

3. 90°角尺的使用注意事项

（1）测量前应将 90°角尺工作面和被测零件表面擦净，去毛刺。

（2）测量时将被测零件和 90°角尺同时置于检验平板上，使 90°角尺长边工作面与被测工件轻轻相靠，可用光隙法或用塞尺试塞方法，测量出被测零件的垂直度误差。

（3）使用宽座 90°角尺，要握住 90°角尺短边来搬动，以免长边与短边相接触的地方产生松动。

（4）测量时，应注意使 90°角尺的非工作面与被测表面保持垂直，不能倾斜。

（5）90°角尺是一种比较精密的量具，使用过程中应避免磕碰。

（6）使用完后，应清洗、擦净、涂油。

习 题 一

一、填空题

1. 三视图的投影规律是：主、俯视图________；俯、左视图________；主、左视图________。

2. 直线按其对三个投影面的相对位置不同，可分为__________线、__________线和________线。

3. 基本视图有________个，它们的名称分别是________、________、________、________、________、________。

4. 除基本视图外，还有________、________和________三种视图。

5. 剖视图的标注有：①________________________；②________________；③________________三部分内容。

6. 断面有________、________两种，区别在于移出断面________，重合断面________。

7. 广泛应用的三视图为________、________和________。

8. 采用剖面图可得到机件某处所需断面的图形，根据图形配置位置可分为________和________两种。

9. 图样中，物体的可见轮廓线用________画出，不可见轮廓线用________画出，尺寸线和尺寸界线用________画出，对称中心线和轴线用________画出。虚线、细实线和点画线的图线宽度约为粗实线的________。

10. 比例是指图中________与其________之比。

11. 尺寸的三要素是________、________和________。

12. 图样上的尺寸是零件的________尺寸，尺寸以________为单位时，不需标注代号或名称。

13. 标注尺寸的________称为尺寸基准，机器零件在________三个方向上，每个方向至少有一个尺寸基准。

14. 尺寸基准按其重要性可分为________尺寸基准和________尺寸基准两种。按几何形式分为________基准、________基准和________基准三种。

15. 尺寸公差带是由________和________两部分组成。________确定公差带位置，________确定公差带大小。

16. 配合有________和________两种基准制。配合分成________、________和________三类。

17. 基孔制的孔（基准孔）用符号________表示，其基本偏差为________。基轴制的轴（基准轴）用符号________表示，其基本偏差为________。

18. 尺寸偏差是________，因而有正、负的区别；而尺寸公差是用绝对值来定义的，因而在数值前不能________。

19. 当最大极限尺寸等于基本尺寸时，其________偏差等于零；当零件的实际尺寸等于其基本尺寸时，其________偏差等于零。

20. 确定公差带的两个要素分别是________和________。

21. 按孔公差带和轴公差带相对位置不同，配合分为________配合、________配合和________配合三种。其中孔公差带在轴公差带之上时为________配合，孔、轴公差带交叠时为________配合，孔公差带在轴公差带之下时为________配合。

22. 位置公差又分为________种，它们分别是________、________和________。

23. 游标卡尺通常用来测量________、________、________、________及深度等。

24. 外径千分尺一般由________、________、________和________等部分组成。

25. 百分表的分度值为________mm，百分表的示值范围通常有________mm、________mm和________mm三种。

二、判断题

1. 省略一切标注的剖视图，说明它的剖切平面不通过机件的对称平面。（　）

2. 位置公差是指单一要素的形状所允许的变动量。（　）

3. 除基本视图外，还有全剖视图、半剖视图和旋转视图三种视图。（　）

4. 随公差等级数字的增大，而尺寸精确程度依次提高。（　）

5. 零件表面粗糙度值越小，零件的工作性能就越差，寿命也越短。（　）

6. 在一个尺寸链中，必定有一个，也只能有一个自然形成或需要解算的尺寸是随着其他尺寸的变化而变化的。（　）

7. 图形的线性尺寸与实际机件相应的线性尺寸之比称为比例，当标注比例为1∶2时，表示图形比实物大。（　）

8. 图样上的尺寸应是零件的最后完工尺寸。（　）

9. 我国制图标准中，剖视图分为全剖视图、半剖视图和局部剖视图三类。（　）

10. 用剖切面完全地剖开机件所得的剖视图称为全剖视图。（　）

11. 尺寸公差是尺寸允许的变动量，是用绝对值来定义的，因而它没有正、负的含义。（　）

12. 尺寸公差等于最大极限尺寸减最小极限尺寸之代数差的绝对值，也等于上偏差与下偏差代数差的绝对值。（　）

13. 基孔制是孔的基本偏差一定，而通过改变轴的基本偏差而形成各种配合的一种制度。（　）

14. 基轴制是轴的精度一定，而通过改变孔的精度得到各种配合的一种制度。（　）

15. 游标卡尺是一种使用广泛的通用量具，无论何种游标卡尺均不能用于划线，以免影响其测量精度。（　）

16. 各种千分尺的分度值均为千分之一毫米，即0.001 mm。（　）

17. 百分表的示值范围最大为0～10 mm，因而百分表只能用来测量尺寸较小的工件。（　）

18. 百分表的测量头开始与被测表面接触时，只能轻微接触表面，以避免产生过大的接触力，并保持足够的示值范围。（　）

19. 在机械制造中，零件的形状和位置误差是不可避免的。（　）

20. 直线度公差的公差带形状有三种，它们分别是两平行直线、两平行平面和圆柱面。（　）

三、单项选择题

1. 零件图中的角度数字一律写成（　）。

A. 垂直方向　　B. 水平方向

C. 弧线切线方向　　D. 斜线方向

2. 局部视图的断裂边界应以（　）表示。

A. 波浪线　　B. 虚线

C. 点画线　　D. 细实线

3. 金属材料的剖面符号，应画成与水平成（　　）的互相平行、间隔均匀的细实线。

A. 15°　　　　B. 45°

C. 75°　　　　D. 90°

4. ϕ30H7/K6 属于（　　）配合。

A. 间隙　　　　B. 过盈

C. 过渡　　　　D. 滑动

5. 在公差带图中，一般取靠近零线的那个偏差为（　　）。

A. 上偏差　　　　B. 下偏差

C. 基本偏差　　　　D. 自由偏差

6. 孔的形状精度主要有圆度和（　　）。

A. 垂直度　　　　B. 平行度

C. 同轴度　　　　D. 圆柱度

7. 六个基本视图中，最常应用的是（　　）三个视图。

A. 主、右、仰　　　　B. 主、俯、左

C. 主、左、后　　　　D. 主、俯、后

8. 标准公差共分（　　）个等级，其中 IT18 级公差带代号，6 g 表示大径公差带代号。

A. 12　　B. 18　　C. 20　　D. 16

9. 基本尺寸是（　　）。

A. 测量时得到的　　　　B. 加工时得到的

C. 装配后得到的　　　　D. 设计时给定的

10. 最小极限尺寸减其基本尺寸所得的代数差为（　　）。

A. 上偏差　　　　B. 下偏差

C. 基本偏差　　　　D. 实际偏差

11. 当上偏差或下偏差为零值时，在图样上（　　）。

A. 必须标出零值　　　　B. 不能标出零值

C. 标或不标零值皆可　　　　D. 视具体情况而定

12. 尺寸公差带图的零线表示（　　）。

A. 最大极限尺寸　　　　B. 最小极限尺寸

C. 基本尺寸　　　　D. 实际尺寸

13. 基本偏差确定公差带的位置，一般情况下，基本偏差是（　　）。

A. 上偏差　　　　B. 下偏差

C. 实际偏差　　　　D. 上偏差或下偏差中靠近零线的那个

14. ϕ20f6、ϕ20f7、ϕ20f8 三个公差带（　　）。

A. 上偏差相同且下偏差相同　　　　B. 上偏差相同但下偏差不相同

C. 上偏差不相同但下偏差相同　　　　D. 上、下偏差均不相同

15. $\phi^{+0.03}_{0}$ mm 与 $\phi^{+0.072}_{0}$ mm 相比，其尺寸精确程度（　　）。

A. 相同　　　　B. 前者高，后者低

C. 前者低，后者高　　　　D. 无法比较

16. 如题图 1—1 所示，正确的 *A* 视图是（　　）。

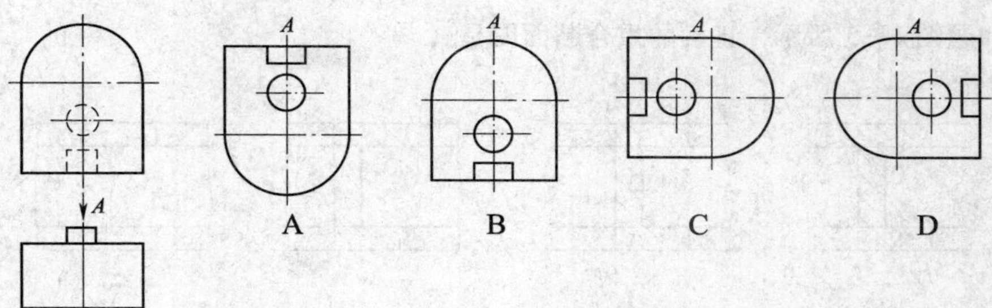

题图 1—1

17．如题图 1—2 所示，正确的全剖视图是（　　）。

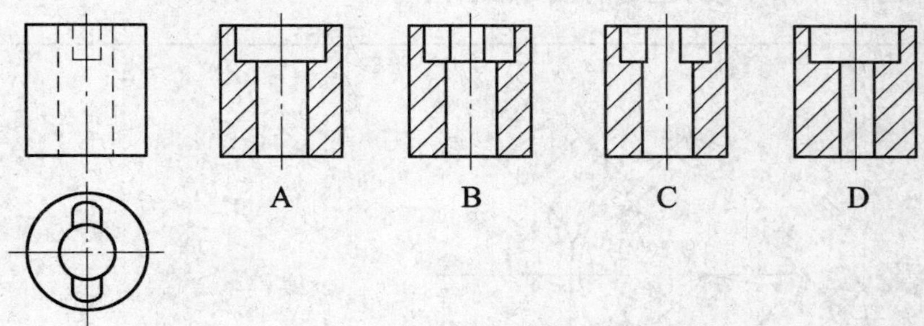

题图 1—2

18．如题图 1—3 所示，正确的半剖视图是（　　）。

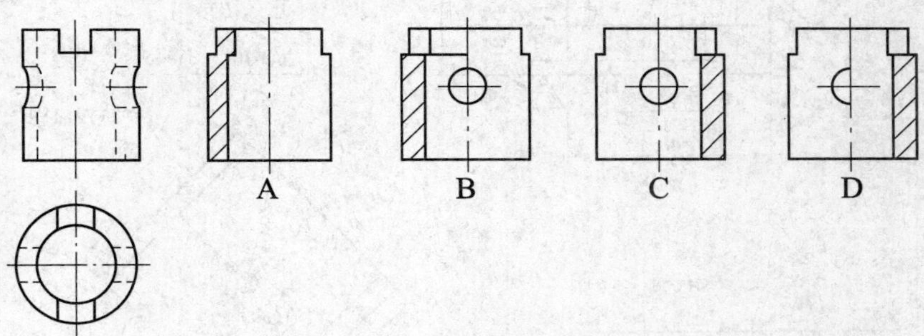

题图 1—3

19．如题图 1—4 所示，正确的移出断面图是（　　）。

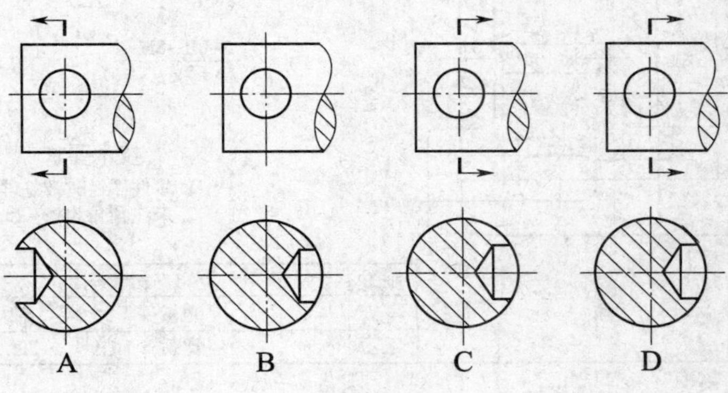

题图 1—4

20．如题图 1—5 所示，正确的重合断面图是（　　）。

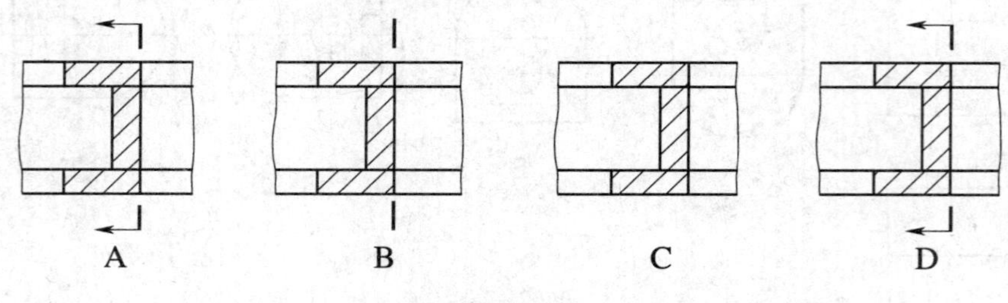

题图 1—5

四、读题图 1—6 所示轴承座零件图并回答问题

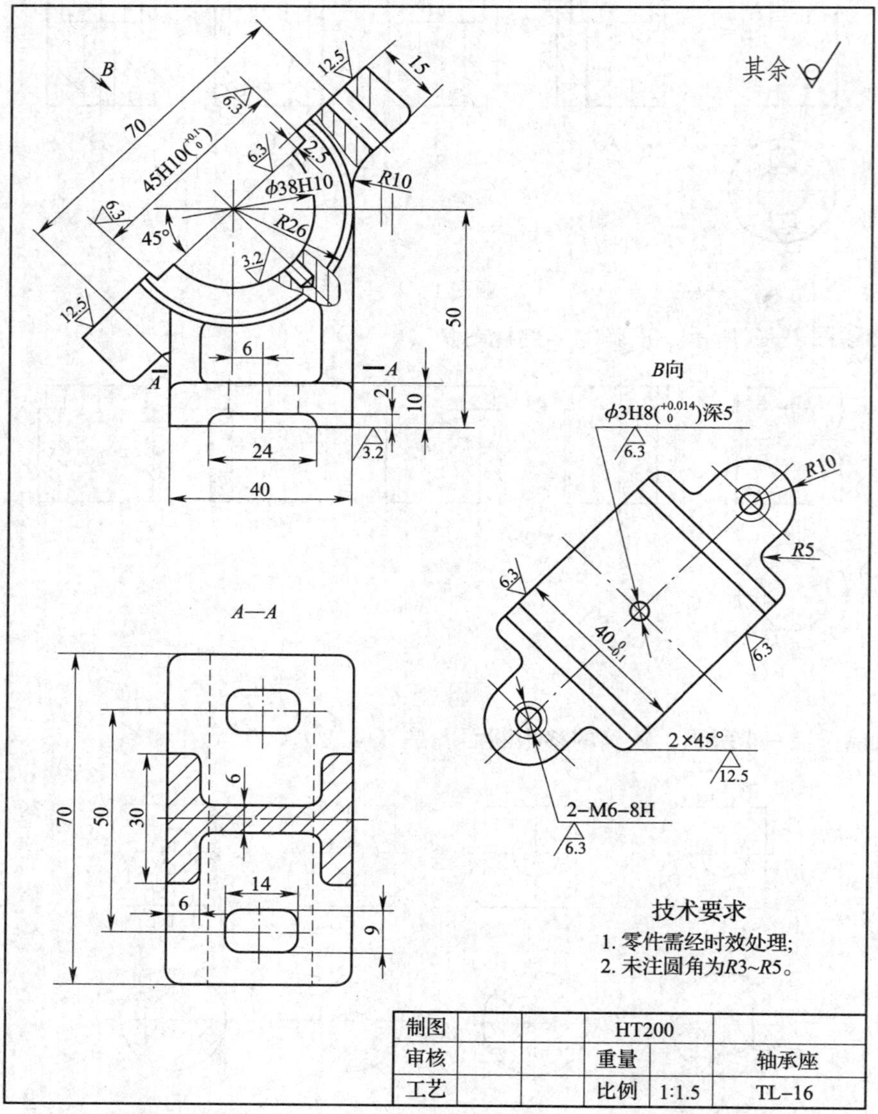

其余

B向

A—A

技术要求

1. 零件需经时效处理；
2. 未注圆角为 $R3 \sim R5$。

制图			HT200		
审核			重量		轴承座
工艺			比例	1:1.5	TL−16

题图 1—6

（1）该零件的名称是__________，比例是__________，属于__________比例，材料是________，其中 HT 表示________，200 表示________。

（2）该零件采用了________个基本视图，主视图中有________处作了________，俯视图上作了 $A-A$ ________图，是为了表达________，B 向是________图。

（3）底板上两个方孔的定形尺寸是________，其定位尺寸是________。

（4）图中半圆槽的尺寸为 ϕ38H10，其中 ϕ38 是________，H 表示________，10 表示________，半圆槽的定位尺寸是________。

（5）尺寸 45H10（$^{+0.1}_{0}$）中，基本尺寸是________，上偏差是________，下偏差是________，最大极限尺寸是________，最小极限尺寸是________，公差是________。

（6）ϕ38H10 内表面粗糙度是________，45H10 两侧面表面粗糙度是________。上述两个表面中，________的表面粗糙度值要求更小些。

（7）尺寸 2－M6－8H 中，2 表示________，M 表示________，6 表示________，螺距是________，8H 表示________，旋向是________。

第二章 金属材料及热处理

考核要点

· 常用金属材料的性能

· 钢的热处理知识

§2—1 常用金属材料的种类及性能

常用的金属材料有碳素钢、合金钢、铸铁、有色金属和硬质合金等。为了正确选择和使用材料，我们必须了解各种金属材料的分类、牌号、性能、用途和热处理等有关的基础知识。

一、碳素钢

含碳质量分数小于2.11%而不含有特意加入合金元素的钢，称为碳素钢。

碳素钢由于具有良好的力学性能，且冶炼方便，价格便宜，故在机械制造、建筑、交通运输及其他各个行业中得到广泛的应用。

碳素钢中除铁和碳两种元素外，还含有一些其他的元素，如硅、锰、硫和磷等元素，其中硫、磷是炼钢时由原材料进入钢中，是有害元素。硫有热脆性，磷有冷脆性。锰、硅是在炼钢加入脱氧剂时带入钢中的，能提高钢的强度和硬度，是有益元素。

1. 碳素钢的分类

碳素钢的分类很多，常用的分类方法有以下几种。

(1) 按钢的含碳质量分数分类。按钢中含碳质量分，碳素钢可分为以下3种：

低碳钢：含碳质量分数 $W_C \leqslant 0.25\%$。

中碳钢：含碳质量分数 $W_C = 0.25\% \sim 0.60\%$。

高碳钢：含碳质量分数 $W_C \geqslant 0.6\%$。

(2) 按钢的质量分类。根据钢中含有害元素磷、硫质量分数，可分为以下3种：

普通碳素钢：$W_S \leqslant 0.035\%$，$W_P \leqslant 0.035\%$。

优质钢：$W_S \leqslant 0.030\%$，$W_P \leqslant 0.030\%$。

高级优质钢：$W_S \leqslant 0.020\%$，$W_P \leqslant 0.025\%$。

(3) 按用途分类。

碳素结构钢：用于制造各种机械零件和工程结构件。这类钢一般属于低碳、中碳钢。

碳素工具钢：用于制造各种刀具、量具和模具。这类钢一般属于高碳钢。

(4) 按脱氧方法分类。

沸腾钢：不完全脱氧。

镇静钢：完全脱氧。

半镇静钢：介于沸腾钢和镇静钢之间。

在实际使用中，钢厂在给钢的产品命名时，往往将成分、质量和用途 3 种分类方法结合起来，如将钢称为优质碳素结构钢、高级优质碳素工具钢等。

2. 碳素钢

（1）碳素结构钢。根据质量可分为普通碳素结构钢和优质碳素结构钢。

1）普通碳素结构钢。这类钢冶炼容易、工艺性好、价廉，而且在力学性能上也能满足一般工程结构及普通机器零件的要求，所以应用广泛。

普通碳素结构钢的牌号由“Q”（表示屈服点的汉语拼音字首）、一组数据（表示屈服强度，单位为 MPa）、质量等级符号（质量分 A、B、C、D 4 个等级）和脱氧方法符号（F－沸腾钢、b－半镇静钢、Z－镇静钢、TZ－特殊镇静钢，通常 Z、TZ 可省略）4 个部分按顺序组成，例如 Q235－A·F 表示脱氧方法为沸腾钢、质量等级为 A 级、屈服强度为 235 MPa 的普通碳素结构钢。

普通碳素结构钢的常见牌号、化学成分见表 2—1。

表 2—1　普通碳素结构钢的牌号、化学成分

牌号	等级	化学成分%					脱氧方法
		C	Mn	Si	S	P	
				不大于			
Q195	—	0.06～0.12	0.25～0.50	0.30	0.050	0.045	F、b、Z
Q215	A	0.09～0.15	0.45～0.55	0.30	0.050	0.045	F、b、Z
	B				0.045		
Q235	A	0.14～0.22	0.30～0.65	0.30	0.050	0.045	F、b、Z
	B	0.12～0.20	0.30～0.70		0.045		
	C	≤0.18	0.35～0.80		0.040	0.040	Z
	D	≤0.17			0.035	0.035	TZ
Q255	A	0.18～0.28	0.40～0.70	0.30	0.050	0.045	Z
	B				0.045		
Q275		0.28～0.38	0.50～0.80	0.35	0.050	0.045	Z

注：Q235A、B 级沸腾钢含锰质量分数上限为 0.60%。

碳素结构钢 Q195、Q215、Q235 的塑性好、焊接性好、强度较低，主要用于工程结构（如桥梁、高压线塔、金属构件和建筑构架等）和制造受力不大的机器零件（如铆钉、螺钉、螺母、轴套等）。Q255、Q275 的强度较高，可用于制造受力中等的普通零件（如链轮、拉杆和小轴活塞销等）。

2）优质碳素结构钢。优质碳素结构钢既保证力学性能又保证化学成分，而且钢中的有害杂质硫、磷质量分数较低，质量较高，故广泛用于制造较重要的零件。

优质碳素结构钢的牌号用两位数字表示，代表钢的平均含碳质量分数的万分之一。例如 45 表示平均含碳质量分数为 0.45% 的优质碳素结构钢。

按照钢中锰的含量不同，可分为普通含锰量钢（$W_{Mn} \leq 0.80\%$）和较高含锰量钢（$W_{Mn} = 0.7\% \sim 1.2\%$）两种，如果是后一种钢，则在两位数字后面加上 Mn，如 45Mn 表示平均含碳质量分数为 0.45% 的较高锰优质碳素结构钢。优质碳素结构钢的性能见表 2—2。

表 2—2　　优质碳素结构钢的性能（摘自 GB/T 699—1999）

牌号	σ_s	σ_b	δ	ϕ	A_k	HBS	说　明
	MPa		%		J	热轧	
08	195	325	33	60	—	131	属于软钢；强度低，塑性好，用于制造冷轧钢板、深冲压件
10	205	335	31	55	—	137	
15	225	375	27	55	—	143	属于低碳钢；强度低，塑性、焊接性好，用于制造冲压件、焊接件；如经渗碳淬火，可提高表面硬度和耐磨性，用于高速、重载和受冲击件
20	245	410	25	55	—	156	
25	275	450	23	50	71	170	
30	295	490	21	50	63	179	属于中碳钢；调质后具有良好的力学性能，用于受力较大的重要件；如在表面淬火，可提高表面硬度和耐磨性，用于高速重载重要件，如齿轮类零件等
35	315	530	20	45	55	197	
45	355	600	16	40	39	229	
55	380	645	13	35	—	255	
60	400	675	12	35	—	255	属高碳钢；经淬火，中、低温回火，弹性或耐磨性高，用于弹性件或耐磨件，如弹簧、钢板等
65	410	695	10	30	—	255	

（2）碳素工具钢。碳素工具钢要求高硬度和高耐磨性，它的含碳质量分数都在 0.7% 以上，都是优质钢或高级优质钢。

碳素工具钢的牌号以汉语拼音字母“T”后面加阿拉伯数字表示，其数字表示钢中平均含碳质量分数的千分之几。例如 T8 表示含碳质量分数为 0.80% 的碳素工具钢。若为高级优质碳素工具钢，则在牌号后面标以字母 A，如 T12A 表示平均含碳质量分数为 1.20% 的高级优质碳素工具钢。碳素工具钢的牌号、含碳质量分数及性能和用途见表 2—3。

表 2—3　　碳素工具钢的牌号、用途

牌号	含碳质量分数	退火后的硬度 HBS（W）	淬火后的硬度 HRC	应用举例
		不大于	不小于	
T7、T7A	0.65～0.74	187	62	凿子、模具、锤子、木工工具及钳工装配工具等不受大的冲击，需较高硬度和耐磨性的工具
T8、T8A	0.75～0.84	187	62	
T9、T9A	0.85～0.94	192	62	刨刀、冲模、丝锥、手工锯条及卡尺等不受较大冲击的工具和耐磨机件
T10、T10A	0.95～1.04	197	62	
T11、T11A	1.05～1.14	207	62	
T12、T12A	1.15～1.24	207	62	钻头、锉刀、刮刀等不受冲击而要求极高硬度的工具和耐磨机件
T13、T13A	1.25～1.34	217	62	

二、合金钢

碳素钢的冶炼、加工简单，价格便宜，并且通过热处理可得到不同的性能来满足工业生产的各种需要。但随着工业生产和科技的不断进步，对钢材的某些性能提出了更高的要求。如重型机器的轴，汽车的一些重要零件，要求有更高的综合力学性能；对切削速度较高的刃具要求更高的硬度、耐磨性和红硬性；大型电站设备、化工设备等不仅需要良好的力学性能，而且还要求具有耐热、耐腐蚀、耐磨和抗氧化等特殊物理化学性能。碳钢不能满足这些要求，于是产生各种合金钢，以适应对钢材更高的要求。

所谓合金钢，是为了改善钢的性能，特意加入其他合金元素的钢。常用的合金元素有硅、锰、铬、镍、钨、钒、钴、铅、钛和稀土金属等。合金元素是通过与钢中的铁和碳发生作用，以及合金元素之间的相互作用，从而影响钢的组织和改善钢的热处理性能等，以满足各种使用性能的要求。

1. 合金钢的分类

合金钢的分类方法很多，常用的有下面两种分类方法。

（1）按用途分。合金钢按其用途分为以下3种：

合金结构钢：主要用于制造重要的机器零件和工程结构件。

合金工具钢：主要用于制造重要的刃具、量具和模具。

特殊性能钢：具有某种特殊物理、化学性能的钢，如不锈钢、耐热钢和耐磨钢等。

（2）按所含合金元素总含量分。合金钢按其所含合金元素的总含量分为以下3种：

低合金钢：合金元素总含量 $<5\%$。

中合金钢：合金元素总含量为 $5\% \sim 10\%$。

高合金钢：合金元素总含量 $>10\%$。

2. 合金结构钢

合金结构钢按用途可分为低合金结构钢和机械制造用钢两大类。

（1）合金结构钢牌号表示方法。合金结构钢的牌号采用两位数字（表示平均含碳质量分数万分之几）+元素符号（表示钢中含有主要合金元素）+数字（表示合金元素含量，凡合金元素含量 $<1.5\%$ 时不标出；如果平均含量为 $1.5\% \sim 2.5\%$ 时，则标为2；如果平均含量为 $2.5\% \sim 3.5\%$ 时标为3；依次类推）。

（2）低合金结构钢。低合金结构钢虽然是一种低碳、低合金的钢，但具有较高的屈服强度和良好的塑性和韧性，具有良好的焊接性和一定的耐蚀性，因此广泛用于桥梁、船舶和车辆等领域。如用16Mn来代替Q235－A钢，强度可提高 $20\% \sim 30\%$，耐大气腐蚀性能提高 $20\% \sim 30\%$，重量可减轻 $20\% \sim 30\%$。常用低合金钢的牌号、性能及用途见表2—4。

表2—4　常用普通低合金钢举例

牌号	σ_b/MPa	σ_s/MPa	δ/%	用途举例
16Mn	520	360	26	桥梁、汽车大梁、船舶等
15MnV	540	400	18	锅炉、大型厂房等
09Mn2	460	310	21	油罐、油槽等
14MnMoV	620	500	15	500℃以下高压容器

（3）机械制造用钢。机器制造用钢主要用于制造各种机械，按用途及热处理特点可分为渗碳钢、调质钢、弹簧钢和滚动轴承钢等。

1）合金渗碳钢是指用于制造渗碳零件的钢。有许多机构中的零件要求表面有足够高的硬度及耐磨性，而心部具有足够的韧性。为满足这样的性能要求，可采用合金渗碳钢。合金渗碳钢的含碳质量分数 $W_C=0.10\% \sim 0.25\%$，主要合金元素有铬（$W_{cr}<2\%$）、镍（$W_{Ni}<4\%$）、锰（$W_{Mn}<2\%$）等，经过渗碳后，再进行淬火＋低温回火，从而达到表面高硬度、高耐磨性和心部高强度并有足够韧性。20CrMnTi 是应用最广泛的合金渗碳钢。

2）合金调质钢一般指经过调质处理（淬火＋高温回火）后使用的合金结构钢，合金调质钢的基本性能是具有良好的综合力学性能。

合金调质钢的含碳质量分数一般为 0.25% ~0.50%，主要合金元素有铬、镍、锰和硅等，以增加淬透性，同时还能起固溶强化作用。

合金调质钢主要用于制造重载作用下同时承受冲击载荷作用的一些重要零件。一般的热处理方法是淬火后高温回火，如果除要求材料具有良好的综合力学性能外，还要求表面层有良好的耐磨性，对调质处理零件还要进行表面淬火及低温回火处理。

3）合金弹簧钢是用于制造各种弹簧的专用合金结构钢。合金弹簧钢的基本性能是具有较高的弹性极限及高疲劳强度、足够的塑性和韧性、良好的表面质量。

合金弹簧钢的含碳质量分数一般为 0.5% ~0.7%，主要合金元素有锰、铬等，主要目的是增加钢的淬透性，同时也使钢的铁素体强化，有效提高弹簧的疲劳强度。

合金弹簧钢主要适用于各种机构和仪表、弹性元件。一般的热处理方法是淬火后进行中温回火处理。

4）滚动轴承钢是制造各种滚动轴承的滚动体和内外套圈的专用钢。滚动轴承钢的基本性能是具有高的接触疲劳强度、高硬度和高耐磨性、高的弹性极限和一定的冲击韧性，并有一定的抗蚀性。

目前常用滚动轴承钢的含碳质量分数一般为 0.95% ~1.15%，主要元素铬的质量分数为 0.60% ~1.65%，同时添加锰、硅、钼、钒等可以提高淬透性。

滚动轴承钢常用于制造刃具、冷冲模具、量具以及性能要求与滚动轴承相似的零件。常用的热处理方法是球化退火、淬火和低温回火。

滚动轴承钢的牌号与其他合金结构钢有所不同，为表示钢的用途在钢号前冠以汉语拼音，而不标出含碳质量分数，铬的含量用千分之几表示，其余元素含量仍与其他合金结构钢表示方法相同。如 GCr15 表示为含铬质量分数为 1.5% 的滚动轴承钢。GCr15SiMn 表示含铬质量分数为 1.5%，含硅、锰质量分数均小于 1.5% 的滚动轴承钢。

3. 合金工具钢

合金工具钢是在碳素工具钢的基础上，为改善其性能，再加入适量的合金元素的钢。这种钢比碳素工具钢具有更高的硬度、耐磨性，更好的淬透性、热硬性和回火稳定性等。因而可以制造截面形状复杂、性能要求高的工具。

合金工具钢按用途可分为刃具钢、模具钢和量具钢。

（1）合金工具钢的牌号。一位数字（表示平均含碳质量分数的千分数，当含碳质量分数大于或等于 1.00% 时则不予标出）＋元素符号（表示钢中含有主合金元素）＋数字（表示合金元素含量，表示方法与合金结构钢相同）。如 9SiCr 表示其中平均含碳质量分数为

0.9%，Si、Cr 的质量分数都小于 1.5% 的合金工具钢。

（2）刃具钢。合金刃具钢分为低合金刃具钢和高速钢。

1）低合金刃具钢是在碳素钢的基础上加入少量合金元素（一般为 3% ~5%）形成的一类钢。低合金刃具钢的基本性能是硬度、耐磨性、强度和淬透性都比碳素工具钢好。

低合金刃具钢含碳质量分数为 0.75% ~1.5%。主要元素一般有铬（Cr）、硅（Si）、锰（Mn）、钨（W）、钒（V）等元素。主要适用于制造形状复杂、尺寸较大、切削用量较大的刃具，如车刀、刨刀、钻头和铰刀等。常用热处理的方法是球化退火、淬火加低温回火。

2）高速钢是一种红硬性、耐磨性较高的高合金工具钢。它的特点是热硬性高达 600℃，有高的强度、硬度、耐磨性和淬透性。

高速钢含碳质量分数一般为 0.7% ~1.65%，主要元素一般有铬（Cr）、钨（W）、钼（Mo）、钒（V）、钴（Co）等。主要适宜于制造切削速度较高的刃具（如车刀、钻头等）和形状复杂、负载较重的成形刀具（如铣刀、拉刀等）。此外高速钢还可用于制造冷冲模、冷挤压模以及某些耐磨零件。常用的高速钢有钨系高速钢，如 W18Cr4V；钼系高速钢，如 W6M05Cr4V2 等。

（3）量具钢。量具钢是用于制造测量工具（如游标卡尺、千分尺、塞规、量规等）的钢。主要性能要求高硬度、高耐磨性、高的尺寸稳定性和足够的韧性。一般采用微变形钢制造精度要求较高的量具，如 CrWMn、CrMn、GCr15 等。一般的量具可以用碳素工具钢、合金工具钢和滚动轴承钢来制造。

量具钢的一般热处理是淬火后低温回火。精度要求特别高的量具，可在淬火后进行保温回火和冷处理，以稳定尺寸。另外，在精磨前进行时效处理，进一步稳定尺寸，消除内应力。

（4）模具钢。主要用来制造各种模具的钢称为模具钢。根据条件不同，模具钢可分为冷变形模具钢和热变形模具钢。

1）冷变形模具钢用于制造冷态金属成形的钢，如冷冲模、冷压模等。冷变形模具钢的性能特点是高的硬度和高耐磨性，具有足够的强度、韧性和疲劳强度。

冷变形模具钢含碳质量分数一般 >0.8%，主要元素有 Cr、Mo、W、V、Co 等。常用的冷变形模具钢有 9SiCr、Crl2 和 Crl2MoV 等。

2）热变形模具钢用于制造使金属在高温下成形的模具，如热锻模、压铸模等。热变形模具钢的性能特点是在高温下能保持足够的强度、韧性和耐磨性，以及较高的抗热疲劳性和导热性。

热变形模具钢含碳质量分数一般为 0.3% ~0.6%，主要元素有 Cr、Mn、Ni、Mo、W、V 等。其最终热处理一般为淬火后中温或高温回火。目前常采用 5CrMnMo 和 5CrNiMo 制作热锻模，采用 3Cr2W8 制作热挤压模等。

4. 特殊性能钢

特殊性能钢是指具有特殊物理、化学性能的钢。在机械制造中常用的特殊性能钢有不锈耐酸钢、耐热钢和耐磨钢等。

（1）不锈耐酸钢。不锈耐酸钢是指在腐蚀介质中具有较高抗腐蚀能力的钢，又称为不锈钢。常用的不锈钢主要有铬不锈钢和铬镍不锈钢。

1）铬不锈钢主要用于制造在海水、蒸气和酸性环境下工作的零件。常见的铬不锈钢的牌号有 1Cr13、2Cr13、3Cr13 和 4Cr13，常称为 Cr13 型不锈钢。此钢中含铬质量分数约为

13%，含碳质量分数为0.1%～0.4%。常用的热处理方法是淬火+低温回火。1Cr13、2Cr13适于制造汽轮机叶片、水压机阀等，3Cr13、4Cr13适于制造弹簧、医疗器械及在弱腐蚀条件下工作而要求高强度的耐蚀零件。

2）铬镍不锈钢主要用于制造在强腐蚀介质（如硝酸、磷酸、有机酸及碱水溶液等）中工作的设备。

这类钢的平均含铬质量分数为18%，含镍质量分数为8%～11%，常见的牌号有0Cr18Ni9、1Cr18Ni9。铬镍不锈钢主要适于制造吸收塔、贮槽、管道及容器等。

(2) 耐磨钢。耐磨钢是指在强烈冲击载荷下发生冲击硬化，从而获得很高耐磨性的高锰钢，主要成分是含碳质量分数约为1.0%～1.3%，含锰质量分数约为11%～14%。这种钢基本上都是铸造成型的，因而钢号写成ZGMn13，即铸造高锰钢。耐磨钢主要用于制造铁路道岔、坦克履带和挖土机铲齿等。

(3) 耐热钢。在高压锅炉、汽轮机、内燃机和热处理炉等设备中，要求具有高的耐热性。钢的耐热性是高温抗氧化性和高温强度的总称。耐热钢通常分为抗氧化钢和热强钢。抗氧化钢主要用于长期在高温下不起氧化皮、强度要求不高的零件，如加热炉底板、渗碳箱等的零件，常用牌号有4Cr9Si2、1Cr13SiAl。热强钢在高温下不但有良好的抗氧化性，而且有较高的高温强度。

耐热钢主要适用于高温强度的汽油机和柴油机的排气阀、汽轮机叶片、转子等；常见牌号有15CrMo、4Crl4Ni4WMo。

常用合金工具钢牌号、性能及用途见表2—5。

表2—5　常用合金工具钢简表

类别	牌号	特性	用途
低合金刃具钢	9SiCr	高硬度，高耐磨性，高淬透性，变形小	要求较高的量具及一般模具、刃尺，如块规、丝锥等
	CrMn		
	CrWMn		
高速钢	W18Cr4V	高热硬性，高硬度，高耐磨性，高强度	中速切削刃具及复杂刃具，如车刀、铣刀等
	W6Mo5Cr4V2		
冷变形模具钢	Cr12	高硬度耐磨性，高淬透性，强度韧性好，变形小	尺寸大、变形小的冷模具，如冲模
	Cr12MoV		
热变形模具钢	5CrNiMo	高温下强度韧性高，耐磨性及抗热疲劳	尺寸大的热锻模及热挤压模
	3Cr2W8V		
备注	1. 滚动轴承钢GCr6、GCr15等也是很好的低合金工具钢 2. 低合金刃具钢的热硬性约300℃，作低速切削刃具；高速钢热硬性500～600℃，作中速切削刃具 3. 5CrNiMo作大锻模，小锻模可用5CrMnMo代		

三、铸铁

铸铁是另一种应用广泛的铁碳合金。它是以铁、碳、硅为主要组成元素，并比碳钢含有较多的硫、磷等杂质元素的多元合金。

1. 根据碳在铸铁中存在形式的不同来分类

根据碳在铸铁中存在形式的不同，铸铁可分为以下三大类：

（1）白口铸铁。其断口呈白色，故俗称白口铸铁。这种铸铁性能硬且脆，难以切削加工，很少用来制造机器零件。

（2）麻口铸铁。断口呈黑白相间的麻点，故称麻口铸铁。这类铸铁也具有较大的硬脆性，故工业上也很少使用。

（3）灰口铸铁。碳全部或大部分以游离状态的石墨存在铸铁中，因其断口呈灰色，故称灰口铸铁。它是工业中应用最为广泛的铸铁。

2. 根据铸铁中石墨形态的不同来分类

根据铸铁中石墨形态的不同，铸铁又可分为灰口铸铁（石墨呈片状）、可锻铸铁（石墨呈团絮状）、球墨铸铁（石墨呈球状）、蠕墨铸铁（石墨呈蠕虫状）四种。

（1）灰口铸铁。灰口铸铁具有一定的强度，且具有良好的耐磨性、耐压性和减振性能，并且价格便宜，市场供应充足，是应用最为广泛的一类铸铁。灰口铸铁的牌号是用“灰铁”的汉语拼音首位字母“HT”加三位数字表示，数字表示灰铁的最低抗拉强度。如 HT150 表示最低抗拉强度为 150 MPa 的灰铸铁。常用牌号有：HT100，适用于负荷小、对摩擦磨损无特殊要求的零件；HT150，适用于承受中等负荷的零件；HT200、HT250，适用于承受较大负荷的零件。

（2）可锻铸铁。可锻铸铁又称马铁，它是将白口铸铁经石墨化退火而成的一种铸铁。由于其石墨成团絮状，大大减轻了对基体的割裂，故抗拉强度显著提高（抗拉强度 σ_b 一般可达 300 ~ 400 MPa，最高可达 700 MPa），且具有相当高的塑性和韧性（$\delta \leqslant 12\%$、$a_k \leqslant 30\ \mathrm{J/cm^2}$），可锻铸铁就是因此而得名，其实它并不是真的可以锻造。

可锻铸铁的牌号由三个字母加两组数字表示，其中“KT”为“可铁”两字汉语拼音的首位字母，H、Z、B 分别表示黑心、珠光体、白心可锻铸铁，两组数字分别表示材料的最低抗拉强度和最低伸长率，如 KTZ450—06 表示最低伸长率为 6%、最低抗拉强度为450 MPa的珠光体可锻铸铁。

可锻铸铁韧性和耐性好，适宜制造形状复杂、承受冲击的薄壁铸件及在潮湿环境中工作的零件。但因其生产过程较复杂，且退火时间长，生产率低，能耗大，成本高，近年来不少使用可锻铸铁材料的场合已被球墨铸铁代替。

（3）球墨铸铁。铁水经过球化处理而使大部分（或全部）碳呈球状的铸铁，称为球墨铸铁。其力学性能比其他铸铁高，并可与钢相媲美。其抗拉强度与钢大体相同，屈服强度甚至高于 45 钢，塑性、韧性低于钢，但高于其他铸铁。此外，还具有灰铸铁许多优良性能，如耐磨性好、减振性好、缺口敏感性低等，这是钢所不及的。

球墨铸铁的牌号有“QT”和两位数字组成，其中“QT”是“球铁”两字汉语拼音首位字母，后面两位数字分别表示材料的最低抗拉强度和最低伸长率。常用的牌号有：QT400－18、QT400－10，适用于汽车拖拉机底盘零件、轮毂、电动机壳、联轴器、阀体、法兰等；QT500－7、QT600－3，适用于电动机架、传动轴、直齿轮、链轮、连杆、曲柄等；QT900－2，适用于汽车后桥中的高强度螺旋锥齿轮、内燃机曲轴、凸轮轴等。

（4）蠕墨铸铁。蠕墨铸铁是一种新型铸铁，其石墨呈短片状，片断钝而圆，似蠕虫。其力学性能介于基体相同的灰铸铁和球墨铸铁之间，抗拉强度优于灰铸铁，且具有一定的塑性和韧性，但强度和韧性不如球铁。蠕墨铸铁的突出优点是导热性优于球铁，而抗生长和抗氧化性较其他铸铁高。

蠕墨铸铁的牌号由“RuT”和三位数字组成，其中“RuT”是“蠕铁”两字第一个字的汉语拼音和第二个字拼音的首位字母，后面三位数字表示材料的最低抗拉强度。如 RuT400 表示最低抗拉强度为 400 MPa 的蠕墨铸铁。

因蠕墨铸铁力学性能高、导热性和耐热性优良，故适用于制造工作温度较高或具有较高温度梯度的零件，如柴油机气缸盖、制动盘、钢锭模、金属模等。

四、有色金属

有色金属品种繁多，这里仅介绍机械工业中广泛使用的铝及铝合金、铜及铜合金、轴承合金等。

1. 铝及铝合金

（1）工业纯铝。纯铝具有银白色金属光泽，密度为 2.72 g/cm^2，熔点为 660℃，具有良好的塑性、导电性、导热性和耐腐蚀能力，能承受各种冷、热加工处理，工业中常用于配制铝合金或制作强度要求不高但具有导热、耐大气腐蚀的器皿，如热交换器、散热器等。代表牌号主要有 L1、L2、L3、L4、L5、L6 等。

（2）铝合金。纯铝不适宜作结构材料，但在纯铝中若加入适量的铜、硅、锰、镁、锌等元素形成合金，并经冷变形处理和热处理后可获得良好的力学性能。根据铝合金的成分和生产工艺特点，可将铝合金分为变形铝合金和铸造铝合金两大类。

变形铝合金是指能经过冷、热压力加工形成各种型材、板材、线材等的铝合金。按 GB/T 1647—1996 规定，变形铝合金用“2 ~ 8 + 字母 + 数字”表示。其中 2 ~ 8 表示变形铝合金组别，依次表示主要合金元素为 Cu、Mn、Si、Mg + Si、Zn、其他元素；字母表示原始纯铝的改型情况，A 表示为原始纯铝，如为其他字母则表示为原始纯铝的改型；数字用来区分同一组中不同的铝合金，如 2A11 表示以铜为主要合金元素的变形铝合金。这类铝合金在许多场合都有所应用。

铸造铝合金有 Al - Si 系、Al - Cu 系、Al - Mg 系、Al - Zn 系四种，常用于制造飞机、仪器上的零件。

2. 铜及铜合金

铜是工业上极为重要的有色金属材料之一，其熔点比铁还低。

（1）纯铜。又称紫铜。具有优良的导电性和导热性，良好的塑性和耐腐蚀性，易于热压和冷压加工。但纯铜的强度不高，硬度较低，不宜作结构材料。

（2）铜合金。是在纯铜中加入 Zn、Sn、Al、Mn、Ni、Fe、Ti 等合金元素所制成的。按化学成分分，铜合金可分为黄铜、青铜、白铜三大类。黄铜是铜与锌的合金，常用代号有 H68、H70、H80 等，主要用做弹壳和精密仪器。白铜是铜与镍的合金。除了黄铜和白铜外的其他所有铜基合金都称为青铜，常用于制造弹性元件、耐磨零件，如弹簧、轴承、垫圈等。

（3）轴承合金。轴承合金是用来制造滑动轴承中的轴瓦及内衬的合金。铸造轴承合金的牌号用“铸”字汉语拼音首字母“Z” + 基体金属元素与主要合金元素的化学符号 + 主要合金元素名义质量分数表示，如 ZSnSn11Cu6 表示铸造锡基轴承合金，主加元素锑为 11%，铜为 6%，余量为锡。

1）锡基轴承合金。又称锡基巴氏合金，是 Sn－Sb－Cu 系合金。这类合金摩擦系数小，具有良好的塑性、耐腐蚀性及导热性，适用于制造重要轴承，如汽轮机、内燃机、涡轮机中的高速轴承。

2）铅基轴承合金。又称铅基巴氏合金，是 Pb－Sb－Sn－Cu 系合金。其性能略低于锡基轴承合金，但由于价格便宜，故常用做低速、低载荷的轴瓦材料，一般工作温度不超过 120℃。

§2—2　钢的热处理

一、概述

钢的热处理是指钢在固态下采用适当的方式进行加热、保温和冷却，改变材料的内部组织，以获得所需性能的一种工艺方法。热处理目的在于消除毛坯（如铸件、锻件等）中的缺陷，改善其工艺性能，为后续工序进行组织准备。更重要的是通过热处理能显著提高材料的力学性能，提高工件的使用性能和寿命。因此，热处理在机械制造工业中占有十分重要的地位。

根据加热和冷却方法的不同，常用的热处理方法大致分类如下：

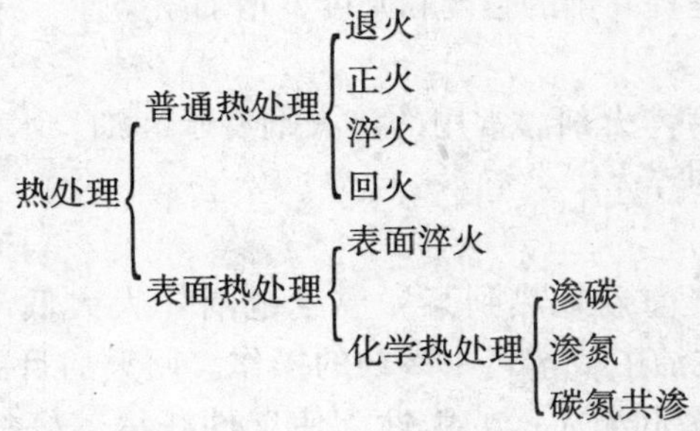

虽然热处理方法很多，但所有热处理工艺都是由加热、保温和冷却三个阶段所组成，钢的热处理工艺规范如图 2—1 所示。

通过控制加热温度和冷却速度，可以在很大范围内改变金属材料的性能。

二、钢的热处理工艺

1. 退火与正火

（1）退火。退火操作的特点是工件经加热（对碳钢来说一般加热至 780～900℃）、保温后进行缓慢冷却，所以退火工件一般是在炉中，随炉降温而冷却。

工具钢和某些用于重要结构零件的合金钢有时硬度较高，铸、锻、焊后的毛坯有时硬度不均匀，存在着内应力。为了便于切削加工，并保持加工后的精度，常对工件施以退火处理。工件经退火处理

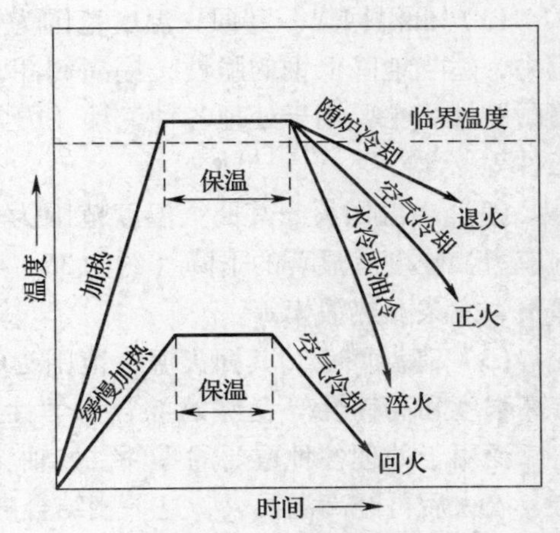

图 2—1　钢的各种热处理

后，硬度降低，消除了内应力，同时还使材料的内部组织均匀细化，为进一步热处理（如淬火等）做好准备。

加热时温度控制应准确。若温度过低，则达不到退火目的；温度过高，又会造成过热、过烧、氧化、脱碳等缺陷。

（2）正火。正火实质上是退火的另一种形式，其作用和退火相似。与退火不同的是加热（对碳钢而言，一般加热至800～930℃）和保温后，放在空气中冷却而不是随炉冷却。

由于冷却速度比退火快，因此，正火工件比退火工件的强度和硬度稍高，而塑性和韧性则稍低。又由于正火冷却时不占炉子，还可提高生产率、降低成本等，故一般低碳钢和中碳钢，多用正火代替退火。但若工具钢和部分合金钢经过正火后的硬度还太高，则应选用退火处理。

退火与正火一般作为预先热处理工序，对一些普通铸件、焊接件以及一些性能要求不高的工件，也可作为最终热处理工序，通常安排在粗加工之前进行。它们的主要目的是：调整钢件硬度，改善材料的切削加工性；消除残余应力，稳定工件尺寸；细化晶粒，改善组织，提高钢的力学性能和工艺性能；为最终热处理（如淬火、回火等）做好组织上的准备。

2. 淬火

淬火操作的特点是工件在加热（对碳钢来说一般加热到760～820℃）和保温后进行快速冷却。淬火的主要目的是提高钢的强度和硬度，增加耐磨性，并在回火后获得高强度和一定韧性相配合的性能。

淬火时的冷却介质称为淬火剂。常用的淬火剂有水和油。水适用于一般碳钢零件的淬火，油适用于合金钢零件的淬火。

3. 回火

回火是指将淬火后的钢重新加热到某一温度范围（大大低于退火、正火和淬火时的加热温度），经过保温后在油中或空气中冷却的操作。回火的目的是减小或消除工件在淬火时的所形成的内应力，降低淬火钢的脆性，使工件获得较好的强度和韧性等综合力学性能。

根据回火温度的不同，回火操作可分为低温回火、中温回火和高温回火。

（1）低温回火。其回火温度范围为150～250℃。低温回火可以部分消除淬火造成的内应力，适当地降低钢的脆性，提高韧性，同时工件仍保持高硬度（一般为58～64HRC）和高耐磨性。主要用于处理各种工具（刃具、模具、量具）、滚动轴承、渗碳件及表面淬火的工件等。

（2）中温回火。其回火温度范围为300～450℃。淬火件经中温回火后，可消除大部分内应力，硬度有显著的下降（约为35～45HRC），但具有一定的韧性和弹性。一般用于处理弹簧、发条及热锻模等。

（3）高温回火。其回火温度范围为500～650℃。高温回火可以消除内应力，使零件具有高强度和高韧性等良好的综合力学性能。经高温回火后，工件的硬度约为25～35HRC。它广泛用于处理各种重要的零件，如轴、连杆、齿轮等。

淬火后再经高温回火，这一相结合的热处理工艺称为调质处理，一般要求具有较高综合力学性能的中碳钢和中碳合金钢工件都要经过调质处理。

4. 化学热处理

化学热处理是指将工件放在一定的活性介质中加热，使某些元素渗入工件表层，以改变表层化学成分和组织，从而改善表层性能的热处理工艺。与其他热处理工艺比较，其表层不仅有组织变化，而且化学成分也发生了变化，提高了零件表面的硬度、耐磨性、耐热性和耐蚀性等。

目前在机械制造业中，常用的化学热处理有渗碳、渗氮、氰化（碳、氮共渗）以及渗入金属元素等方法。

（1）渗碳。渗碳是一种为了增加钢件表层的含碳量和一定的碳浓度梯度，将钢件在渗碳介质中加热并保温使碳原子渗入表层的化学热处理工艺。

渗碳适用于低碳钢和低碳合金钢。经渗碳处理后，可使零件表面 1 ~ 2 mm 内的含碳量提高到 0.8% ~1.2%。

为了获得高硬度和高耐磨性的表面层，同时改善心部的组织，渗碳后的工件还要进行淬火和低温回火。

（2）渗氮。渗氮是在一定温度下使活性原子渗入工件表面的化学热处理工艺。渗氮后的工件表层具有更高的硬度和耐磨性，高的疲劳强度和耐蚀性。常用的渗氮方法是气体渗氮。

与渗碳相比，渗氮处理主要有以下特点：渗氮后钢的表面形成一层高硬度的合金氮化物，工件不需再进行淬火处理便具有高的硬度和耐磨性，且红硬性好；提高了工件的疲劳极限；处理温度低，工件变形小。

渗氮处理主要用于耐磨性和精度要求很高的零件或要求耐热、耐蚀的耐磨件，如高精度的机床丝杠、精密传动齿轮和轴、发动机气缸和排气阀等。

（3）碳氮共渗。碳氮共渗是向钢的表面同时渗碳和氮原子的过程。其主要目的在于提高工件的表面硬度、耐磨性和疲劳极限。目前生产中应用较广的有低温碳氮共渗和中温碳氮共渗两种方法。前者广泛应用于处理汽车、拖拉机上的各种齿轮、轴类零件，后者在模具、量具及耐磨件处理方面也得到了广泛应用。

三、热处理工序位置安排

热处理工序一般安排在铸、锻、焊等热加工和切削加工的各个工序之间。根据热处理目的和工序位置的不同，可将其分为预先热处理和最终热处理两大类。

1. 预先热处理

预先热处理包括退火、正火和调质等，安排在粗加工之后，精加工之前。

正火和退火的作用是消除热加工毛坯的内应力、细化晶粒、调整内部组织结构、改善切削加工性能，为后续热处理工序做好准备。其工序位置均安排在毛坯生产之后，切削加工之前。

调质主要是为提高零件的综合力学性能，或为后续表面淬火和为易变形的精密零件的整体淬火做准备。调质处理一般安排在粗加工之后、精加工或半精加工之前。

2. 最终热处理

最终热处理主要包括各种淬火 + 回火及表面热处理等。工件经此类热处理工序处理后硬度较高，除磨削加工外，不适宜其他切削加工，故其工序位置应尽量靠后，一般安排在半精加工之后，磨削之前。

§2—3　常用材料的切削加工性能及毛坯的选择原则

一、常用材料的切削加工性能

1．金属材料切削加工性能的概念

金属材料的切削加工性能是指某种金属材料切削加工的难易程度。例如切削铝、铜合金比切削45钢轻快得多，切削合金钢要困难一些，切削耐热钢则更困难一些。

良好的切削加工性能是指：刀具的寿命较长或在一定的寿命下允许的切削速度较高；在相同的切削条件下切削力较小；切削温度较低；容易获得较小的表面粗糙度（较高的表面光洁度）；容易控制切屑形状或断屑。同一种材料由于加工要求和加工条件不同，其切削加工性能也不相同。例如，切除纯铁的余量比较容易，但要获得较小的表面粗糙度则比较困难，所以精加工时其切削加工性能不好；在普通机床上加工不锈钢工件并不太难，但在自动机床上切削时却难以断削，则认为其切削加工性能较差。

切削加工性能很难用一个简单的物理量来精确地规定和测量。在实际生产中，通常用刀具寿命 T 为60 min时，切削某种材料所允许的最大切削速度 v_{60} 表示。v_{60} 越大，表示该材料的切削加工性能越好。

切削加工性能的概念有相对性。所谓某种材料切削加工性能好与坏，是相对于另一种材料而言的。一般用 $\sigma_b=0.637$ GPa的45钢的 v_{60} 为基准，简写为 $(v_{60})_j$，其他材料的 v_{60} 与 $(v_{60})_j$ 相比的数值记做 Kv，即相对切削加工性能：

$$Kv = \frac{v_{60}}{(v_{60})_j}$$

常用材料的切削加工性能见表2—6。凡 $Kv>1$ 的材料，其切削加工性能比45钢好；$Kv<1$ 的材料，其切削加工性能比45钢差。

表2—6　　材料切削加工性能等级

切削加工性能等级	常用材料的切削加工性能		相对切削加工性能 Kv	代表性材料
1	一般有色金属	很容易加工	8～20	镁铝合金，5－5－5铜铅合金
2	易切削钢	易加工	2.5～3	易切削钢（σ_b＝400～500 MPa）
3	较易切削钢材		1.6～2.5	30钢正火（σ_b＝500～580 MPa）
4	一般碳素钢、铸铁	普通	1.0～1.5	45钢，灰铸铁
5	稍难切削材料		0.7～0.9	45钢（轧材），2Cr13（σ_b＝850 MPa）
6	较难切削材料	难加工	0.5～0.65	65Mn（σ_b＝950～1 000 MPa），易切不锈钢
7	难切削材料		0.15～0.5	不锈钢（1Cr18Ni9Ti）
8	很难切削材料		0.04～0.14	耐热合金钢，钛合金

2．改善金属材料切削加工性能的途径

材料的切削加工性能可以采用一些适当的措施予以改善，采用热处理方法是一种重要途径。低碳钢在退火状态下塑性很大，切屑易粘在切削刃上形成刀瘤，工件表面很粗糙，且刀

具寿命较短。对低碳钢改用正火处理，适当降低其塑性，增加其硬度，可使精加工表面粗糙度很小。对于高碳钢而言，其硬度高，难以进行切削，一般经球化退火来降低硬度，改善加工性能。对于出现白口组织的铸铁，可在 950～1 000℃下长时间退火，以降低其硬度，变得较易切削。

一般来说，硬度在 HBS160～230 范围内切削加工性能最好。为降低工件表面粗糙度值，可适当提高其硬度值（至 HBS250）；当硬度大于 HBS300 时，切削加工性能显著下降。

调质材料的化学成分也可改善切削加工性能。例如在钢中添加适量的硫、铅等元素，可使断屑容易，获得较小的表面粗糙度值，并可减小切削力，提高刀具的寿命。

二、机械加工中常见毛坯的种类

1. 铸件

铸件是用铸造方法获得的毛坯。铸造方法取决于生产量、材料和设备。铸铁件应用较广泛。形状复杂的零件毛坯通常采用铸造方法制造。

2. 锻件

锻造生产的毛坯最显著的优点是锻件中晶粒细化并带有方向性纤维组织，提高了力学性能。但锻造方法不适于内腔形状复杂的零件。所以，机械强度要求高、形状比较简单的钢制件，一般用锻件毛坯。

3. 型材

选用钢厂生产的圆钢、方钢、六角钢、槽钢、工字钢、钢管、钢丝、条料、带料和板料直接制造。型材的轧制生产方法又分为冷轧和热轧。冷轧料精度高，如用六角钢棒制造六角螺母、螺栓，头部可以不必加工，使加工时间大大缩短；热轧料精度低，多用做一般零件的毛坯。

4. 焊接件

焊接已大部分代替了铆钉连接，铸—焊、锻—焊组合件的工艺正得到广泛的应用，能制成各种需要的结构。同铸件相比较，焊接件具有强度、冲击韧性高，质量轻，材料利用率高，不需大型设备，生产周期短等优点。缺点是残余应力和热影响区对焊接质量影响较大，因此，消除应力处理极为重要。

5. 粉末冶金制件

粉末冶金是将材料制备—加工—零件及半成品制造巧妙结合，是机械制造零件和半成品的一种金属成型技术。具有提高质量、降低成本、节约能源的优点。由于制作粉末的价格高，故只在特殊需要时选用。

三、毛坯的选择原则

影响毛坯选择的因素很多，例如生产类型、零件的材料、结构和尺寸、力学性能要求以及加工成本等。毛坯的选择一般应从以下几方面考虑。

1. 生产类型

生产类型在很大程度上决定了采用某种毛坯制造方法的经济性。大量生产的零件应选择高精度、高效率的毛坯制造方法，以提高生产率，降低成本，如铸件采用金属型机器造型或精密铸造；锻件采用模锻、精锻；型材采用冷轧或冷挤压。零件产量较小时，应选择精度和生产率较低的毛坯制造方法。

2. 现有生产条件

确定毛坯的种类及制造方法，必须考虑工厂现场生产条件，如工厂设备情况、工艺水平、工人技术水平以及对外协作的可能性等。

3. 零件材料及其力学性能

零件材料是决定毛坯种类及其制造方法的主要因素。一般零件材料选定后，其毛坯种类就可确定。例如，材料为铸铁和青铜的零件，应选择铸件毛坯；钢质零件形状不复杂、力学性能要求不太高时，可选择型材；重要的钢制件，为保证其力学性能，应选择锻件毛坯。

4. 零件的结构形状及其外形尺寸

这是影响毛坯选择的重要因素。对于形状复杂的毛坯，一般用铸造方法制造；形状复杂和薄壁的铸件毛坯，不宜采用砂型铸造；一般用途的阶梯轴，如阶台直径相差不大，可采用型材棒料；若直径相差较大，则宜采用锻件；尺寸较大的毛坯，不宜采用压铸、模锻。

5. 保证设计的质量要求

一般设计零件图样上标注有：零件的材料；零件的形状、尺寸、公差、表面粗糙度；热处理应达到的性能指标等。

6. 充分考虑利用新工艺、新技术和新材料

随着机械制造技术的发展，毛坯制造方面的新工艺、新技术和新材料的应用也迅速发展，如精锻、精铸、冷挤压、粉末冶金和工程塑料等。在选择毛坯时应充分考虑利用新工艺、新技术、新材料，并在可能的条件下应尽量采用。

习 题 二

一、判断题

1. 退火的目的是：改善钢的组织；提高强度；改善切削加工性能。 ( )

2. 高速钢刀具可切削各种难加工材料。 ( )

3. 低碳钢工件经过表面渗氮处理后，硬度可以达到 58－64HRC。 ( )

4. 热处理工序主要用来改善材料的力学性能和消除内应力。 ( )

5. 合金的性能主要决定于化学成分、组织和结构。 ( )

6. 点缺陷可以通过退火完全恢复至平衡状态。 ( )

7. 回火的主要目的在于消除淬火造成的残余应力，故回火与去应力退火无本质区别。 ( )

8. 高频感应加热淬火的硬化层深度受高频振荡器频率的限制，要得到深的硬化层，必须采用频率高的振荡器。 ( )

9. 铜、铝合金以及不锈钢的裂纹不能用磁性探伤法来检查。 ( )

10. 表面淬火件的硬度深化，一般从表面测至50%马氏体处为有效淬硬深度。 ( )

11. 生产上常用提高温度的办法缩短化学热处理周期，以提高生产效率。 ( )

12. 淬火后发现的裂纹，如裂纹两侧有氧化脱碳现象，则可以肯定裂纹是在淬火冷却时的高温区形成的。 ( )

13. 硬度越低，金属的切削加工性能越好。 ( )

14. 金属材料的疲劳强度比抗拉强度低。 ( )

15. 决定碳素钢性能的主要元素是碳。 ( )
16. 钢中含碳量越高，其强度也越高。 ( )
17. 碳素钢的含碳量越高，钢的质量越好。 ( )
18. 碳素钢是含碳量大于 2.11% 的铁碳合金。 ( )
19. 45 钢的含碳量为 0.45% 左右。 ( )
20. 含碳量小于 2.11% 的铁碳合金称为铸铁。 ( )
21. 退火的主要特征是冷却缓慢。 ( )
22. 碳素工具钢都是优质或高级优质钢。 ( )
23. 正火是将钢加热到再结晶温度、保温一段时间，然后在空气中冷却的热处理工艺。 ( )
24. 预先热处理的目的，是为了消除或改善前工序引起的缺陷。 ( )
25. 有些钢件经退火或正火后，能满足工艺要求，但还要进行一次最终热处理。 ( )
26. 淬火加高温回火，还可以作为工件的表面淬火及渗氮前的预先热处理。 ( )
27. 当工件表面淬火的不同部位需要不同的硬度时，将硬度要求高的部位采用局部低温回火。 ( )
28. 渗碳时采用低碳合金钢，主要是为提高工件的表面淬火硬度。 ( )
29. 铸造铝合金的铸造性能好，但塑性一般较差，不宜进行压力加工。 ( )
30. 纯铜具有较好的导电性和导热性，也有优良的塑性，但强度不高。 ( )

二、单项选择题

1. 金属热处理中调质是指（ ）。

A. 淬火 + 高温回火　　B. 淬火 + 中温回火

C. 淬火 + 低温回火　　D. 时效处理

2. 退火、正火一般安排在（ ）之后。

A. 毛坯制造　　B. 粗加工

C. 半精加工　　D. 精加工

3. 轴类零件最常用的毛坯是（ ）。

A. 铸钢件和铸铁件　　B. 棒料和锻件

C. 焊接件　　D. 螺纹钢

4. 为提高零件的综合力学性能，需进行调质处理，常安排在（ ）。

A. 粗加工之前　　B. 半精加工之前

C. 精加工之前　　D. 精加工之后

5. 下列材料中不属于金属的是（ ）。

A. 钛及其合金　　B. 橡胶

C. 生铁　　D. 球墨铸铁

6. （ ）不属于压入硬度试验法。

A. 布氏硬度　　B. 洛氏硬度

C. 莫氏硬度　　D. 维氏硬度

7. 碳溶解在（ ）的间隙固溶体是铁素体。

A. $\delta - Fe$　　B. $\alpha - Fe$

C. $\gamma - Fe$　　D. $\beta - Fe$

8. 在钢的编号中，08 是指平均碳的质量分数为（　　）的优质碳素结构钢。

A. 8%　　B. 80%

C. 0.8%　　D. 0.08%

9. 在钢的编号中，40Cr 表示含铬（　　）。

A. 等于 4%　　B. 小于 1.5%

C. 大于 2.5%　　D. 等于 2.5%

10. 灰铸铁中的碳主要是以（　　）形式存在。

A. 片状石墨　　B. 蠕虫状石墨

C. 团絮状石墨　　D. 球状石墨

11. QT400－17 属于（　　）铸铁的牌号。

A. 球墨　　B. 可锻

C. 灰　　D. 蠕墨

12. 黄铜（　　）。

A. 又称纯铜　　B. 是铜和硅的合金

C. 是铜与锌的合金　　D. 包括铝青铜和硅青铜

13. 为改善低碳钢加工性能应采用（　　）。

A. 正火　　B. 退火或回火

C. 淬火　　D. 调质

14. 淬火的主要目的是将奥氏体化的钢件淬成（　　）。

A. 贝氏体或马氏体　　B. 索氏体或马氏体

C. 马氏体　　D. 贝氏体

15. 经回火后，不能使工件（　　）。

A. 获得适当的硬度　　B. 提高内应力

C. 获得满意的综合力学性能　　D. 减小脆性

16. 感应加热淬火时，若频率为 1～10 kHz，则淬硬层深度为（　　）。

A. 17.5 mm 以上　　B. 26～48 mm

C. 2～8 mm　　D. 9 mm 以上

17. 判别某种材料的切削加工性能是 $\sigma_b = 0.637$ GPa（　　）的 v_{60} 为基准。

A. 85 钢　　B. 35 钢

C. 65 钢　　D. 45 钢

18. 低温回火是指加热温度为（　　）。

A. $<250℃$　　B. $<350℃$

C. 350～500℃　　D. $>500℃$

19. 中温回火是指加热温度为（　　）。

A. 350～500℃　　B. $<220℃$

C. 100～150℃　　D. $<265℃$

20. 中温回火后得到的组织为（　　）。

A. 回火贝氏体　　B. 回火奥氏体
C. 回火索氏体　　D. 回火托氏体

21. 高温回火后得到的组织为（　　）。
A. 回火托氏体　　B. 奥氏体
C. 回火索氏体　　D. 回火马氏体

22. 为改善碳素工具钢的切削加工性能，其预先热处理应该采用（　　）。
A. 完全退火　　B. 球化退火
C. 去应力退火　　D. 淬火

23. 普通优质和高级优质碳钢是按（　　）进行区分的。
A. 力学性能的高低　　B. 杂质 S、P 含量的多少
C. 杂质 Mn、Si 含量的多少　　D. 切削加工性能的高低

24. 影响金属材料可加工性能的主要因素是（　　）。
A. 硬度　　B. 塑性
C. 强度　　D. 比重

25. 通常硬度在（　　）范围内的金属材料可加工性能最好。
A. 200～230HBS　　B. 90～230HBS
C. 160～230HBS　　D. 230～300HBS

26. 45 钢按碳的质量分数 ω_C 分类属于（　　）钢。
A. 中碳　　B. 高碳
C. 低碳　　D. 合金钢

27. T12A 钢按用途分类属于（　　）钢。
A. 工具钢　　B. 结构钢
C. 特殊钢　　D. 合金钢

28. W18Cr4V 属（　　）。
A. 碳素工具钢　　B. 高速工具钢
C. 普通工具钢　　D. 结构钢

29. 高速钢具有高（　　）、高耐磨性、高热硬性的性能。
A. 韧性　　B. 塑性
C. 硬度　　D. 弹性

30. HT150 是（　　）的牌号。
A. 球墨铸铁　　B. 可锻铸铁
C. 灰铸铁　　D. 白口铸铁

第三章 加工中心的切削知识与工具系统

考核要点

· 加工中心的切削知识
· 加工中心的刀具知识

§3—1　加工中心的切削知识

一、铣削要素

如图 3—1 所示，铣削要素有铣削速度、进给量、背吃刀量与铣削宽度。

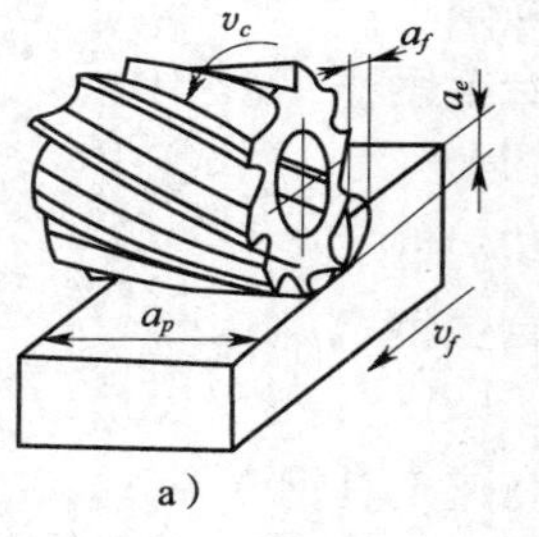

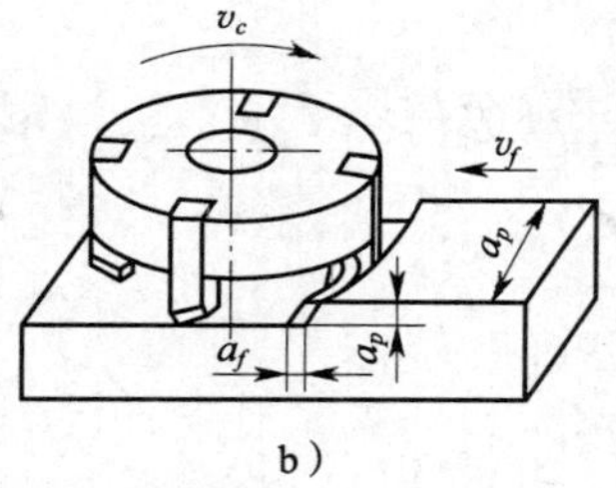

图 3—1　铣削要素

a）圆周铣　b）端铣

1. 铣削速度 v_c

铣刀旋转时的切削速度：

$$v_c = \frac{\pi d_0 n}{1\,000}(\mathrm{m/min})$$

式中　d_0——铣刀直径，mm；

n——铣刀每分钟转速，r/min。

2. 进给量

（1）进给量 f。铣刀每转一转时，它与工件的相对位移，单位为 mm。

（2）每齿进给量 a_f。铣刀每转过一个刀齿时，它与工件的相对位移：

$$a_f = f/z$$

式中　z——铣刀齿数。

（3）每秒进给量即进给速度 v_f。铣刀与工件的每秒钟相对位移：

$$v_f = fn/60 = a_f zn/60\ (\mathrm{mm/s})$$

3. 背吃刀量

指平行于铣刀轴线方向的切削层尺寸。

4. 铣削宽度 a_e

指垂直于铣刀轴线方向的切削层尺寸。

二、铣刀的主要几何参数及作用

1. 铣刀的组成及各部分名称

铣刀是多刀刃刀具，每一个刀齿相当一把切刀，故其主要几何参数的基本概念与其他刀具是一致的。由图 3—2 可见，铣刀切削时直接推挤切削金属并控制切屑流向的刀面 6 称为前刀面，由主切削刃直接切成的表面 9 称为已加工表面，与已加工表面相对的表面 3 称为后刀面，前刀面与后刀面的交线 5 称为主切削刃，而工件上即将被切去的表面 1 称为待加工表面。

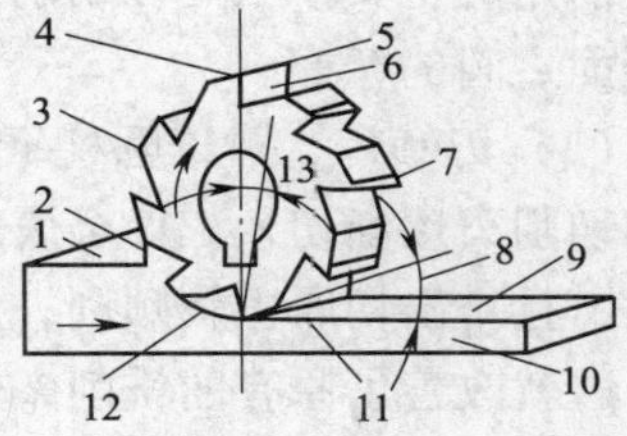

图 3—2 铣刀的组成和各部位名称

1—待加工面 2—切屑 3—后刀面 4—基面 5—主切削刃 6—前刀面 7—棱边 8—后角 9—已加工面 10—工件 11—切削平面 12—切削表面 13—前角

2. 铣刀的几何角度及其作用

铣刀工作部分的每个刀齿相当于一把车刀，因此其几何角度也有前角、后角和刃倾角等。下面以圆柱平面铣刀和端铣刀两种类型来讨论刀齿的几何角度。

(1) 前角和后角。对于螺旋齿圆柱平面铣刀，为了便于制造，前角规定在法剖面 $N-N$ 内测量（图 3—3a），而后角 $\alpha_f = \alpha_0$ 则规定在端剖面 $T—T$（即主剖面）内测量。

前角 γ_n 与端剖面内的前角 γ_f 的关系为：

$$\mathrm{tg}\gamma_n = \mathrm{tg}\gamma_f \cos\beta$$

式中 β——圆柱平面铣刀的外圆螺旋角。

对于端铣刀，因其每个刀齿更类似车刀，故前角 γ_0 和后角 α_0 都规定在主剖面 $O—O$ 内测量（见图 3—4）。前角 γ_0 与法剖面 $N—N$ 内的前角 γ_n 的关系为：

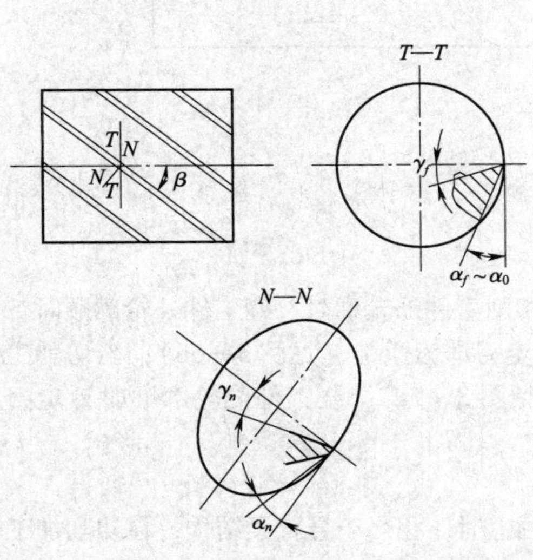

图 3—3 螺旋齿圆柱平面铣刀的几何角度

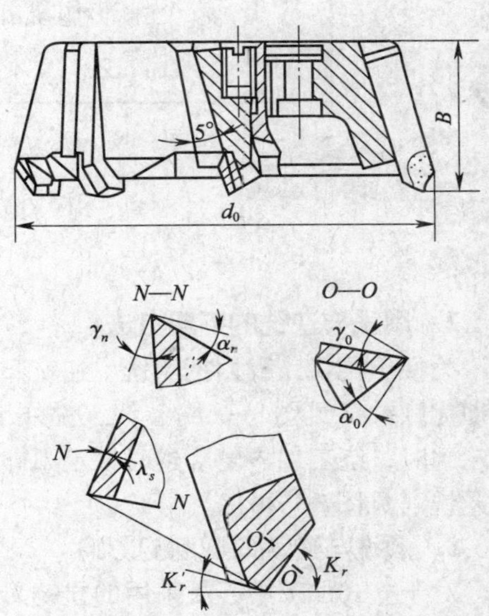

图 3—4 硬质合金端铣刀的几何角度

$$\mathrm{tg}\gamma_0 = \mathrm{tg}\gamma_n / \cos\lambda_s$$

式中　λ_s——端铣刀刀齿的刃倾角。

前角的主要作用是在切削时减少金属变形，易排屑。后角的主要作用是减少后刀面与工件表面之间的摩擦。

（2）刃倾角。对于圆柱平面铣刀，其螺旋角 β 就是刃倾角 λ_s，具有 β 角的螺旋齿铣刀，因其切削刃逐渐切入工件金属层，而且同时工作齿数较多，故铣削工件时较直齿铣刀要平稳得多，且排出切屑也较顺利；又因切削刃倾斜而具有斜角切削特点，实际前角将比 γ_n 大很多，这就改善了原有的铣削条件。但 β 角不宜过大，否则将使铣刀制造和刃磨困难。一般圆柱平面铣刀，取 $\beta = 25° \sim 45°$。

对于端铣刀，其刀齿刃倾角 λ_s 的作用和选取原则类似于车刀。但铣削加工冲击较大，为了保护刀尖部分，对于切削钢材和铸铁的硬质合金端铣刀，λ_s 常取负值，一般取 $\lambda_s = -15° \sim 5°$，只有在加工强度较低的材料时，才选用正的刃倾角 $\lambda_s = 5°$。

三、顺铣与逆铣及其对切削的影响

1. 顺铣与逆铣的概念

加工中心铣削平面时有逆铣和顺铣两种铣削方式。

（1）顺铣。铣刀旋转切入工件的方向与工件进给方向相同称为顺铣，如图 3—5a 所示为顺铣的俯视图。

（2）逆铣。铣刀旋转切入工件的方向与工件的进给方向相反称为逆铣，如图 3—5b 所示为逆铣的俯视图。

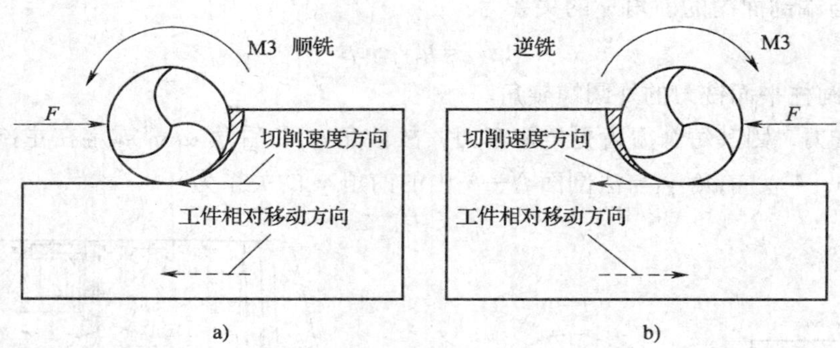

图 3—5　顺铣与逆铣

a）顺铣　b）逆铣

2. 顺铣与逆铣的判断方法

为便于记忆，我们把顺铣、逆铣归纳为：当切削工件外轮廓时，绕工件外轮廓顺时针走刀即为顺铣（见图 3—6a），绕工件外轮廓逆时针走刀即为逆铣（见图 3—6b）；当切削工件内轮廓时，绕工件内轮廓逆时针走刀即为顺铣（见图 3—7a），绕工件内轮廓顺时针走刀即为逆铣（见图 3—7b）。

3. 顺铣与逆铣对切削的影响

对于立式加工中心所采用的立铣刀，装在主轴上时，相当于悬臂梁结构，在切削加工时刀具会产生弹性弯曲变形，如图 3—8 所示。

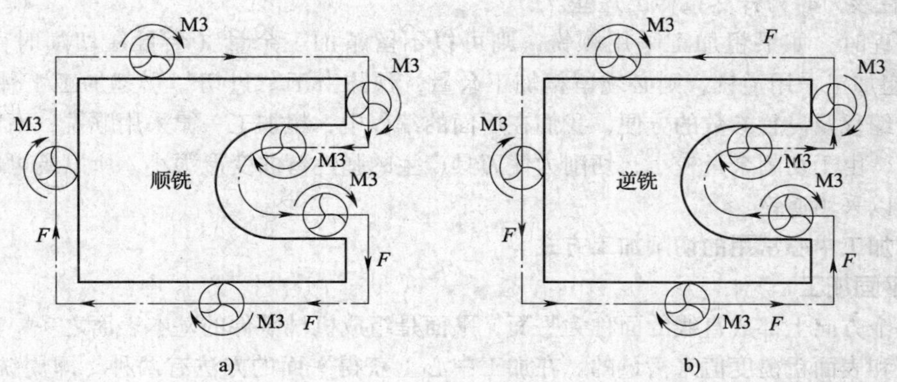

图 3—6　切削外轮廓时，顺铣、逆铣与走刀的关系

a）顺铣与走刀的关系　b）逆铣与走刀的关系

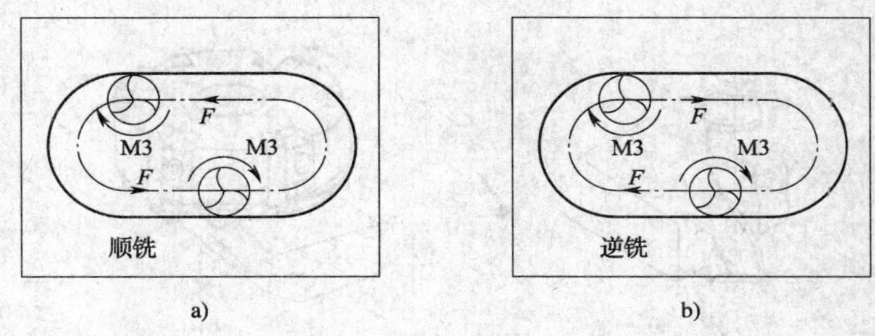

图 3—7　切削内轮廓时，顺铣、逆铣与走刀的关系

a）顺铣与走刀的关系　b）逆铣与走刀的关系

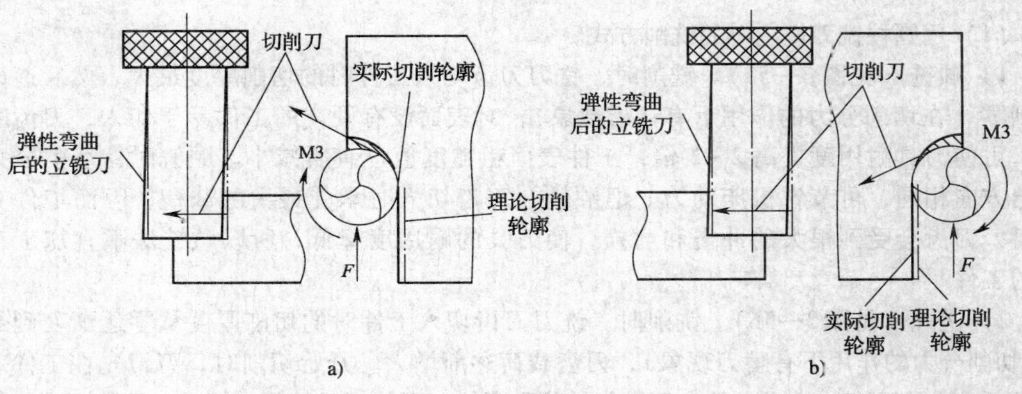

图 3—8　顺铣、逆铣对切削的影响

a）顺铣时出现“欠切”　b）逆铣时出现“过切”

从图 3—8a 可以看出，当用立铣刀顺铣时，刀具在切削时会产生让刀现象，即切削时出现“欠切”；而用立铣刀逆铣时（见图 3—8b），刀具在切削时会产生啃刀现象，即切削时出现“过切”。这种现象在刀具直径越小、刀杆伸出越长时越明显，所以在选择刀具时，从提高生产率、减小刀具弹性弯曲变形的影响这些方面考虑，应选大的直径，但需满足 $R_{刀}$ <

$R_{轮廓min}$；在装刀时刀杆尽量伸出短些。

在编程时，如果粗加工采用顺铣，则可以不留精加工余量（余量在切削时由让刀让出）；而粗加工采用逆铣，则必须留精加工余量，预防由于“过切”引起加工工件的报废。为此，为编程及设置参数的方便，我们在后面的编程中，粗加工一律采用顺铣；而半精加工或精加工，由于切削余量较小，切削力使刀具产生的弹性弯曲变形很小，所以既可以采用顺铣，也可以采用逆铣。

四、加工中心常用的切削加工方式

1．平面加工

在各个方向上都成直线的面称为平面，平面是组成机械零件的基本表面之一，其质量是用平面度和表面粗糙度值来衡量的。在加工中心上获得平面的方法有两种，即周铣和端铣。以立式加工中心为例，用分布于铣刀圆柱面上的刀齿进行的铣削称为周铣（即铣削垂直面），如图3—9a所示；用分布于铣刀端面上的刀齿进行的铣削称为端铣，如图3—9b所示。

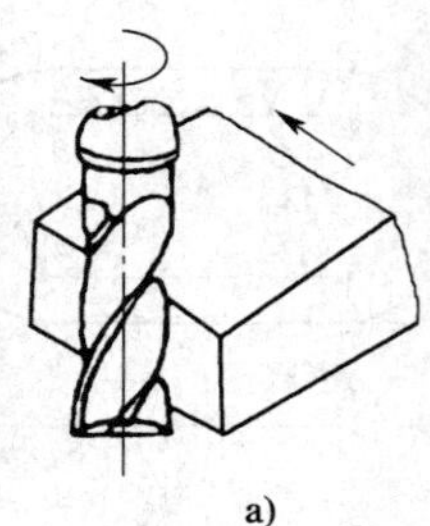

a)

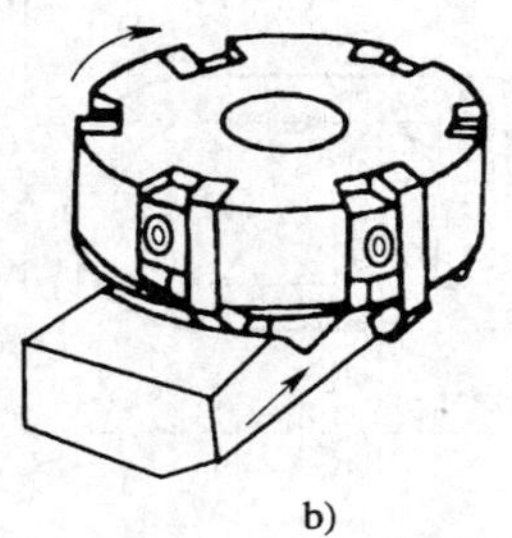

b)

图3—9　平面铣削方式

a）周铣　b）端铣

（1）用圆柱铣刀铣削时的铣削方式。

1）顺铣（见图3—5a）。铣削时，铣刀刀齿切入工件时的切削厚度最大，然后逐渐减小到零（在切削分力的作用下有让刀现象），对表面没有硬皮的工件易于切入，刀齿磨损小，可使刀具耐用度提高2~3倍，工件表面粗糙度值也有所减小。顺铣时，切削分力与进给方向相同，可节省机床动力。但顺铣在刀齿切入时承受最大的载荷，因而工件有硬皮时，刀齿会受到很大的冲击和磨损，使刀具的耐用度降低，所以顺铣法不宜加工有硬皮的工件。

2）逆铣（见图3—5b）。铣削时，铣刀刀齿切入工件时的切削厚度从零逐渐变到最大（在切削分力的作用下有啃刀现象），刀齿载荷逐渐增大。开始切削时，刀刃先在工件表面上滑过一小段距离，并对工件表面进行挤压和摩擦，引起刀具的径向振动，使加工表面产生波纹，加速了刀具的磨损，增大了工件的表面粗糙度值。

（2）用端铣刀铣削时的铣削方式。

1）对称铣削。铣削时铣刀中心位于工件铣削宽度中心的铣削方式，如图3—10a所示。对称铣削适用于加工短而宽或厚的工件，不宜加工狭长或较薄的工件。

2）不对称铣削。铣削时铣刀中心偏离工件铣削宽度中心的铣削方式。不对称铣削时，按铣刀偏向工件的位置，在工件上可分为进刀部分与出刀部分。图3—10所示 *AB* 为进刀部分，BC 为出刀部分。按顺铣与逆铣的定义，显然进刀部分为逆铣，出刀部分为顺铣。不对称端铣削时，进刀部分大于出刀部分时，称为逆铣（见图 3—10b），反之称为顺铣（见图 3—10c）。不对称端铣通常采用逆铣方式。

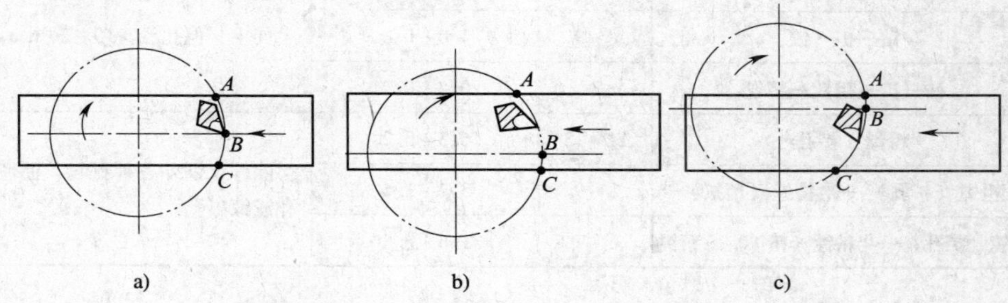

图 3—10　端铣铣削方式

a）对称铣削　b）不对称铣削（逆铣）　c）不对称铣削（顺铣）

2. 内、外轮廓加工

加工中心上加工的内、外轮廓面一般是具有直线、圆弧或曲线的二维轮廓表面，尺寸精度较高，形状也较为复杂。编写程序前需要进行轮廓节点的计算，节点可通过手工计算或计算机绘图软件得到；选择刀具时，刀具半径不得大于轮廓上凹圆弧的最小曲率半径 R_{min}，一般取 $R=(0.8\sim0.9)R_{min}$。

为保证轮廓的加工精度和生产效率，要求粗加工时尽量选择直径较大的铣刀进行铣削，便于多余材料的快速去除；精加工则选择相对较小直径的铣刀，从而保证轮廓的尺寸精度及表面粗糙度值。编写程序时，需考虑铣刀进刀与退刀的位置，尽量选在轮廓的节点处或沿着轮廓的切向进行；为简化程序，将轮廓铣削程序作为子程序进行编写，通过给定不同的刀具半径补偿，用于粗精加工中。

在外轮廓加工中，由于刀具的走刀范围比较大，一般采用立铣刀加工；而在内轮廓的加工中，如果没有预留（或加工出）孔时，一般用键槽铣刀（见图 3—16j）进行加工。由于键槽铣刀一般为 2 刃刀具，比立铣刀的切削刃要少，所以在同样转速的情况下其进给速度应比立铣刀进给速度小。如果用立铣刀铣削内轮廓，在进行 $-Z$ 方向进刀加工时应注意其进刀方式。

3. 孔加工

孔加工在金属切削中占有很大的比重，应用广泛。在加工中心上加工孔的方法很多，根据孔的尺寸精度、位置精度及表面粗糙度值等要求，一般有点孔、钻孔、扩孔、锪孔、铰孔、镗孔及铣孔等。生产实践证明，根据孔的技术要求必须合理的选择加工方法和加工步骤。现将孔的加工方法和一般所能达到的精度等级、粗糙度值以及合理的加工顺序加以归纳，见表 3—1。

表 3—1　　**孔的加工方法与步骤的选择**

序号	加工方案	精度等级	表面粗糙度值 R_a/μm	适用范围
1	钻	11 ~ 13	50 ~ 12.5	加工未淬火钢及铸铁的实心毛坯，也可用于加工有色金属（但表面粗糙度值较大），孔径 < 15 ~ 20 mm
2	钻—铰	9	3.2 ~ 1.6	
3	钻—粗铰—精铰	7 ~ 8	1.6 ~ 0.8	

续表

序号	加工方案	精度等级	表面粗糙度值 R_a/μm	适用范围
4	钻—扩	11	6.3~3.2	同上，但孔径>15~20 mm
5	钻—扩—铰	8~9	1.6~0.8	
6	钻—扩—粗铰—精铰	7	0.8~0.4	
7	粗镗（扩孔）	11~13	6.3~3.2	除淬火钢外各种材料，毛坯有铸出孔或锻出孔
8	粗镗（扩孔）—半精镗（精扩）	8~9	3.2~1.6	
9	粗镗（扩孔）—半精镗（精扩）—精镗	6~7	1.6~0.8	

（1）点孔。点孔用于钻孔加工之前，由中心钻来完成。由于麻花钻的横刃具有一定的长度，引钻时不易定心，加工时钻头旋转轴线不稳定，因此利用中心钻在平面上先预钻一个凹坑，便于钻头钻入时定心。由于中心钻的直径较小，加工时主轴转速应不低于1 000 r/min。

（2）钻孔。钻孔是用钻头在工件实体材料上加工孔的方法。麻花钻是钻孔最常用的刀具，一般用高速钢制造。钻孔精度一般可达到IT10~IT11级，表面粗糙度值 R_a 为12.5~50 μm，钻孔直径范围为0.1~100 mm。钻孔深度变化范围也很大，广泛应用于孔的粗加工，也可作为不重要孔的最终加工。

（3）扩孔。扩孔是用扩孔钻对工件上已有的孔进行扩大的加工，扩孔钻有3~4个主切削刃，没有横刃，它的刚性及导向性好。扩孔加工精度一般可达到IT9~IT10级，表面粗糙度值 R_a 为3.2~6.3 μm。扩孔常用于已铸出、锻出或钻出孔的扩大，可作为要求不高孔的最终加工或铰孔、磨孔前的预加工，常用于直径在10~100 mm范围内的孔加工。一般工件的扩孔使用麻花钻，对于精度要求较高或生产批量较大时应用扩孔钻，扩孔加工余量为0.4~0.5 mm。

（4）锪孔。锪孔是指用锪钻或锪刀刮平孔的端面或切出沉孔的加工方法，通常用于加工沉头螺钉的沉头孔、锥孔、小凸台面等。锪孔时切削速度不宜过高，以免产生径向振纹或出现多棱形等质量问题。

（5）铰孔。铰孔是利用铰刀从工件孔壁上切除微量金属层，以提高其尺寸精度和表面粗糙度值的方法。铰孔精度等级可达到IT7~IT8级，表面粗糙度值 R_a 为0.8~1.6 μm，适用于孔的半精加工及精加工。铰刀是定尺寸刀具，有6~12个切削刃，刚性和导向性比扩孔钻更好，适合加工中小直径孔。铰孔之前，工件应经过钻孔、扩孔等加工。铰孔的加工余量参考表3—2。

表3—2　　铰孔余量（直径值）

孔直径（mm）	<ϕ8	ϕ8~ϕ20	ϕ21~ϕ32	ϕ33~ϕ50	ϕ51~ϕ70
铰孔余量（mm）	0.1~0.2	0.15~0.25	0.2~0.3	0.25~0.35	0.25~0.35

（6）铣孔。在加工单件产品或模具上某些孔径不常出现的孔时，为节约定型刀具成本，利用铣刀进行铣削加工。铣孔也适合于加工尺寸较大的孔，对于高精度机床，铣孔可以代替铰削或镗削。

（7）镗孔。镗孔是利用镗刀对工件上已有尺寸较大孔的加工，特别适合于加工分布在同一或不同表面上的孔距和位置精度要求较高的孔系。镗孔加工精度等级可达到IT7级，表面粗糙度值为R_a0.8～1.6 μm，应用于高精度加工场合。镗孔时，要求镗刀和镗杆必须具有足够的刚性；镗刀夹紧牢固，装卸和调整方便；具有可靠的断屑和排屑措施，确保切屑顺利折断和排出，精镗孔的余量一般单边小于0.4 mm。镗刀的种类很多。图3—11所示为单刃镗刀结构示意图；图3—12所示为微调镗刀结构示意图。

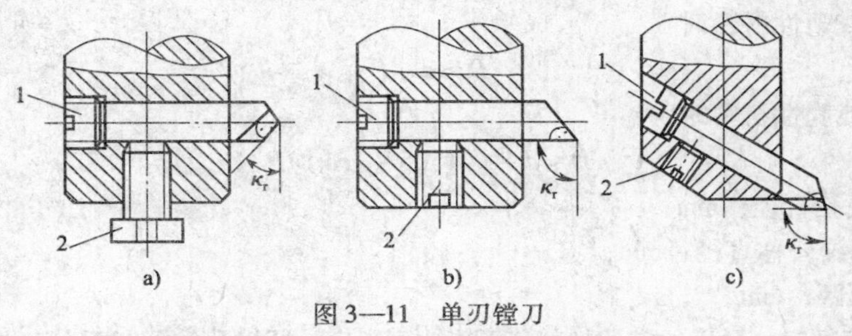

图3—11　单刃镗刀

a）通孔镗刀　b）阶梯孔镗刀　c）不通孔镗刀

1—调节螺钉　2—紧固螺钉

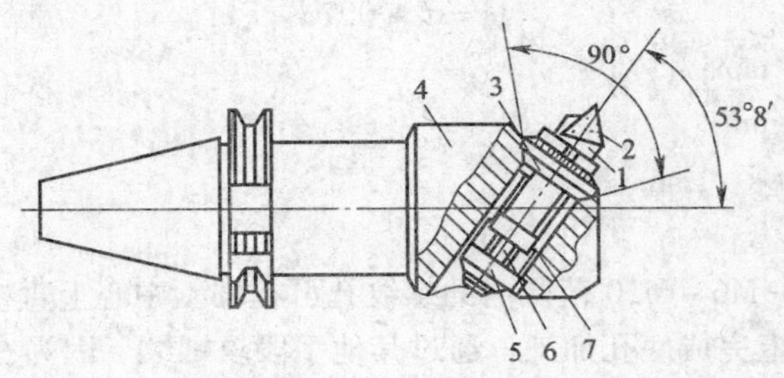

图3—12　微调镗刀

1—刀体　2—刀片　3—调整螺母　4—刀杆　5—螺母　6—拉紧螺钉　7—导向键

4. 攻螺纹加工

用丝锥加工工件内螺纹的方法称为攻螺纹（俗称攻丝）。

（1）攻螺纹工具。丝锥是攻螺纹并能直接获得螺纹尺寸的刀具，一般由合金工具钢或高速钢制成。丝锥的基本结构如图3—13所示，是一个轴向开槽的外螺纹。丝锥前端切削部分制成圆锥，有锋利的切削刃；中间为导向校正部分，起修光和引导丝锥轴向运动的作用；柄部都有方头，用于连接工具。常用的丝锥分为机用丝锥和手用丝锥两种，手用丝锥由两支或三支（头锥、二锥和三锥）组成一种规格，机用丝锥每种规格只有一支。

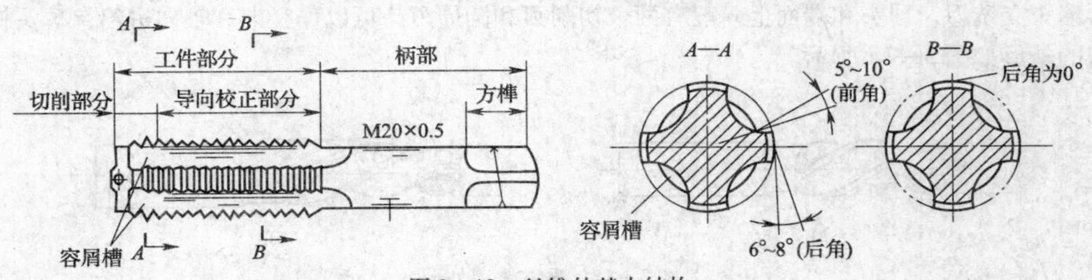

图3—13　丝锥的基本结构

图 3—14　丝锥夹套

（2）丝锥装夹。加工中心上加工内螺纹前，用专用的攻螺纹夹头刀柄（轴向有 5 ~ 10 mm的伸出或缩入移动）和丝锥夹套安装丝锥，如图 3—14 所示。

（3）螺纹底孔直径的确定。攻螺纹前应加工出螺纹的底孔，底孔的直径尺寸可根据螺纹的螺距查阅手册或按下面的经验公式确定。

加工钢件或塑性材料时：

$$D \approx d - P$$

加工铸铁或脆性材料时：

$$D \approx d - (1.05 - 1.1)P$$

式中　D——底孔直径，mm；

d——螺纹公称直径，mm；

P——螺距，mm。

攻不通孔工件时，由于丝锥切削部分不能攻到孔底，所以孔的深度要大于螺纹长度。孔深可按下式计算：

$$L = l + 0.7d$$

式中　L——孔的深度，mm；

l——螺纹长度，mm；

d——螺纹公称直径，mm。

（4）注意事项。

1）一般情况下，在 M6 ~ M20 范围内的螺纹孔可在加工中心上直接完成。直径在 M6 以下的螺纹，在加工中心上完成底孔加工，通过其他手段攻螺纹。因为在加工中心上攻螺纹不能随机控制加工状态，小直径丝锥易折断。直径在 M20 以上的螺纹，可采用镗刀片镗削加工，即铣削螺纹加工。

2）攻螺纹时要求排屑效果好，因此一般应加注切削液。

3）丝锥用钝后应及时更换，不得强行攻制，以免加工时发生折断。

5. 三维曲面加工

三维曲面铣削是数控机床加工的优势，编程前应根据曲面轮廓的形状，合理地选择加工刀具。除选用一般的立式或键槽铣刀外，球头铣刀在三维曲面加工中应用普遍，加工精度较高，尤其在凹曲面的铣削中更是必不可少。目前，加工中心在加工各类模具型腔或复杂的曲面、成型表面时也广泛应用。球头铣刀是立铣刀演变而成，可分为圆柱形球头立铣刀和圆锥形球头立铣刀，球头和端面上一般有两个切削刃和圆周刃，可以作径向和轴向进给，球头铣刀的外形如图 3—15 所示。

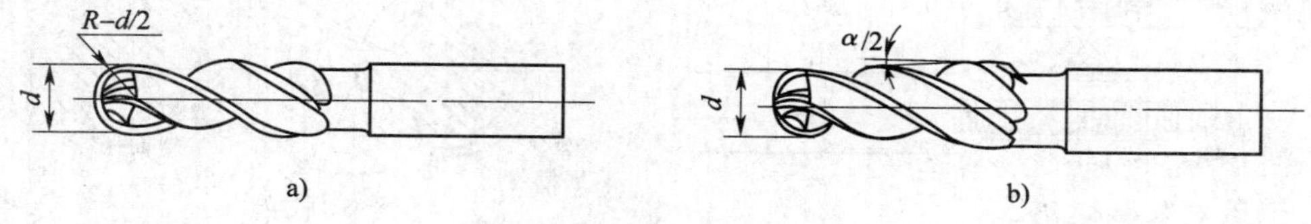

图 3—15　球头铣刀外形

a）圆柱形球头铣刀　b）圆锥形球头铣刀

§3—2　加工中心的工具系统及辅具

一、加工中心常用刀具

1. 铣削刀具

铣刀是刀齿分布在旋转表面或端面上的多刃刀具，其几何形状较复杂，种类较多。按铣刀的材料分为高速钢铣刀、硬质合金铣刀等；按铣刀结构形式分为整体式铣刀、镶齿式铣刀、可转位式铣刀；按铣刀的安装方法分为带孔铣刀、带柄铣刀；按铣刀的形状和用途又可分为圆柱铣刀、端铣刀、立铣刀、键槽铣刀、球头铣刀等，如图 3—16 所示。

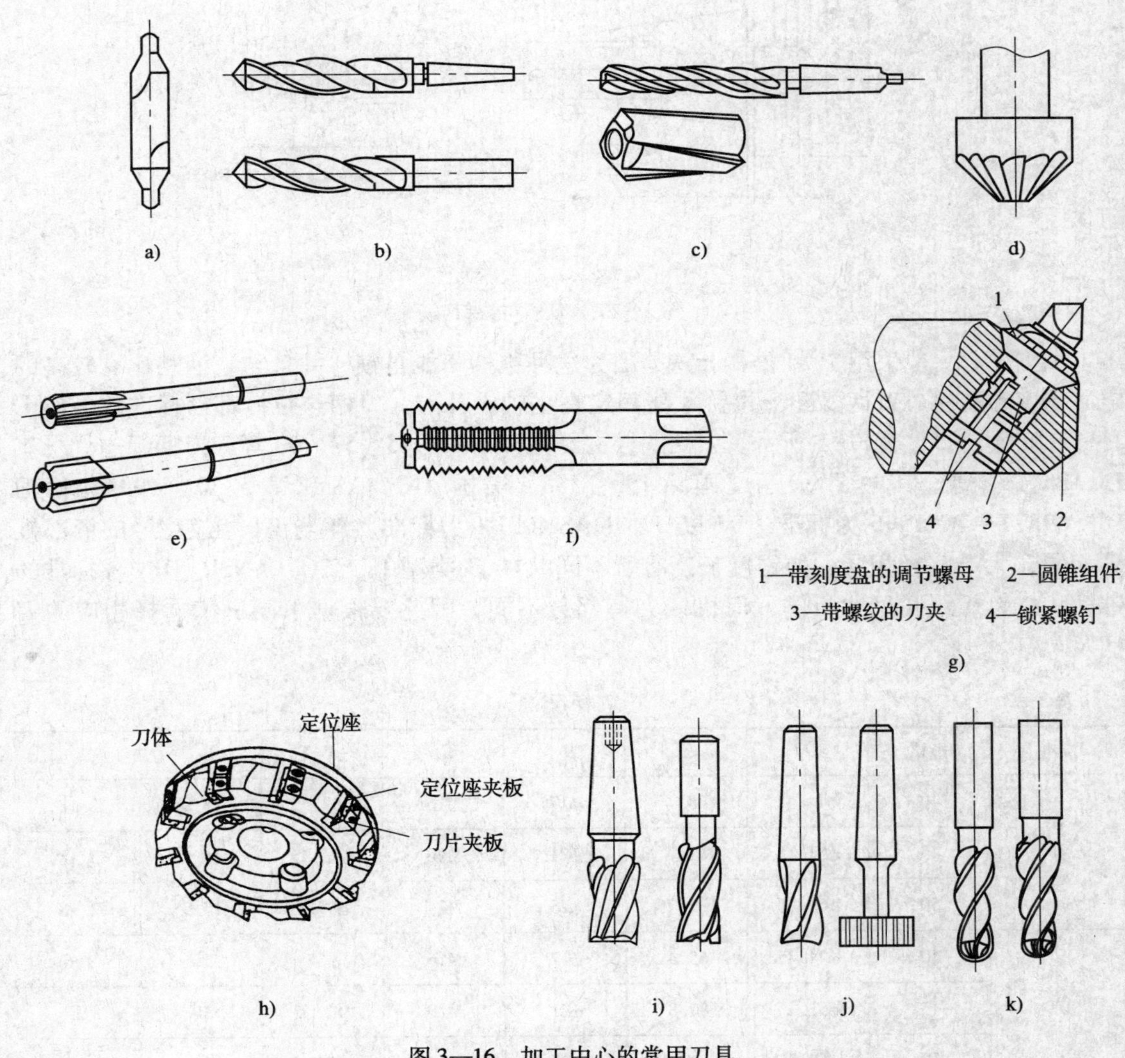

图 3—16　加工中心的常用刀具

a）中心钻　b）麻花钻　c）扩孔钻　d）锪孔钻　e）铰刀　f）丝锥

g）镗刀　h）面铣刀　i）立铣刀　j）键槽铣刀　k）球头铣刀

2. 孔加工刀具

孔加工刀具有中心钻、麻花钻（直柄、锥柄）、扩孔钻、锪孔钻、铰刀、镗刀、丝锥等，如图3—16所示。

二、加工中心的工具系统

1. 刀柄

加工中心使用的刀具种类繁多，而每种刀具都有特定的结构及使用方法，要想实现刀具在主轴上的固定，必须有一中间装置，该装置必须能够装夹刀具又能在主轴上准确定位。装夹刀具的部分（直接与刀具接触的部分）叫工作头，而安装工作头又直接与主轴接触的标准定位部分就叫刀柄（见图3—17）。

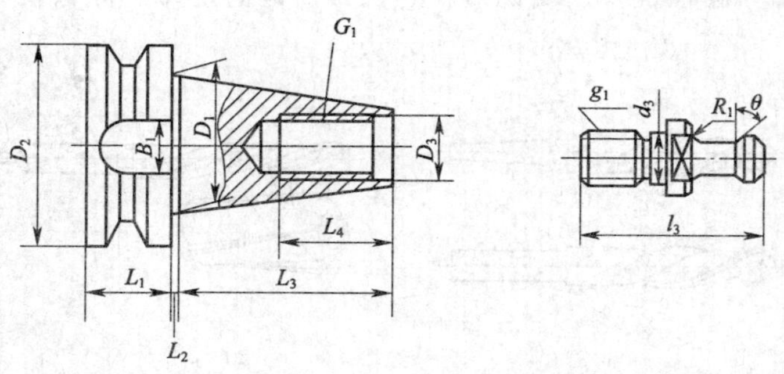

图3—17　刀柄与拉钉

加工中心一般采用7∶24锥柄，这是因为这种锥柄不能自锁，并且与直柄相比有较高的定心精度和刚性。刀柄要配上拉钉才能固定在主轴锥孔上，刀柄与拉钉都已标准化，如图3—17和表3—3、表3—4所示。刀柄型号主要有30、40、45、50、60等，刀柄标志代号有JT、BT、ST等，其中JT表示以国际ISO 7388、美国ANSI/ASME B 5.50－1994、德国DIN 69871－1－1995为标准，BT以日本MAS 403BT为标准。JT与BT相应型号的柄部锥度相同，大端直径相同，但锥度长度有所不同。在JT类型中，ISO、ANSI、DIN各标准的锥柄、拉钉螺纹孔尺寸相同，但机械夹持部分不同，因此要根据不同机床选择相应的刀柄及拉钉。

表3—3　　刀柄尺寸　　单位：mm

标准	规格	D_1	L_3	D_3	G_1	G_2	L_1	L_2
JT	40	ϕ44.45	68.4	ϕ17	M16	ϕ63.55	15.9	3.18
	45	ϕ57.15	82.7	ϕ21	M20	ϕ82.55	15.9	3.18
	50	ϕ69.85	101.75	ϕ25	M24	ϕ97.5	15.9	3.18
BT	40	ϕ44.45	65.4	ϕ17	M16	ϕ63	25	1.6
	45	ϕ57.15	82.8	ϕ21	M20	ϕ82.55	30	3
	50	ϕ69.85	101.8	ϕ25	M24	ϕ100	35	3

表 3—4　　拉钉尺寸　　单位：mm

标准	规格	l_1	g_1	d_3	θ	
					1	2
ISO	40	54	M16	$\phi17$	30°	45°
	45	65	M20	$\phi21$	30°	45°
	50	74	M24	$\phi25$	30°	45°
BT	40	60	M16	$\phi17$	30°	45°
	45	70	M20	$\phi21$	30°	45°
	50	85	M24	$\phi25$	30°	45°

2. 工具系统

加工中心的工具系统是刀具与加工中心的连接部分，由工作头、刀柄、拉钉、接长杆等组成，起到固定刀具及传递动力的作用（见图 3—18）。工具系统是能在主轴和刀库之间交换的相对独立的整体。工具系统的性能往往影响到加工中心的加工效率、质量、刀具的寿命、切削效果。另外，加工中心使用的刀柄、刀具数量繁多，合理地调配工具系统对成本的降低也有很大意义。

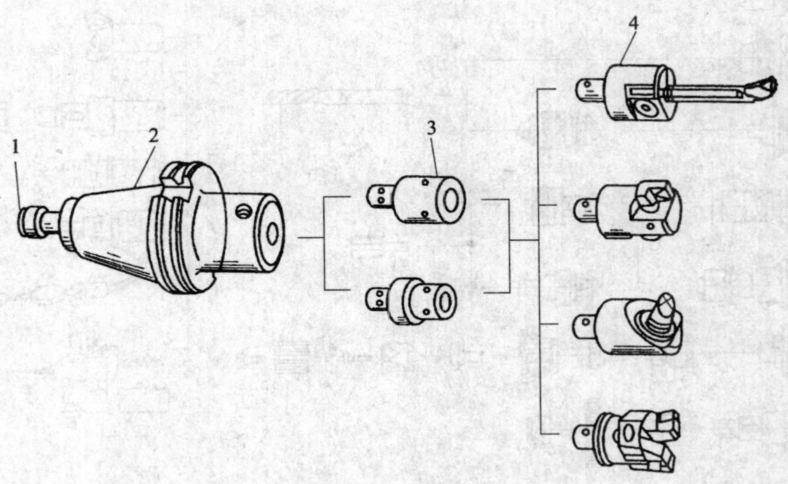

图 3—18　工具系统的组成

1—拉钉　2—刀柄　3—接长杆　4—工作头

加工中心使用的工具系统是指镗铣类工具系统，可分为整体式与模块式两类。整体式工具系统把刀柄和工作头做成一体，使用时选用不同品种和规格的刀柄即可使用，优点是使用方便、可靠，缺点是刀柄数量多。模块式工具系统是指刀柄与工作头分开，做成模块式，然后通过不同的组合而达到使用目的，减少了刀柄的个数。图 3—18 所示是典型的模块式刀柄结构。

工具系统内容繁多，一般用图谱来表示，如图 3—19 所示。一般工具如下：

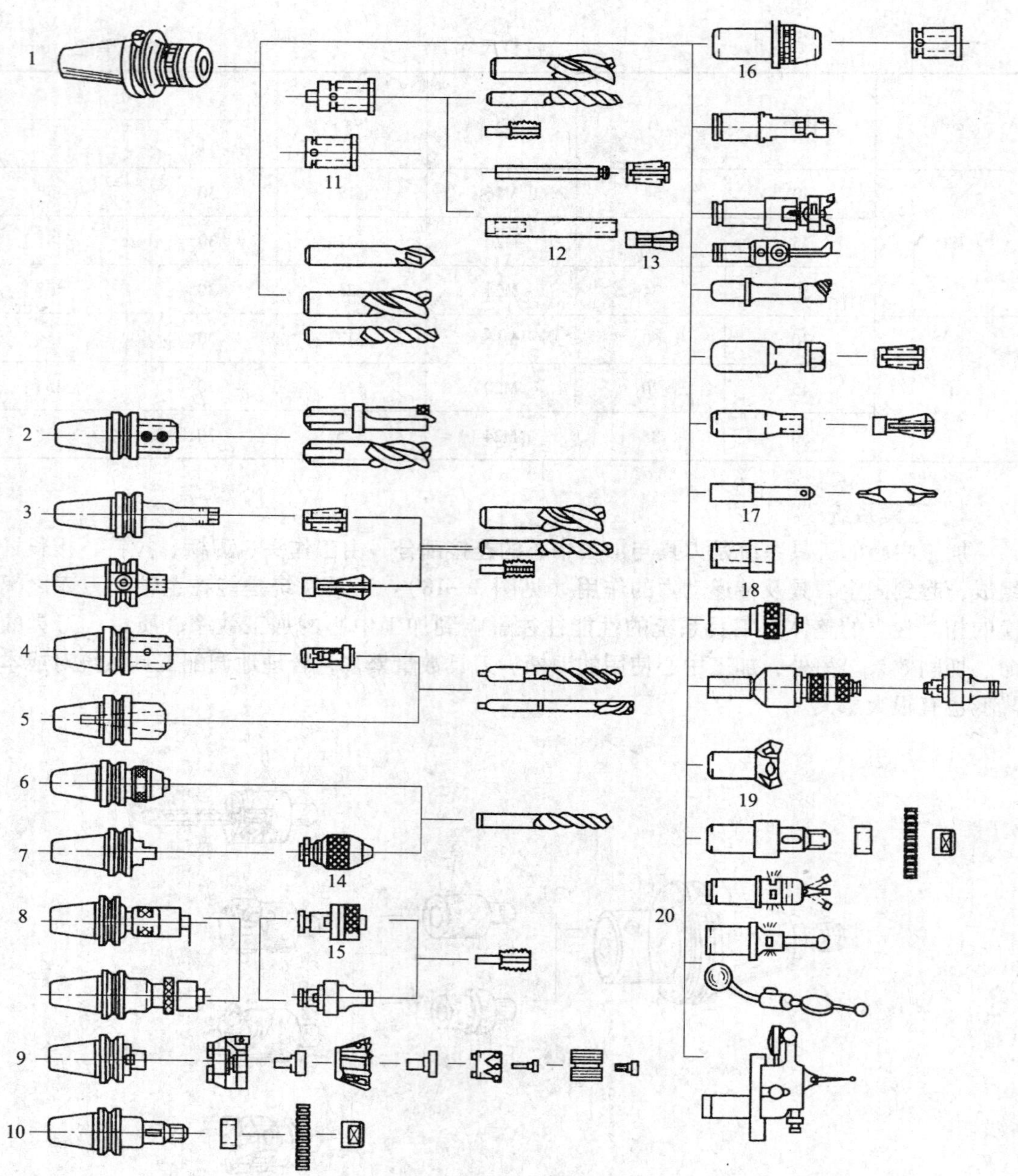

图 3—19　工具系统图谱

1—弹簧夹头刀柄，靠摩擦力直接或通过弹簧过渡套夹持直柄铣刀、钻头、直柄工作头等　2—侧面锁紧刀柄，夹持削平直柄铣刀或钻头　3—小弹簧夹头刀柄，利用小弹簧套夹持直柄刀具，结构小，适于加工窄深槽、夹持小刀具　4—内键槽刀柄，装夹带有连接键的直柄—锥柄过渡套，从而装夹莫氏锥柄钻头　5—莫氏锥度刀柄，装夹莫氏锥柄钻头　6—整体式钻夹头刀柄，装夹直柄钻头　7—分体式钻夹头刀柄，装夹直柄钻头　8—攻螺纹刀柄，安装攻螺纹夹头　9—端铣刀刀柄，安装各种端铣刀　10—三面刃铣刀刀柄　11—弹簧套，起到变径及夹紧的作用　12—直柄小弹簧夹头，安装在弹簧夹头刀柄上，更加灵活，适于加工深型腔　13—小弹簧套，与小弹簧夹头为锥度配合，由锁紧螺母施加轴向力，使小弹簧套锁紧刀具　14—钻夹头　15—丝锥夹头　16—直柄弹簧夹头　17—直柄中心钻夹头　18—直柄—莫氏锥度过渡套　19—直柄可转位立铣刀　20—找正器

三、加工中心工具系统的组装

加工中心刀柄及配件如图 3—20 所示，组装加工中心工具系统时要将拉钉旋入刀柄上端螺纹孔中，将刀具装入对应规格的夹头中，然后再装入刀柄中。拉钉有几种规格，所选拉钉的规格要和加工中心配套。

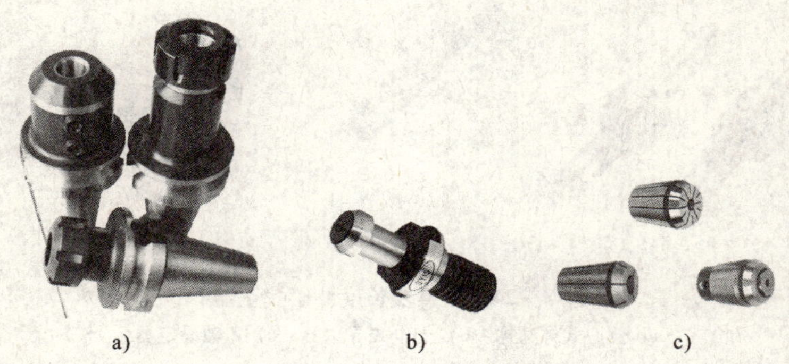

a)　　b)　　c)

图 3—20　加工中心刀柄及配件

a）刀柄　b）拉钉　c）夹头

装刀时，需把刀柄放在如图 3—21 所示的锁刀座上，锁刀座上的键对准刀柄上的键槽，使刀柄无法转动，然后用如图 3—22 所示的扳手锁紧螺母。

如图 3—23 所示为安装好刀具和拉钉后的刀柄。

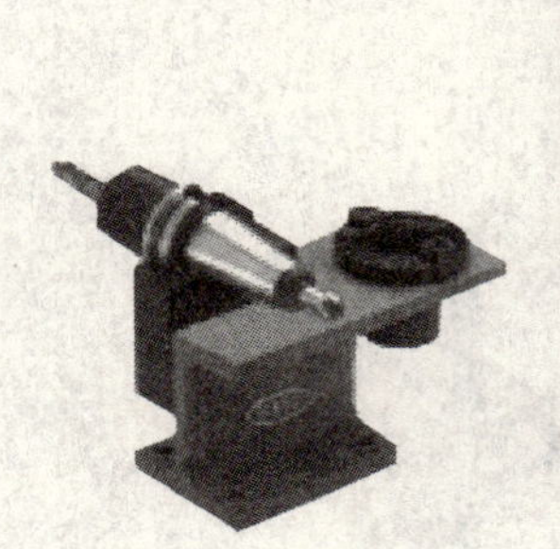

图 3—21　锁刀座

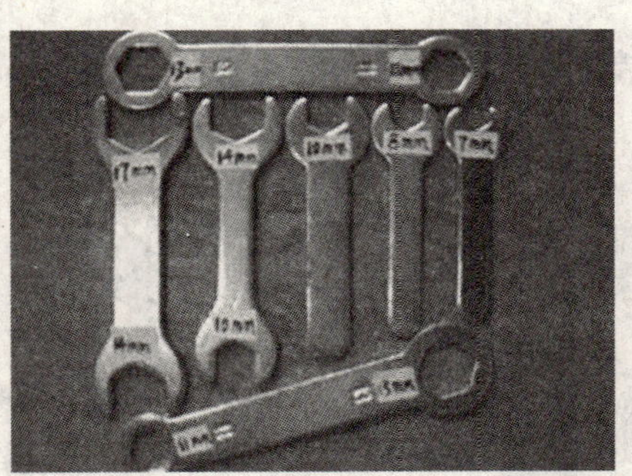

图 3—22　扳手

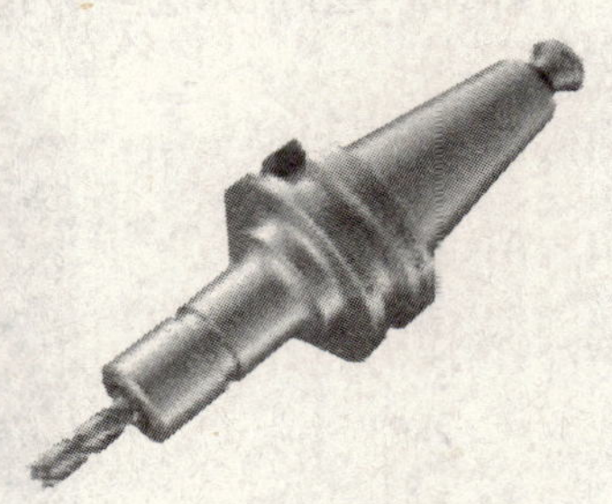

图 3—23　安装好刀具和拉钉后的刀柄

四、寻边器和 Z 轴设定器

对于在立式加工中心上加工的具体工件来说，必须通过一定的方法把工件坐标系原点（实际上是工件坐标系原点所在的机床坐标值）体现出来，这个过程称为“对刀”。常用的方法有试切法“对刀”和工具“对刀”两种。试切法“对刀”是利用铣刀与工件相接触产生切屑或摩擦声来找到工件坐标系原点的机床坐标值，它适用于工件侧面要求不高的场合；对于模具或表面要求较高的工件时需采用工具“对刀”，通常选用偏心式寻边器或光电式（带蜂鸣或不带蜂鸣）寻边器进行 X、Y 轴零点的确定。利用 Z 轴设定器进行 Z 轴零点的确定（Z 轴设定器上、下表面的距离为 50/100 mm 的标准值。在使用前，用精度很高的平面块压下圆柱台，使其与上表面等高，调整表盘使指针指在“0”位；在使用时，把 Z 轴设定器放在工件的上表面，刀具压下圆柱台，指针将旋转，当指针指在

"0"位时，刀具到工件上表面的轴向距离为50/100 mm）或刀具长度补偿的设置。寻边器及 Z 轴设定器的结构如图 3—24 所示。光电式寻边器比偏心式寻边器适用于更高精度的场合。

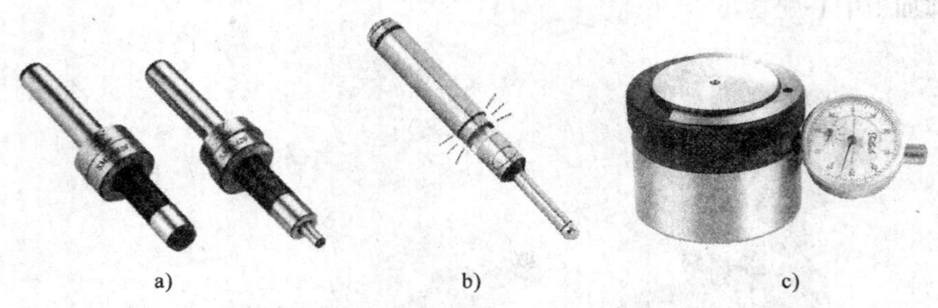

a)　　b)　　c)

图 3—24　零点及长度补偿找正器

a）偏心式寻边器　b）光电式寻边器　c）Z 轴设定器

五、机外对刀仪

机外对刀仪用来测量刀具的长度、直径和刀具形状、角度。刀库中存放的刀具其主要参数都要有准确的值，这些参数值在编制加工程序时都要加以考虑。使用中因刀具损坏需要更换新刀具时，用机外对刀仪可以测出新刀具的主要参数值，以便掌握与原刀具的偏差，然后通过修改补偿量确保其正常加工。此外，用机外对刀仪还可测量刀具切削刃的角度和形状等参数，有利于提高加工质量。

如图 3—25 所示为一种光学对刀仪的外观及测量刀具的情况。

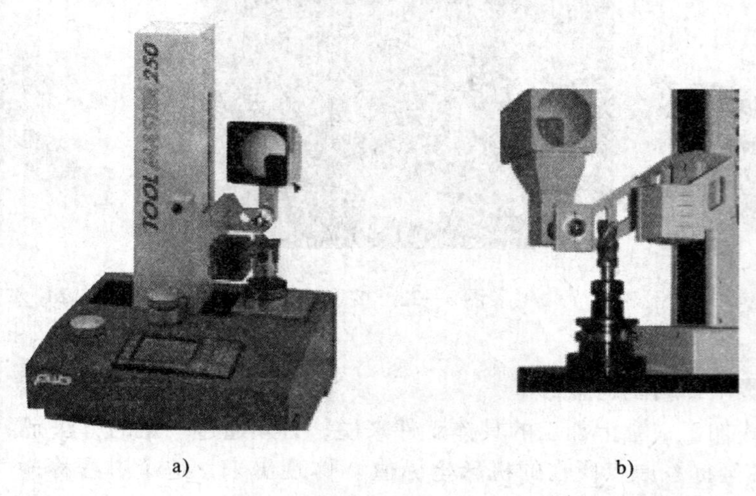

a)　　b)

图 3—25　光学对刀仪

a）光学对刀仪外观　b）用光学对刀仪测量刀具

1. 对刀仪的组成

（1）刀柄定位机构。对刀仪的刀柄定位机构与标准刀柄相对应，它是测量的基准，所以要有很高的精度，并与加工中心的定位基准要求接近，以保证测量与使用的一致性。

（2）测头与测量机构。测头有接触式和非接触式两种。接触式用测头直接接触刀刃的主要测量点（最高点和最大外径点）。非接触式（见图 3—26）主要用光学的方法，把刀尖投影到光屏上进行测量。测量机构提供刀刃的切削点处的 Z 轴和 X 轴（半径）尺寸值，即刀具的轴向尺寸和径向尺寸。测量的读数有机械式、数显等。

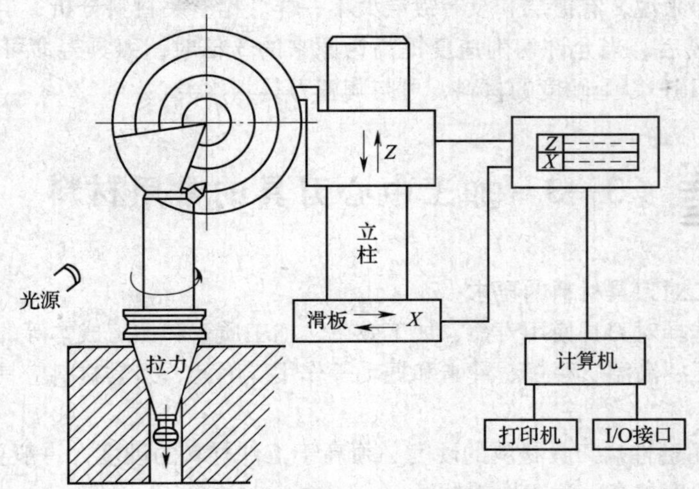

图 3—26 机外对刀仪示意图

（3）测量数据处理装置。

2. 使用对刀仪应注意的问题

（1）使用前要用标准对刀心轴进行校准。每台对刀仪都随机带有一件标准的对刀心轴。要妥善保护使其不锈蚀和受外力变形。每次使用前要对 Z 轴和 X 轴尺寸进行校准和标定。

（2）静态测量的刀具尺寸与实际加工出的尺寸之间有一差值。影响这一差值的因素很多，因此对刀时要考虑一个修正量，这要由操作者的经验来预选，一般要偏大 0.01 ~ 0.05 mm。

六、加工中心刀具的发展趋势

当今机械加工领域正向高效化、自动化、信息化迈进，并不断地涌现出来的各种新材料的切削加工问题也越来越突出，加上工具市场的激烈竞争，都大大地推动了国内外在刀具方面的研究工作及制造技术的发展，这是加工中心刀具的主要发展趋势。

1. 刀杆模块化

模块化刀杆可以通过拼装组合，根据加工需要接长或缩短刀杆长度与改变刀杆直径；也可以根据所要装入的刀具尾柄接入不同锥孔号数或内径的刀柄模块。由于制造技术的高超，各系列刀杆模块之间配合紧密、可靠，在刚性等方面不比整体刀杆逊色。而且拆卸与组装也十分方便。与万能组合夹具相似，模块化刀杆系统应变能力强，可缩短生产准备周期。

2. 切削刃的镶嵌化

铣刀切削刃采用不重磨机夹刀片镶嵌在刀体上，刀片一般都采用硬质合金或陶瓷材料。系列化刀具有不同的厚度、切削刃角与断屑槽。其形状有正方形、正三角形、菱形、平行四边形及圆形等，还可以根据需要特制成各种形状。为了延长刀片使用寿命，常采用可转位镶嵌式，当刀片一处磨损后，可以转位镶入，根据刀片形状为正几边形就可以转位几次。即使刀片报废，只需要重新镶嵌新刀片，但刀体仍可继续使用。与整体焊接式铣刀相比，其优点在于可以降低生产成本和缩短生产准备周期。

3．刀具表面的镀层化

目前刀具镀层技术发展很快，目的是为了提高刀具使用寿命和加工高硬度材料。对高速钢与硬质合金铣刀来说，有镀层和没有镀层大不一样。据有关材料分析，当刀具的刀刃镀有氮化钛或氧化铝膜后，当允许切削速度提高为原来的3倍时，刀具寿命可以提高5～9倍，并且可以切削60HRC以上硬度的材料，可与陶瓷刀具相比美。

§3—3　加工中心刀具的常用材料

一、数控加工对刀具材料的要求

刀具材料的选择对刀具使用寿命、加工效率、加工质量和加工成本等的影响很大。刀具切削时要承受高压、高温、摩擦、冲击和振动等作用。因此，刀具材料应具备如下一些基本性能：

（1）硬度和耐磨性。刀具材料的硬度必须高于工件材料的硬度，一般要求在60HRC以上。刀具材料的硬度越高，耐磨性就越好。

（2）强度和韧性。刀具材料应具备较高的强度和韧性，以便承受切削力、冲击和振动，防止刀具脆性断裂和崩刃。

（3）耐热性。刀具材料的耐热性要好，能承受较高的切削温度，具备良好的抗氧化能力。

（4）工艺性能和经济性。刀具材料应具备较好的锻造性能、热处理性能、焊接性能、磨削加工性能等，而且要追求较高的性能价格比。

数控加工具有高速、高效和自动化程度高等特点，数控刀具是实现数控加工的关键技术之一。为了适应数控加工技术的需要，保证优质、高效地完成数控加工任务，对数控加工刀具材料提出了比传统的加工用刀具材料更高的要求，它不仅要求刀具耐磨损、使用寿命长、可靠性好、精度高、刚度高，而且要求刀具尺寸稳定、安装调整方便等。

数控加工对刀具提出的具体要求如下：

1．刀具材料应具有高的可靠性

数控加工在数控机床或加工中心上进行，切削速度和自动化程度高，要求刀具应具有很高的可靠性，并且要求刀具的寿命长、切削性能稳定、质量一致性好、重复精度高。如果刀具可靠性差，将会增加换刀次数和时间，降低生产率，这将使数控加工失去意义。如果刀具可靠性差还将产生废品、损坏机床与设备，甚至造成人员伤亡。因此，数控加工刀具的可靠性十分重要。解决刀具的可靠性问题，成为数控加工成功应用的关键技术之一。在选择数控加工刀具时，除需要考虑刀具材料本身的可靠性外，还应考虑刀具的结构和夹固的可靠性。

2．数控刀具应具有高的精度

由于在数控加工生产中，被加工零件要求在一次装夹后，完成其加工精度。因此，要求刀具借助专用的对刀装置或对刀仪，调整到所要求的尺寸精度后，再安装到机床上使用。这样就要求刀具的制造精度要高。尤其在使用可转位结构的刀具时，刀片的尺寸公差、刀片转位后刀尖空间位置尺寸的重复精度，都有严格的精度要求。

3．刀具材料应具有高的耐热性、抗热冲击性和高温力学性能

为了提高生产效率，现在的数控机床向着高速度、高刚度和大功率发展。切削速度的增大，往往会导致切削温度的急剧升高。因此，要求刀具材料的熔点高、氧化温度高、耐热性好、抗热冲击性能强，同时还要求刀具材料具有很高的高温力学性能，如高温强度、高温硬度、高温韧性等。

4．数控刀具大量采用机夹可转位刀具

由于机夹可转位刀具能满足耐用、稳定、易调和可换等要求，目前，在数控机床以及加工中心等设备上，广泛采用机夹可转位刀具结构。机夹可转位刀具在数量上达到整个数控刀具的30%～40%。

5．数控刀具大量采用多功能复合刀具及专用刀具

为了充分发挥数控机床的技术优势，提高加工效率，对复杂零件加工要求在一次装夹中进行多工序的集中加工，并淡化传统的车、铣、镗、螺纹加工等不同切削工艺的界限，是提高数控机床效率、加快产品开发的有效途径。为此，对数控刀具提出了多功能（复合刀具）的新要求，要求一种刀具能完成零件不同工序的加工，减少换刀次数，节省换刀时间，减少刀具的数量和库存量，便于刀具管理。如多功能车刀和铣刀、镗—铣刀、钻—铣刀、钻—扩刀、扩—铰刀、扩—镗刀等，使原来需要多道工序、几种刀具才能完成的工序，在一道工序中，由一把刀完成，以提高生产效率，保证加工精度，而且明显减少了刀具数量。

6．数控刀具应能实现快速更换

数控刀具应能与数控机床快速、准确地接合和脱开，并能适应机械手和机器人的操作，并且要求刀具互换性好、更换迅速、尺寸调整方便、安装可靠，以减少因更换刀具而造成的停顿时间。刀具的尺寸应能借助于对刀仪在机外进行预调，以减少换刀调整的停机时间。现在的数控加工中心多采用自动换刀装置。

7．数控刀具应能可靠地断屑或卷屑

为了保证生产稳定进行，数控加工对切屑处理有更高的要求。切削塑性材料时切屑的折断与卷曲，常常是决定数控加工能否正常进行的重要因素。因此，数控刀具必须具有很好的断屑、卷屑和排屑性能。要求切屑不能缠绕在刀具或工件上、切屑不影响工件的已加工表面、不妨碍冷却浇注效果。数控刀具一般都采取了一定的断屑措施（如可靠的断屑槽型、断屑台和断屑器等），以便可靠地断屑或卷屑。

8．数控刀具应系列化、标准化和通用化

数控刀具应系列化、标准化和通用化，尽量减少刀具规格，以利于数控编程和便于刀具管理，降低加工成本，提高生产效率。应建立刀具准备单元，进行集中管理，负责刀具的保管、维护、预调、配置等工作。

9．数控刀具材料应能适应难加工材料和新型材料加工的需要

随着科学技术的发展，对工程材料提出了愈来愈高的要求，各种高强度、高硬度、耐腐蚀和耐高温的工程材料愈来愈多地被采用。它们中多数属于难加工材料，目前难加工材料已占工件的40%以上。因此，数控加工刀具应能适应难加工材料和新型材料加工的需要。

二、加工中心刀具常用材料的类型

刀具材料一般是指刀具切削部分的材料。

刀具切削部分材料主要有碳素工具钢、合金工具钢、高速工具钢、硬质合金、陶瓷和超硬刀具材料等。各种刀具材料的主要物理力学性能见表3—5。

表 3—5　各种刀具材料的物理力学性能

材料种类	硬度	抗弯强度/GPa	冲击韧度/（kJ/m²）	热导率/W·（m·K）$^{-1}$	耐热性/℃
碳素工具钢	63～65HRC	2.2	—	41.8	200～250
合金工具钢	63～66HRC	2.4	—	41.8	300～400
高速工具钢	63～70HRC	19.6～5.88	98～588	16.7～25.1	600～700
硬质合金	89～94HRA	0.9～2.45	29～59	20.9～87.9	800～1 000
陶瓷	91～95HRA	0.45～0.8	5～12	4.19～20.93	1 200
立方氮化硼	8 000～9 000HRV	0.45～0.8	—	75.55	1 400～1 500
金刚石	10 000HV	0.21～0.48	—	146.54	700～800

三、加工中心刀具常用材料的选用

1. 高速工具钢

高速工具钢是在钢中加入较多的钨、钼、铬、钒等合金元素的高合金工具钢。高速工具钢具有较高的硬度（63～70HRC）和耐磨性、良好的耐热性（600～700℃）、高的强度和韧性。

碳素工具钢和合金工具钢维持切削的最高温度分别为200～250℃、300～400℃，因此，高速工具钢与碳素工具钢及合金工具钢相比，具有较好的耐热性和耐磨性，可提高切削速度1～3倍（因此得名高速钢刀具），可提高刀具寿命10～40倍。高速工具钢与硬质合金及陶瓷相比，一是具有较好的强度韧性，抗弯强度为硬质合金的2～3倍，陶瓷的5～6倍。冲击韧度为硬质合金的10～100倍；二是具有较好的制造工艺性，容易锻造和切削加工，容易磨出锋利的切削刃。所以，它主要用来制造钻头、丝锥、板牙、拉刀、齿轮刀具和成形刀具等形状复杂的刀具。高速工具钢刀具可加工的材料范围非常广，可加工碳钢、合金钢、有色金属、铸铁等多种材料。

表3—6列出了几种常用高速工具钢的力学性能。

表 3—6　常用高速钢的力学性能

生产号	常温硬度 HRC	抗弯强度/GPa	冲击韧度/（kJ/m²）	高温硬度 HRC	
				500℃	600℃
W18Cr4V［18－4－1］	63～66	3～3.4	0.18～0.32	56	48.5
W6Mo5Cr4V2［6－5－4－2］	63～66	3.5～4	0.3～0.4	55～56	47～48
9W18Cr4V［高碳18－4－1］	66～68	3～3.4	0.17～0.22	57	51
W6Mo5Cr4V3［6－5－4－3］	65～67	3.2	0.25	—	51.7
W6Mo5Cr4V2Co8［高碳6－5－4－2］	66～68	3.0	0.3	—	54
W2Mo9Cr4VCo8［2－9－4－1－8］	67～69	2.7～3.8	0.23～0.3	60	55
W6Mo5Cr4V2A1［501］	67～69	2.9～3.9	0.23～0.3	60	55
W10Mo4Cr4V3A［5F－6］	67～69	3.1～3.5	0.2～0.28	59.5	54

高速工具钢按用途不同可分为通用型高速钢和高生产率高速钢；按制造工艺方法不同又可分为熔炼高速钢和粉末冶金高速钢。

（1）通用型高速钢。通用型高速钢应用广泛，占高速钢总量的75%左右，具有工艺性能好、能满足通用工程材料切削加工的要求等特点，常用的种类有如下两种：

1）钨系高速钢。钨系高速钢中最常用的牌号是W18Cr4V［18－4－1］，具有较好的综合性能和可磨削性能，可制造各种复杂刀具和精加工刀具，但热塑性较差，不宜制造热成型刀具，在我国应用较普遍。

2）钨钼系高速钢。钨钼系高速钢最常用的牌号是W6M05Cr4V2［高碳6－5－4－2］，具有较好的热塑性和可磨削性，其抗弯强度和冲击韧性都高于钨系高速钢，适合制作各种热轧刀具（如热轧麻花钻）和抵抗冲击的刀具。但有热处理易脱碳、易氧化和淬火温度窄等缺点。

（2）高生产率高速钢。高生产率高速钢是指在通用型高速钢中增加了一些碳、钒、钴或铝等合金元素，以进一步提高其耐磨性和耐热性的新型高速钢。增加了这些化学元素后，使刀具寿命比通用型高速钢提高了1.5～3倍，主要用于加工高温合金、钛合金、不锈钢、高强度钢等难加工材料。常见的高生产率高速钢主要有高碳高钒型高速钢、含钴型高速钢、铝高速钢等几种。

（3）粉末冶金高速钢。粉末冶金高速钢是将熔融的高速钢钢水置于保护气罐中，用高压氩气或纯氮气使其雾化成细小的粉末，然后将粉末在高温（1 100℃）和高压（100 MPa）下压制成细密的钢坯，最后将钢坯锻轧成刀具形状。它具有强度和韧性较高、加工性好、耐磨性好、淬火变形小等优点。适合制作切削难加工材料的刀具、各种精密刀具和形状复杂的刀具。

2. 硬质合金

（1）硬质合金的组成和特点。硬质合金是用粉末冶金的方法制成的，它是由高硬度、高熔点的金属碳化物（碳化钨WC、碳化钛TiC、碳化钽TaC、碳化铌NbC等）的微粉和金属黏结剂（钴Co、镍Ni、钼Mo等），在高压下压制成形，并在1 500℃的高温下烧结而成。

由于碳化物WC、TiC的硬度和熔点很高，所以硬质合金的硬度很高，一般可达89～93HRA，耐磨性好，在800～1 000℃的高温下仍能保持良好的切削能力。因此，它允许的切削速度比高速钢高4～10倍，切削速度可达100～200 m/min，能加工包括淬硬钢在内的多种材料，所以获得广泛应用。但其抗弯强度低、冲击韧度差、不能承受振动和冲击，制造工艺性差，多用于制造刀片，很少做成形状复杂的整体刀具。

（2）硬质合金的种类、牌号、性能及选用。国际标准化组织ISO将硬质合金分为三大类：一是K类，相当于我国的YG类硬质合金，适用于加工短切屑的黑色金属、有色金属和非金属材料，外包装用红色标志；二是P类，相当于我国的YT类硬质合金，适用于加工长切屑的黑色金属，外包装用蓝色标志；三是M类，相当于我国的YW类硬质合金，用于加工长、短切屑的黑色金属和有色金属，外包装用黄色标志。常用硬质合金刀具材料的牌号及用途见表3—7。

1）钨钴类（YG）硬质合金。钨钴类硬质合金由碳化钨（WC）和钴（Co）构成。其硬度为89～91.5HRA，抗弯强度为1.1～1.5GPa，红硬性为800～900℃，常用的牌号有YG3X、YG6X、YG6、YG8等。牌号中的数字表示含钴量的百分比，含钴量越多，其韧性就越大，抗弯强度就越高，但其硬度和耐磨性则降低。

表 3—7　　　　　　　　常用硬质合金的牌号、性能及用途

ISO（相近）牌号	国产牌号	硬度 HRA	抗弯强度/GPa	耐磨	耐热	用　　途
K01	YG3X	91.5	1.1	↑	↑	铸铁、有色金属及其合金连续切削时的精加工、半精加工
K05	YG6X	91	1.4			铸铁、耐热合金的精加工、半精加工
K10	YG6	89.5	1.45			铸铁、有色金属及其合金连续切削时的粗加工、半精加工
K20	YG8	89	1.5			铸铁、有色金属及其合金的粗加工、间断切削
P30	YT5	89.5	1.4	↓	↓	碳钢、合金钢的粗加工
P10	YT15	91	1.15			碳钢、合金钢连续切削时的粗加工、间断切削时的半精加工
P01	YT30	92.5	0.9			碳钢、合金钢连续切削时的精加工
M10	YW1	92	1.28			难加工钢材的精加工、半精加工
M20	YW2	91	1.47			难加工钢材的半精加工、粗加工

钨钴类硬质合金与钢的黏结温度较低，所以适用于切削铸铁、有色金属及其合金，以及非金属材料和含 Ti 元素的不锈钢等零件材料，其中 YG3 适用于精加工，YG8 适用于粗加工，YG6 适用于半精加工。

2）钨钛钴类（YT）硬质合金。钨钛钴类硬质合金由碳化钨（WC）、碳化钛（TiC）和钴（Co）构成。其硬度为 89.5 ~ 92.5HRA，抗弯强度为 0.9 ~ 1.4GPa，红硬性为 900 ~ 1 000℃，常用的牌号有 YT5、YT15、YT14、YT30 等。牌号中的数字表示含碳化钛量的百分比，含碳化钛量越多，其韧性和抗弯强度下降，但其硬度增大。

钨钛钴类硬质合金耐热性高，不易发生黏结，通常情况下适宜加工塑性材料，其中 YT30 适用于精加工钢材，YT5 适用于粗加工塑性较大的材料，YT15 适用于半精加工钢材。

3）钨钛钽钴类（YW）硬质合金。钨钛钽钴类硬质合金由碳化钨（WC）、碳化钽（TaC）或碳化铌（NbC）和钴（Co）构成。因加入了熔点很高的碳化钽或碳化铌，所以提高了高温硬度和高温强度，也提高了抗氧化能力和耐磨性，是一种既能加工钢，又能加工铸铁和有色金属及其合金，通用性较好的刀具材料。常用的牌号有 YW1、YW2 等。

3．涂层刀具

刀具材料的韧性和硬度一般不能兼顾，所以一般刀具的寿命主要受刀具磨损的影响。近年来采用在刀具材料表面进行涂层处理来解决这一问题。

涂层刀具是在韧性较好的硬质合金或高速钢刀具基体上，通过化学气相沉积法（硬质合金刀具）或物理气相沉积法（高速钢刀具），涂覆一层 5 ~ 12 μm 厚的耐磨性很高的难熔金属碳化物而获得的，这样既使刀具具有基体材料的强度和韧性，又具有很高的耐磨性，从而较好地解决了强度、韧性与硬度、耐磨性之间的矛盾。常用的涂层材料有碳化钛（TiC）、氮化钛（TiN）和氧化铝（$A1_2O_3$）等。涂层硬质合金刀片的寿命至少可以提高 1 ~ 3 倍，涂层高速钢刀具的寿命则可以提高 2 ~ 10 倍。

（1）TiC 涂层刀片。TiC 涂层的熔点和硬度都很高，耐磨性好，TiC 容易扩散到基体内与基体黏结较牢固，故刀具容易产生剧烈磨损时宜涂 TiC。

（2）TiN 涂层刀片。TiN 涂层与铁基材料的亲和力小，在空气中抗氧化能力、抗黏结性能比 TiC 强，故刀具材料与零件材料容易产生黏结时宜涂 TiN。

（3）$A1_2O_3$ 涂层刀片。$A1_2O_3$ 涂层在高温下具有良好的热稳定性和较高的高温硬度，故刀具在高温下切削时宜涂 $A1_2O_3$。

除上述的单涂层外，还可以采用 TiC - TiN、TiC - $A1_2O_3$、TiC - $A1_2O_3$ - TiN 等双涂层或多涂层，其性能优于单涂层。涂层刀片广泛用于各种钢料、铸铁的精加工和半精加工，负荷较轻的粗加工。近年来，随着可转位刀具的广泛应用，硬质合金涂层刀片也得到越来越多的应用。涂层刀具的缺点是切削刃的锋利程度和抗剥落能力不及未涂层的刀具，所以不宜小进给量加工高硬度材料和重载切削。

4. 其他刀具材料简介

（1）陶瓷。陶瓷刀具是以氧化铝为主要成分，经压制成形后烧结而成的一种刀具材料。它的主要特点是：有很高的硬度和耐磨性，硬度可达 91 ~ 95HRA，比硬质合金的硬度还要高；有很高的耐热性，在 1 200℃的切削温度下仍可保持 80HRA 的硬度，切削速度比硬质合金高 2 ~ 5 倍；有良好的化学稳定性，在高温下仍具有较好的抗氧化、抗黏结性能；摩擦系数较小，切屑不易与刀具发生黏结和产生积屑瘤，加工表面质量高。其最大缺点是抗弯强度和韧性差，不能承受冲击负荷，因此它主要用于高硬度、高强度钢和冷硬铸铁等材料的半精加工和精加工。

（2）金刚石。金刚石分天然和人造两种，都是碳的同素异形体。金刚石刀具有以下三种类型。

1）天然单晶金刚石刀具。天然单晶金刚石结晶界面有一定的方向，不同的晶面上硬度与耐磨性有较大的差异，刃磨时必须选定某一平面。由于其价格昂贵，应用较少，主要用于有色金属及非金属的精密加工。

2）人造聚晶金刚石刀具。人造聚晶金刚石刀具是通过合金触媒的作用，在高温高压下由石墨转化而成。其结晶界面无固定方向，可以自由刃磨。

3）金刚石复合刀片。金刚石复合刀片是在硬质合金基体上烧结一层 0.5 mm 厚的聚晶金刚石而成。其强度好，允许切削的断面较大，可以进行间断切削和多次重磨使用。

金刚石刀具的主要特点是：有极高的硬度，是目前已知世界上硬度最高的物质，其硬度为 10 000HV，由于硬度高，所以耐磨性好，刀具耐用度比硬质合金高几倍到几十倍，可用来加工硬质合金、陶瓷、高硅铝合金及耐磨塑料；有较小的摩擦系数，不易粘刀和产生积屑瘤；可以磨成非常锋利的切削刃，加工的表面质量很高。但耐热性较差，温度超过 700 ~ 800℃时，它将向石墨原子结构转化而丧失切削能力，人造金刚石的碳原子还与铁元素有很强的化学亲和力，因此不宜用它加工钢铁材料。人造金刚石主要用于制作磨具和磨料。用做刀具材料时，多用于在高速下精细车削或镗削有色金属及非金属材料。

（3）立方氮化硼。立方氮化硼是由六方氮化硼在高温高压下加入催化剂转变而成的。立方氮化硼刀具的主要特点有：具有很高的硬度和耐磨性，硬度可达8 000 ~9 000HV，仅次于金刚石；具有很好的热稳定性，高达1 400℃还能进行切削；化学惰性比金刚石大，在1 200 ~1 300℃高温时，也不易与铁族金属起反应。因此可对淬火钢、冷硬铸铁进行粗加工和半精加工，同时还能高速切削高温合金、硬质合金及其他难加工材料。

§3—4　加工中心刀具的磨损与检测

一、刀具磨损的原因

由于工件材料、刀具材料和切削条件变化很大，刀具磨损形式也各不相同，因此，刀具正常磨损原因很复杂，通常是机械、过热和化学3种因素综合作用的结果，现将几种主要原因简述如下。

1. 磨料磨损

尽管刚被切出的工件表面和切屑远不及刀具材料硬，但其中的一些硬质点，能在刀具表面刻划出沟纹，这就是磨料磨损，即由于工件材料中硬颗粒的微切削作用引起的刀具磨损。这是由于硬颗粒与对方材料之间存在硬度差而产生的。这些硬质点（硬颗粒）有碳化物（Fe_3C、TiC、VC等）、氮化物（TiN、Si_3N_4等）、氧化物（Al_2O_3、SiO_2等），以及积屑瘤碎片、刀具碎片等。

前刀面、后刀面都会发生这种磨损，在各种切削速度下也都会发生这种磨损，磨料磨损是刀具磨损的最常见的一种形式。它是低速切削的刀具（如拉刀、铰刀、板牙等）磨损的主要原因。这是因为切削速度低则切削温度亦低，其他原因造成的刀具磨损尚不显著。高速钢刀具的硬度及耐磨性均比硬质合金、陶瓷刀具低，故高速钢刀具磨料磨损占有较大比重。

2. 黏结磨损

切削过程中，切屑、工件与前、后刀面之间，存在很大的压力和强烈的摩擦，在上述摩擦面的实际接触部分上，在很大的法向压力作用下，产生塑性变形而发生黏结，它是两种固体金属相接近到原子间距离的程度所产生的结合现象，亦称压力黏结或冷焊。继而由于摩擦副之间存在相对运动，黏结点将产生破裂并被一方带走。黏结点破裂往往在工件或切屑一方，但由于刀具材料组织不均匀、内压力、微观裂纹、局部软点，黏结点可能发生在刀具一方，于是刀具材料的颗粒被切屑或工件带走，从而造成刀具磨损，这种由于摩擦面上产生黏结而造成的磨损称为黏结磨损。

黏结磨损一般发生在中等偏低的切削速度下。高速钢刀具抗剪、抗拉强度较高，因而具有较大的抗黏结磨损能力。在中、低速切削时，黏结磨损是硬质合金刀具磨损的主要原因。

3. 扩散磨损

由于切削时的高温，加之刀具表面始终与被切出的新鲜表面相接触。因此摩擦副中的某些化学元素有很大的化学活泼性，在固态下可互相扩散，因而改变了两者的化学成分，使刀具变得脆弱，从而加速了刀具磨损。这就是扩散磨损，硬质合金刀具与钢料之间的扩散发生在高速切削中，而且扩散与切削温度有很强的依赖关系，在扩散过程中，原子沿浓度梯度的相反方向进行扩散。

4. 氧化磨损

当切削温度为700～800℃时，空气中氧与硬质合金刀具中的Co、WC和TiC等发生氧化反应，生成较软的氧化物（如Co_3O_4、CoO、WO_3、TiO_2等），易被切屑或工件擦掉而形成刀具磨损，称之为氧化磨损。尤其是Co氧化为Co_3O_4、CoO，使黏结相Co减少，致使刀具黏结温度降低，则加速磨损。氧化磨损最容易发生在主、副切削刃工作边界处，它是造成边界磨损的原因之一。

5. 热电磨损

切削时，工件、切屑与刀具因材料不同，在接触区将产生热电势，该热电势将促进扩散作用从而加速刀具磨损，称这种磨损为热电磨损。

由上述刀具磨损的5种原因可以看到：除低速切削外，刀具磨损主要由切削温度高而引起的，控制刀具磨损亦应从控制切削温度上想办法。

二、刀具磨损过程、磨损标准及刀具使用寿命

刀具磨损到一定程度就不能再继续使用了，需刃磨或更换刀具，否则将影响加工质量，而且将加剧刀具磨损。因此需要人为地制定一个标准即刀具磨损限度的标准，为此，需要先分析刀具的磨损过程。

1. 刀具磨损过程

后刀面磨损量*VB*，随切削时间的增长而增长（见图3—27）。刀具磨损过程可分为3个阶段。

（1）初期磨损阶段。此阶段，磨损曲线斜率较大，即刀具磨损较快。这是因为新刃磨的刀具表面粗糙不平，其后刀面与加工表面之间的实际接触面积很小，压强大，故磨损较快。

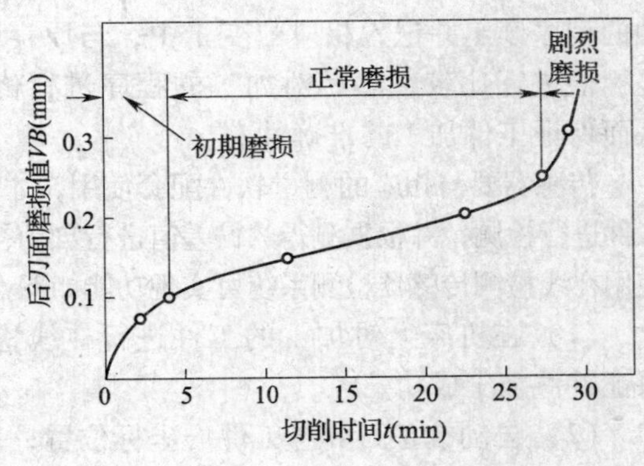

图3—27 刀具磨损过程曲线

（2）正常磨损阶段。经过初期磨损阶段后，后刀面与加工表面实际接触面积加大，两者之间压强减小，磨损速度下降且趋于稳定。这就是正常磨损阶段，是刀具工作的有效阶段。在该阶段，后刀面磨损量*VB*与切削时间*t*是直线关系，该直线的斜率，即单位时间的磨损量称为磨损强度。

（3）剧烈磨损阶段。经过正常磨损阶段之后，即刀具磨损量达到一定值之后，刀具变得很钝，切削力、切削温度急剧上升，磨损曲线斜率变得很大，即磨损强度变得很大。应避免刀具进入此阶段工作，否则，不能保证加工质量，且刀具材料消耗多，不经济。

2. 刀具磨钝标准

通常依据后刀面的磨损尺寸来制定刀具允许磨损的最大限度。将后刀面磨损带中间部分平均磨损量允许达到的最大值（以*VB*表示）称为磨钝标准。

制定刀具的磨钝标准主要考虑：不要使刀具进入剧烈磨损阶段；考虑生产中具体的加工

情况。

3. 刀具使用寿命

（1）刀具使用寿命的概念。刀具由刃磨后开始切削，一直到磨损量达到磨钝标准为止所经过的切削时间称为刀具使用寿命，用 T 表示。它是指切削时间，不计入对刀、快进、测量等非切削时间。还可以用达到磨损标准所经过的切削路程来定义刀具使用寿命，则有：

$$l_{m} = v_{c}T$$

式中　v_c——切削速度。

在同样的切削条件下，刀具使用寿命 T 可表示刀具耐磨程度，因此，凡影响刀具磨损的因素也影响刀具使用寿命的大小。

（2）切削用量对刀具使用寿命的影响。切削速度对刀具使用寿命的影响最大，其次是进给量，切削深度影响程度最小。因此，在选择切削用量时，通常是先尽量选大的背吃刀量 a_p，其次尽量选择大的进给量 f，最后在刀具使用寿命或机床功率允许的情况下选择最大的切削速度 v_c。

三、加工中心的在线检测与刀具状态监测

采用在线检测传感器在加工过程中进行检测，并将检测的数值反馈到加工程序中进行修正，可以保证加工的准确性。

在线检测传感器种类很多，测量方法也不同。现介绍一下接触传感器（见图 3—28）。接触传感器是一个具有三维测量功能的测头，当测头与工件接触并达到一定的接触力时，便发出触发信号，数控系统接收到此信号后中断测量运动，并采集此瞬间的坐标值，此坐标值由运动的程序读出并记入相应的变量中，与原存储的坐标值进行比较，然后对加工的程序进行修正，从而保证工件加工的准确性。

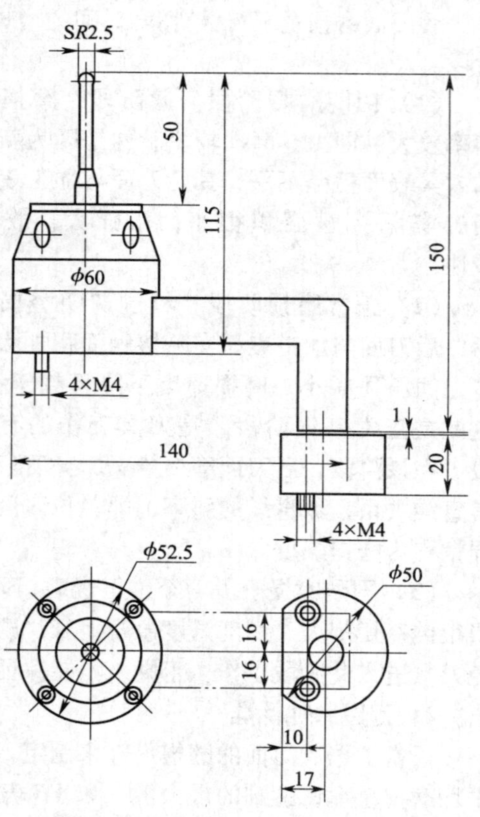

图 3—28　接触传感器外形及尺寸

传感器要与相应的测量软件配套使用，才能对工件进行检测，并根据测得的偏差值进行自动补偿。使用在线检测传感器检测系统可实现功能如下：

（1）在机床上对加工的工件进行在线检测，保证首件加工成功。

（2）自动校正刀具与工件的坐标位置，以补偿刀具磨损和机床的误差。

（3）检测工件安装定位偏差，并自动修正。

（4）在机床上对更换的新刀具进行对刀检查，并按实际刀尖位置的偏差进行刀具补偿，以修正刀具安装误差。

（5）对刀具的状态进行监测，如刀具破损、折断时，将及时停机、报警。

四、加工中心工作过程中常见刀具故障及对策

加工中心在加工零件过程中，刀具常见的故障及解决对策见表 3—8。

表 3—8　　刀具常见的故障及解决对策

故障	原因	对　策
切削刃口微小崩刃迅速产生	刀片材料选择不当，材料过脆（过硬）	（1）改用韧性高的材料 • P01→P（10－20）→P30→P40 • K01→K（10－20）→K20→K40 （2）使用氧化铝涂层材料 TiC→TiCN→TiN 涂层 （3）倒棱刀刃，对已倒棱的刀刃增加倒棱量，特别是在高进给重切削，工件表面状态不好时，应进行倒角加圆角复合倒棱 （4）减小后角 （5）降低进给，亦有提高转速会好一些的情况
	刃口积屑瘤着脱频繁	（1）在使用条件下韧性允许的范围内，采用不易粘连的含 TiC 高的材料 • K 系列→M 系列→P 系列 • P30→P20→P10 （2）改用切削刃口强度高的材料（粗粒向细粒变） • NIT、SR30、DX25、DTU （3）增减切削刃倒棱量 （4）提高切削速度 （5）增大进给量 （6）使用润滑性好的切削液
	针对工件表面状态不良形状（刚性以及切入角变化），韧性不合适	（1）增减切削刃口倒棱 （2）改用大主偏角刀盘进行平面铣削 （3）选用前角小的刀盘 （5）改变刀片切入工件时的进入角（一般从小于 40°的方向进入）
	逆铣	如果具有进给间隙消除装置，则改变为顺铣（如果没有，重切削时会加速刀具磨损）
	切削系统振动大	（1）检查刀片安装面是否损伤，切削是否清扫干净，积屑瘤是否附着，安装螺钉功能是否正常等 （2）刀具安装时悬伸量最小 （3）正面铣削半径尽量小 （4）机床及工件的安装精度、刚度尽量高 （5）避免采用使驱动齿轮系统间隙较多及主轴有可能扭转振动的转速（低速时问题多）
切削刃后刀面磨损发展迅速	刀片材料过软（过黏）	（1）改硬度高的材料（降低韧性） • P30→P20→P10 • K20→K10 • 硬质合金→涂层、金属陶瓷→陶瓷→JBN • TiC、TiCN、TiN→氧化铝涂层 （2）降低切削速度，提高进给 （3）增大前角，同时用倒棱强化切削刃 （4）增大后角 （5）将刀尖或刀片有尖角的地方变成圆角 （6）减小刀刃的跳动 （7）精研切削刃面达到近镜面（特别是对铝、铜合金加工） （8）确认后刀面磨损是否是微小崩刃的积累，如果出现，采用抗崩刃对策

续表

故障	原因	对　策
切削刃崩刃，破损剧烈	微小崩刃的大型化	与前述抗崩刃对策相同
	相对负荷（切深×进给）来讲，刀片过小（过薄或安装面过小，刀片装夹不稳定）	（1）选用最大尺寸刀片的刀体 （2）减小进给或切深降低负荷
	热龟裂剧烈（在钢的大进给重切削时容易发生）	（1）切削刃的复合倒棱 （2）将刀具材料变为 M20～M30 耐热裂纹材料
	刀具和工件的夹持稳定度不良	（1）检查刀片安装面的光滑性，紧固螺钉 （2）防止工件在工作台上滑动（使用衬垫、挡块等） （3）使用油压顶尖提高工件刚性
	刀具操作中常识不足	（1）切勿在切入时停止主轴旋转，机床功率不足或停电引起停车时，先停止进给 （2）质量大的铣刀盘安装时容易坠落，应使用吊车或升降机等，不得已手持时，应事先在工作台上铺板，以防刀刃损坏 （3）切记检查固定刀片的楔块是否拧紧，在重切削温度上升时，检查是否有因热膨胀而松动现象 （4）尽管换刀片时麻烦，应在刀片尚未磨损时更换刀片
精加工表面质量不足		（1）使用抗粘连性好的刀具材料，如硬质合金、金属陶瓷 （2）提高切削速度 （3）针对修光刃的宽度适当降低进给 （4）提高端面刃口的精度 （5）使用修光刀片，或使用精加工专用刀片 （6）使用前角大、较锋利的刀片 （7）对于颤振，可采用油压顶尖支撑工件等方法提高工件刚度、提高刀具刚度，从而降低切削速度、进给、切深等，采用不等分割铣刀 （8）对于毛刺，可使用锋利的铣刀，提高切削速度 （9）对小刃口剥落，可增大刀尖角，降低进给

习　题　三

一、判断题

1．切削用量包括进给量、背吃刀量和工件转速。（　　）

2．难加工材料主要是指切削加工性差的材料，不一定简单地从力学性能上来区分。在难加工材料中，有硬度高的，也有硬度低的。（　　）

3. 影响切削温度的主要因素：工件材料、切削用量、刀具几何参数和冷却条件等。（　　）

4. 粗加工、断续切削和承受冲击载荷时，为了保证切削刃的强度，应取较小的后角，甚至负前角。（　　）

5. 镗削过程中，刀杆挠度是影响镗孔形位精度的主要因素之一。（　　）

6. 铣削脆性材料时，铣刀应选择较大的前角。（　　）

7. 切削脆性材料时形成带状切屑。（　　）

8. 积屑瘤在高速切削时最容易产生。（　　）

9. 刃倾角是主切削刃与基面之间的夹角。（　　）

10. 涂层刀具是在高速钢及韧性较好的硬质合金基体上，通过化学沉积法，涂覆一层1～2 mm厚的、耐磨性高的难熔金属化合物。（　　）

11. 在数控机床上对刀，既可以用对刀镜（仪）对刀，也可以用试刀法对刀。（　　）

12. 用加工中心加工的零件必须先进行预加工，在加工中心加工完后有的还要进行终加工。（　　）

13. 铣削过程中，端面铣刀轴线始终位于铣削弧长的对称中心位置，上面的顺铣部分等于下面的逆铣部分，此种铣削方式称为对称铣削。（　　）

14. 铣削时，铣刀切入工件时的切削速度方向和工件的进给方向相反，这种铣削方式称为顺铣。（　　）

15. 铣刀的转速越高，直径越大，铣削速度就越大。（　　）

16. 铣削、刨削过程是断续的切削过程。（　　）

17. 铣削紫铜材料工件时，选用铣刀材料应以YT硬质合金钢为主。（　　）

18. 在使用切削液时，可以等到铣刀开始发热后再加，没有必要在铣削一开始就立即加切削液。（　　）

19. 硬质合金中含钴量越多，刀片的硬度越高。（　　）

20. 用圆柱铣刀铣平面时，若铣刀磨得不好，则可能铣出凹面、凸面和斜面。（　　）

二、单项选择题

1. 高速钢刀具产生急剧磨损的主要原因是（　　）。

A. 黏结磨损　　B. 扩散磨损

C. 氧化磨损　　D. 相变磨损

2. 加工铸铁等脆性材料时，应选用（　　）类硬质合金。

A. 钨钴钛　　B. 钨钴

C. 钨钛　　D. 钨钒

3. 在切削用量中，影响切削温度的主要因素是（　　）。

A. 切削深度　　B. 进给量

C. 切削速度　　D. 切削力

4. 在切削加工过程中，用于冷却的切削液是（　　）。

A. 水溶液　　B. 切削油

C. 煤油　　D. 乳化液

5. YG3牌号的硬质合金刀具适合加工（　　）材料。

A. 精加工钢件
B. 粗加工有色金属
C. 已精加工铸件
D. 以上皆错

6. 切削用量中，对切削刀具磨损影响最大的是（　　）。
A. 切削深度
B. 进给量
C. 切削速度
D. 背吃刀量

7. 在刀具材料中，制造各种结构复杂的刀具应选用（　　）。
A. 碳素工具钢
B. 合金工具钢
C. 高速工具钢
D. 硬质合金

8. 增大刀具的前角，切屑（　　）。
A. 变形大
B. 变形小
C. 很小
D. 没有影响

9. 能改善材料加工性能的措施是（　　）。
A. 增大刀具前角
B. 适当的热处理
C. 减小切削用量
D. 减小切削速度

10. 可以用来制作切削工具的材料是（　　）。
A. 低碳钢
B. 中碳钢
C. 高碳钢
D. 镍铬钢

11. 金属切削刀具切削部分的材料应具备（　　）要求。
A. 高硬度、高耐磨性、高耐热性
B. 高硬度、高耐热性，足够的强度和韧性及良好的工艺性
C. 高耐磨性、高韧性、高强度
D. 韧性好、不易断裂

12. 被加工工件强度、硬度、塑性越大时，刀具使用寿命（　　）。
A. 越高
B. 越低
C. 不变
D. 不确定

13. 切削过程中，工件与刀具的相对运动按其所起的作用可分为（　　）。
A. 主运动和进给运动
B. 主运动和辅助运动
C. 辅助运动和进给运动
D. 进刀和退刀

14. 铰孔的切削速度比钻孔的切削速度（　　）。
A. 大
B. 小
C. 相等
D. 无关

15. 影响刀具寿命的因素有（　　）。
A. 工件材料、刀具材料、刀具几何参数、切削用量
B. 工件材料、刀具材料、刀具几何参数
C. 工件材料、刀具材料、切削速度
D. 工件材料、刀具材料、环境温度

16. 精加工中，防止刀具上积屑瘤的形成，从切削用量的选择上应（　　）。
A. 加大背吃刀量
B. 加大进给量
C. 尽量使用很低或很高的切削速度
D. 加大切削宽度

17．切削热主要是通过切屑和（　　）进行传导的。

A．工件　　　　B．刀具

C．周围介质　　　　D．机床床身

18．切削的三要素有进给量、背吃刀量和（　　）。

A．切削厚度　　　　B．切削速度

C．进给速度　　　　D．主轴功率

19．周铣时用（　　）方式进行铣削，铣刀的寿命较高，获得加工面的表面粗糙度值也较小。

A．顺铣　　　　B．逆铣

C．对称铣　　　　D．不对称铣

20．铣刀在一次进给中切掉工件表面层的厚度称为（　　）。

A．铣削宽度　　　　B．背吃刀量

C．进给量　　　　D．切削面积

三、简答题

1．常用制造刀具切削部分的材料有哪些？

2．数控加工对刀具有哪些要求？

3．难加工材料是从哪几个方面来衡量的？

4．难加工材料的铣削特点是什么？

5．铣削难加工材料应采取哪些措施？

第四章 加工中心加工工艺及夹具

考核要点

· 机械加工工艺基础知识
· 加工中心的工艺设计方法
· 加工中心的常用加工方法

§4—1 机械加工工艺基础知识

一、生产过程

生产过程是指将原材料转变为成品的全过程。例如，制造一台机器，其生产过程应该包括生产准备、毛坯制造、零件的机械加工及热处理、装配、质量检验及试车、油漆及包装等。显然，有一台机器的生产过程，也有一个零件或部件的生产过程；有一个工厂的生产过程，也有一个车间的生产过程。

二、工艺过程

工艺过程是改变生产对象的形状、尺寸、相对位置和性质等，使其成为成品或半成品的过程。工艺过程是生产过程中的主要过程，其余的劳动过程则是生产过程中的辅助过程。

三、机械加工工艺过程

机械加工工艺过程是在机械加工车间进行的那一部分工艺过程。一个零件的机械加工工艺过程通常是多种多样的，这就必须根据产品的要求和具体的生产条件分析比较，选择其中最合理的一个机械加工工艺过程进行生产。

机械加工工艺过程是由一个或若干个顺序排列的工序，由安装、工位、工步、进给组成，毛坯依次通过这些顺序就成为成品。

1. 工序

工序是指一个或一组工人，在一个工作地对同一个或同时对几个工件所连续完成的那一部分工艺过程。

工序包括四个要素，即安装、工位、工步、进给，划分工序的主要依据是工作地是否变动和加工是否连续。如图 4—1 和表 4—1、表 4—2 所示。

在表 4—1 的工序 2 中，先车工件的一端，然后掉头装夹，再车另一端。对每一个工件来说，加工是连续的，这些加工内容属一个工序。如果先车好一批工件的一端，然后掉头再车这批工件的另一端，这时对每一个工件来说，两端的加工已不连续，所以应视作两道工序，如表 4—2 的工序 2 和 3。

工序是组成工艺过程的基本单元，也是生产计划的基本单元。

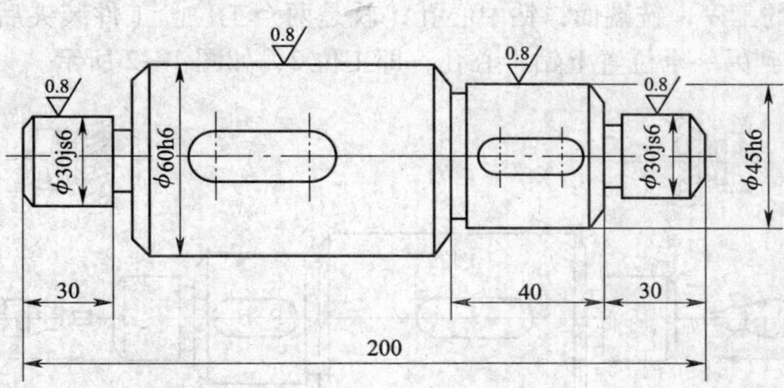

图 4—1　阶梯轴简图

表 4—1　　阶梯轴工艺过程（生产量较小时）

工序号	工序内容	设备（地点）
1	车端面、钻中心孔	车床
2	车外圆、切槽和倒角	车床
3	铣键槽、去毛刺	铣床
4	磨外圆	磨床

表 4—2　　阶梯轴工艺过程（生产量较大时）

工序号	工序内容	设备（地点）
1	两边同时铣端面，钻中心孔	组合机床
2	车小端外圆，切槽和倒角	车床
3	车大端外圆，切槽和倒角	车床
4	铣键槽	铣床
5	去毛刺	钳工台
6	磨外圆	磨床

2. 安装

将工件在机床上或夹具中定位、夹紧的过程称之为装夹。工件（或装配单元）经一次装夹所完成的那一部分工序称之为安装。工件在一道工序中，可能有一次或几次安装。如表 4—1 的工序 1 要进行两次装夹：先装夹工件一端，车端面、钻中心孔，称为安装 *A*；再掉头装夹，车另一端面，钻中心孔，称为安装 *B*。

工件在加工过程中，应尽量减少装夹次数，以节省装夹时间，减少装夹误差。

3. 工位

工件经一次装夹后，工件相对刀具或设备的固定部分，先后处于不同的位置进行加工，此时一个加工位置即为一个工位。

如表 4—2 中的工序 1 铣端面，钻中心孔，就是两个工位。工件装夹后先铣两端面，即工位 1，然后移动到另一个位置上钻中心孔，即工位 2，如图 4—2 所示。

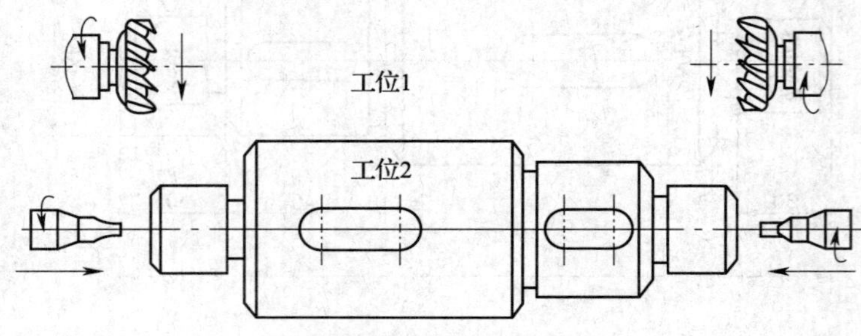

图 4—2 铣端面钻中心孔（多工位加工）

4. 工步

在加工表面（或装配时的连接面）和加工（或装配）工具不变的情况下，所连续完成的那一部分工序称为工步。

为了提高生产率，用几把刀具同时加工几个表面，这也可看作一个工步，称为复合工步。

5. 进给

进给也称走刀。在一个工步内，若被加工表面需切去的金属较厚，就可分几次切除，每切削一次称为一次进给。

四、机械加工工艺规程

1. 工艺规程

将机械加工工艺过程的各项内容用文字或表格形式写成工艺文件，就是机械加工工艺规程。

2. 工艺规程的作用

工艺规程是指导工人操作和组织管理生产的主要技术文件；是工厂和车间进行设计或技术改造的重要原始资料。

工艺规程是在总结实践经验的基础上，依照科学的理论和必要的工艺试验后制定，并经逐级审批，它反映了加工中的客观规律，有关人员必须严格执行，这是工厂生产中的工艺纪律。当然，工艺规程不是一成不变的，随着科学技术的进步和生产的发展，应定期修改，使工艺规程更加完善合理。

3. 工艺规程的格式

机械加工中常用的工艺规程格式有：

（1）工艺过程卡片。该卡片以工序为单位，主要列出零件加工的工艺路线，简要说明各工艺的概况。一般作为生产管理方面使用，在单件小批生产中也可用以指导生产。格式如表 4—3 所示。

（2）工艺卡片。该卡片是以工序为单位，详细说明整个工艺过程的工艺文件，广泛应用于成批生产的零件和单件生产中的重要零件。格式见表 4—4。

表 4—3　　　　　　　　　　工艺过程综合卡片

<table>
<tr><td rowspan="4">工厂</td><td rowspan="4">工艺过程综合卡片</td><td colspan="2">产品名称及型号</td><td></td><td colspan="2">零件名称</td><td></td><td colspan="2">零件图号</td><td colspan="2"></td></tr>
<tr><td rowspan="3">材料</td><td>名称</td><td></td><td rowspan="2">毛坯</td><td>种类</td><td></td><td rowspan="2">零件质量/kg</td><td>毛质量</td><td></td><td>第　页</td></tr>
<tr><td>牌号</td><td></td><td>尺寸</td><td></td><td>净质量</td><td></td><td>共　页</td></tr>
<tr><td>性能</td><td></td><td colspan="4">每台件数</td><td></td><td>每批件数</td><td></td></tr>
</table>

<table>
<tr><td rowspan="2">工序号</td><td rowspan="2">工序内容</td><td rowspan="2">加工车间</td><td rowspan="2">设备名称及编号</td><td colspan="3">工艺装备名称及编号</td><td rowspan="2">技术等级</td><td colspan="2">时间定额/min</td></tr>
<tr><td>夹具</td><td>刀具</td><td>量具</td><td>单件</td><td>准备终结</td></tr>
<tr><td></td><td></td><td></td><td></td><td></td><td></td><td></td><td></td><td></td><td></td></tr>
<tr><td></td><td></td><td></td><td></td><td></td><td></td><td></td><td></td><td></td><td></td></tr>
<tr><td></td><td></td><td></td><td></td><td></td><td></td><td></td><td></td><td></td><td></td></tr>
<tr><td rowspan="3">更改内容</td><td colspan="9"></td></tr>
<tr><td colspan="9"></td></tr>
<tr><td colspan="9"></td></tr>
</table>

编制		校对		审核		会签	

表 4—4　　　　　　　　　　机械加工工艺卡片

<table>
<tr><td rowspan="4">工厂</td><td rowspan="4">机械加工工艺卡片</td><td colspan="2">产品名称及型号</td><td></td><td colspan="2">零件名称</td><td></td><td colspan="2">零件图号</td><td colspan="2"></td></tr>
<tr><td rowspan="3">材料</td><td>名称</td><td></td><td rowspan="2">毛坯</td><td>种类</td><td></td><td rowspan="2">零件质量/kg</td><td>毛质量</td><td></td><td>第　页</td></tr>
<tr><td>牌号</td><td></td><td>尺寸</td><td></td><td>净质量</td><td></td><td>共　页</td></tr>
<tr><td>性能</td><td></td><td colspan="4">每台件数</td><td></td><td>每批件数</td><td></td></tr>
</table>

<table>
<tr><td rowspan="2">工序</td><td rowspan="2">安装</td><td rowspan="2">工步</td><td rowspan="2">工序内容</td><td rowspan="2">同时加工零件数</td><td colspan="4">切削用量</td><td rowspan="2">设备名称及编号</td><td colspan="3">工艺装备名称及编号</td><td rowspan="2">技术等级</td><td colspan="2">工时定额/min</td></tr>
<tr><td>切削深度/mm</td><td>切削速度/m/min</td><td>每分钟转数/r/min或每分钟双行程数/(双行程数 min^{-1})</td><td>进给量/mm/min或进给量/(m/min)</td><td>夹具</td><td>刀具</td><td>量具</td><td>单件</td><td>准备终结</td></tr>
<tr><td></td><td></td><td></td><td></td><td></td><td></td><td></td><td></td><td></td><td></td><td></td><td></td><td></td><td></td><td></td><td></td></tr>
<tr><td></td><td></td><td></td><td></td><td></td><td></td><td></td><td></td><td></td><td></td><td></td><td></td><td></td><td></td><td></td><td></td></tr>
<tr><td rowspan="3">更改内容</td><td colspan="15"></td></tr>
<tr><td colspan="15"></td></tr>
<tr><td colspan="15"></td></tr>
</table>

编制		校对		审核		会签	

（3）工序卡片。该卡片是按每道工序编制的一种工艺文件。一般附有工序简图，并详细说明该工序中每个工步的详细内容。工序卡片主要用于大批量生产中的所有零件，中批生产中复杂零件及单件小批生产中的关键工序。格式见表 4—5。

表 4—5 **机械加工工序卡片**

<table>
<tr><td rowspan="2">××厂</td><td rowspan="2">机械加工工序卡片</td><td rowspan="2">产品名称及型号</td><td>零件名称</td><td>零件图号</td><td>工序名称</td><td>工序号</td><td>第 页</td></tr>
<tr><td></td><td></td><td></td><td></td><td>共 页</td></tr>
<tr><td colspan="3" rowspan="11">工序简图</td><td>车间</td><td>工段</td><td>材料名称</td><td>材料牌号</td><td>力学性能</td></tr>
<tr><td></td><td></td><td></td><td></td><td></td></tr>
<tr><td>同时加工件数</td><td colspan="2">技术等级</td><td>单件时间/min</td><td>准备终结时间/min</td></tr>
<tr><td></td><td colspan="2"></td><td></td><td></td></tr>
<tr><td>设备名称</td><td>设备编号</td><td>夹具名称</td><td>夹具编号</td><td>切削液</td></tr>
<tr><td></td><td></td><td></td><td></td><td></td></tr>
<tr><td rowspan="5">更改内容</td><td colspan="4"></td></tr>
<tr><td colspan="4"></td></tr>
<tr><td colspan="4"></td></tr>
<tr><td colspan="4"></td></tr>
<tr><td colspan="4"></td></tr>
</table>

<table>
<tr><td rowspan="2">工步号</td><td rowspan="2">工步内容</td><td colspan="3">计算数据</td><td rowspan="2">进给次数/次</td><td colspan="4">切削用量</td><td colspan="3">工时定额/min</td><td colspan="5">刀具、量具及辅助工具</td></tr>
<tr><td>直径或长度/mm</td><td>进给长度/mm</td><td>单边余量/mm</td><td>切削深度/mm</td><td>进给量/mm/r 或进给量/m/min</td><td>每分钟转数/r/min 或每分钟双行程数/（双行程数 min^{-1}）</td><td>切削速度/m/min</td><td>基本时间</td><td>辅助时间</td><td>服务工作地点时间</td><td>工步号</td><td>名称</td><td>规格</td><td>编号</td><td>数量</td></tr>
<tr><td></td><td></td><td></td><td></td><td></td><td></td><td></td><td></td><td></td><td></td><td></td><td></td><td></td><td></td><td></td><td></td><td></td><td></td></tr>
<tr><td></td><td></td><td></td><td></td><td></td><td></td><td></td><td></td><td></td><td></td><td></td><td></td><td></td><td></td><td></td><td></td><td></td><td></td></tr>
<tr><td></td><td></td><td></td><td></td><td></td><td></td><td></td><td></td><td></td><td></td><td></td><td></td><td></td><td></td><td></td><td></td><td></td><td></td></tr>
<tr><td>编制</td><td colspan="5"></td><td>校对</td><td colspan="3"></td><td>审核</td><td colspan="2"></td><td colspan="2">会签</td><td colspan="3"></td></tr>
</table>

五、加工余量

1. 加工余量的概念

加工余量是指加工过程中所切去的金属层厚度。余量有总加工余量和工序余量之分。由毛坯转变为零件的过程中，在某加工表面上切除金属层的总厚度，称为该表面的总加工余量（亦称毛坯余量）。一般情况下，总加工余量并非一次切除，而是分在各工序中逐渐切除，故每道工序所切除的金属层厚度称为该工序加工余量（简称工序余量）。工序余量是相邻两工序的工序尺寸之差，毛坯余量是毛坯尺寸与零件图样的设计尺寸之差。

由于工序尺寸有公差，故实际切除的余量大小不等。

2. 影响加工余量的因素

在确定工序的具体内容时，其工作之一就是合理地确定工序加工余量。加工余量的大小对零件的加工质量和制造的经济性均有较大的影响。加工余量过大，必然增加机械加工的劳动量，降低生产率，增加原材料、设备、工具及电力等的消耗；加工余量过小，又不能确保切除上工序形成的各种误差和表面缺陷，影响零件的质量，甚至产生废品。工序加工余量

（公称值，以下同）除可用相邻工序的工序尺寸表示外，还可以用另外一种方法表示，即工序加工余量等于最小加工余量与前工序尺寸公差之和。因此，在讨论影响工序加工余量的因素时，应首先研究影响最小工序加工余量的因素。

影响最小加工余量的因素较多，现将主要影响因素分单项介绍如下：

（1）前工序形成的表面粗糙度和缺陷层深度（R_a和 D_a）。为了使工件的加工质量逐步提高，一般每道工序都应切到待加工表面以下的正常金属组织，将上道工序形成的表面粗糙度和缺陷层切掉。

（2）前工序形成的形状误差和位置误差（Δx 和 Δw）。当形状公差、位置公差和尺寸公差之间相互独立，尺寸公差不控制形状公差和位置公差。此时，最小加工余量应保证将前工序形成的形状误差和位置误差切掉。

3. 确定加工余量的方法

确定加工余量的方法有以下三种：

（1）查表修正法。根据生产实践和试验研究，现在已将毛坯余量和各种工序的工序余量数据收集在手册。确定加工余量时，可从手册中获得所需数据，然后结合工厂的实际情况进行修正。查表时应注意，表中的数据为公称值，对称表面（轴、孔等）的加工余量是双边余量，非对称表面的加工余量是单边余量。这种方法目前应用最广。

（2）经验估计法。此法是根据实践经验确定加工余量。为防止加工余量不足而产生废品，往往估计的数值总是偏大，因而这种方法只适用于单件、小批生产。

（3）分析计算法。这是根据加工余量计算公式和一定的试验资料，通过计算确定加工余量的一种方法。

采用这种方法确定的加工余量比较经济合理，但必须有比较全面可靠的试验资料及先进的计算手段方可进行，故目前应用较少。

在确定加工余量时，总加工余量和工序加工余量要分别确定。总加工余量的大小与选择的毛坯制造精度有关。用查表法确定工序加工余量时，粗加工工序的加工余量不应查表确定，而是用总加工余量减去各工序余量求得，同时要对求得的粗加工工序余量进行分析，如果过小，要增加总加工余量；过大，应适当减少总加工余量，以免造成浪费。

六、加工精度

1. 加工精度的概念

加工精度是加工后零件表面的实际尺寸、形状、位置三种几何参数与图样要求的理想几何参数的符合程度。理想的几何参数，对尺寸而言就是平均尺寸；对表面几何形状而言就是绝对的圆、圆柱、平面、锥面和直线等；对表面之间的相互位置而言就是绝对的平行、垂直、同轴、对称等。零件实际几何参数与理想几何参数的偏离数值称为加工误差。

加工精度与加工误差都是评价加工表面几何参数的术语。加工精度用公差等级衡量，等级值越小，其精度越高；加工误差用数值表示，数值越大，其误差越大。加工精度高，就是加工误差小，反之亦然。

任何加工方法所得到的实际参数都不会绝对准确，从零件的功能看，只要加工误差在零件图要求的公差范围内，就认为保证了加工精度。

机器的质量取决于零件的加工质量和机器的装配质量，零件加工质量包含零件加工精度和表面质量两大部分。

加工精度包括三个方面的内容：

尺寸精度：指加工后零件的实际尺寸与零件尺寸的公差带中心的相符合程度。

形状精度：指加工后的零件表面的实际几何形状与理想的几何形状的相符合程度。

位置精度：指加工后零件有关表面之间的实际位置与理想位置的相符合程度。

2. 影响加工精度的因素

工艺系统中的各组成部分（包括机床、刀具、夹具等）的制造误差、安装误差和使用中的磨损都直接影响工件的加工精度。也就是说，在加工过程中工艺系统会产生各种误差，从而改变刀具和工件在切削运动过程中的相互位置关系而影响零件的加工精度。这些误差与工艺系统本身的结构状态和切削过程有关。

（1）系统的几何误差。

1）机床的几何误差。机床的制造误差、安装误差以及使用中的磨损，都直接影响工件的加工精度。其中主要是机床主轴回转运动、机床导轨直线运动和机床传动链的误差。

2）加工原理误差。加工原理误差是由于采用了近似的加工运动方式或者近似的刀具轮廓而产生的误差，因在加工原理上存在误差，故称为加工原理误差。只要原理误差在允许范围内，这种加工方式仍是可行的。

3）夹具误差。夹具误差包括定位误差、夹紧误差、夹具安装误差及对刀误差等。这些误差主要与夹具的制造和装配精度有关。

4）刀具的制造误差及磨损。刀具的制造误差、安装误差以及使用中的磨损，都影响工件的加工精度。在切削过程中，刀具的切削刃、刀面与工件、切屑产生强烈摩擦，使刀具磨损。当刀具磨损达到一定值时，工件的表面粗糙度值增大，切屑颜色和形状发生变化，并伴有振动。刀具磨损将直接影响切削生产率、加工质量和加工成本。

（2）工艺系统的受力变形。由机床、夹具、工件、刀具所组成的工艺系统是一个弹性系统，在加工过程中由于切削力、传动力、惯性力、夹紧力以及重力的作用，会产生弹性变形，从而破坏了刀具与工件之间的准确位置，产生加工误差。例如，车削细长轴时，如图 4—3 所示，在切削力的作用下，工件因弹性变形而出现“让刀”现象。随着刀具的进给，在工件的全长上切削深度将会由多变少，然后再由少变多，结果使零件产生腰鼓形。

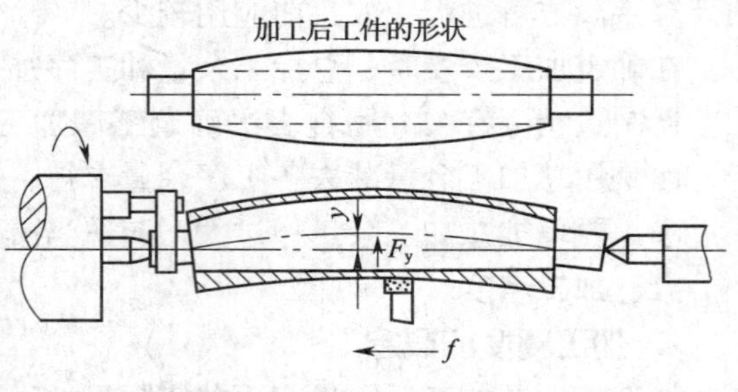

图 4—3　细长轴车削时受力变形

工艺系统受力变形对加工精度的影响主要有以下两个方面：

1）切削过程中受力点位置变化引起的加工误差。切削过程中，工艺系统的刚度随切削力着力点位置的变化而变化，引起系统变形的差异，使零件产生加工误差。

在两顶尖间车削粗而短的光轴时，由于工件刚度较大，在切削力作用下的变形相对机床、夹具和刀具的变形要小得多，故可忽略不计。此时，工艺系统的总变形完全取决于机床床头、尾架（包括顶尖）和刀架（包括刀具）的变形，工件产生的误差为双曲线圆柱度误差。

在两顶尖间车削细长轴时，由于工件细长，刚度低，在切削力作用下，其变形大大超过机床、夹具和刀具的受力变形。因此，机床、夹具和刀具的受力变形可略去不计，此时，工艺系统的变形完全取决于工件的变形，工件产生腰鼓形圆柱度误差。

2）毛坯加工余量不匀，材料硬度变化导致切削力大小变化引起的加工误差——复映误差。工件的毛坯外形虽然具有粗略的零件形状，但在尺寸、形状以及表面层材料硬度均匀性上都有较大的误差。毛坯的这些误差在加工时使切削深度不断发生变化，导致切削力的变化，进而引起工艺系统产生相应的变形，使零件在加工后还保留与毛坯表面类似的形状或尺寸误差。当然，工件表面残留的误差比毛坯表面误差要小得多。这种现象称为“误差复映规律”，所引起的加工误差称为“复映误差”。

减小工艺系统受力变形的措施主要有：①提高工件加工时的刚度。②提高工件安装时的夹紧刚度。③提高机床部件的刚度。

（3）工艺系统的热变形。机械加工中，工艺系统在各种热源的作用下会产生一定的热变形。由于工艺系统热源分布的不均匀性及各环节结构、材料的不同，使工艺系统各部分的变形产生差异，从而破坏了刀具与工件的准确位置及运动关系，产生加工误差。尤其对于精密加工，热变形引起的加工误差占总误差的一半以上。

在加工过程中，工艺系统的热源主要有内部热源和外部热源两大类。内部热源来自切削过程，主要包括切削热、摩擦热和派生热源。外部热源主要来自于外部环境，主要包括环境温度和热辐射。这些热源产生的热造成工件、刀具和机床的热变形。

减少工艺系统热变形的措施主要有：①减少工艺系统的热源及其发热量。②加强冷却，提高散热能力。③控制温度变化，均衡温度。④采用补偿措施。⑤改善机床结构。改善机床结构，首先应考虑结构的对称性：一方面传动元件（如轴承、齿轮等）在箱体内安装应尽量对称，使其传给箱壁的热量均衡，变形相近；另一方面，有些零件（如箱体）应尽量采用热对称结构，以便受热均匀。⑥注意合理选材，对精度要求高的零件尽量选用膨胀系数小的材料。

（4）工件残余应力引起的误差。残余应力是指当外部载荷去掉以后仍存留在工件内部的应力。残余应力是由于金属发生了不均匀的体积变化而产生的。其外界因素来自热加工和冷加工。有残余应力的零件处于一种不稳定状态，一旦其内应力的平衡条件被打破，内应力的分布就会发生变化，从而引起新的变形，影响加工精度。

内应力产生的原因主要有：毛坯制造中产生的内应力、冷校正产生的内应力及切削加工产生的内应力。

减小或消除内应力的措施主要包括：①采用适当的热处理工序。②给工件足够的变形时间。③零件结构要合理、简单，壁厚要均匀。

（5）调整误差。零件加工的每一个工序中，为了获得被加工表面的形状、尺寸和位置精度，总要对机床、夹具和刀具进行调整。任何调整工作必然会带来一些原始误差，这种原始误差即调整误差。

（6）数控机床产生误差的独特性。数控机床与普通机床的最主要差别有两点：一是数控机床具有“指挥系统”——数控系统，二是数控机床具有执行运动的驱动系统——伺服系统。

在数控机床上所产生的加工误差，与在普通机床上产生的加工误差，其来源有许多共同之处，但也有独特之处。例如，伺服进给系统的跟踪误差、检测系统中的采样延滞误差等，这些都是普通机床加工时所没有的。所以，在数控加工中，除了要控制在普通机床上加工时常出现的那些误差源以外，还要有效地抑制数控加工时才可能出现的误差源。这些误差源对加工精度的影响主要有以下几个方面：

1）机床重复定位精度的影响。数控机床的定位精度是指数控机床各坐标轴在数控系统的控制下运动的位置精度。引起定位误差的因素包括数控系统的误差和机械传动的误差。数控系统的误差与插补误差、跟踪误差等有关。机床重复定位精度是指重复定位时坐标轴的实际位置和理想位置的符合程度。

2）检测反馈装置的影响。检测反馈装置也称为反馈元件，通常安装在机床工作台或丝杠上，相当于普通机床的刻度盘和人的眼睛。检测反馈装置将工作台位移量转换成电信号，反馈给数控装置，如果与指令值比较有误差，则控制工作台向消除误差的方向移动。数控系统按有无检测反馈装置可分为开环、闭环与半闭环系统。开环系统精度取决于步进电动机和丝杠精度，闭环系统精度取决于检测反馈装置精度。检测反馈装置是高性能数控机床的重要组成部分。

3）刀具误差的影响。在加工中心上，由于采用的刀具具有自动交换功能，因而在提高生产率的同时，也带来了刀具交换误差。用同一把刀具加工一批工件时，由于频繁重复换刀，致使刀柄相对于主轴锥孔产生重复定位误差而降低加工精度。

3. 提高加工精度的工艺措施

保证和提高加工精度的方法，大致可概括为以下几种：减小原始误差法、补偿原始误差法、转移原始误差法、均分原始误差法、均化原始误差法和就地加工法。

（1）减小原始误差法。这是生产中应用较广的一种基本方法。它是在查明产生加工误差的主要因素之后，设法消除或减少这些因素。例如细长轴的车削，现在采用了大进给反向车削法，基本消除了轴向切削力引起的弯曲变形。若辅之以弹簧顶尖，则可进一步消除热变形引起的热伸长的影响。

（2）转移原始误差法。这种方法实质上是转移工艺系统的几何误差、受力变形和热变形等。

转移原始误差法的实例很多。当机床精度达不到零件加工要求时，常常不是一味提高机床精度，而是从工艺上或夹具上想办法，创造条件，使机床的几何误差转移到不影响加工精度的方面去。如磨削主轴锥孔时保证其和轴颈的同轴度，不是靠机床主轴的回转精度，而是靠夹具。当机床主轴与工件之间用浮动连接以后，机床主轴的原始误差就被转移掉了。

（3）补偿原始误差法。这是人为地制造出一种新的误差，去抵消原来工艺系统中的原始误差。当原始误差是负值时，人为的误差就取正值，反之取负值，并尽量使两者大小相等；或者利用一种原始误差去抵消另一种原始误差，尽量使两者大小相等，方向相反，从而达到减小加工误差、提高加工精度的目的。

（4）就地加工法。在加工和装配中有些精度问题，牵涉零件或部件间的相互关系，相当复杂。如果一味地提高零部件本身精度，有时不仅困难，甚至不可能，若采用就地加工法（也称自身加工修配法）加工，就可能很方便地解决这些精度问题。就地加工法，即在装配前不对这些表面进行精加工，等装配到机床上以后，图纸要求保证部件间什么样的位置关系，就在这样的位置关系上利用一个部件装上刀具去加工另一个部件。这种方法在机械零件加工中常用来作为保证零件加工精度的有效措施。

（5）均分原始误差法。在加工中，由于毛坯或上道工序误差（以下统称“原始误差”）的存在，往往造成本工序的加工误差。由于工件材料性能改变，或者上道工序的工艺改变（如毛坯精化后，把原来的切削加工工序取消），都会引起原始误差发生较大的变化。这种原始误差的变化，对本工序的影响主要有两种情况：一是误差复映，引起本工序误差；二是定位误差扩大，引起本工序误差。

解决这个问题，最好是采用分组调整均分误差的办法。这种办法的实质就是把原始误差按其大小均分为 2 组，每组毛坯误差范围就缩小为原来的 1/2，然后按各组分别调整加工。

(6) 均化原始误差法。对配合精度要求很高的轴和孔，常采用研磨工艺。研具本身并不要求具有高精度，但它能在和工件作相对运动过程中对工件进行微量切削，工件高点逐渐被磨掉（当然，模具也会被工件磨去一部分），最终使工件达到很高的精度。这种表面间的摩擦和磨损的过程，就是误差不断减小的过程，这就是均化原始误差法。它的实质就是利用有密切联系的表面相互比较、相互检查，找出差异，然后进行相互修正或互为基准进行加工，使工件被加工表面的误差不断缩小和均化。在生产中，许多精密基准件（如平板、直尺、角度规、端齿分度盘等）都是利用均化原始误差法加工出来的。

七、表面质量

机械加工表面质量，是指零件在机械加工后表面层的微观几何形状误差和物理、化学及力学性能。产品的工作性能、可靠性、使用寿命在很大程度上取决于主要零件的表面质量。

机械加工表面质量的含义有两方面的内容。

1. 表面的几何特性

如图 4—4 所示，加工表面的几何形状，总是以“峰”“谷”形式交替出现，其偏差又有宏观、微观的差别。

(1) 表面粗糙度。它是指加工表面的微观几何形状误差，如图 4—4 所示，其波长 L_3与波高 H_3的比值一般小于 50，主要由刀具的形状以及切削过程中塑性变形和振动等因素决定。

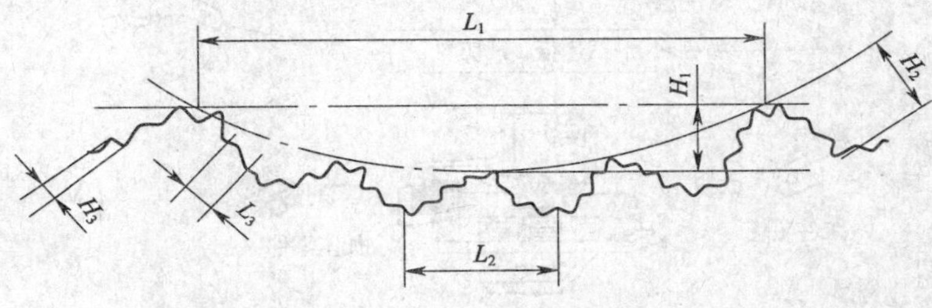

图 4—4　表面几何特性

(2) 表面波度。它是介于宏观几何形状误差（$L_1/H_1>1\ 000$）与微观表面粗糙度（$L_3/H_3<50$）之间的周期性几何形状误差，如图 4—4 所示，其波长 L_2与波高 H_2的比值一般为 50～1 000。它主要是由机械加工过程中工艺系统低频振动引起的。一般以波高为波度的特征参数，用测量长度上五个最大的波幅的算术平均值 ω 表示，即：

$$\omega = (\omega_1 + \omega_2 + \omega_3 + \omega_4 + \omega_5)/5$$

(3) 表面纹理方向。它是指表面刀纹的方向，取决于该表面所采用的机械加工方法及其主运动和进给运动的关系。一般对运动副或密封件有纹理方向的要求。

(4) 伤痕。它是指在加工表面的一些个别位置上出现的缺陷。伤痕大多是随机分布的，例如砂眼、气孔、裂痕和划痕等。

2. 表面层的物理、化学和力学性能

由于机械加工中切削力和切削热的综合作用，加工表面层金属的物理、力学和化学性能发生一定的变化，主要表现在以下三个方面：

（1）表面层加工硬化（冷作硬化）。

（2）表面层金相组织变化及由此引起的表层金属强度、硬度、塑性及耐腐蚀性的变化。

（3）表面层产生残余应力或造成原有残余应力的变化。

八、数控加工工艺系统的组成

机械加工中，由机床、夹具、刀具和工件等组成的统一体，称为工艺系统。数控加工工艺系统是由数控机床、夹具、刀具和工件等组成的，如图 4—5 所示。

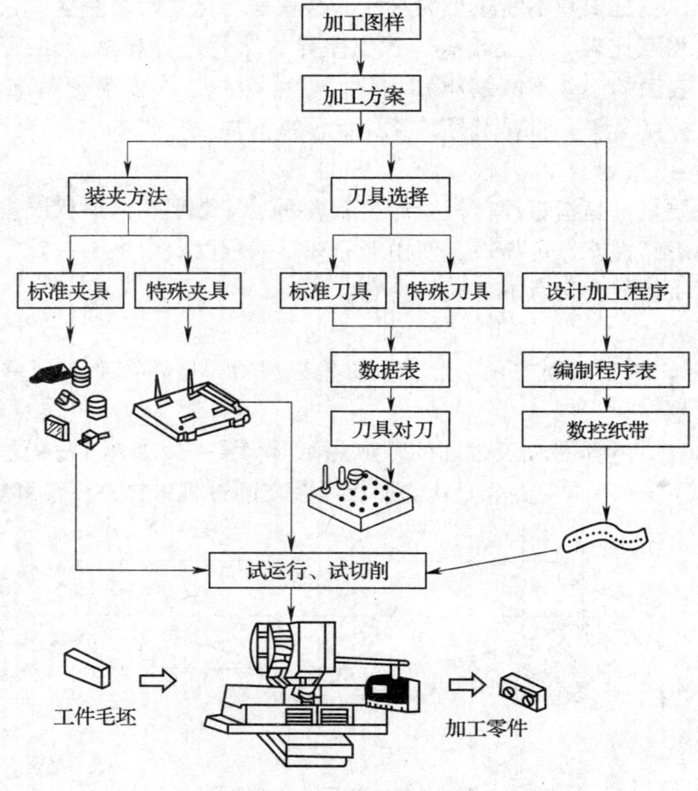

图 4—5　工艺系统的组成

1. 数控机床

采用数控技术或装备了数控系统的机床，称为数控机床。它是一种技术密集度和自动化程度都比较高的机电一体化加工装备。数控机床是实现数控加工的主体。

2. 夹具

在机械制造中，用以装夹工件（和引导刀具）的装置统称为夹具。在机械制造工厂，夹具的使用十分广泛，从毛坯制造到产品装配以及检测的各个生产环节，都有许多不同种类的夹具。夹具是实现数控加工的纽带。

3. 刀具

金属切削刀具是现代机械加工中的重要工具。无论是普通机床还是数控机床都必须依靠刀具才能完成切削工作。刀具是实现数控加工的桥梁。

4. 工件

工件是数控加工的对象。

§4—2　加工中心加工工艺的设计

一、加工方法的选择

加工中心加工零件的表面不外乎平面、平面轮廓、曲面、孔和螺纹等。所选加工方法要与零件的表面特征、所要求达到的精度及表面粗糙度相适应。

平面、平面轮廓及曲面在镗铣类加工中心上唯一的加工方法是铣削。经粗铣的平面，尺寸精度可达 IT12 ~ IT14 级（指两平面之间的尺寸），表面粗糙度 R_a 值可达 12.5 ~ 50 μm。经粗、精铣的平面，尺寸精度可达 IT7 ~ IT9 级，表面粗糙度 R_a 值可达 1.6 ~ 3.2 μm。

孔加工方法比较多，有钻削、扩削、铰削和镗削等。大直径孔还可采用圆弧插补方式进行铣削加工。

对于直径大于 ϕ30 mm 的已铸出或锻出毛坯的孔加工，一般采用粗镗—半精镗—孔口倒角—精镗加工方案，孔径较大的可采用立铣刀粗铣—精铣加工方案。有退刀槽时可用锯片铣刀在半精镗之后、精镗之前铣削完成，也可用镗刀进行单刀镗削，但单刀镗削效率低。

对于直径小于 ϕ30 mm 的无毛坯孔的孔加工，通常采用“锪平端面—打中心孔—钻—扩—孔口倒角—铰”加工方案，有同轴度要求的小孔，需采用“锪平端面—打中心孔—钻—半精镗—孔口倒角—精镗（或铰）”加工方案。为提高孔的位置精度，在钻孔工步前需安排锪平端面和打中心孔工步。孔口倒角安排在半精加工之后、精加工之前，以防孔内产生毛刺。

螺纹的加工根据孔径大小，一般情况下，直径在 M6 ~ M20 之间的螺纹，通常采用攻螺纹方法加工。直径在 M6 以下的螺纹，在加工中心上完成底孔加工，通过其他手段攻螺纹。因为在加工中心上攻螺纹不能随机控制加工状态，小直径丝锥容易折断。直径在 M20 以上的螺纹，可采用镗刀片镗削加工。

二、加工阶段的划分

在加工中心上加工的零件，其加工阶段的划分主要根据零件是否已经过粗加工、加工质量要求的高低、毛坯质量的高低以及零件批量的大小等因素确定。

若零件已在其他机床上经过粗加工，加工中心只是完成最后的精加工，则不必划分加工阶段。

对加工质量要求较高的零件，若其主要表面在上加工中心加工之前没有经过粗加工，则应尽量将粗、精加工分开进行。使零件粗加工后有一段自然时效过程，以消除残余应力和恢复切削力、夹紧力引起的弹性变形、切削热引起的热变形，必要时还可以安排人工时效处理，最后通过精加工消除各种变形。

对加工精度要求不高，而毛坯质量较高，加工余量不大，生产批量很小的零件或新产品试制中的零件，利用加工中心的良好的冷却系统，可把粗、精加工合并进行。但粗、精加工应划分成两道工序分别完成。粗加工用较大的夹紧力，精加工用较小的夹紧力。

三、加工顺序的安排

在加工中心上加工零件，一般都有多个工步，使用多把刀具，因此加工顺序安排得是否合理，直接影响到加工精度、加工效率、刀具数量和经济效益。在安排加工顺序时同样要遵循“基面先行”“先粗后精”“先主后次”及“先面后孔”的一般工艺原则。此外还应考虑：

（1）减少换刀次数，节省辅助时间。一般情况下，每换一把新的刀具后，应通过移动坐标，回转工作台等将由该刀具切削的所有表面全部完成。

（2）每道工序尽量减少刀具的空行程移动量，按最短路线安排加工表面的加工顺序。

安排加工顺序时可参照采用粗铣大平面—粗镗孔、半精镗孔—立铣刀加工—加工中心孔—钻孔—攻螺纹—平面和孔精加工（精铣、铰、镗等）的加工顺序。

四、装夹方案的确定和夹具的选择

在零件的工艺分析中，已确定了零件在加工中心上加工的部位和加工时用的定位基准，因此，在确定装夹方案时，只需根据已选定的加工表面和定位基准确定工件的定位夹紧方式，并选择合适的夹具。此时，主要考虑以下几点：

1．夹紧机构或其他元件不得影响进给，加工部位要敞开

要求夹持工件后夹具上一些组成件（如定位块、压块和螺栓等）不能与刀具运动轨迹发生干涉。如图4—6所示，用立铣刀铣削零件的六边形，若用压板机构压住工件的*A*面，则压板易与铣刀发生干涉，若夹压*B*面，就不影响刀具进给。对有些箱体零件加工可以利用内部空间来安排夹紧机构，将其加工表面敞开，如图4—7所示。当在卧式加工中心上对工件的四周进行加工时，若很难安排夹具的定位和夹紧装置，则可以通过减少加工表面来留出定位夹紧元件的空间。

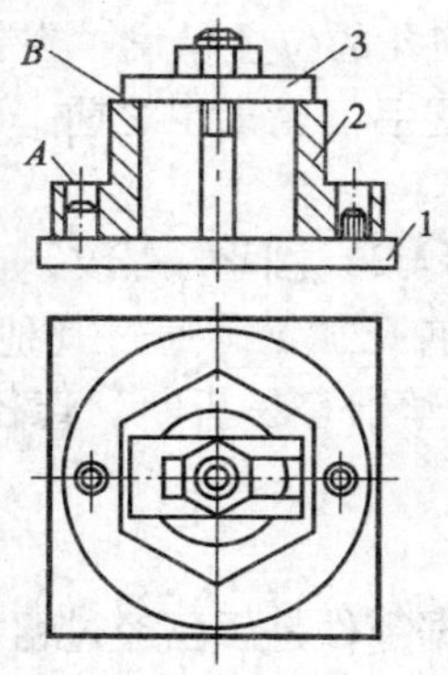

图4—6　不影响进给的装夹示例
1—定位装置　2—工件　3—夹紧装置

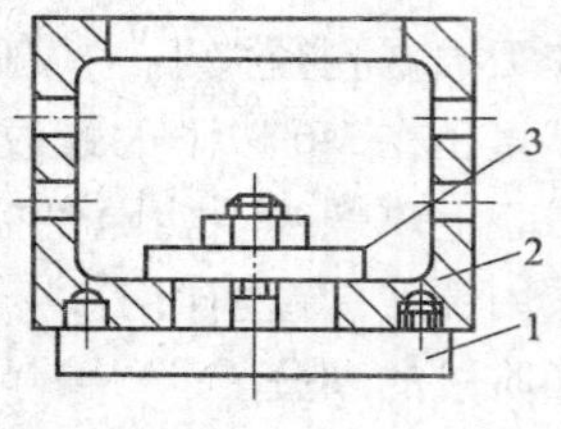

图4—7　敞开加工表面的装夹示例
1—定位装置　2—工件　3—夹紧装置

2．装卸方便，辅助时间尽量短

由于加工中心效率高，装夹工件的辅助时间对加工效率影响较大，所以要求配套夹具在使用中也要装卸快而方便。

3．对小型零件或工序不长的零件，可以考虑在工作台上同时装夹几件进行加工，以提高加工效率

例如在加工中心工作台上安装一块与工作台大小一样的平板，如图4—8所示。该平板既可作为大工件的基础板，也可作为多个小工件的公共基础板。

4．夹具应便于与机床工作台面及工件定位面间的定位连接

加工中心工作台面上一般都有基准T形槽，转台中心有定位圆、台面侧面有基准挡板等定位元件。固定方式一般用T形槽螺钉或工作台面上的紧固螺孔，用螺栓或压板压紧。夹具上用于紧固的孔和槽的位置必须与工作台上的T形槽和孔的位置相对应。

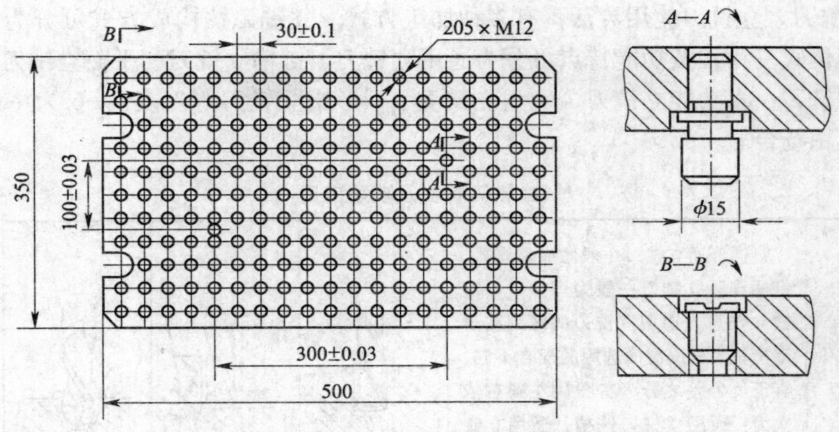

图 4—8　新型数控夹具元件

5. 夹具结构应力求简单

由于零件在加工中心上加工大都采用工序集中原则，加工的部位较多，同时批量较小，零件更换周期短，夹具的标准化、通用化和自动化对加工效率的提高及加工费用的降低有很大影响。因此，对批量小的零件应优先选用组合夹具。对形状简单的单件小批量生产的零件，可选用通用夹具，如三爪自定心卡盘、台钳等。只有对批量较大，且周期性投产、加工精度要求较高的关键工序才设计专用夹具，以保证加工精度和提高装夹效率。

6. 必须保证最小的夹紧变形

工件在粗加工时，切削力大，需要夹紧力大，但又不能把工件夹压变形。否则，松开夹具后零件发生变形。因此，必须慎重选择夹具的支承点、定位点和夹紧点。如果采用了相应措施仍不能控制工件变形，只能将粗、精加工分开，或者粗、精加工使用不同的夹紧力。

五、刀具的选择

加工中心使用的刀具由刃具和刀柄两部分组成。刃具有面加工用的各种铣刀和孔加工用的钻头、扩孔钻、镗刀、铰刀及丝锥等。刀柄要满足机床主轴的自动松开和拉紧定位，并能准确地安装各种切削刃具和适应换刀机械手的夹持等。工序集中的特点决定了加工中心在一次装夹中要经过多次换刀完成多工序的加工，所以加工中心对零件各加工部位要选用不同的刀具。

下面介绍加工中心的常用刀具及其选用方法。

(1) 铣削刀具。

1) 端铣刀。端铣刀主要用于加工平面，但是主偏角为 90°的端铣刀还能用于加工浅台阶。端铣刀一般做成可转位式，其典型结构如图 4—9 所示。

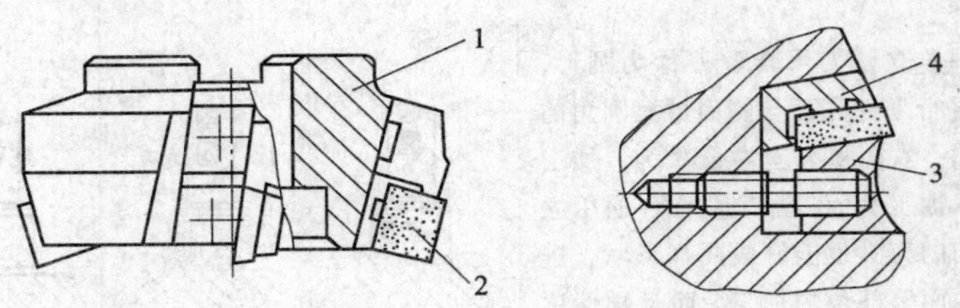

图 4—9　可转位端铣刀的结构

1—刀体　2—刀片　3—楔块　4—刀垫

2）立铣刀。立铣刀使用灵活，有多种加工方式。立铣刀按构成方式可分为整体式、焊接式和可转位式三种；按功能特点可分为通用立铣刀、键槽立铣刀、平面立铣刀、球头立铣刀、圆角立铣刀、多功能立铣刀、倒角立铣刀、T 形槽立铣刀等。表 4—6 为一般立铣刀种类及典型应用场合。

表 4—6　　立铣刀种类及典型应用

普通立铣刀与球头立铣刀	直柄普通立铣刀一般做成整体式，锥柄普通立铣刀一般为焊接式；键槽立铣刀与通用立铣刀的区别在于键槽铣刀根据键槽选用的配合不同，有正负公差之分；右图从左到右依次为：通用立铣刀铣槽，通用立铣刀铣轮廓，球头刀铣圆弧槽，球头刀铣曲面	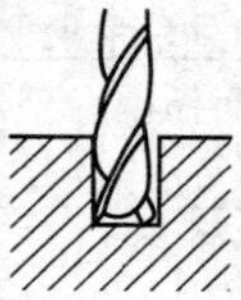	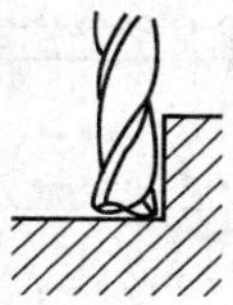	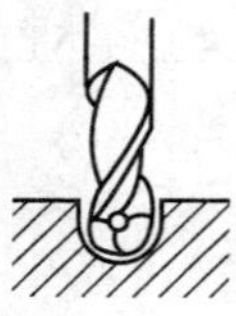	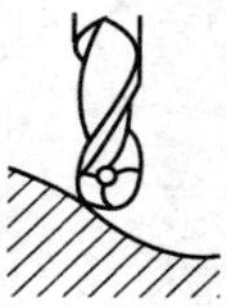
铣台阶用立铣刀	此铣刀做成可转位式，刀片为硬质合金并可更换，加工效率高；主偏角为 90°，能加工直角台阶；右图从左至右依次为：铣削浅槽，铣削台阶，铣削平面		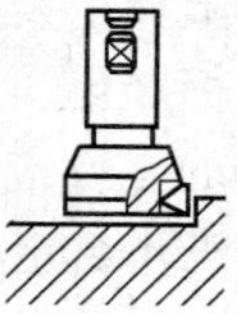	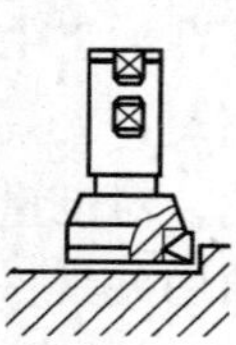	
可转位螺旋立铣刀	此铣刀的可转位刀片分布在铣刀螺旋槽上，各螺旋槽上的刀片交错排列，并有一定的搭接量，一个刀片只切除余量的一部分，所有刀片通过配合能切去全部余量；适合于粗加工；右图从左至右依次为：粗铣槽，粗铣轮廓；另外，它也可加工台阶和平面		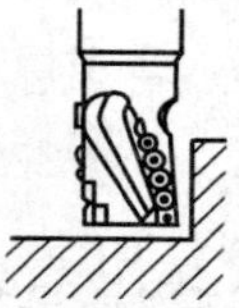		
多功能立铣刀	多功能立铣刀可转位刀片为八角形，能一把刀完成多表面加工，节省了刀库空间及换刀时间；右图从左至右依次为：加工浅槽，加工台阶，加工平面，加工倒角	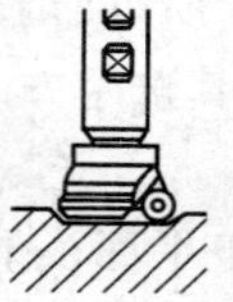	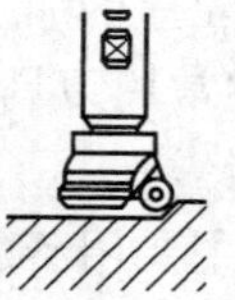		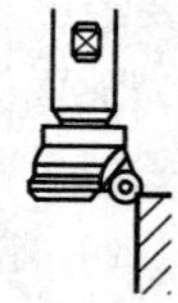
圆角立铣刀	圆角立铣刀可转位刀片为圆形，可进行零件底面与侧面过渡圆角的加工；右图从左至右依次为：加工槽，加工平面，加工曲面；通用立铣刀的刀尖也能制成同样形状，进行曲面等部位的加工，而且刚性比相同圆角半径的球头铣刀高			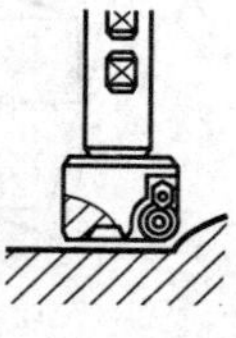	

续表

倒角立铣刀	倒角立铣刀刀片为四边形，适合于加工45°的倒角；右图从左至右依次为：加工侧面槽，加工倒角，加工台阶和平面	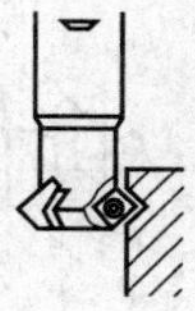	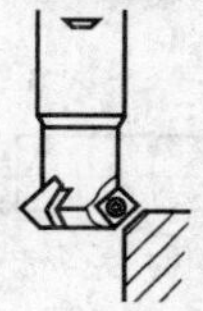	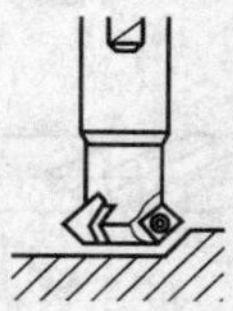	
T形槽立铣刀	右图为可转位硬质合金立铣刀，右图从左至右依次为：加工T形槽，加工台阶，锪孔；高速钢T形槽立铣刀一般为焊接式，但一般只用于切削T形槽	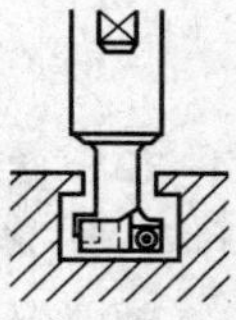	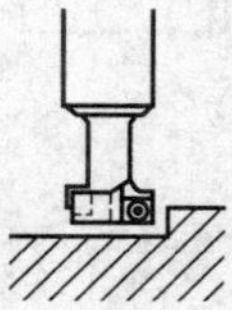	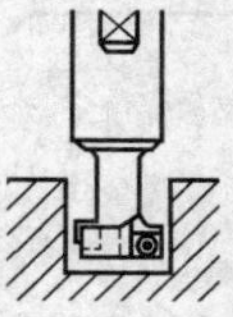	

3）盘形铣刀。包括槽铣刀、两面刃铣刀、三面刃铣刀。槽铣刀有一个主切削刃，用于加工浅槽。两面刃铣刀有一个主切削刃、一个副切削刃，可用于加工台阶。三面刃铣刀有一个主切削刃、两个副切削刃，用于切槽及加工台阶（见图4—10）。锯片铣刀比槽铣刀更窄，用于切断、切窄槽。

4）成型铣刀。为了提高效率，满足生产要求，有些零件可以采用成型铣刀进行铣削（见图4—11）。

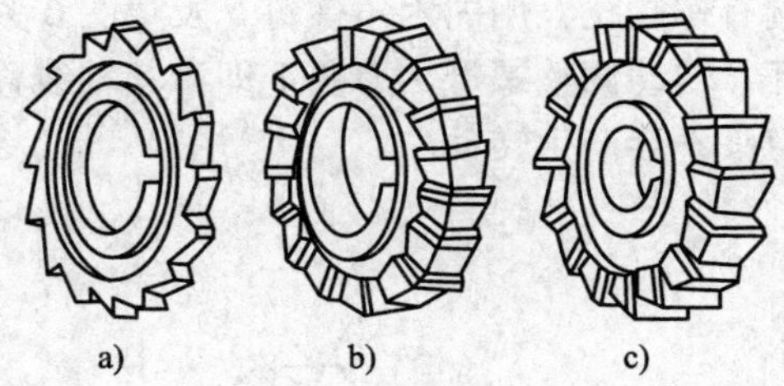

图4—10　盘形铣刀

a）槽铣刀　b）两面刃铣刀　c）三面刃铣刀

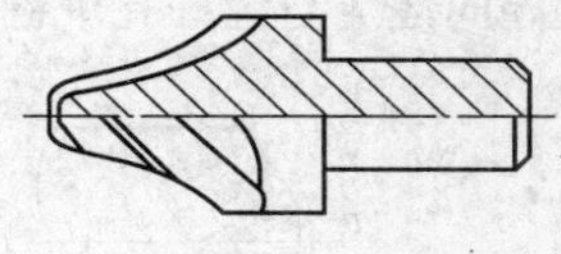

图4—11　成型铣刀

（2）钻削刀具。钻削是加工中心在实心材料上加工出孔的常见办法。钻削还用于扩孔、锪孔。钻头按结构分类有整体式、刀体焊接式、可转位钻头；按柄部形状分类可分为直柄钻头、直柄扁尾钻头、（莫氏）锥柄钻头；按刃沟形状分类有右螺旋钻头、左螺旋钻头、直刃钻头；按刀体截面形状分类有内冷钻头、双刃带钻头、平刃沟钻头；按长度分类有标准钻头、长型钻头、短型钻头；按用途分有中心钻、扩孔钻、锪钻、阶梯钻、导向钻等。

1）中心钻。中心钻先在实心工件上加工出中心孔，起到定位和引导钻头的作用（见图4—12a）。

2）麻花钻。麻花钻一般为高速钢材料，制造容易，价格低廉，应用广泛。但标准麻花钻有许多缺点，如：不利屑的卷曲、切削性能差、排屑性能差、磨损快（见图4—12b）。

3）扩孔钻。加工中心应用扩孔钻，加工效率高，质量好（见图4—12c）。

4）锪钻。用于加工沉头孔和端面凸台等（见图4—12d）。

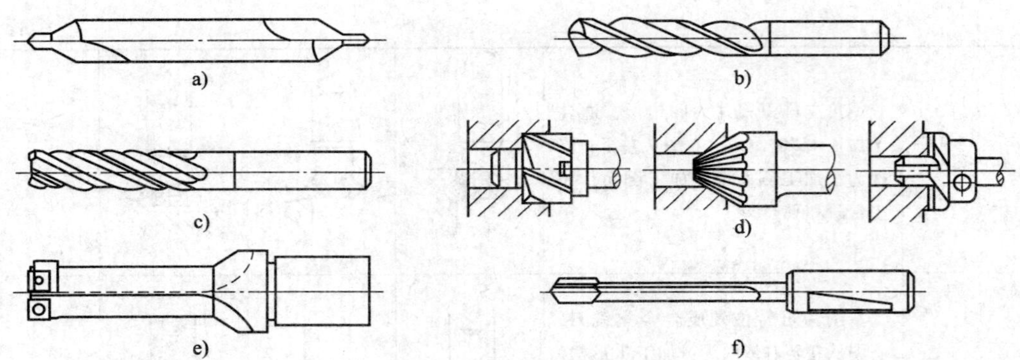

图 4—12　常用钻削刀具

a）中心钻　b）麻花钻　c）扩孔钻　d）锪钻　e）硬质合金可转位式钻头　f）枪钻

5）硬质合金可转位式钻头。用于扩孔，也可加工实心孔，加工效率高、质量好（见图 4—12e）。

6）加工中心用枪钻。用于长径比在 5 以上的深孔加工（见图 4—12f）。

（3）镗削刀具。

1）单刃镗刀。单刃镗刀是把类似车刀的刀尖装在镗刀杆上而形成的。刀尖在刀杆上的安装位置有两种：刀头垂直镗杆轴线安装，适合于加工通孔；刀头倾斜镗杆轴线安装，适合于盲孔、台阶孔的加工（见图 4—13）。

2）单刃镗刀的微调结构。图 4—14 所示为常见的微调镗刀。刀头体 1 为圆柱状，其外圆上有精密螺纹与调整螺母 3 配合，刀头后端有螺纹孔，用内六角螺钉 5 及垫圈 6 紧固在镗杆 4 的圆柱孔内。调整时，将螺钉 5 稍稍松开，转动调整螺母，刀头 1 即沿其轴线移动。刀头体上有导向键 7 与镗杆孔中键槽配合，使刀头不会产生转动。

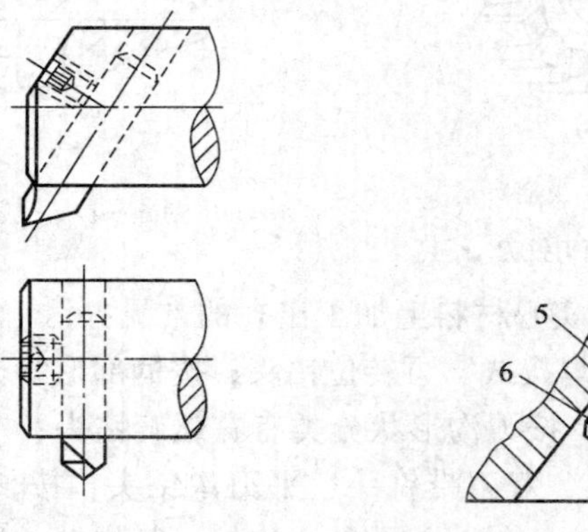

图 4—13　镗刀头安装形式

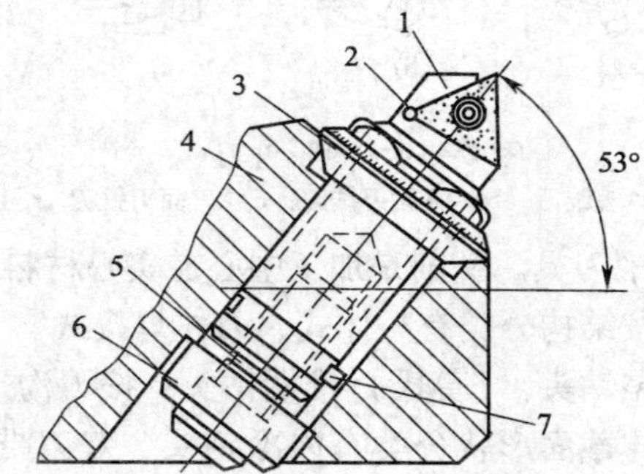

图 4—14　单刃镗刀的微调结构

1—刀头体　2—刀片　3—调整螺母　4—镗杆

5—内六角螺母　6—垫圈　7—导向键

3）双刃镗刀。双刃镗刀常用的有定装式、机夹式和浮动式（见图 4—15）三种。双刃镗刀的好处是径向力得到平衡，工件孔径尺寸由镗刀尺寸保证。浮动镗刀的刀块能在径向浮动，加工时消除了机床、刀具装夹误差及镗杆弯曲等误差，但不能矫正孔直线度误差和孔的位置度误差。

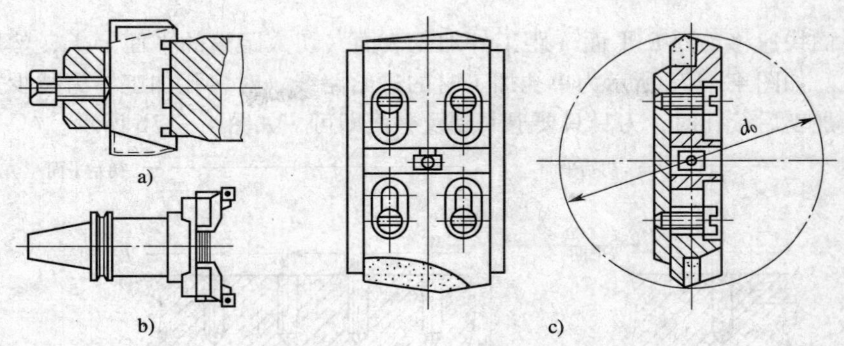

图 4—15　双刃镗刀

a）定装式　b）机夹式　c）浮动式

（4）铰削刀具。铰刀主要用于孔的精加工及高精度孔的半精加工。圆柱铰刀比较常见，但其加工性能不是很好，且无法加工有键槽的孔。加工中心广泛应用带负刃倾角的铰刀和螺旋齿铰刀（见图 4—16）。螺旋齿铰刀有两种，一种是普通螺旋齿铰刀（见图 4—16b），其刀齿有一定的螺旋角，切削平稳，能够加工带键槽的孔；另一种是螺旋推铰刀（见图 4—16c），其特点是螺旋角很大，切削刃长，连续参加切削，所以切削过程平稳无振动，切屑呈发条状向前排出，避免了切屑擦伤已加工孔壁。

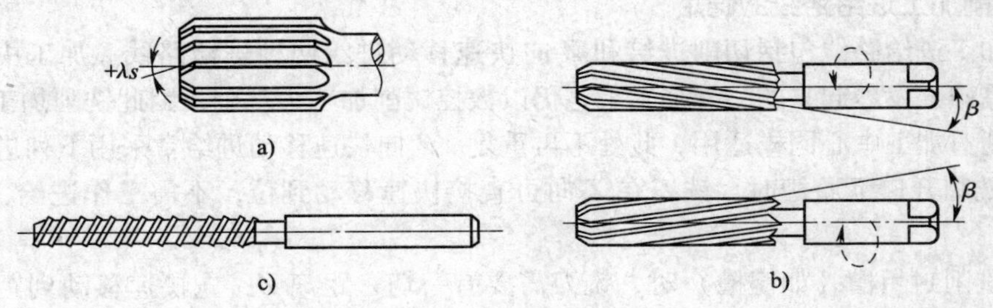

图 4—16　铰刀形式

a）带负刃倾角的铰刀　b）螺旋推铰刀　c）普通螺旋铰刀

（5）螺纹加工刀具。加工中心一般使用丝锥作为螺纹加工刀具，丝锥加工螺纹的过程叫攻螺纹。一般丝锥的容屑槽制成直的，也有的做成螺旋形。螺旋形容屑排屑容易，切屑呈螺旋状。加工右旋通孔螺纹时，选用左旋丝锥；加工右旋盲孔螺纹时，选用右旋丝锥。

六、进给路线的确定

加工中心上刀具的进给路线包括孔加工进给路线和铣削加工进给路线。

1. 孔加工进给路线的确定

孔加工时，一般是先将刀具在 *XOY* 平面内快速定位到孔中心线的位置上，然后再沿 *Z* 向（轴向）运动进行加工。

刀具在 *XOY* 平面内的运动为点位运动，确定其进给路线时重点考虑：

（1）定位迅速，空行程路线要短。

（2）定位准确，避免机械进给系统反向间隙对孔位置精度的影响。

（3）当定位迅速与定位准确不能同时满足时，若按最短进给路线进给能保证定位精度，则取最短路线。反之，应取能保证定位准确的路线。

刀具在 *Z* 向的进给路线分为快速移动进给路线和工作进给路线。如图 4—17 所示，刀具先从初始平面快速移动到 R 平面（距工件加工表面一切入距离的平面）上，然后按工作进给速度加工。如图 4—17a 所示为单孔加工时的进给路线。对多孔加工，为减少刀具空行程进给时间，加工后续孔时，刀具只要退回到及平面即可，如图 4—17b 所示。

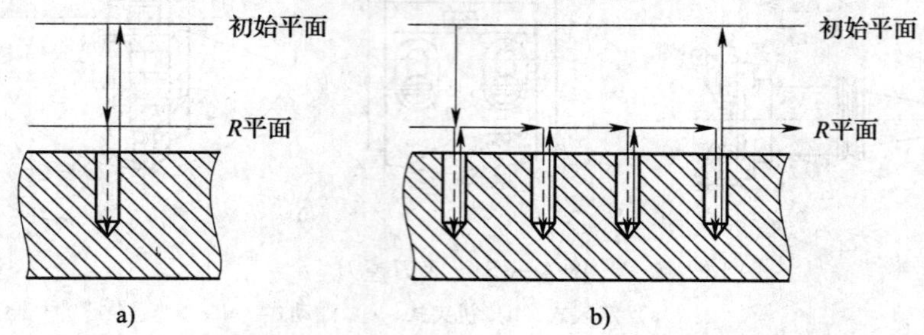

图 4—17　孔加工时刀具 Z 向进给路线示例

a）单孔加工　b）多孔加工

（实线为快速移动路线，虚线为工作进给路线）

R 平面距工件表面的距离称为切入距离。加工通孔时，为保证全部孔深都加工到，应使刀具伸出工件底面一段距离（切出距离）。切入切出距离的大小与工件表面状况和加工方式有关，一般可取 2 ~ 5 mm。

2. 铣削加工进给路线的确定

铣削加工进给路线包括切削进给和 Z 向快速移动进给两种进给路线。加工中心是在数控铣床的基础上发展起来的，其加工工艺仍以数控铣削加工为基础，因此铣削加工进给路线的选择原则对加工中心同样适用，此处不再重复。Z 向快速移动进给常采用下列进给路线。

（1）铣削开口不通槽时，铣刀在 Z 向可直接快速移动到位，不需工作进给，如图 4—18a 所示。

（2）铣削封闭槽（如键槽）时，铣刀需要有一切入距离 Z，先快速移动到距工件加工表面一切入距离 Z_a 的位置上（R 平面），然后以工作进给速度进给至铣削深度 H，如图 4—18b 所示。

（3）铣削轮廓及通槽时，铣刀应有一段切出距离 Z_0，可直接快速移动到距工件表面 Z_0 处，如图 4—18c 所示。

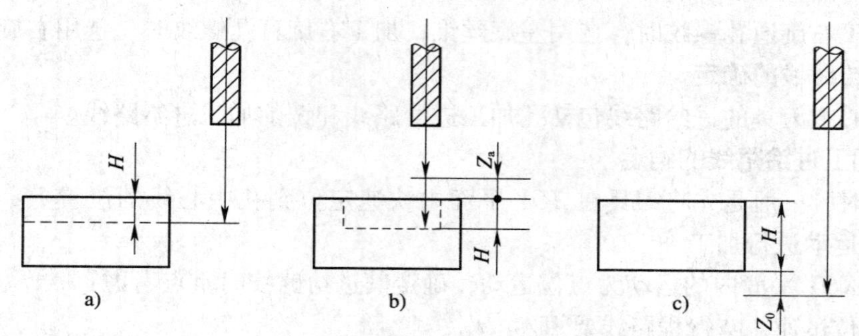

图 4—18　铣削加工时刀具 Z 向进给路线

3. 进刀与退刀

（1）进刀与退刀的走刀路线。铣削平面零件的轮廓时，是用铣刀的侧刃进行切削的，如果在进刀切入工件时是沿非切线方向或沿 $-Z$ 方向下刀的，那么就会产生整个轮廓切削不平滑的状况。在图 4—19 中，切入处没有产生让刀，而其他位置都产生了让刀现象。为保证切削轮廓的完整平滑，应采用进刀切向切入、退刀切向切出的走刀路径，也就是通常所说的走“8”字形轨迹，如图 4—20 所示。

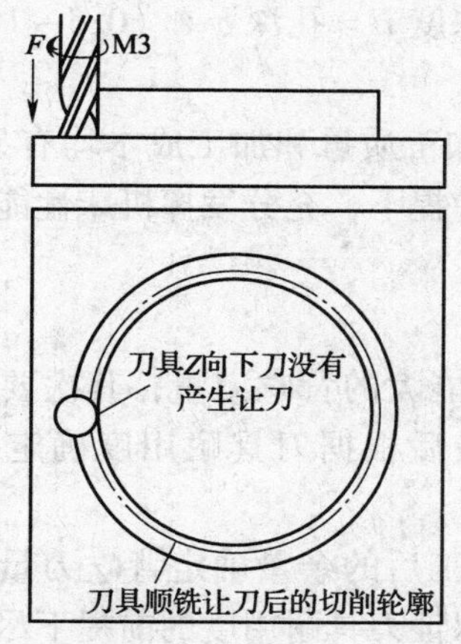

图 4—19　非切线方向或 $-Z$ 方向进刀时的轨迹

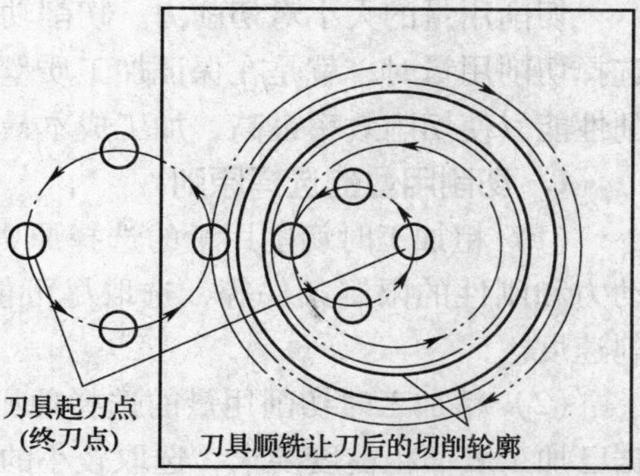

图 4—20　刀具的切向切入、切向切出

（2）$-Z$ 方向的进刀。在 $-Z$ 方向进刀一般采用直接进刀或斜向进刀的方法。直接进刀主要适用于键槽铣刀的加工；而在不用键槽铣刀，直接用立铣刀的场合（如要加工某一个型腔，没有键槽铣刀，只有立铣刀时），就要用斜向进刀的方法。斜向进刀又分直线式与螺旋式两种，具体参见图 4—21。

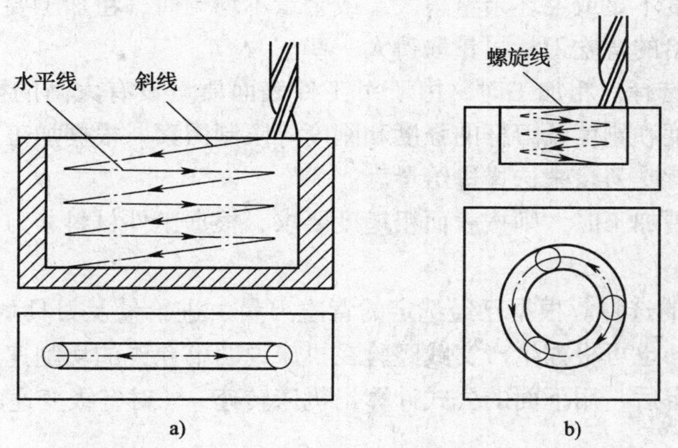

图 4—21　斜向进刀方法

a）直线式斜向进刀　b）螺旋式斜向进刀

七、Z 向加工深度的确定

1. 钻孔深度

由于麻花钻头部为 118°的锥形，所以在通孔钻削时不能按图上的尺寸进行编程（按图上尺寸编程，实际孔没有完全钻通），应该考虑其锥形的影响，一般再加上一个钻头的半径为宜，以保证能可靠钻通。通常通孔钻孔深度 H = 孔深 $h + 0.5D$（钻头直径）。

2. 铣削深度

用键槽铣刀加工时，型腔多少深度，编程时就按多少深度进行。如果用立铣刀加工整个侧面，其最后加工深度应考虑刀尖的倒角影响（一般铣刀在刀尖部位有0.1 ~0.3 mm 的倒角），通常取铣削深度 H = 侧深 h + （0.5 ~1）mm。

3. 镗孔深度

在精镗通孔时，为保证孔的完全镗通，通常取镗削深度 H = 孔深 h + （0.5 ~1）mm。

八、切削用量的选择

切削用量的大小对切削力、切削功率、刀具磨损、加工质量和加工成本均有显著影响。选择切削用量时，就是在保证加工质量和刀具耐用度的前提下，充分发挥机床性能和刀具切削性能，使切削效率最高，加工成本最低。

1. 切削用量的选择原则

（1）粗加工时切削用量的选择原则。首先选取尽可能大的背吃刀量；其次要根据机床动力和刚性的限制条件等，选取尽可能大的进给量；最后根据刀具耐用度确定最佳的切削速度。

（2）精加工时切削用量的选择原则。首先根据粗加工后的余量确定背吃刀量；其次根据已加工表面粗糙度要求，选取较小的进给量；最后在保证刀具耐用度的前提下尽可能选用较高的切削速度。

2. 切削用量选择方法

（1）背吃刀量的选择。根据加工余量确定。粗加工（R_a10 ~80 μm）时，一次进给应尽可能切除全部余量。在中等功率机床上，背吃刀量可达8 ~10 mm。半精加工（R_a1.25 ~10 μm）时，背吃刀量取0.5 ~2 mm。精加工（R_a0.32 ~1.25 μm）时，背吃刀量取0.1 ~0.4 mm。

在工艺系统刚度不足或毛坯余量很大，或余量不均匀时，粗加工要分几次进给，并且应当把第一、二次进给的背吃刀量尽量取得大一些。

（2）进给量的选择。粗加工时，由于对工件表面质量没有太高的要求，这时主要考虑机床进给机构的强度和刚度及刀杆的强度和刚度等限制因素。根据加工材料、刀杆尺寸、工件直径及已确定的背吃刀量来选择进给量。

在半精加工和精加工时，则按表面粗糙度要求，根据工件材料、刀尖圆弧半径、切削速度来选择进给量。

（3）切削速度的选择。根据已经选定的背吃刀量、进给量及刀具耐用度选择切削速度。可用经验公式计算，也可根据生产实践经验在机床说明书允许的切削速度范围内查表选取。

切削速度 v_c 确定后，用下面的公式计算出机床转速 n（对有级变速的机床，需按机床说明）：

$$n = \frac{1\,000 v_c}{\pi d}$$

式中　d——加工直径或刀具直径，mm。

§4—3　加工中心工件的装夹与校正

一、现代机械制造业对机床夹具的要求

为适应现代机械制造业多品种、小批量的生产特点和向高精尖方向发展，对机床夹具提出了新的要求：

1. 标准化、系列化、通用化

提高机床夹具的“三化”程度，可以组织专业厂家批量生产机床夹具的零部件，提高了机床夹具的质量，并大大降低生产成本及生产周期。

2. 精密化

由于加工精度的不断提高，高精度的机床，特别是数控机床的出现，必然要求机床夹具也相应地越来越精密，例如精密多齿分度盘，其分度精度可达 ±0.1″。

3. 柔性化

在多品种、小批量生产中，成组夹具和通用可调夹具具有明显的优势。它们可用于同一类型多种工件的加工，具有良好的通用性，缩短了生产周期，减少了专用夹具的数量。在批量较大且不断改型的生产中，组合夹具和拼装夹具发挥了很好的作用。它同样可以缩短生产周期，降低成本。在现代生产中得到了广泛应用。

4. 高效、自动化

为了实现机械加工自动化，仅仅使用数控机床、加工中心等现代化设备是不够的，同时也需要配备高效、高自动化的机床夹具。这类夹具常常装有自动上下料机构和自动夹紧单元，大大提高了工件的装夹效率，使数控机床的作用和效率得到了充分发挥。

二、加工中心夹具选择的原则与方法

加工中心夹具的选择和使用，主要注意以下几方面：

(1) 根据加工中心机床特点和加工需要，目前常用的夹具类型有专用夹具、组合夹具、可调夹具、成组夹具以及工件统一基准定位装夹系统。在选择时要综合考虑各种因素，选择较经济、合理的夹具形式。一般夹具的选择顺序是：在单件生产中尽可能采用通用夹具；批量生产时优先考虑组合夹具，其次考虑可调夹具，最后考虑成组夹具和专用夹具；当装夹精度要求很高时，可配置工件统一基准定位装夹系统。

(2) 加工中心的高柔性要求其夹具比普通机床结构更紧凑、简单，夹紧动作更迅速、准确，尽量减少辅助时间，操作更方便、省力、安全，而且要保证足够的刚度，灵活多变。因此常采用气动、液压夹紧装置。

(3) 考虑机床主轴与工作台面之间的最小距离和刀具的装夹长度，夹具在机床工作台上的安装位置应确保在主轴的行程范围内能使工件的加工内容全部完成。

(4) 为保持工件在本次定位装夹中所有需要完成的待加工面充分暴露在外，夹具要尽量敞开，夹紧元件的空间位置能低则低，必须给刀具运动轨迹留有空间。夹具不能和各工步刀具轨迹发生干涉。当箱体外部没有合适的夹紧位置时，可以利用内部空间来安排夹紧装置。

(5) 自动换刀和交换工作台时不能与夹具或工件发生干涉。

(6) 尽量不要在加工中途更换夹紧点。若必须更换夹紧点时，要特别注意不能因更换夹紧点而破坏定位精度，必要时应在工艺文件中注明。

(7) 有些时候，夹具上的定位块是安装工件时使用的，在加工过程中，为满足前后左右各个工位的加工，防止干涉，工件夹紧后即可拆去。对此，要考虑拆除定位元件后，工件定位精度的保持问题。

三、直接将工件装夹在加工中心工作台面上

对于体积较大的工件，大都将其直接压在工作台面上，用组合压板夹紧。对如图 4—22a 所示的装夹方式，只能进行非贯通的挖槽或钻孔、部分外形等加工；也可在工件下面垫上厚度适当且加工精度较高的等高垫块后再将其压紧（见图 4—22b），这种装夹方法可进行贯通的挖槽或钻孔、部分外形等加工。

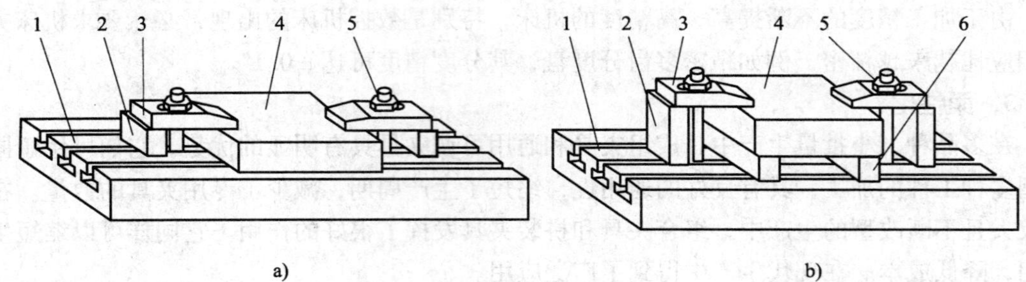

图 4—22　工件直接装夹在工作台面上的方法

1—工作台　2—支承块　3—压板　4—工件　5—双头螺柱　6—等高垫块

装夹时应注意以下几点：

（1）必须将工作台面和工件底面擦干净，不能拖拉粗糙的铸件、锻件等，以免划伤台面。

（2）在工件的光洁表面或材料硬度较低的表面与压板之间，必须安置垫片（如铜片或厚纸片），这样可以避免表面因受压力而损伤。

（3）压板的位置要安排得妥当，要压在工件刚度最高的地方，不得与刀具发生干涉，夹紧力的大小也要适当，不然会产生变形。

（4）支撑压板的支承块高度要与工件相同或略高于工件，压板螺栓必须尽量靠近工件，并且螺栓到工件的距离应小于螺栓到支承块的距离，以便增大压紧力。

（5）螺母必须拧紧，否则将会因压力不够而使工件移动，以致损坏工件、机床和刀具，甚至发生意外事故。

四、用机用平口钳安装工件

机用平口钳适用于中小尺寸和形状规则的工件安装（见图 4—23），它是一种通用夹具，一般有非旋转式和旋转式两种。前者刚度较高，后者底座上有一刻度盘，能够把平口钳转成任意角度。安装平口钳时必须先将底面和工作台面擦干净，利用百分表校正钳口，使钳口与相应的坐标轴平行，以保证铣削的加工精度，如图 4—24 所示。

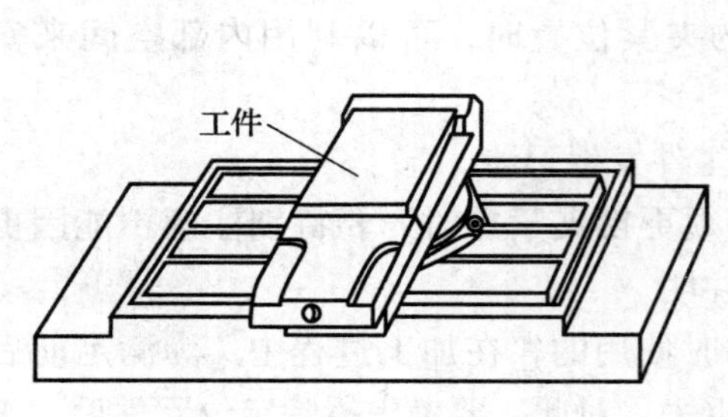

图 4—23　机用平口钳装夹工件

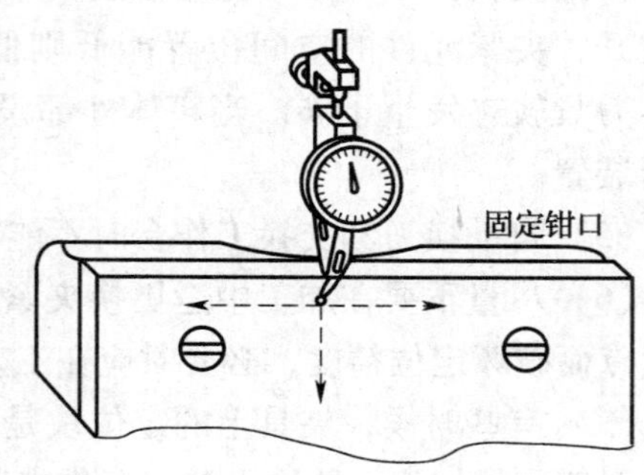

图 4—24　机用平口钳的校正

加工中心上加工的工件多数为半成品，利用机床用平口虎钳装夹的工件尺寸一般不超过钳口的宽度，所加工的部位不得与钳口发生干涉。机床用平口虎钳安装好后，把工件放入钳口内，并在工件的下面垫上比工件窄、厚度适当且加工精度较高的等高垫块，然后把工件夹紧（对于高度方向尺寸较大的工件，不需要加等高垫块而直接装入平口钳）。为了使工件紧密地靠在垫块上，应用铜锤或木锤轻轻地敲击工件，直到用手不能轻易推动等高垫块时，最后再将工件夹紧在虎口钳内。工件应当紧固在钳口比较中间的位置，装夹高度以铣削尺寸高出钳口平面 3 ~5 mm 为宜，用平口钳装夹表面粗糙度值较大的工件时，应在两钳口与工件表面之间垫一层铜皮，以免损坏钳口，并能增加接触面。图 4—25 所示为使用机床用平口虎钳装夹工件的几种情况。

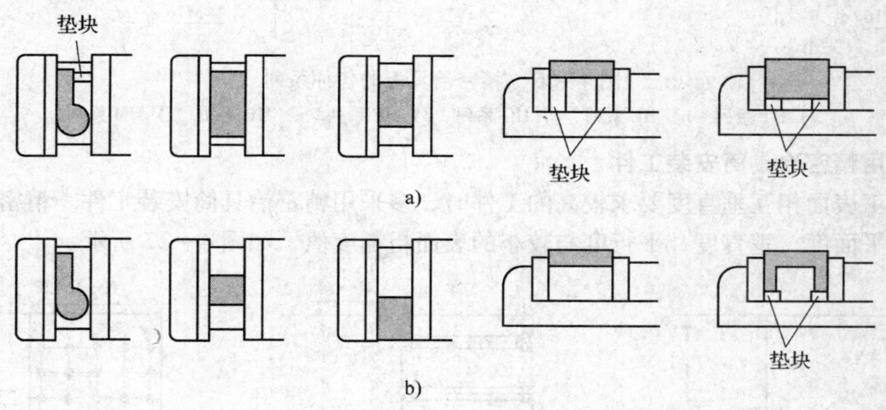

图 4—25　机床用平口虎钳的使用
a）正确的安装　b）错误的安装

不加等高垫块时，可进行高出钳口 3 ~5 mm 以上部分的外形加工，非贯通的型腔及孔加工。加等高垫块时，可进行对高出钳口 3 ~5 mm 以上部分的外形加工，贯通的型腔及孔加工（注意不得加工到等高垫块，如有可能加工到，可考虑更窄的垫块）。

五、用精密治具板安装工件

对于除底面以外五面要全部加工的情况，上面的装夹方式就无法满足，此时可采用精密治具板的装夹方式。

精密治具板具有较高的平面度、平行度与较小的表面粗糙度值，工件或模具可通过尺寸大小选择不同的型号或系列，如图 4—26 所示。有些工件或大型模具在装夹后必须同时完成整个表面、外形、型腔及孔的加工才能保证其精度要求时，需采用 HP、HH、HM 系列精密治具板安装。装夹前必须在工件底平面合适的位置加工出深度适宜的工艺螺钉孔（在加工模具时，其工艺螺钉孔位置应考虑到今后模具安装时能被利用掉），利用内六角螺钉将工件锁紧在精密治具板上（在加工贯通的型腔及通孔时，必须在工件与精密治具板之间合适的位置放入等高垫块），然后再将精密治具板安装在工作台面上。一些工件在使用组合压板装夹，工作台面上的 T 形槽不能满足安装要求时，需采用 HT、HL、HC 系列精密治具板安装，利用组合压板将工件装夹在精密治具板上，然后再将精密治具板安装在工作台面上，这类系列的精密治具板还适用于零件尺寸较小时的多件一次性装夹加工。

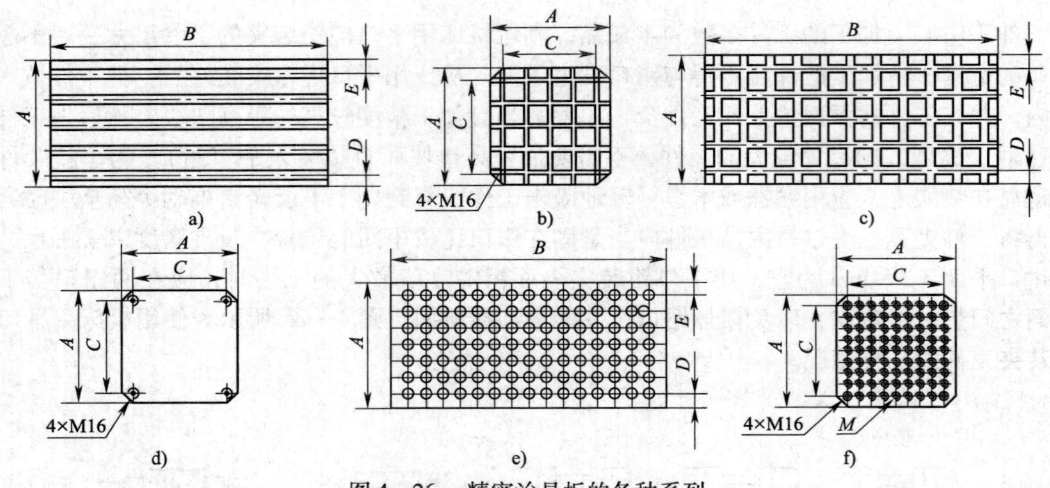

图 4—26　精密治具板的各种系列

a）HT 系列　b）HL 系列　c）HC 系列　d）HP 系列　e）HH 系列　f）HM 系列

六、用精密治具筒安装工件

在加工表面相互垂直度要求较高的工件时，多采用精密治具筒安装工件。精密治具筒具有较高的平面度、垂直度、平行度与较小的表面粗糙度值，如图 4—27 所示。

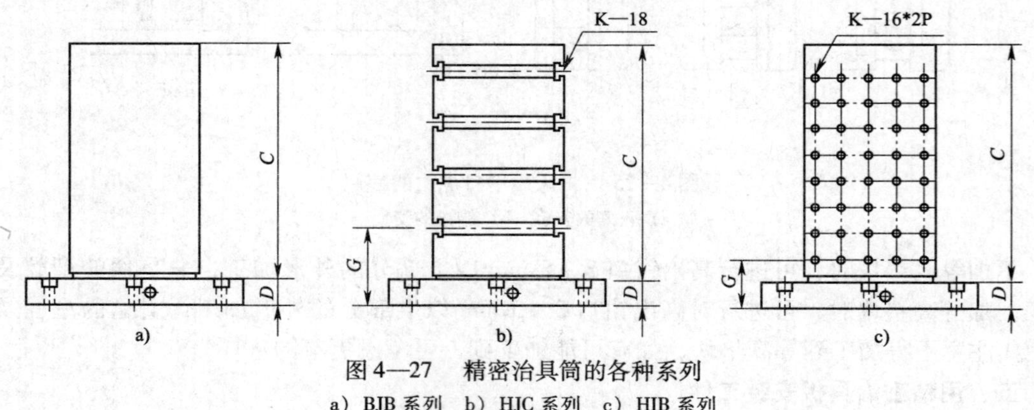

图 4—27　精密治具筒的各种系列

a）BJB 系列　b）HJC 系列　c）HIB 系列

七、用组合夹具安装工件

1. 组合夹具元件

组合夹具是由一套结构、尺寸已经标准化、系列化的元件组合而成。

这些标准元件有基础件（见图 4—28a），包括方形、长方形、圆形基础板及基础角铁等，用作夹具体；支承件（见图 4—28b），包括 V 形支承、长方支承、加筋角铁等用作各支承；定位件（见图 4—28c），包括平键、T 形键、定位销、定位盘等用作定位元件；导向件（见图 4—28d），包括钻套、钻模板等，用于引导刀具；夹紧件（见图 4—28e），包括 U 形、弯形、叉形压板等，用来夹紧工件；紧固件（见图 4—28f），包括各种螺栓、螺母、垫圈等，即多种螺栓、螺母等；辅助件（见图 4—28g），包括三爪支承、手柄、垫圈、垫片等；组合件（见图 4—28h），包括层座、可调 V 形块、回转支架等，构成具有一定功能的独立部分。组合夹具就是根据不同零件，像搭积木一样，组成各种夹具，当夹具使用完毕，可以拆开元件，留待以后组合新的夹具。

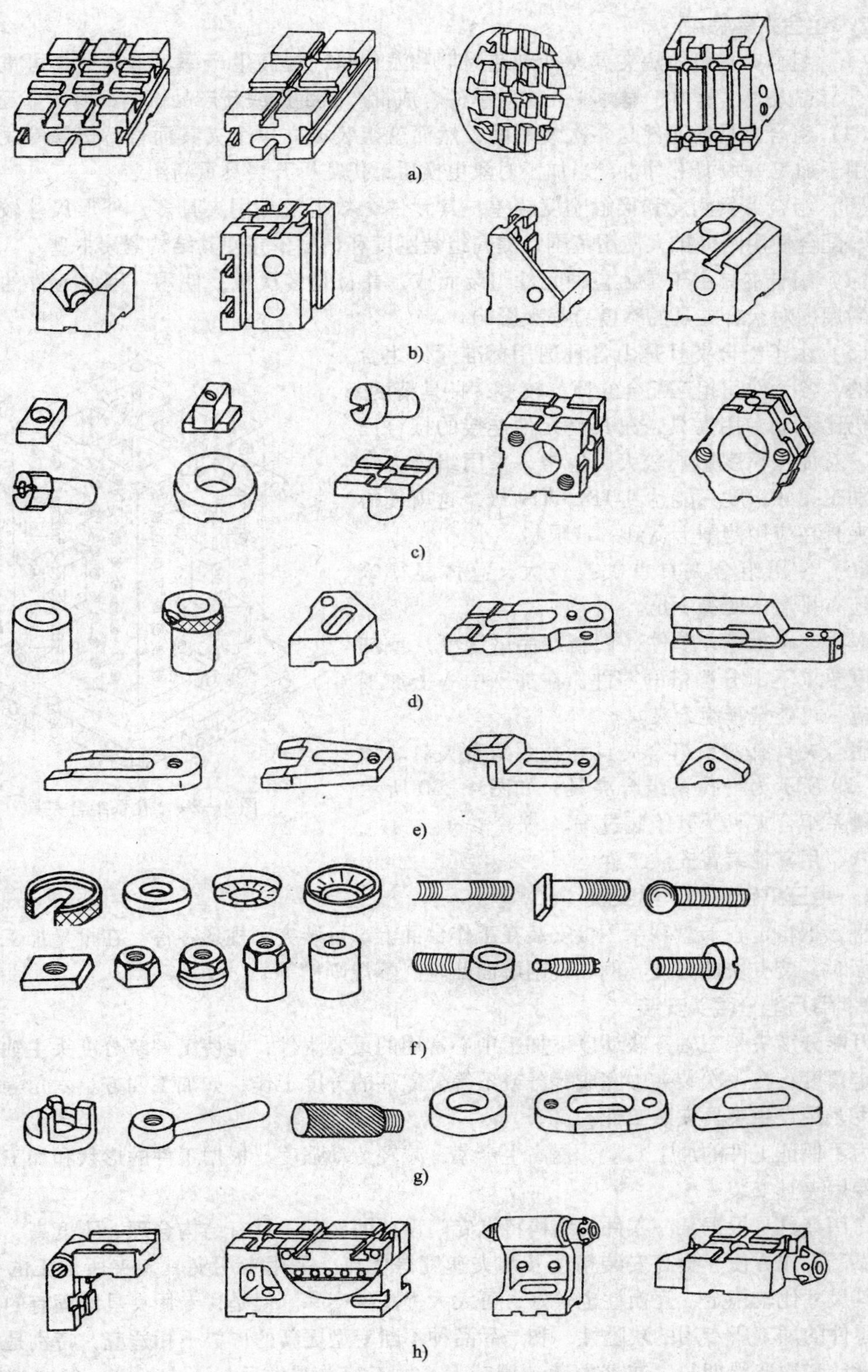

图 4—28　组合夹具的标准元件和组合件

a）基础件　b）支承件　c）定位件　d）导向件　e）夹紧件　f）紧固件　g）辅助件　h）组合件

2. 组合夹具特点

(1) 组合夹具可缩短夹具设计制造周期和工作量，提高生产率。组合夹具可重复多次使用，节省人力、物力、财力，无论对单件、成批产品生产或新产品试制都有较广泛应用。

(2) 组合夹具的元件是多次使用的，然而就组装成立单个夹具而言，仍属专用，即只能是用于加工一种加工对象，当加工对象更换后，仍需拆开夹具重新组装。

(3) 组合夹具刚度和接触刚度较差，其元件个数也较专用夹具多，外形尺寸较大，不紧凑。配合使用则可扩大使用范围，提高组装刚度和精度，并使其结构紧凑一些。

(4) 组合夹具由于是由各种元件组装而成，并且是多次重复使用，因此元件的制造精度和耐用度对组合夹具的精度有很大影响。

(5) 由于组合夹具是由各种通用标准元件组合而成的，各元件间相互配合的环节较多，夹具精度、刚度仍比不上专用夹具，尤其是元件连接的接合面刚度，对加工精度影响较大。通常，采用组合夹具时其加工尺寸精度只能达到IT8～IT9级，这就使得组合夹具在应用范围上受到一定限制。

(6) 使用组合夹具首次投资大，总体显得笨重，还有排屑不便等不足。

对中、小批量，单件（如新产品试制等）或加工精度要求不十分严格的零件，在加工中心上加工时，应尽可能选择组合夹具。

组合夹具有槽系组合夹具和孔系组合夹具。如图4—29所示为一孔系组合夹具；如图4—30所示为一槽系组合夹具及其组装过程。

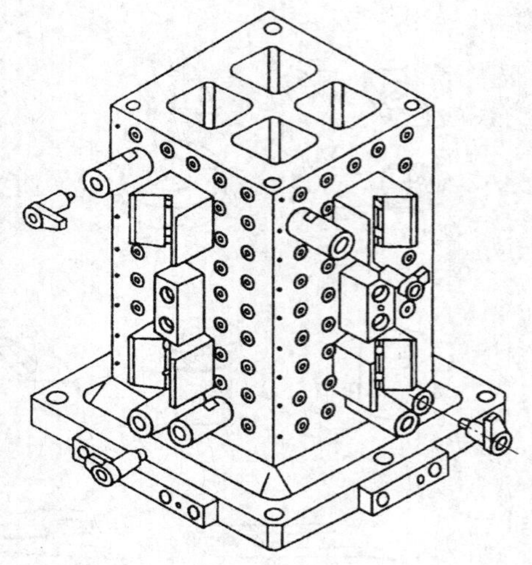

图4—29　孔系组合夹具

八、用其他装置安装工件

1. 用三爪自定心卡盘安装

将三爪自定心卡盘利用压板安装在工作台面上，可装夹圆柱形零件。在批量加工圆柱工件端面时，装夹快捷方便，例如铣削端面凸轮、不规则槽等。

2. 用万能分度头安装

万能分度头是三轴三联动以下加工中心常用的重要附件，能使工件绕分度头主轴轴线回转一定角度，在一次装夹中完成等分或不等分零件的分度工作，如加工四方、六角等。

九、用专用夹具安装工件

为了保证工件的加工质量，提高生产率，减轻劳动强度，根据工件的形状和加工方式可采用专用夹具安装。

专用夹具是根据某一零件的结构特点专门设计的夹具，具有结构合理、刚度高、装夹稳定可靠、操作方便、提高安装精度及装夹速度等优点。采用专用夹具装夹所加工的一批工件，其尺寸比较稳定，互换性也较好，可大大提高生产率。但是，专用夹具所固有的只能为一种零件的加工所专用的狭隘性，和产品品种不断变型更新的形势不相适应，特别是专用夹具的设计和制造周期长，花费的劳动量较大，加工简单零件显然不太经济。但在模具加工中，就是单件，采用专用夹具也是很正常的。

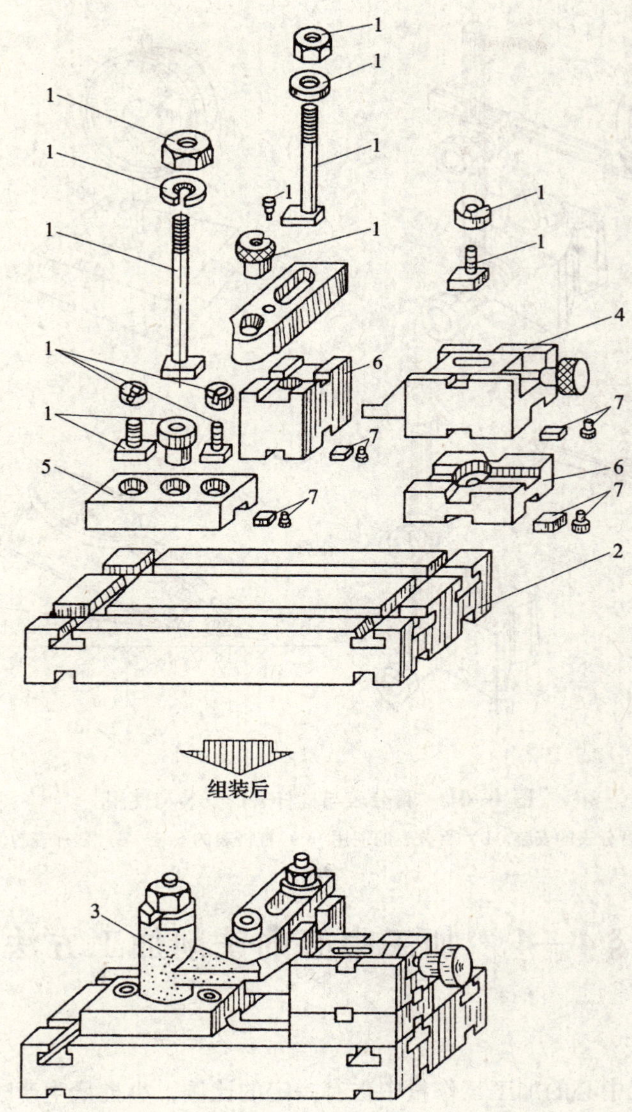

图 4—30　槽系组合夹具组装过程示意图

1—紧固件　2—基础板　3—工件　4—活动 V 形铁合件　5—支承板　6—垫铁　7—定位键及其紧定螺钉

十、找正用具

工件利用上述任一方法定位后必须进行找正（在安装时首先应目测工件，使其大致与坐标轴平行）才能夹紧，找正一般用百分表或杠杆表与磁性表座配合使用来完成。根据找正需要，可将表座吸在机床主轴、导轨面或工作台面上，百分表安装在表座接杆上，使测头轴线与测量基准面相垂直。测头与测量面接触后，指针转动 2 圈（5 mm 量程的百分表）左右，移动机床工作台，校正被测量面相对于 X、Y 或 Z 轴方向的平行度或平面度（一般可以用纯铜棒敲击还没有完全夹紧的工件，利用工作台边移动边敲击工件进行位置的校正）。使用杠杆表校正时杠杆测头与测量面间成约 15°的夹角，测头与测量面接触后，指针转动半圈左右。百分表与杠杆表的安装与使用如图 4—31 所示。

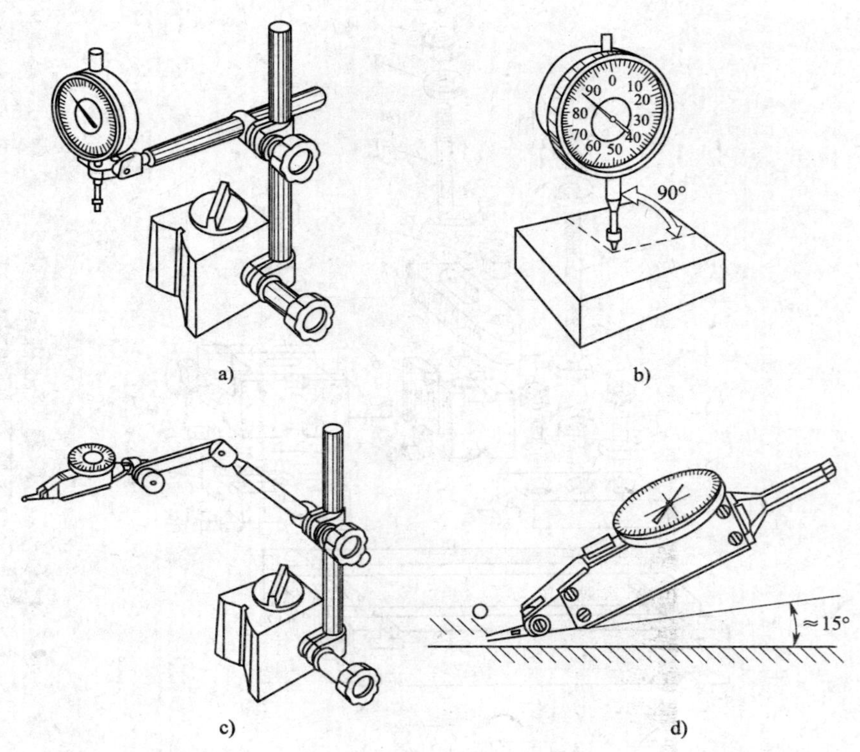

图 4—31　百分表与杠杆表的安装与使用

a）百分表的安装　b）百分表的使用　c）杠杆表的安装　d）杠杆表的使用

§4—4　加工中心的铣削加工方法

一、铣削平面

铣削加工在加工中心的加工工作量中占有一定的比例，小批量生产时尤为明显。这是因为加工中心本身不仅具有高的几何精度，而且还有刚度高的主轴以及面积大、可回转的工作台，故提高了加工中心的铣削适应性能。在加工中心上进行铣削加工，不但具有工艺集中的优点，而且能提高加工的经济性。

1. 单刀铣削平面

利用单刃刀具铣削平面是一种借助于普通工具就能进行操作的简便方法。该法的准备时间短，经济性较好，对于复杂型面的加工有着特殊的适应性，但因刀具负荷重、效率低，故只适合于小批量生产。

（1）利用单刀杆进行铣削。单刀杆适用于脐子面、小导轨面等较小平面的加工。工具装夹的三种基本形式的示意图，如图 4—32 所示。图 4—32a 只适用于铣削前面的平面；图 4—32b 不但能铣削前平面，而且能铣削部分侧面的平面；图 4—32c 只可铣削背面部分的平面。图 4—33 表示了各种形式镗刀杆的适用性能。

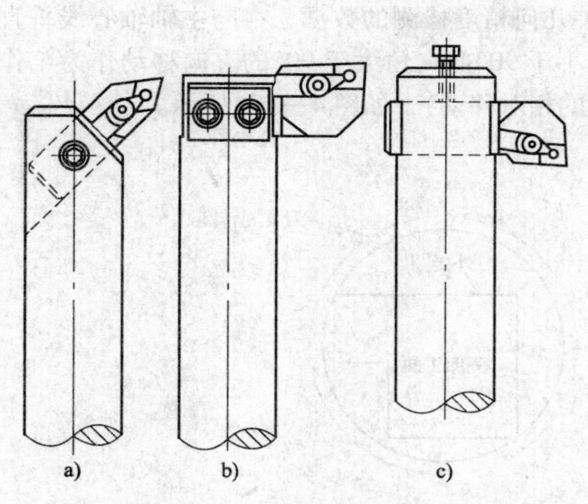

图 4—32　三种装刀形式示意图

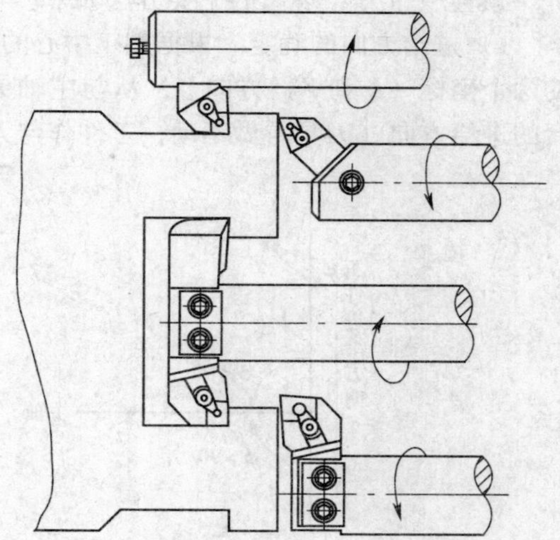

图 4—33　各种形式镗刀杆适应性的示意图

1）装夹工件。应符合定位准确、装夹牢固、找正容易、加工方便的原则，被加工面应平行于进给方向，尽量地靠近主轴一边的工作台的边沿。当铣削不同方向的平面需两次装夹时，应以所铣削的平面作为装夹基准。

2）找正工件。工件以毛面作为装夹基准面，找正时要按所划腰线在工作台上进行，如图 4—34 所示，使其腰线到工作台面的距离相等，然后夹紧工件，准备加工。

3）粗铣。一般使用硬质合金刀具，切削用量如下：背吃刀量小于 3 mm，进给量小于 0.3 mm/r，切削速度小于 60 mm/min。通常，钢和铁的进给量均可选为 0.2 ~ 0.3 mm/r，背吃刀量分别选为 1 ~ 2 mm 和 2 ~ 3 mm。其工作台的进给方向应尽量使切削力压向工作台，如图 4—35 所示。

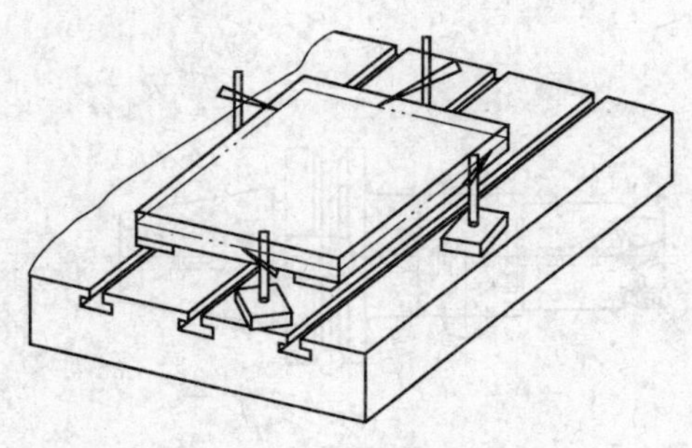

图 4—34　找正腰线

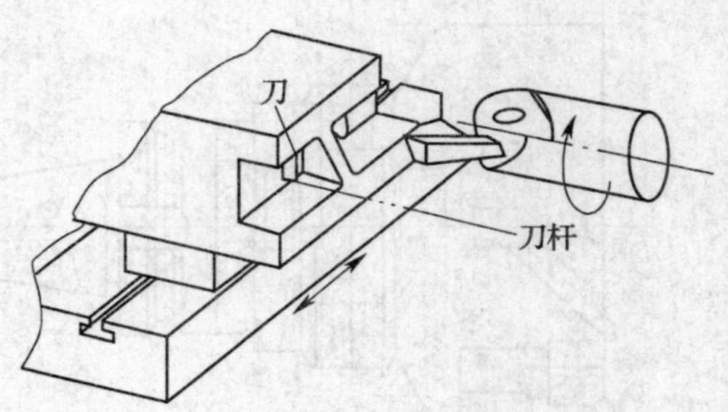

图 4—35　主轴单刀铣削

4）精铣。精铣的作用在于降低表面粗糙度、控制加工尺寸和提高平面度。对于要求高的平面，其精铣余量应小于工件允许公差的 2 倍。通常，切削速度为 60 ~ 80 mm/min，进给量为 0.07 ~ 0.15 mm/r；白钢刀铣削钢件时，切削速度应小于 40 mm/min（有切削液）。

（2）铣削中“带刀”的弊端势必影响加工精度，对此可用关系式 $M = Q \times T \times S$ 来表示。式中 M 表示带刀的不良影响，Q、T、S 分别表示带刀对精度、效率和被加工面相对基准尺寸要求的影响。

减轻“带刀”现象的主要方法如下。

1）进给方向的确定。根据加工中心的有关几何精度检测的数据，在与主轴轴心线垂直的两个坐标（X 和 Z）方向上，从与主轴夹角小于 90°向夹角大于 90°的方向移动作为工作台的进给方向（刀具看做不动，工件作与刀具的相对移动），如图 4—36a 所示。

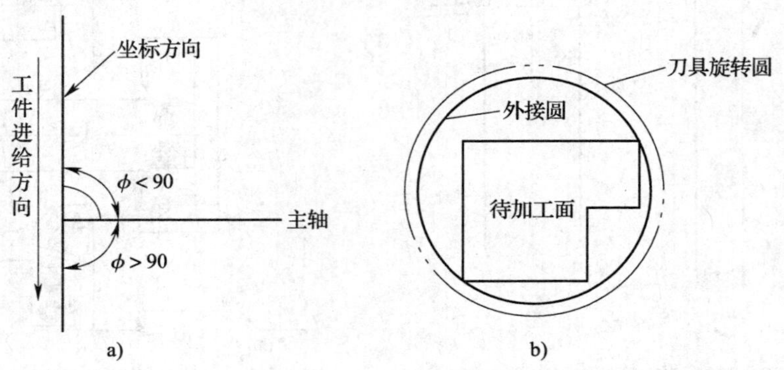

图 4—36　减轻“带刀”现象的方法

2）在一定的限度内加大刀具的旋转直径使其大于被加工面型的外接圆，如图 4—36b 所示。

3）使“带刀”经过整个被加工面。消除“带刀”台阶面，必须满足不等式 $H<S-D$。式中，H 为工件特加工面的长度，D 为铣削时刀具的旋转直径或是工件待加工面的宽度，S 为机床工作台的实际行程。

2. 圆柱铣刀铣削平面

图 4—37 所示为两种常用的圆柱铣刀。图 4—37a 为端铣刀，其主要适用于加工面积较大的平面，并可以一次切削较大的加工余量。图 4—37b 为立铣刀，其主要适用于加工工件侧面和一定深度的钻铣削。

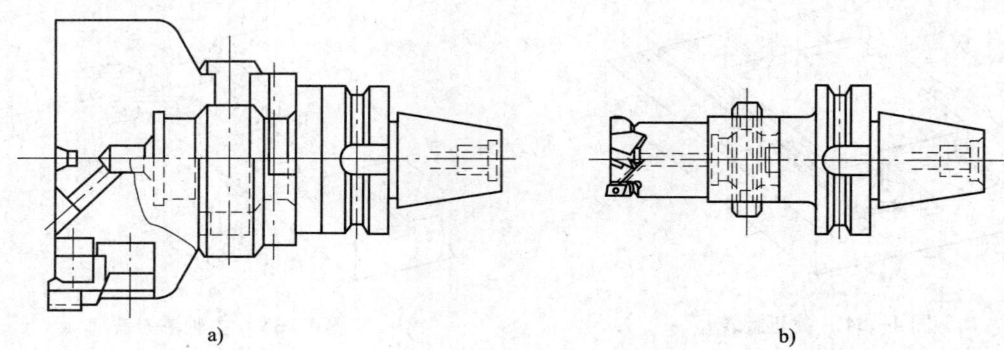

图 4—37　常用圆柱铣刀

a）端铣刀　b）立铣刀

工件装夹的位置应使主轴的悬臂尽量短，以改善主轴的刚度。圆柱铣刀铣平面一般是利用其圆柱上的螺旋刃进行切削的，只适用于铣削小而窄长的平面。影响加工精度的因素主要来源于立铣刀本身的精度及主轴，刀具切削时所产生的弯曲变形，如图 4—38 所示。因为主轴的刚度比铣刀好得多，所以变形主要来自于立铣刀。要获得较好的加工精度，可采取如下的措施。

（1）减小背吃刀量，从而减小刀具径向所受的切削反力。

（2）改用直径较大的铣刀，提高其抗弹性变形的能力。

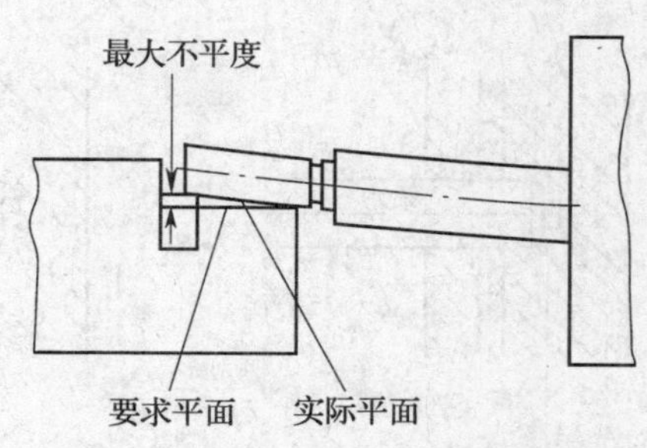

图 4—38　铣削中圆柱铣刀与主轴的变形

3．盘铣刀铣削平面

盘铣刀铣削平面的特点：效率比单刃刀铣削平面高，操作简单，但加工中心受力较大。

用盘铣刀铣削平面时，由于同时参加切削的刀具多，使主轴受到很大的轴向力，迫使主轴沿轴向窜动。当加工余量严重不均时，其窜动量有时竟达 0.1～0.2 mm 之多，致使被加工表面不平。为了减小主轴的轴向窜动量，可以增大刀具的主偏角和副偏角，以减小切削力的轴向分力（主偏角为 90°、副偏角为 15°是较适宜的），采用小的背吃刀量以及多次进给铣削也是行之有效的方法。

二、单刀铣槽

1．需要在加工中心上铣槽的工件的特点

工件外形大，一般铣床不易装夹；槽长，需要机床具有较长的行程，槽相对于工件上其他平面具有较高的位置精度要求，如平行度、垂直度等方面的要求。

2．端面铣槽

如图 4—39 所示，单刃刀可以铣直槽及正、反燕尾槽等。有时，可用成型铣刀铣燕尾槽，但铣后其表面粗糙度差、加工精度较低，一般可用于粗加工。

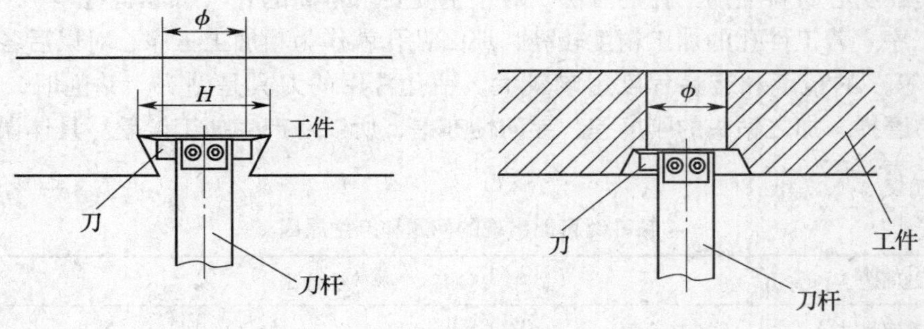

图 4—39　铣工件端面的槽

3．侧面铣槽

铣工件侧面槽的形式如图 4—40 中 a、b、c 三种，图 4—40a 所示为铣窄直槽，槽宽不超过 14 mm，可用与槽等宽的刀一次铣成，此槽常为定位槽或键槽。图 4—40b 所示为铣宽直槽，需作多次进给方可铣出，此槽常作定位用。图 4—40c 所示为铣敞口槽，先用直槽刀铣一直槽，将槽底和槽直面铣成，通过加工中心自动换刀后再用成型角度的刀，接刀铣成斜面，此种铣槽方法在加工中心上操作十分方便。

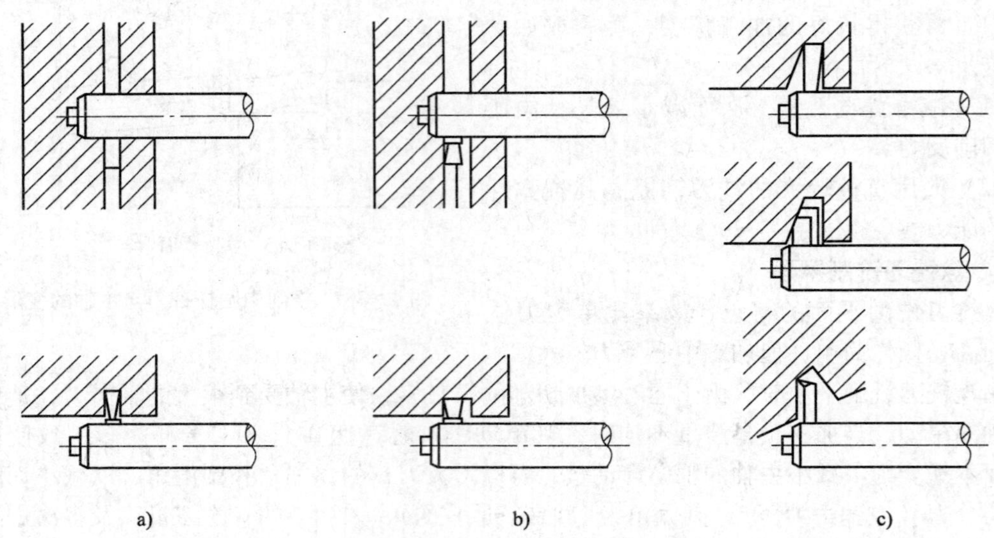

图 4—40　铣工件侧面槽的示意图
a）铣窄直槽　b）铣宽直槽　c）铣敞口槽

§4—5　用加工中心钻孔、扩孔和铰孔

一、钻孔

1. 钻孔的特点

钻孔是在实心材料上加工孔的方法。对于精度要求不高的孔（如紧固孔等），钻孔是唯一的加工工序。若工件孔的加工精度较高，那么钻孔就作为粗加工工序，对以后各工序加工（如铰、镗等）的精度和难易程度影响较大。钻孔常用的刀具是钻头。钻削时，轴向抗力大，钻头易磨损，加之钻头的刚度差，导向性亦差，所以易产生加工误差。具体误差及其产生原因可见表 4—7。

表 4—7　钻孔时可能出现的问题和产生原因

出现的问题	产生原因
孔大于规定尺寸	钻头中心偏
孔壁粗糙	（1）钻头不锋利 （2）后角太大 （3）进给量太大 （4）切削液选用不当，供给不足
孔位移	（1）工件安装不当或未紧固 （2）钻头横刃太长，定心不良 （3）开始钻孔时，孔钻偏而没有校正

续表

出现的问题	产生原因
孔歪斜	（1）工件与钻头不垂直，钻头主轴与台面不垂直 （2）横刃太长，或进给量太大，使钻头轴向力过大造成钻头弯曲 （3）工件内部组织不均，有砂眼（气孔）
钻头折断	（1）钻头磨钝，仍继续钻孔 （2）钻头螺旋槽被切屑堵住，没有及时排屑 （3）快钻通时，没有减小进给量 （4）钻黄铜等易扎刀材料，没有减小钻头前角 （5）钻刃修磨得过于锋利，产生崩刃现象，而没能迅速退刀
切削刃迅速磨损或碎裂	（1）切削速度过高，切削液选用不当或切削液供给不足 （2）没有根据材料的特性和工艺特性来刃磨钻头的切削角度 （3）工件内部硬度不均或有砂眼 （4）钻刃过于锋利，进给量过大

为了避免和减小表 4—6 中所列出的误差，除改进钻头的几何形状外，在加工中心上钻孔时可采取下列措施：

（1）钻孔前先铣平端面以免孔中心的偏移。

（2）钻孔前用中心钻预钻锥形孔，如图 4—41 所示。

（3）钻头长度不宜过长，以比工件所需钻孔长度长 20 mm左右为宜。为克服孔的扩大，应首先以钻柄为基准检查钻头切削部分的径向跳动。各种钻头切削部分对柄部的径向圆跳动允许量见表 4—8。

（4）初钻时，减慢进给速度，钻稳后再逐步加大进给量；钻孔时，尽可能采用主轴送进。为了简化程序，可用带间歇的钻孔循环进行加工。

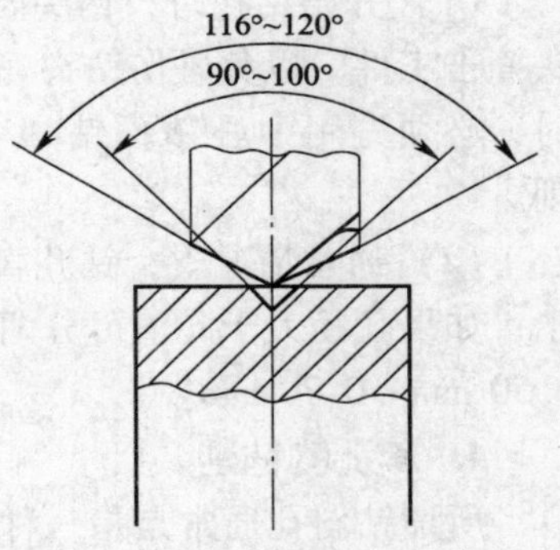

图 4—41　纠正钻孔误差的方法

表 4—8　　钻头的径向圆跳动允差　　单位：mm

钻头直径	3 ~ 20（直柄）	<20（锥柄）	20 ~ 50（锥柄）	>50（锥柄）
允许的径向圆跳动量	0.08	0.12	0.15	0.18

（5）高速钻削钢件时，为克服大量的切削热对加工精度的影响，必须选用恰当的切削液，加工铸件时可以不必冷却。

（6）高速钻削时，要特别仔细地刃磨钻头，使两个切刃有较高的对称精度。

2. 小孔的钻削

直径在 3 mm 以下的孔称为小孔，有的孔虽然直径大于 3 mm，但其深度为直径的 10 倍以上，加工很困难，亦应按小孔的特点进行加工。由于孔小，需用较高的切削速度，加工中心转速可达到 2 000 ~ 10 000 r/min。

（1）钻小孔存在的问题。钻头直径小强度低，螺旋槽较窄，不易排屑，钻头易折断；

转速快切削温度高，加剧了钻头磨损；钻头刚度差易弯曲，致使孔中心线偏斜。

（2）钻削方法。针对上述存在的问题，提出如下的加工方法和注意事项。

1）钻头要锋利，两主切削刃跟钻头中心线所成角度应严格相等，两主切削刃的长度也应保持一致。

2）可采用打中心孔—钻—精钻，或钻—精钻的加工顺序，以保证钻削精度。

3）开始钻削时，进给速度要慢，防止钻头弯曲和滑移。

4）当钻孔深度超过钻头的有效长度而且是通孔时，为防止因钻孔太深而将孔钻偏，如果工件情况允许，可采用调头法，从两面对工件钻孔，这时可以采取相应的措施保证两面钻孔的同心度。

5）在钻削中，应注意及时退让钻头进行排屑，同时输入切削液。加工普通碳钢时，切削液可用机油。加工合金钢时，机油内可加油酸添加剂。

6）为防止很细的麻花钻折断，可自制小扁钻头，如图4—42所示。小扁钻头呈圆柱形，无螺旋槽，故比相同直径的麻花钻强度要大，不易折断。

小扁钻头的材料。合金小麻花钻柄几何参数：锋角 $2\phi=110°\sim112°$，直径小时后角取小值，后角 $\alpha_0=15°\sim20°$，前角 $\gamma_0=0°$。修磨一些倒锥和副后角，以减少摩擦。

3. 大孔的钻削

（1）开始钻孔时，钻头要缓慢地接触工件，切勿用钻头撞击工件，以免碰伤钻头。在工件的未加工表面上钻孔时，必须先用中心钻预钻一个中心孔，再用钻头进行钻削。

（2）通常情况下，钻孔直径在 $D\leqslant30$ mm 时可一次钻出；如果孔径大于此值可分两次钻削，第一次钻头直径为 0.50 mm ~ 0.70 mm。

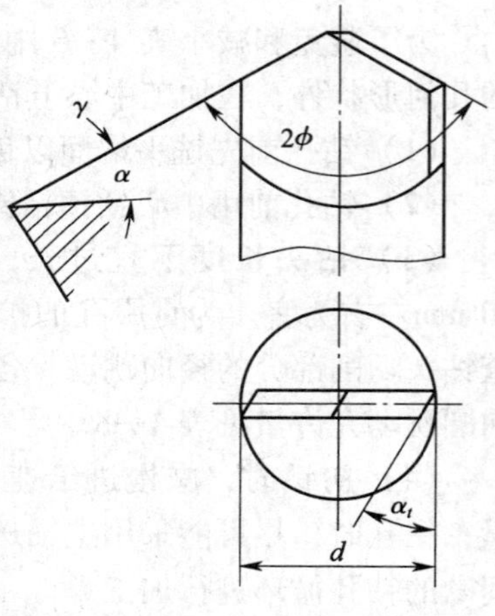

图4—42　小扁钻头

4. 斜孔的钻削

所谓钻斜孔通常是指三种情况，即在斜面上钻孔、在平面上钻斜孔、在曲面上钻孔。下面介绍常用的钻斜孔的方法。

（1）用中心钻在孔中心钻一个中心孔，如图4—43a所示。

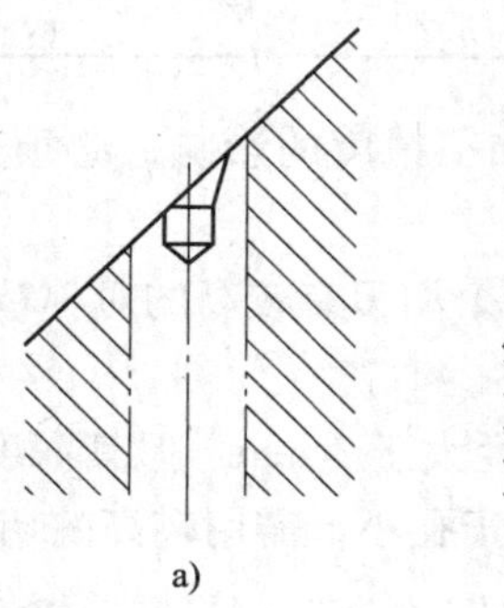
a)

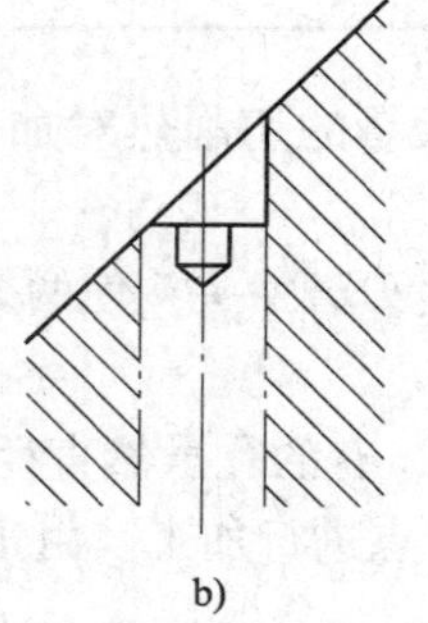
b)

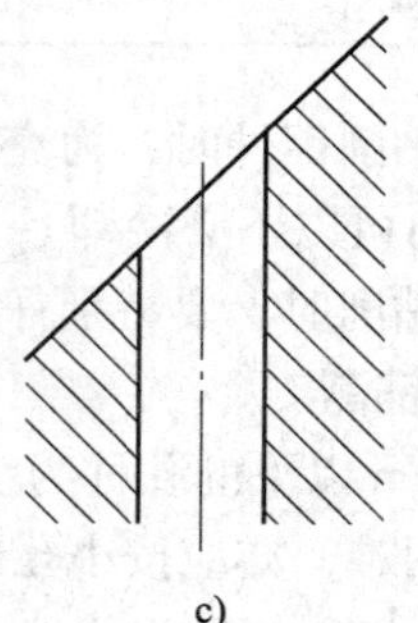
c)

图4—43　在斜面上钻孔

（2）用与孔径相同的铣刀或短的平刃钻头加工出一个水平面，如图 4—43b 所示。

（3）正式钻孔，如图 4—43c 所示。

5. 缺圆孔的钻削

如图 4—44 所示，可在已加工的大孔中，嵌入与工件材料相同的金属棒再钻孔，去掉金属棒后，工件上就留下了缺圆孔。另一种方法是用同样材料的物体与工件合在一起，并在两件的接合处找出中心，然后钻出一个圆孔。

6. 麻花钻切削部分的改进

麻花钻与其他钻头相比，具有较多的优点，但也存在一些缺点，必须作全面分析。

（1）优点。

1）钻身上有螺旋槽，可以不必修磨前面，即有一定的前角。同时，有利于切屑的排除。

2）钻头工作部分较长，所以使用寿命也较长。

3）钻身上有螺旋形的棱边，钻孔时导向作用好，轴线不容易歪斜。

4）通用性大，且早已大批量生产。

（2）缺点。

1）由于主切削刃上各点的前角是不同的，靠近外缘处前角大，容易磨损；靠近钻心处是负前角，切削阻力大。

2）棱边上的后角为零值，与工件摩擦较剧烈，而此处切削速度最高，产生热量较多，所以磨损较快。

3）横刃的前角是负值，它所起的作用实际上是刮削，而不是钻削，所以横刃的存在，会消耗大量的能量，产生大量的热量，对切削很不利。

4）主切削刃较长（与钻头直径比较），因此切屑较宽，对排屑不利，特别是在钻较深的孔时，排屑困难更为突出。

针对上述麻花钻的缺点，我们可以根据不同的工件材料、钻削条件和切削用量对麻花钻的切削部分作如下改进：

①开分屑槽。针对麻花钻主切削刃长、切屑宽的缺陷，我们可以通过开分屑槽来达到分散切屑的目的。分屑槽一般在后面上磨出（前面上的分屑槽在制造钻头时做出）。加工塑性材料时，由于分屑槽的作用，能使原来较宽的切屑分成几条，相应变窄，达到顺利排屑的目的。

分屑槽的形状如图 4—45 所示，各部分尺寸参见表 4—9，分屑槽的数目可根据钻头的直径尺寸具体决定。但分屑槽在两主切削刃上的位置必须交叉，否则将达不到预期的效果。

②修磨前面。由于钻头主切削刃外缘和钻心处的前角大小差异很多，因而使这两个部位成为钻削中的薄弱环节。在修磨前面时，应根据具体的加工情况（如工件材料性能），修磨主切削刃外缘或钻心处的前角。修磨的方法有两种：修磨外缘处的前面以减小前角；修磨钻心处的前面以增大前角，如图 4—46 所示。这两种方法也可结合使用。修磨的一般原则是：工件材料较软，应修磨横刃处的前面，以加大前角，减小切削力，使切削顺利；反之，工件材料较硬，则应修磨外缘处的前面，以减小前角，增大钻刃强度。

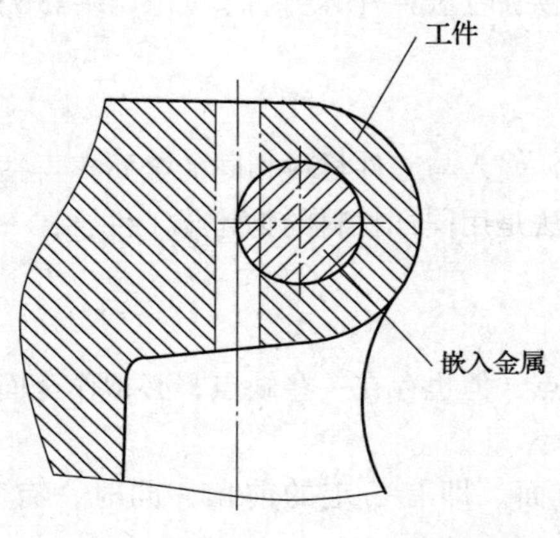

图 4—44　缺圆孔的钻孔

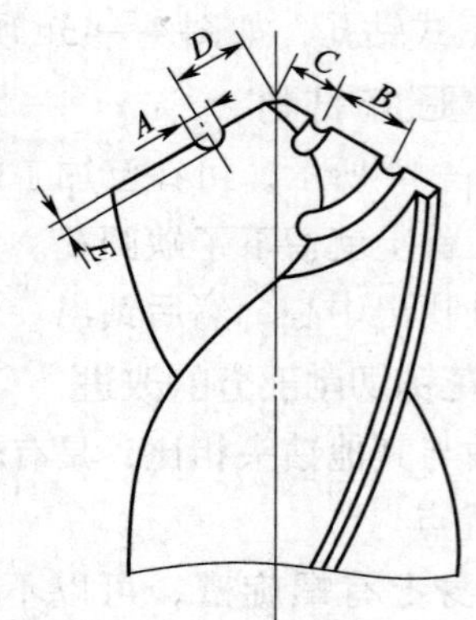

图 4—45　分屑槽钻头

表 4—9　　　　分屑槽的各部分尺寸

钻头直径（mm）	总槽数	*A*	*B*	*C*	*D*	*E*
>12	2	0.85～1.3	4.6	2.3	—	略大于走刀量
>18	3	1.3～2.1	7.2	3.6	7.2	
>35	5	2.1～3	10	5	10 左右	

· 若有两条槽时，则两条槽也应距离 10 mm 左右，具体尺寸可按钻头直径决定。

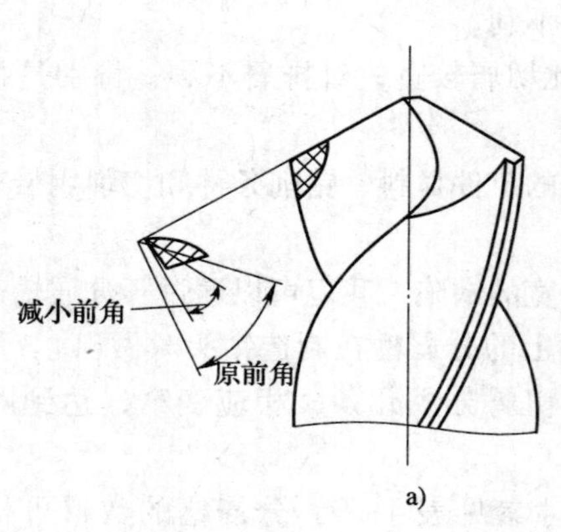

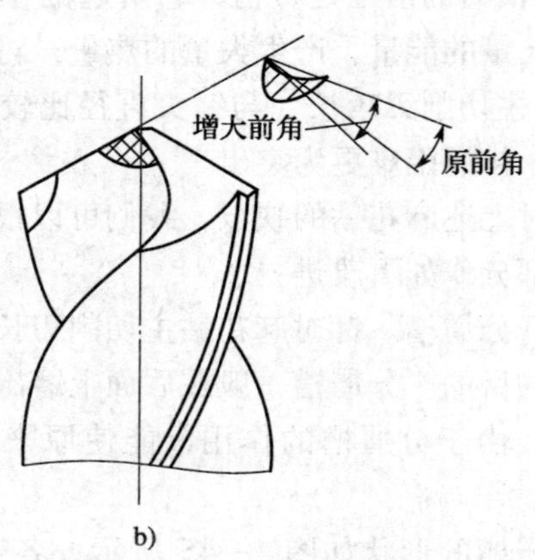

图 4—46　修磨前面

a）减小外缘处的前角　b）增大钻心处的前角

③修磨横刃。钻头要保持一定的强度，需要有钻心，有了钻心就形成了横刃。横刃的负前角值很大，长度也较长。横刃的存在对于钻削很不利，使钻削阻力（特别是轴向力）增大。同时横刃太宽还会影响到钻头的正确定心，使在钻孔时发生歪斜和左右摇晃。所以要使钻削顺利，修磨横刃是一个重要的措施。

修磨横刃是把横刃修短和增大横刃处的前角值，如图 4—47 所示。

如工件材料较软（即可加工性较好），横刃可修磨得短些；如工件材料较硬（即可加工性较差），则横刃应少修磨些。

④修磨棱边。在钻削一些较软的材料和精孔工件时，为了减少钻头棱边与已加工孔壁的摩擦，降低工件的表面粗糙度，可以修磨棱边的后面，如图 4—48 所示。

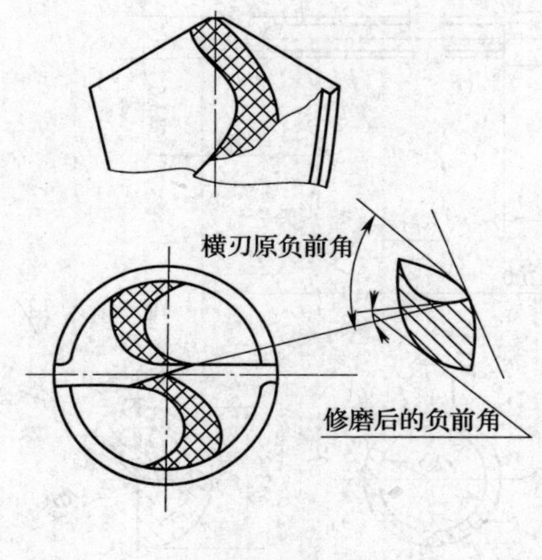

图 4—47　修磨横刃

图 4—48　修磨棱边

7. 深孔钻

深孔钻是理想的深孔加工刀具，它的主要特点是：在钻头上制有导向块（或导向定位部分），能解决因刀杆细长而影响强度的问题；在钻削时，采用加压大流量冷却润滑液，可冷却钻头和冲走切屑，达到散热和排屑的目的。对一些孔径较大的深孔，还可使用深孔套料钻。

深孔钻的形式较多，按照排屑方式可分为外排屑和内排屑两种。下面介绍两种常用的深孔钻。

（1）外排屑小直径深孔钻。图 4—49 所示是这种深孔钻的结构图。钻头的柄部由薄壁异形钢管制成，截面如图中 *B—B* 所示，其直径略小于工件孔径，钻头的切削部分对焊在钻柄的端部，由于钻尖偏离轴心 0.8 mm，因此在加工时能钻出与轴线同心的锥体，可起导向作用，同时钻头背部圆弧能作导向定位，使所钻的孔有良好的直线性，此外尖角形的钻刃还能起分屑作用。钻头的切削部分有小孔与钻柄孔相通，可保证冷却润滑液的充分送给，而切屑则沿钻柄的 120°凹面顺利排出。

这种深孔钻一般在加工中心上使用，钻削时要注意以下几点：

1）在开始深孔钻削前，应在工件端面预钻一个 60°锥孔，以保证钻孔时的良好定心。

2）冷却润滑液的送给压力要稳定，保持在 4 ~ 5 MPa（40 ~ 50 kgf/cm^2）的范围内，流量为 15 L/min 左右。

3）随时注意排屑情况，如有阻塞现象，必须迅速退出钻头，清除切屑，然后再继续钻孔。

4）工件必须进行校直，以减少高速回转离心力的影响，保证钻孔的顺利进行。

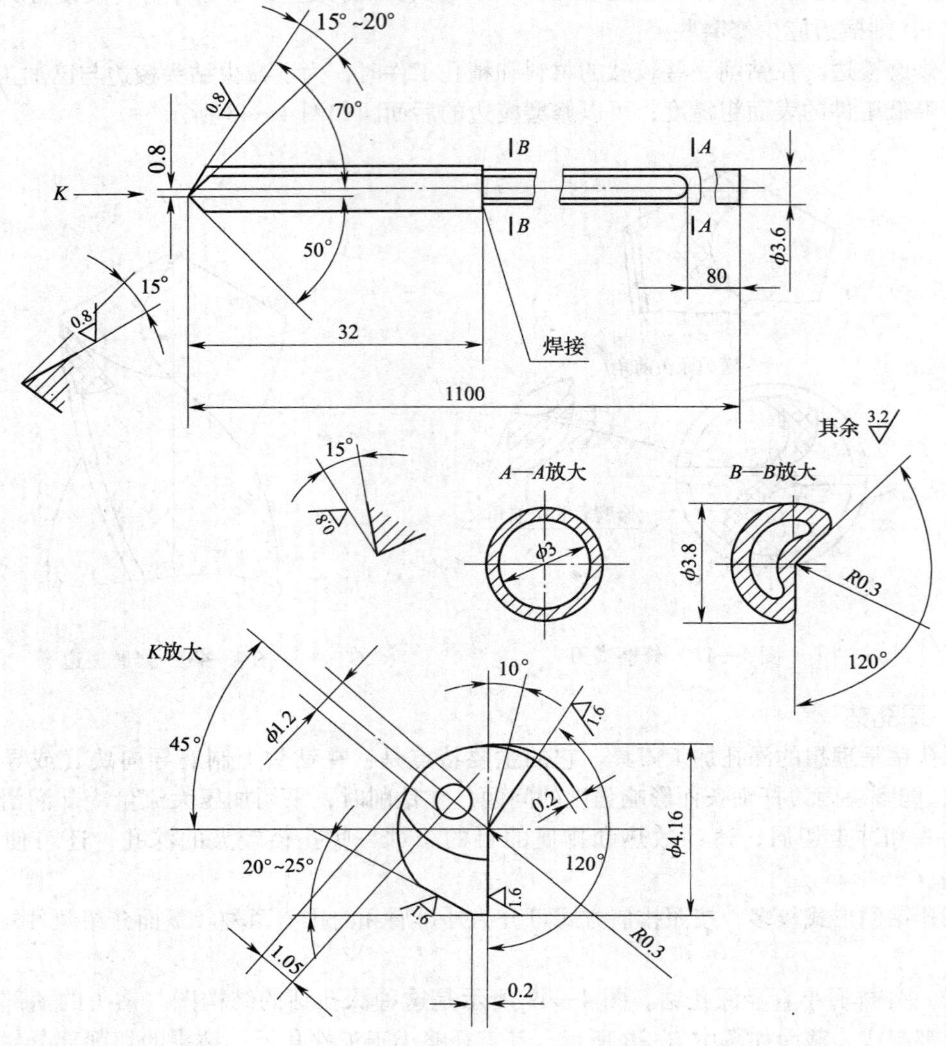

图 4—49 外排屑小直径深孔钻

（2）硬质合金内排屑错齿深孔钻。它综合了单刃深孔钻加工直线性好和双刃内排屑深孔钻断屑性能好的优点，使所钻深孔具有良好的直线性；并使冷却润滑液的进道和出道分开，既可充分冷却，又能及时把切屑从钻杆孔内排出。

二、扩孔

利用扩孔钻对工件上已钻出的孔或毛孔进行加工，称为扩孔。与钻孔相比，加工孔的精度要高些，而表面光洁度要细些。所以，扩孔通常都作为铰孔或精镗前的准备工步（或工序），或作为比钻孔精度要求稍高一些的孔的终加工。

在批量生产时，多数是用先打定位孔来保证钻孔位置精度的，一般可达到 ±0.2 mm，再经扩孔，位置精度可提高到 ±0.1 mm。扩孔的余量一般为孔径的 1/8 左右，小于 Φ25 mm 的孔其余量为 1 ~3 mn，较大的孔为 3 ~6 mm。

当孔径大于 100 mm 时，扩孔就很少应用，因为此时切削力矩很大，要求机床有较高的刚度以及工件夹固得非常牢固。此外，直径太大的扩孔钻所消耗的材料较多，由于笨重而使用不便，因此直径较大而长度不很大的孔，常采用镗孔方法进行加工。

扩孔钻有锥柄扩孔钻和套式扩孔钻，如图 4—50 所示。锥柄扩孔钻切削部分材料有高速钢和硬质合金两种。套式扩孔钻内孔为 1∶30 锥度，安装在锥柄心杆上，在加工中心上常用来加工工件上的同心孔。

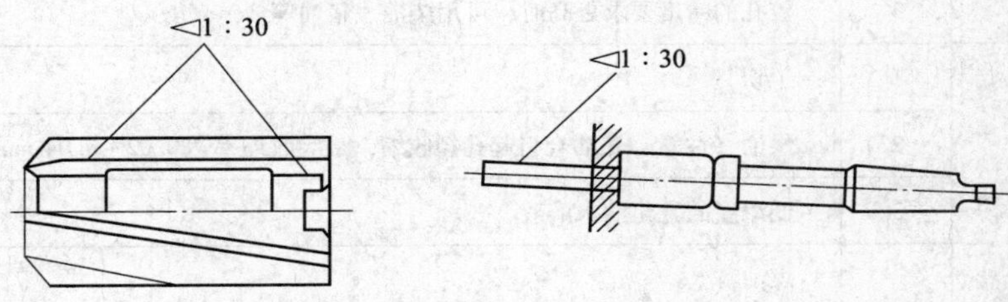

图 4—50　套式扩孔钻头和锥柄心杆

三、铰孔

通常情况下，在加工中心上进行钻孔、扩孔之后，再进行铰孔作为精密孔的最终工步（或工序）。如利用精研过的铰刀铰孔，其精度可达到 IT7 级，表面粗糙度达 $R_a1.6$。铰孔特别适用于中等直径（100 mm）以下精密孔的加工。孔径在 100 mm 以上时常用镗孔代替铰孔。钻孔、扩孔（或粗镗孔）的加工精度，对铰孔的加工精度（形位精度及表面质量）影响很大，所以铰孔前所达到的加工精度应满足以下要求。

（1）孔轴心线的位置要准确；

（2）孔轴心线不能歪曲，即它的直线度误差要在允许的误差范围内；

（3）孔的形状精度较准确，即铰孔余量应均匀、适当；

（4）孔面表面粗糙度值不能高于 $R_a6.3$ μm。

1. 铰孔余量的选择

铰孔余量过大时，切屑较多，在孔内互相挤压，势必造成加工表面的擦伤，而且加速铰刀的磨损。如果铰孔余量过少，则有可能因不能完全消除上道工序遗留下来的表面缺陷和几何形状的误差而降低加工精度，甚至造成工件的报废。因此，铰孔余量应满足以下要求。

（1）能消除上道序留下的各种缺陷。

（2）在圆周分布上，余量应均匀，以免铰削中的振动而导致孔径的扩大。

如果使用普通铰刀铰孔，欲达到 IT7 级精度，表面粗糙度不高于 $R_a1.6$ 时，孔径在 $\phi50$ mm以下，铰削余量不宜超过 0.4 mm，孔径大，取大值，材料硬，取小值；如需精铰时，则余量为 0.1 ~ 0.2 mm。

2. 冷却润滑液

因为铰削的铁屑一般都很细碎，极易黏附在刀刃上，甚至夹在孔壁和铰刀校准部分的刃带间，致使工件表面刮毛，孔径扩大。另外，由于切削过程中产生的热量积累过多，会引起工件和刀具的变形及产生切屑瘤的机会。基于上述情况，铰削时，必须采用合理的冷却润滑液借以冲掉切屑和消散热量。

冷却润滑液的选择可参照表 4—10 选择。

表 4—10　　冷却润滑液的选择

加工材料	冷却润滑液	
钢	1	10% ~20% 的乳化油水溶液
	2	铰孔要求较高些，采用 30% 的菜油加 70% 肥皂水
	3	铰孔的精度要求更高时，可用柴油、猪油等
铸铁	1	干切
	2	煤油（注意：煤油会引起孔径收缩，最大收缩率达 0.02 ~ 0.04 mm）
	3	低浓度的乳化油水溶液
铝		煤油
铜		乳化油水溶液

3. 切削速度和进给量的选择

切削速度和进给量必须根据孔的尺寸、精度、铰刀切削部分的材料性质、工件的材料性质、夹刀的夹持刚度等因素合理地选择。如果这两种切削用量过大，就会产生和铰削余量过大同样不利的后果。如果进给量很小，刀齿就很难切下金属层，而是以很大的压力推挤被切削的金属层，结果被碾压过的金属层就会产生塑性变形和表面硬化，提高表面粗糙度值，刀具磨损加剧。

实践证明，使用普通标准高速钢铰刀铰孔，当加工材料为铸铁时，切削速度不应超过 10 m/min，进给量为 0.8 mm/r 左右；当加工钢材时，切削速度不应超过 8 m/min，进给量应在 0.4 mm/r 左右。为了获得较高的精度和较细的表面粗糙度，切削速度取较低些为宜。

4. 铰刀及其研磨

加工中心上常用的铰刀有直柄、锥柄、套式机用铰刀。套式机用铰刀有 1∶30 锥度，如图 4—51 所示，使用时和锥柄心杆连用。锥柄心杆如图 4—51 所示。铰削带键槽的孔应选择螺旋齿铰刀，以免使刀齿卡在槽内。铰刀的位置如受工件其他部位的影响，或远离工件端面，应用长柄铰刀或接长套筒。工件材质过硬或经过淬火的工件，可选用硬质合金铰刀，其中 YC（钨钴）类用于加工铸铁件，YT（钨钛）类用于加工钢件。

铰刀在使用中极易磨损的地方是切削部分与校准部分的过渡处。此处因磨损而破坏了刃口之后就应在工具磨床上进行修磨。

研磨或修磨后的铰刀，为了使切削刃顺利过渡到校准部分，需用油石仔细地将过渡处的尖角修成小圆弧，并要求各齿大小一致。铰刀刃口有毛刺或黏结切屑时，要用油石小心地磨掉。切削刃后面磨损不严重时，可用油石沿切削刃的垂直方向轻轻推动，加以修光。当铰刀刀齿前面需要研磨时，应将油石紧贴在前面上，沿齿槽方向紧紧推动，应特别注意，不要损伤刀口。当铰刀直

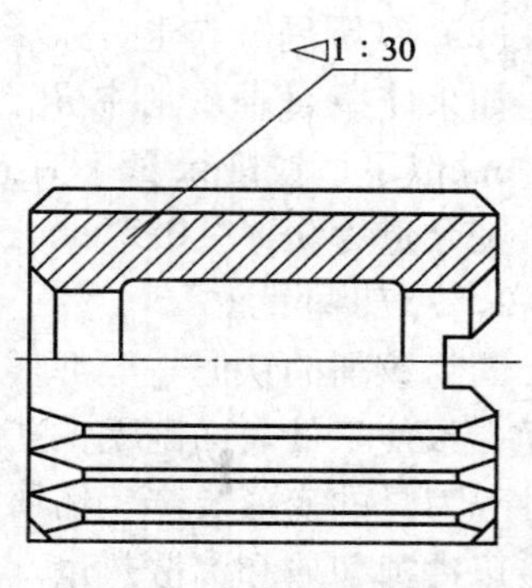

图 4—51　套式机用铰刀

径小于允许的磨损极限尺寸时（高速钢铰刀比被加工孔径的下偏差小 0.005 mm）就不能再用了。

5. 铰孔的注意事项

（1）在铰削过程中，特别是在铰削盲孔时，应分几次不停主轴退出铰刀，以清除切屑，同时便于输入切削液。

（2）在铰削中，铰刀工作部分不能全部铰出孔外，否则易使孔的末端被刮坏，同时铰刀也不易顺利退回。

（3）铰孔完毕应不停主轴退出铰刀，以免在孔壁上留下刀痕；退出时，不能反转。

（4）铰削中应输入充分的冷却润滑液。

（5）为了获得所需要的孔的精度，应按钻－镗－铰的顺序编制工艺过程，而且在加工中心上要通过试铰来正确地确定所需的铰刀直径。

习 题 四

一、判断题

1. 在数控机床上加工零件，应尽量选用组合夹具和通用夹具装夹工件，避免采用专用夹具。（ ）

2. 切削加工中，提高切削速度就不易断屑。（ ）

3. 刀具前角越大，切屑越不易流出，切削力越大，但刀具的强度越高。（ ）

4. 工件在夹具中与各定位元件接触，虽然没有夹紧尚可移动，但由于其已取得确定的位置，所以可以认为工件已定位。（ ）

5. 数控机床加工过程中可以根据需要改变主轴速度和进给速度。（ ）

6. 切削速度增大时，切削温度升高，刀具使用寿命变大。（ ）

7. 在试切加工中，刃磨刀具和更换刀具辅具后，可重新设定刀号。（ ）

8. 在机械加工时，机床、夹具、刀具和工件构成了一个完整的系统，称为设计系统。（ ）

9. 工艺系统的刚度不影响切削力变形误差的大小。（ ）

10. 工艺系统的外部刚度是影响系统工作的决定性因素。（ ）

11. 工艺系统刚度定义为被加工表面法线上作用的切削分力与该方向刀具、工件的相对速度的比值。（ ）

12. 因为毛坯表面的重复定位精度差，所以粗基准一般只能使用一次。（ ）

13. 组合夹具由于是由各种元件组装而成的，因此可以多次重复使用。（ ）

14. 成组夹具是为单件工件生产定制的。（ ）

15. V 形支承属于定位件。（ ）

16. 选择合理的刀具几何角度，以及适当的切削用量都能大大提高刀具的使用寿命。（ ）

17. 高速钢与硬质合金相比，具有硬度较高、热硬性和耐磨性较好等优点。（ ）

18. 用键槽铣刀和立铣刀铣封闭式沟槽时，均不需事先钻好落刀孔。（ ）

19. 铣床主轴的转速越高，则铣削速度越快。（ ）

20．工件使用大平面定位时，必须把定位平面做成微凹形。（ ）

21．应尽量选择设计基准或装配基准作为定位基准。（ ）

22．当工艺基准与设计基准不重合时，加工中需要按尺寸链封闭环进行工艺尺寸换算。（ ）

23．夹紧误差主要指由于夹紧力使工件变形后，在加工中使加工表面产生的形状误差，一般情况下不计算此误差的大小。（ ）

24．为了防止工件变形，夹紧部位要与支承对应，不能在工件悬空处夹紧。（ ）

25．在批量生产的情况下，用直接找正装夹工件比较合适。（ ）

二、单项选择题

1．在数控机床上使用的夹具最重要的是（ ）。

A．夹具的刚度高　　B．夹具的精度高

C．夹具上有对刀基准　　D．夹紧方便

2．影响数控加工切屑形状的切削用量三要素中，（ ）影响最大。

A．切削速度　　B．进给量　　C．背吃刀量　　D．切削宽度

3．基准位移误差在当前工序中产生，一般受（ ）的影响。

A．定位器　　B．夹具　　C．量具　　D．电源和夹具

4．（ ）不属于零件毛坯工艺性分析的内容。

A．力学性能　　B．加工余量

C．表面状态　　D．工序尺寸及其公差

5．孔径较大的套一般采用（ ）方法。

A．钻、铰　　B．钻、半精镗、精镗

C．钻、扩、铰　　D．钻、镗、铰

6．夹紧力通过工件传至（ ）造成工件变形和定位基准位移。

A．平面　　B．外平台　　C．内圆　　D．支承元件

7．基准不重合误差由前后（ ）不同而引起。

A．设计基准　　B．环境温度　　C．工序基准　　D．形位误差

8．减少毛坯误差的办法是（ ）。

A．粗化毛坯并增大毛坯的形状误差　　B．增大毛坯的形状误差

C．精化毛坯　　D．增加毛坯的余量

9．为消除粗加工的内应力，精加工常在（ ）进行。

A．退火处理后　　B．正火处理后　　C．淬火处理后　　D．回火处理后

10．拼装夹具具有（ ）的优点。

A．专用夹具　　B．可调夹具　　C．成组夹具　　D．组合夹具

11．与成组夹具相比，可调夹具的适用性（ ）。

A．更窄　　B．更宽

C．与成组夹具的适用性相同　　D．更差，制造成本更高

12．（ ）属于夹紧件。

A．T 形键和定位销　　B．叉形压板

C．定位盘和定位销　　D．平键和基础角铁

13. 成组夹具中（　　）属于紧固件。

A. T 形键和定位销　　B. 螺栓

C. 定位盘和定位销　　D. 平键和基础角铁

14. （　　）属于辅助件。

A. 手柄和三爪支承　　B. 定位盘

C. T 形键和圆形基础板　　D. 基础角铁和圆形基础板

15. 在夹具中，较长的 V 形架用于工件圆柱表面定位，可以限制工件（　　）自由度。

A. 两个　　B. 三个　　C. 四个　　D. 五个

16. 编排加工中心加工工序尺寸，为了提高加工精度，采用（　　）。

A. 流水线作业法　　B. 一次装夹、多工序集中法

C. 工序分散加工法　　D. 重要工序专门加工法

17. 程序编制中首件试切的作用是（　　）。

A. 检验工艺路线是否正确　　B. 检验程序是否正确

C. 检验对刀是否正确　　D. 以上都对

18. （　　）精加工方式可以精确控制残脊高度，得到较光滑的加工曲线面。

A. 平行铣削　　B. 浅平面加工　　C. 曲面流线　　D. 放射状加工

19. 工件在两顶尖间装夹时，可限制（　　）自由度。

A. 四个　　B. 五个　　C. 六个　　D. 三个

20. 夹紧中确定夹紧力大小时，最好状况是力（　　）。

A. 尽可能地大　　B. 尽可能地小　　C. 大小应适中　　D. 不考虑大小

21. 进行轮廓铣削时，应避免（　　）工件轮廓。

A. 切向切入　　B. 法向切入　　C. 切向退出　　D. 节点退出

22. 在加工表面、刀具和切削用量中的切削速度和进给量都不变的情况下，所连续完成的那部分工艺过程称为（　　）。

A. 工步　　B. 工序　　C. 工位　　D. 进给

23. 选用（　　）基准作为定位基准，可以避免因定位基准和测量基准不重合而引起的定位误差。

A. 设计　　B. 测量　　C. 装配　　D. 工艺

24. 工件在装夹时，必须使余量层（　　）钳口。

A. 稍高于　　B. 稍低于　　C. 大量高出　　D. 平于

25. 工件在机床上或在夹具中装夹时，用来确定加工表面相对于刀具切削位置的面叫（　　）。

A. 测量基准　　B. 装配基准　　C. 工艺基准　　D. 定位基准

26. 铣削中，主运动的线速度称为（　　）。

A. 铣削速度　　B. 每分钟进给量　　C. 每转进给量　　D. 主轴转速

27. 钻小孔或长径比较大的孔时，应取（　　）的转速钻削。

A. 较低　　B. 中等　　C. 较高　　D. 不确定

28. 在铣削铸铁等脆性金属时，一般（　　）。

A. 加以冷却为主的切削液　　B. 加以润滑为主的切削液

C. 不加切削液　　　　　　　　　　　　D. 加以任何种类的切削液

29. 平面的质量主要从（　　）两个方面来衡量。

A. 平面度和表面粗糙度　　　　　　　　B. 平行度和垂直度

C. 表面粗糙度和垂直度　　　　　　　　D. 平行度和平面度

30. 加工精度是指零件加工后，实际几何参数与（　　）的几何参数的符合程度。

A. 导轨槽　　　B. 理想零件　　　C. 成品件　　　D. 夹具

三、简答题

1. 加工中心工艺制订主要包括哪些方面?

2. 在数控机床上按“工序集中”原则组织加工有何优点?

3. 什么叫粗、精加工分开？有何特点?

4. 采用夹具装夹工件有何特点?

5. 确定铣刀进给路线时，应考虑哪些问题?

四、综合题

在加工中心上加工如题图 4—1 所示零件，试制订其加工工艺。

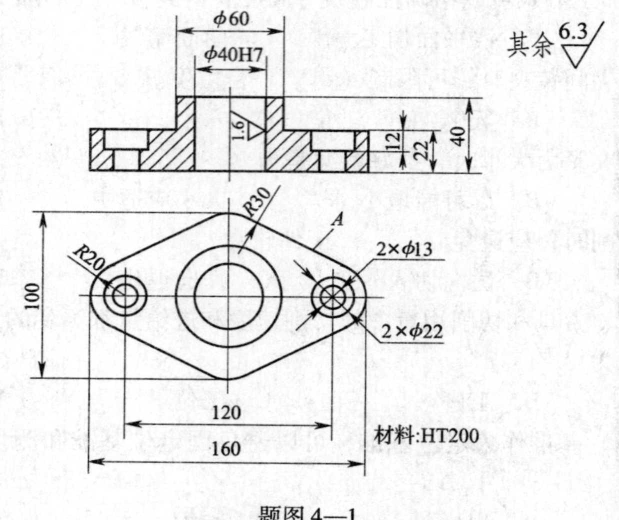

题图 4—1

第五章 加工中心的结构与工作原理

考核要点

· 加工中心的结构知识
· 加工中心的工作原理

§5—1　加工中心概述

一、加工中心的特点

加工中心（Machining Center，MC）是一种能把铣削、镗削、钻削、螺纹加工等功能集中在一台设备上的数控加工机床，是典型的集现代控制技术、传感技术、通信技术、信息处理技术等高新技术于一体的机械加工设备。加工中心与数控铣床、数控镗床的本质区别是配备有刀库，刀库中存放着不同数量的各种刀具或检具，在加工过程中由程序自动选用和更换，它的结构相对较复杂，控制系统功能较多。MC 一般至少有三个运动坐标系，多的达十几个。其控制功能最少可实现两轴联动控制，多的可实现五轴或六轴联动控制，实现刀具运动直线插补和圆弧插补，能进行复杂曲面加工。MC 还具有多种辅助机能，如各种加工固定循环、刀具半径自动补偿、刀具长度自动补偿、丝杠螺距误差补偿、丝杠间隙补偿、刀具破损报警、刀具使用寿命管理、过载超程自动保护、故障自动诊断、工件加工过程图形显示、工件在线检测和离线编程等。

MC 是一种综合加工能力较强的设备，它标志着企业的技术能力和工艺水平，反映一个国家工业制造的水平，已成为现代机床发展的主流方向，与普通数控机床相比，它具有以下特点：

1. 工序集中，加工精度高

MC 数控系统能控制机床在工件一次装夹后，实现多表面、多特征、多工位的连续、高效、高速、高精度加工，即工序集中，这是 MC 的典型特点。由于加工工序集中，减少了工件半成品的周转、搬运和存放时间，使机床的切削利用率（切削时间和开动时间之比）比普通机床高 3 ~4 倍，达 80% 以上，缩短了工艺流程，减少了人为干扰，故加工精度高，互换性好。

2. 操作者的劳动强度减轻、经济效益高

MC 对零件的加工是在数控程序控制下自动完成的，操作者除了操作面板、装卸零件、进行关键工序的中间测量以及观察机床的运行之外，无须进行繁重的重复性手工操作，劳动强度低。使用MC加工零件时，即使在单件、小批量生产的情况下，也可以获得良好的经济效益。例如在加工之前节省了划线工时，在零件安装到机床上之后减少了调整、加工和检验时间，直接生产费用大幅度降低。

另外，MC加工零件还可以省去许多工艺装备，减少硬件的投资。同时，MC加工稳定，废品率减少，可使生产成本进一步下降。

3. 对加工对象的适应性强

加工中心是按照被加工零件的数控程序进行自动加工的，当改变加工零件时，只要改变数控程序，不必更换大量的专用工艺装备。因此，能够适应从简单到复杂型面零件的加工，且生产准备周期短，有利于产品的更新换代。

4. 有利于生产管理的现代化

用MC加工零件时，能够准确地计算零件的加工工时，并有效地简化检验和工具、夹具、半成品的管理工作。这些特点有利于使生产管理现代化。当前许多大型CAD/CAM集成软件已经具有了生产管理模块，可满足计算机辅助生产管理的要求。

加工中心虽然具有很多优点，但也还存在一些必须考虑的问题，如：

（1）工件粗加工后直接进入精加工阶段。粗加工时，一次装夹中金属切除量多、几何形变大，工件温升高，温升来不及回复，冷却后工件尺寸发生变化，会造成零件的精度下降。

（2）工件由毛坯直接加工为成品，零件未进行时效处理，内在应力难以消除，加工完了一段时间后内应力释放，会使工件产生变形。

（3）装夹零件的夹具必须满足既能承受粗加工中切削力大，又能在精加工中准确定位的要求，而且零件夹紧变形要小。

（4）多工序集中加工，要及时处理切屑。在加工过程中，切屑的堆积、缠绕等将会影响加工的顺利进行及划伤零件的表面，甚至使刀具损坏、工件报废。

（5）由于自动换刀装置（Automatic Tool Changer，ATC）的应用，使工件尺寸受到一定的限制，钻孔深度、刀具长度、刀具直径及刀具质量都要加以综合考虑。

二、加工中心的分类

1. 按功能特征分类

按功能特征可分为镗铣、钻削和复合加工中心。

（1）镗铣加工中心。镗铣加工中心是机械加工行业应用最多的一类数控设备，有立式和卧式两种。其工艺范围主要是铣削、钻削、镗削。镗铣加工中心数控系统控制的坐标数多为3个，高性能的数控系统可以达到5个或更多。不同的数控系统对刀库的控制采取不同的方式，有伺服轴控制和PLC轴控制两种。立式镗铣加工中心的回转工作台大多采用伺服轴控制，并能实现工作台在360°范围内任意定位。

（2）钻削加工中心。以钻削为主，刀库形式以转塔头形式为主，适用于中、小批量零件的钻孔、扩孔、铰孔、攻螺纹及连续轮廓铣削等多工序加工。

（3）复合加工中心。在一台设备上可以完成车、铣、镗、钻等多种工序加工的加工中心称之为复合加工中心，可代替多台机床实现多工序的加工。这种方式既能减少装卸时间，提高机床生产效率，减少半成品库存量，又能保证和提高形位精度。

2. 按主轴的位置不同分类

按主轴的位置不同分卧式、立式和五面加工中心，这是加工中心通常的分类方法。

(1) 卧式加工中心。卧式加工中心是指主轴轴线水平设置的加工中心。卧式加工中心有固定立柱式或固定工作台式。固定立柱式的卧式加工中心的立柱不动，主轴箱在立柱上做上下移动，工作台可在水平面上做两个方向坐标（X，Z）移动，如图 5—1a 所示；固定工作台式的卧式加工中心其 Z 坐标的运动由立柱移动来定位，安装工件的工作台只完成 X 坐标移动，如图 5—1b 所示。

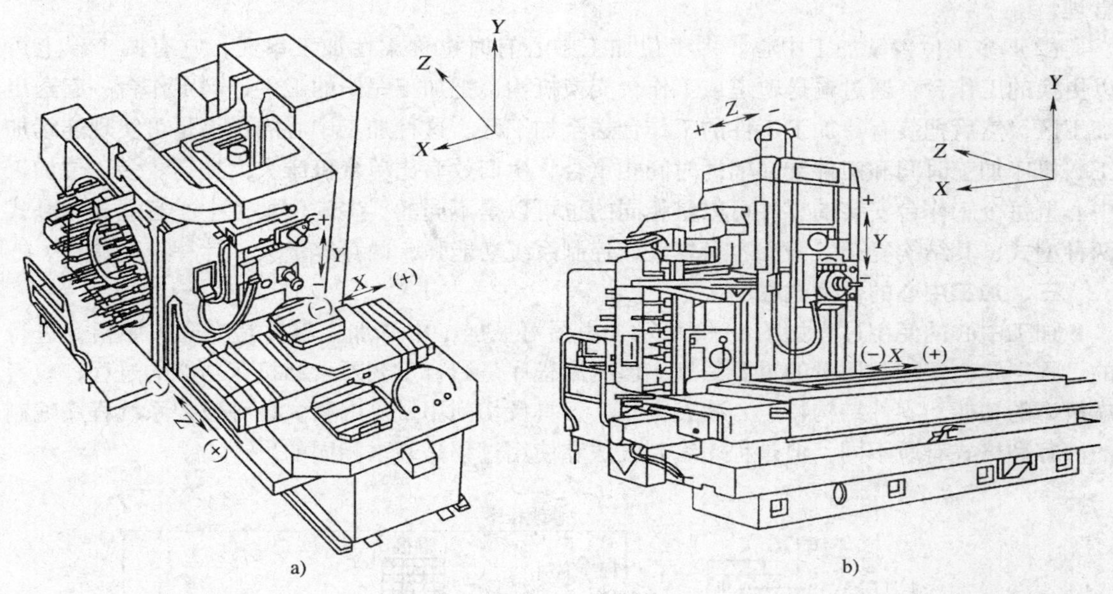

图 5—1　卧式加工中心

a）移动工作台式　b）固定工作台式

(2) 立式加工中心。立式加工中心主轴的轴为垂直设置，其结构多为固定立柱式，工作台为十字滑台。

(3) 五面加工中心。这种加工中心具有立式和卧式加工中心的功能，在工件的一次装夹后，能完成除安装面外的所有五个面的加工。这种加工方式可以使工件的形位误差降到最低，省去二次装夹的工装，从而提高生产效率，降低加工成本。

3. 按支撑件的不同分类

(1) 龙门式镗铣加工中心。龙门式加工中心的典型特征是具有一个龙门型的固定立柱，在龙门框架上安装有可实现 X 向、Z 向移动的主轴部件，龙门式加工中心的工作台仅实现 Y 向移动。龙门型加工中心结构刚度高，该种形式常见于大型加工中心。

(2) 动柱式镗铣加工中心。动柱式加工中心主轴部件安装在加工中心的立柱上，实现 Z 向移动，立柱安装在 T 形底座上实现 X 向移动。动柱式加工中心由于立柱是通过滚动导轨与底座相连，刚度比龙门式结构低，一般不适宜重切削加工；加工过程中立柱要完成支承工件和 X 向移动两个功能，较大的立柱质量限制了机床的机动性能。该种形式常见于中小型立式或卧式镗铣加工中心。

4. 其他分类

（1）双刀库加工中心。加工中心的生产效率可以由机床的加工速度、切削功率及刀具性能判定，但一次装夹能够完成的工序数量，是衡量机床辅助性能的重要指标。大中型加工中心加工形状复杂、工序众多的工件时，通常要求机床有足够的刀具库容，以满足加工工艺的需要。加工中心的刀库一般使用链式刀库，为减少机床体积和机床占地面积，当库容大于70～80把刀具时，通常设计成为双刀库模式，通过两个换刀机械手实现刀具的取还。加工过程中，CNC系统刀库PLC模块对两个刀库刀具的编号和对应编号刀具的刀补实行动态管理。

（2）多工位镗铣加工中心。多工位加工中心有时也称柔性加工单元，它有两个以上可以更换的工作台，通过输送轨道或工作台交换机构，把加工完毕的工件连同工作台一起送出加工区，然后把装有待加工工件的工作台送至加工区。这种加工中心的优点是可实现连续加工，机床加工时间和工件装卸辅助时间相重合，生产效率比单台机床大大提高。多工位加工中心上每个工作台安装的零件可以是相同的也可以是不同的。多工位加工中心有立式和卧式两种型式，其结构复杂，刀库容量较大，控制系统功能强，内存容量大，计算速度快。

三、加工中心的使用过程

加工中心的使用过程如图5—2所示，由图可见加工中心加工零件是完全按照指令进行的，程序是决定加工质量的重要因素。但编制程序是综合工艺要素和机床功能的过程，应考虑机床的功能、零件结构特点、装夹方式、刀具及切削用量等因素。各种数控系统程序编制的内容和格式有所不同，但是程序编制方法和使用过程是基本相同的。

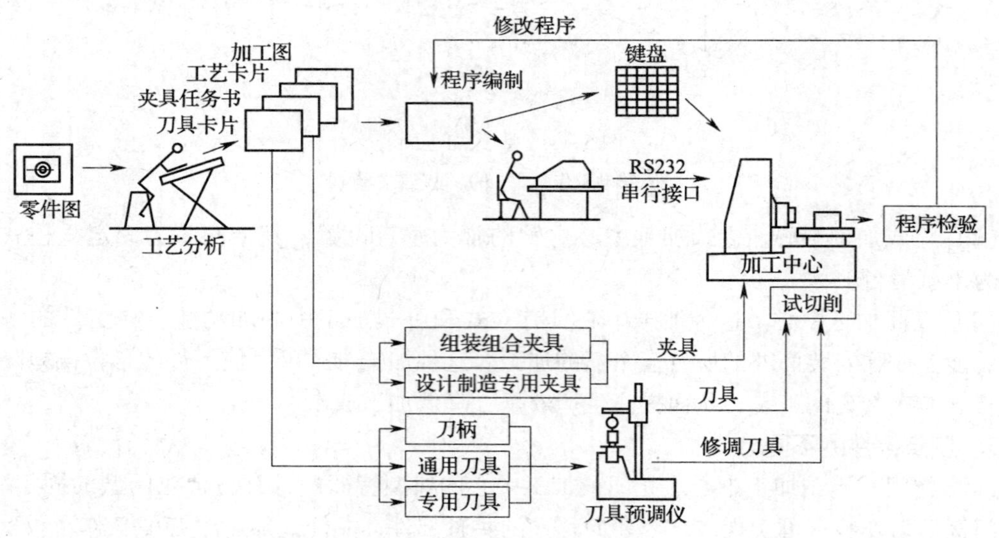

图5—2　加工中心的使用过程

四、加工中心的加工对象

针对加工中心的工艺特点，加工中心适宜于加工形状复杂、加工内容多、要求较高，需多种类型的普通机床和众多的工艺准备，且经多次装夹和调整才能完成加工的零件。主要加工对象有下列几种。

1. 结构形状复杂、普通机床难加工的零件

主要表面由复杂曲线、曲面组成的零件，加工时，需要多坐标联动加工，这在普通机床上是难以甚至无法完成的，加工中心是加工这类零件的最有效的设备。最常见的典型零件有以下几类：

（1）凸轮类。这类零件有各种曲线的盘形凸轮、圆柱凸轮、圆锥凸轮和端面凸轮等，加工时，可根据凸轮表面的复杂程度，选用三轴、四轴或五轴联动的加工中心。

（2）整体类叶轮。整体叶轮常见于空气压缩机、航空发动机的压气机、船舶水下推进器等，它除具有一般曲面加工的特点外，还存在许多特殊的加工难点，如通道狭窄，刀具很容易与加工表面和临近曲面产生干涉等。

（3）模具类。常见的模具有锻压模具、铸造模具、注塑模具及橡胶模具等。

2. 既有平面又有孔系的零件

加工中心具有自动换刀装置，在一次安装中，可以完成零件上平面的铣削，孔系的钻削、镗削、铰削、铣削及攻螺纹等多工步加工。加工的部位可以在一个平面上，也可以在不同的平面上。因此，既有平面又有孔系的零件是加工中心首选的加工对象，这类零件常见的有箱体类零件和盘、套、板类零件。

（1）箱体类零件。箱体类零件很多，这类零件一般要进行多工位孔系及平面加工，精度要求较高，特别是形状精度和位置精度较严格，通常要经过铣、钻、扩、镗、铰、锪、攻螺纹等工步，需要刀具较多，在普通机床上加工难度大，工装套数多，精度不易保证。在加工中心上一次安装可完成普通机床的60% ~95% 的工序内容，零件各项精度一致性好，质量稳定，生产周期短。

（2）盘、套、板类零件。这类零件端面上有平面、曲面和孔系，径向也常分布一些径向孔，如图5—3所示的十字盘。加工部位集中在单一端面上的盘、套、板类零件宜选择立式加工中心，加工部位不是位于同一方向表面上的零件宜选择卧式加工中心。

（3）模具类。常见的模具有锻压模具、铸造模具、注塑模具及橡胶模具等。

3. 外形不规则的异型零件

异型零件是指支架、拨叉这一类外形不规则的零件，如图5—4所示的异型支架，大多要点、线、面多工位混合加工。由于外形不规则，普通机床上只能采取工序分散的原则加工，需用工装较多，周期较长。利用加工中心多工位点、线、面混合加工的特点，可以完成大部分甚至全部工序的内容。

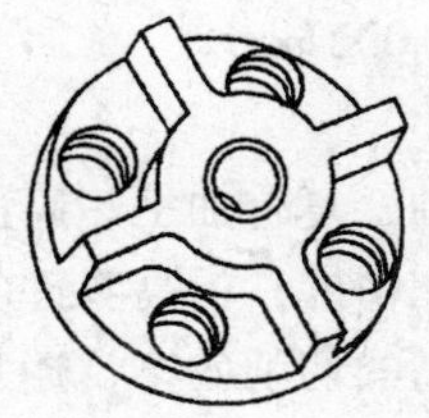

图5—3　十字盘零件

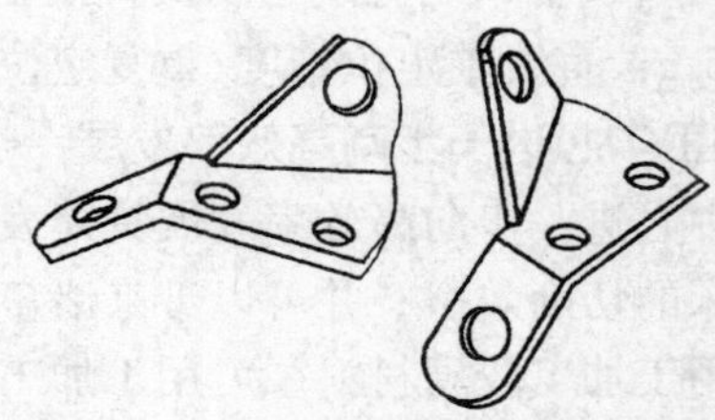

图5—4　异型支架

4. 加工精度较高的中小批量零件

针对加工中心的加工精度高、尺寸稳定的特点，对加工精度较高的中小批量零件，选择加工中心加工，容易获得所要求的尺寸精度和形状位置精度，并可得到很好的互换性。

五、加工中心的发展现状

1. 加工中心的定位精度进一步提高

目前，加工中心绝大多数都配有直线光栅尺或圆光栅尺作为位置闭环检测元件，使用高精度、高分辨率编码器作为伺服电动机的反馈元件，保证加工中心有很高的定位精度。FANUC公司能提供分辨率为130 000～16 000 000脉冲/r的极高分辨率的编码器。有的加工中心制造厂家还在数控系统控制软件方面采取措施，提高加工中心的定位精度。FANUC公司能提供纳米级数控系统，其主要功能为：

以纳米为单位输入控制指令，CNC以纳米为单位进行精密的位置计算，用“纳米级插补器”和高速、高响应的伺服控制器输出控制各伺服轴以纳米级运动及定位。CNC具有高速CPU以及最新的伺服电动机、精密的位置测量和反馈元件，大幅度提高加工中心精度。日本大限公司使用可以预测热变形的机械结构，通过补偿来消除热变形的影响。其生产的MA－400HA型卧式加工中心就使用了该技术，实时地补偿预测的热变形，提高加工中心精度。

目前，加工中心直线轴定位精度/重复定位精度都普遍达到0.008 mm/0.004 mm，旋转轴定位精度/重复定位精度达到8"/6"。瑞士费尔曼公司的PICOMAX60型五轴立式加工中心直线轴定位精度/重复定位精度达到0.005 mm/0.002 mm，旋转轴定位精度/重复定位精度达到7"/5"。

2. 加工中心已经普遍实现高速化

目前，加工中心在高速加工技术应用方面已经取得实效，主轴转速大多已超过20 000 r/min，一些大型、龙门加工中心主轴转速在10 000 r/min以下。直线进给轴快速移动速度多数已达到40 m/min以上。还有部分加工中心的数控转台（*B*轴）应用了力矩电动机直接驱动技术，实现了数控转台的快速旋转，*B*轴转速达到了65～175 r/min，使加工中心具有车削功能。例如，罗德斯公司的RXP500型加工中心主轴转速最高达42 000 r/min，*X*、*Y*、*Z*三直线轴采用直线电动机直接驱动，快速移动速度为40 m/min，各直线轴的加速度为1.5 g。日本Sodick公司的MC430L型立式加工中心其主轴转速达到40 000 r/min，*X*、*Y*、*Z*三直线轴采用直线电动机直接驱动，快速移动速度为36 m/min，各直线轴的加速度为1.5 g。

意大利CO－MAU公司的URANE25型高速卧式加工中心，主轴转速为24 000 r/min；*X*、*Y*、*Z*三直线轴采用直线电动机直接驱动，快速移动速度达到100 m/min，各直线轴的加速度为1.5 g，直线轴定位精度/重复定位精度达到0.004 mm/0.002 mm。

3. 加工中心进一步向高效率发展

加工中心进一步向高效率发展具体表现为高速加工及多主轴、复合加工。高速加工大大提高了机床的切削效率，并可以带来诸多好处：提高零件的加工精度；提高零件的表面加工质量；可用于加工较硬材料；可用于加工微小结构。为了追求高的切削效率，近几年来，全新的加工技术——高速铣削技术在制造业中一次又一次地成为零件加工的热点。

车铣复合加工中心则是体现高效率加工的另一种手段。意大利法拉利的A17E580五轴叶片加工中心，配置16 000 r/min的主轴可作*A*轴±90°摆动，主轴功率24 kW，工作台上配置*B*轴可连续回转，直线轴快速移动速度为50 m/min。哈默C40U五轴加工中心用于加工叶轮，直径为420 mm 的圆工作台完成4 轴及 C 轴回转运动，三直线轴行程为850 mm × 700 mm × 500 mm，其主轴转速为28 000 r/min，主轴功率23 kW，X、Y、Z 三直线快速移动速度为45 m/min；刀库共38 把刀，换刀时间4. 5 s；直线轴定位精度/重复定位精度达到0. 005 mm/0. 003 mm。斯达拉格－海科特的 HXl51 五轴加工中心则采用倾斜式主轴，运用特殊的五轴加工工艺，一次装夹可以完成叶片的全部加工。

机床配有顶尖，工作台回转直径400 mm，三直线轴行程为800 mm × 650 mm × 600 mm，其主轴转速为15 000 r/min，主轴功率27 kW，X、Y、Z 三直线轴快速移动速度为20 m/min；刀库共24 把刀，换刀时间10 s；配 SIEMENS 840D 数控系统，直线轴定位精度/重复定位精度达到0. 008 mm/0. 004 mm。

六、加工中心的发展趋势

目前，从发展趋势来看，加工中心将继续朝着高速化、高精度化、多功能化、智能化、系统化与高可靠性等方向发展。

1. 高速、高效、高精度、高可靠性

速度和精度是加工中心的两个重要指标，它直接关系到加工效率和产品的质量。加工中心高速化可充分发挥现代刀具材料的性能，不但可以大幅度提高加工效率、降低加工成本，而且还可以提高零件的表面加工质量和精度。20 世纪 90 年代以来，欧、美、日各国争相开发应用新一代高速数控机床，加快了机床高速化发展的步伐。

高性能数控和伺服系统以及数控工具系统都出现了新的突破，达到了新的技术水平。依靠快速、准确的数字量传递技术对高性能的机床执行部件进行高精密度、高响应速度的实时处理，由于采用了新型刀具，车削和铣削的切削速度已达到5 000 ~ 8 000 m/min 以上；主轴转数在30 000 r/min（有的高达100 000 r/min）以上。当分辨率为1 μm 时，工作台的移动速度可达到100 ~ 240 m/min；当分辨率为0. 1 μm 时，工作台的移动速度达到24 m/min 以上；当分辨率为0. 01 μm 时，工作台的移动速度达到400 ~ 800 mm/min；加工中心换刀时间从5 ~ 10 s 减少到小于1 s，工作台交换时间也由12 ~ 20 s 减少到2. 5 s 以内。随着超高速切削机理、超硬耐磨长寿命刀具材料、大功率高速电主轴、高加/减速度直线电动机驱动进给部件，以及高性能控制系统和防护装置等一系列技术领域中关键技术的解决，还将出现新一代高速加工中心。

目前，从精密加工发展到超精密加工是世界各工业强国致力发展的方向。其精度从微米级到亚微米级，乃至纳米级，其应用范围日趋广泛。为了满足用户的需要，近 10 多年来，普通级数控机床的加工精度已由 ± 10 μm 提高到 ± 5 μm；精密级加工中心的加工精度则从 ±（3 ~ 5）μm，提高到 ±（1 ~ 1. 5）μm。超精密加工精度进入纳米级，主轴回转精度达到0. 01 ~ 0. 05/μm，加工圆度为0. 1 μm，加工表面粗糙度 R_a 达到0. 003 μm。

另外，数控系统采用大规模或超大规模的专用及混合式集成电路，大大减少了元器件的数量，同时硬件结构采用模块化、标准化、通用化及系列化，通过自动运行在线诊断、离线诊断等多种诊断程序，实现对系统内硬件、软件和各种外部设备进行故障诊断和报警。

利用报警提示，及时排除故障；利用容错技术，对重要部件采用冗余设计，以实现故障自恢复；利用各种测试、监控技术，当发生超程、刀损、干扰、断电等各种意外时，自动进行相应的保护。当前国外数控装置的 MTBF（平均无故障时间）值已达6 000 h 以上，驱动装置的 MTBF 值达30 000 h 以上，可靠性大大提高。

2. 复合化

复合化包含工序复合化和功能复合化。数控机床的发展已模糊了粗精加工工序的概念。加工中心的出现，又把车、铣、镗等工序集中到一台机床来完成，打破了传统的工序界限和分开加工的工艺规程，可最大限度地提高设备利用率。为了进一步提高工效，现代加工中心又采用了多主轴、多面体切削，即同时对一个零件的不同部位进行不同方式的切削加工，如各类五面体加工中心。另外，现代数控系统的控制轴数也在不断增加，有的多达15轴，其同时联动的轴数已达6轴。

3. 模块化、智能化、柔性化

为了适应加工中心多品种、小批量的特点，机床结构模块化，数控功能专门化，机床性价比显著提高。为适应制造业生产柔性化、自动化发展的需要，智能化正成为数控设备研究及发展的热点，它不仅贯穿在生产加工的全过程中（如智能编程、智能数据库、智能监控等），还贯穿在产品的售后服务和维修中，目前采取的主要技术措施如下：

（1）自适应控制（Adaptive Control，AC）技术。在实际加工过程中，大约有30余种变量直接或间接地影响加工效果，如工件毛坯余量不均匀、材料硬度不均匀、刀具磨损、工件变形、机床热变形等。这些变量事先难以预知，编制加工程序时只能依据经验数据，以致在实际加工中，很难用最佳参数进行切削。自适应控制通过自动调节加工过程中所测得的工作状态、特性，按照给定的评价指标自动校正自身的工作参数，以达到或接近最佳工作状态，从而得到较高的加工精度和较小的表面粗糙度值，同时也能提高刀具的使用寿命和设备的生产效率，达到改进系统运行状态的目的。如通过监控切削过程中的刀具磨损、破损、切屑形态、切削力及零件的加工质量等，向制造系统反馈信息，通过将过程监控、过程优化结合在一起，实现适应调节。

（2）智能诊断。在整个工作状态中，系统随时对CNC系统本身，以及与其相连的各种设备进行自诊断、检查。一旦出现故障时，立即采用停机等措施，进行故障报警，提示发生故障的部位、原因等，并利用冗余技术，自动使故障模块脱机，接通备用模块，以确保无人化工作环境的要求。

（3）刀具使用寿命自动检测和自动换刀。利用红外、声发射（AE）、激光等检测手段，对刀具和工件进行检测。发现工件超差、刀具磨损、破损等，进行及时报警、自动补偿或更换备用刀具，以保证产品质量。

（4）模式识别技术。应用图像识别和声控技术，使机器自己辨识图样，按照自然语言命令进行加工。

柔性自动化技术是制造业适应动态市场需求及产品迅速更新的主要手段，是各国制造业发展的主流趋势。其重点是以提高系统的可靠性、实用化为前提，以易于联网和集成为目标；注重加强单元技术的开拓、完善；加工中心在提高单机柔性化的同时，朝着单元柔性化和系统柔性化方向发展，如数控多轴加工中心、换刀换箱式加工中心等。

4. 开放性的体系结构，网络化的控制系统

为适应控制系统网络化、个性化、柔性化的要求，世界上许多数控系统生产厂家开发了开放式体系结构的新一代数控系统。开放式体系结构可以大量采用通用微机的先进技术，如多媒体技术，实现声控自动编程、图形扫描自动编程等。其新一代数控系统的硬件、软件和总线规范都是对外开放的，由于有充足的软、硬件资源可供利用，不仅使数控系统制造商和用户进行系统集成得到有力的支持，而且也为用户的二次开发带来极大方便，促进了数控系统多档次、多品种的开发和广泛应用。既可通过升级或剪裁构成各种档次加工中心的数控系统，又可通过扩展构成不同类型加工中心的数控系统，开发生产周期大大缩短。这种数控系统可随 CPU 升级而升级，结构上不必变动，使数控系统有更好的通用性、适应性、扩展性，并向智能化、网络化方向发展。

§5—2　加工中心的组成与结构

一、加工中心的组成

1958 年，美国的卡尼—特雷克公司在一台数控镗铣床上增加了换刀装置，这标志着第一台加工中心问世。30 多年来出现了各种类型的加工中心，外形结构各异，如图 5—5 所示为两种加工中心的外形。

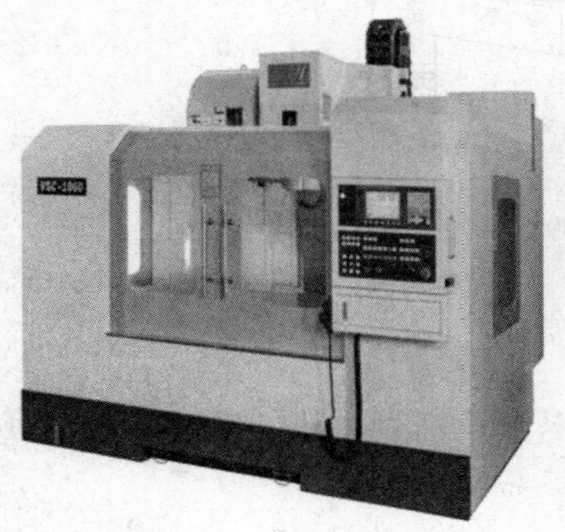

图 5—5　加工中心的外形

加工中心总体上是由以下几大部分组成，如图 5—6 所示。

1. 基础部件

由床身、立柱和工作台等大件组成，它们是加工中心结构中的基础部件。这些大件有铸铁件，也有焊接的钢结构件，它们要承受加工中心的静载荷以及在加工时的切削负载，因此必须具备更高的静动刚度，也是加工中心中质量和体积最大的部件。

2. 主轴部件

由主轴箱、主轴电动机、主轴和主轴轴承等零件组成。主轴的启动、停止等动作和转速均由数控系统控制，并通过装在主轴上的刀具进行切削。主轴部件是切削加工的功率输出部件，是加工中心的关键部件，其结构的好坏，对加工中心的性能有很大的影响。

3. 数控系统

由 CNC 装置、可编程序控制器、伺服驱动装置以及电动机等部分组成，是加工中心执行顺序控制动作和控制加工过程的中心。

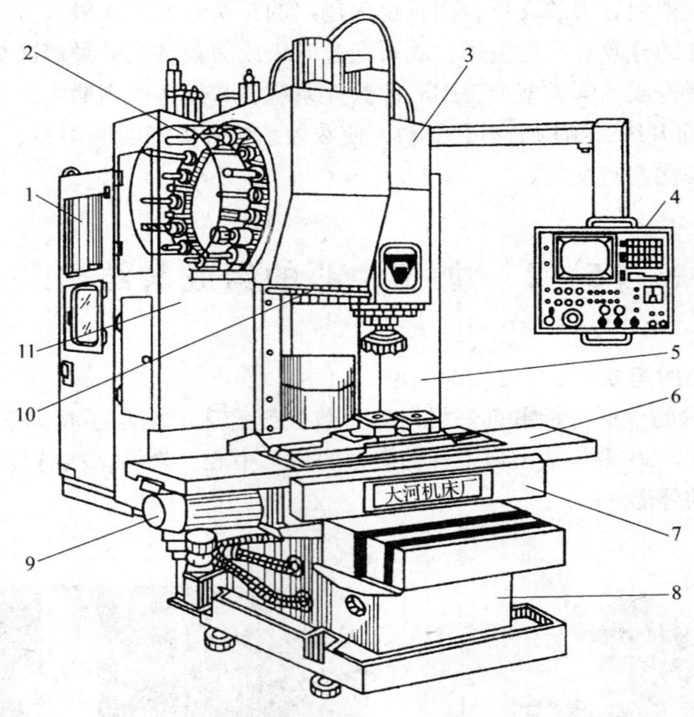

图 5—6　TH5632 型立式加工中心的组成

1—数控柜　2—刀库　3—主轴箱　4—操纵台　5—驱动电源柜　6—纵向工作台
7—滑座　8—床身　9—X 轴进给伺服电动机　10—换刀机械手　11—立柱

4. 自动换刀装置（ATC）

加工中心与一般通用机床的显著区别是具有对零件进行多工序加工的能力，有一套自动换刀装置。

二、加工中心的典型结构

1. 加工中心主轴组件

（1）主轴的结构。主轴组件是由主轴、主轴支承、装在主轴上的传动件和密封件组成。图 5—7 所示为 V400（H400）加工中心主轴组件。主轴前端有 7∶24 的锥孔，用于装夹 BT40 刀柄或刀杆。主轴端面有一端面键，既可通过它传递刀具的扭矩，又可用于刀具的周向定位。主轴的主要尺寸参数包括：主轴的直径、内孔直径、悬伸长度和支承跨距。评价和考虑主轴的主要尺寸参数的依据是主轴的刚度、结构工艺性和主轴组件的工艺适用范围。主轴材料的选择主要根据刚度、载荷特点、耐磨性和热处理变形大小等因素确定，主轴材料常采用的有 45 钢、GCr15 等，需经渗氮和感应加热淬火。

V400 教学型加工中心由于主轴转速较低，主轴承受的负荷小，故采用了简化设计。主轴前后支承各采用 1 个向心推力球轴承组成主轴的支承体系，支承结构简单，安装调整方便。主轴轴承在订购时，可以选择单个使用订购和配对使用订购两种方式。配对使用订购时供应商将配对使用的轴承内、外环配磨，使之在主轴上安装预紧后具有规定的轴向过盈量。配对使用轴承在主轴圆周方向的最佳安装位置，供应商也应一并标出，以满足主轴安装后的工作性能要求。主轴承采用特殊润滑油脂润滑，油脂封在主轴套内，用户一般不许更换。

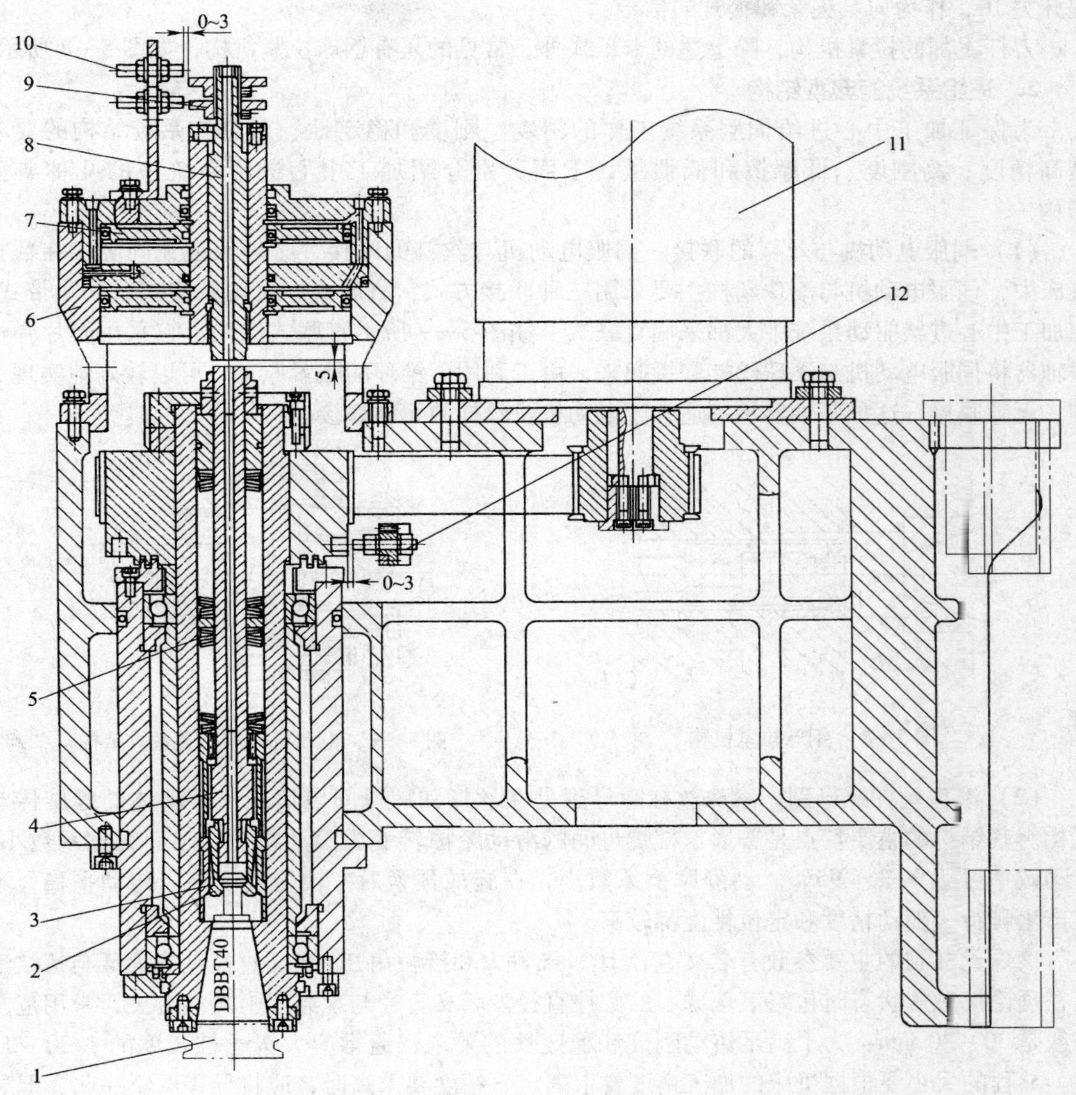

图 5—7　V400 教学型加工中心主轴组件

1—刀柄　2—抓刀爪　3—内套　4—拉杆　5—碟形弹簧　6—气缸
7—活塞　8—压杆　9—撞块　10—行程开关　11—主轴电动机　12—接近开关

（2）自动夹紧刀具结构。加工中心主轴系统应具备自动松开和夹紧刀具功能。图 5—7 所示为一种常见的刀具自动夹紧机构。刀具的自动夹紧机构安装在主轴的内部　图示为刀具的夹紧状态，刀柄 1 由主轴抓刀爪 2 夹持，碟形弹簧 5 通过拉杆 4、抓刀爪 2，在内套 3 的作用下将刀柄的拉钉拉紧。当换刀时，要求松开刀柄，此时将主轴上端气缸的上腔通压缩空气，活塞 7 带动压杆 8 及拉杆 4 向下移动，同时压缩碟形弹簧 5，当拉杆 4 下多到使抓刀爪 2 的下端移出内套 3 时，卡爪张开，同时拉杆 4 将刀柄顶松，刀具即可由机械手或刀库拔出。待新刀装入后，气缸 6 的下腔通压缩空气，活塞上移，拉杆在碟形弹簧的作用下，带动抓刀爪上移，抓刀爪重新进入内套 3，将刀柄拉紧。活塞 7 移动的两个极限位置分别设有行程开关 10，作为刀具夹紧和松开的信号。

刀杆尾部的拉紧机构，除上述的卡爪式外，常见的还有钢球拉紧机构，如图 5—8 所示。

2. 进给系统的典型结构

为保证加工中心进给伺服系统工作的精度、刚度和稳定性，对进给系统结构的要求是高精度、高刚度、低摩擦和低惯量，下面分别介绍加工中心进给系统中的几种典型结构。

（1）伺服电动机与丝杠的联接。伺服电动机与丝杠的联接，必须保证无间隙。在数控机床中，伺服电动机与滚珠丝杠主要采用三种联接方式：直联式、齿轮减速式、同步带式。在加工中心进给驱动系统中大都采用直联式。如图 5—9 所示直联式结构，它采用膜片弹性联轴器将伺服电动机与滚珠丝杠联接起来，由于利用了锥环的胀紧原理，可以较好地实现无键、无隙联接。这种联轴器特别适合于电动机及丝杠的无键联接。

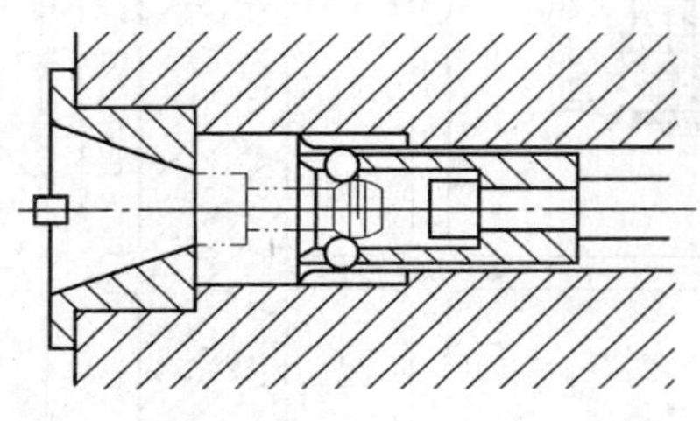

图 5—8　钢球拉紧机构

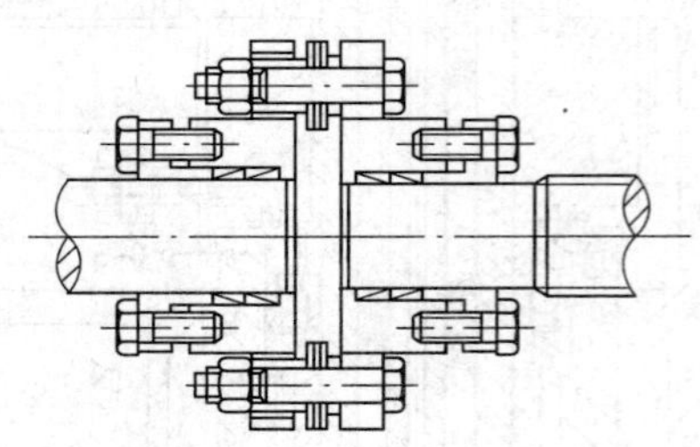

图 5—9　电动机与丝杠直联式结构

（2）滚珠丝杠螺母副。滚珠丝杠螺母副是在丝杆和螺母间以滚珠为滚动体的螺旋传动机构。其结构的主要特点是普通丝杠螺母间的滑动摩擦转变为滚动摩擦，因而摩擦系数小，传动效率可达 90% ~95%。动静摩擦系数小，在施加预紧后，轴向刚度高，传动平稳，不易产生爬行，随动精度和定位精度都较高。

滚珠丝杠副的主要参数有名义直径 D_0、导程 L 和接触角 β。名义直径是指滚珠与螺纹滚道在理论接触角状态时包络滚珠球心的圆柱直径。名义直径与承载能力直接有关，常用范围一般是 30 ~ 80 mm，为了满足传动刚度和稳定性的要求，通常应大于丝杠长度的 1/30 ~ 1/35。导程的大小要根据机床的加工精度要求确定。精度要求高时，应将导程取小一些，但导程的大小又与滚珠直径大小有关，为了使滚珠丝杠具有一定的承载能力，滚珠直径又不能太小，因此导程的数值在满足机床加工精度的条件下，应尽可能取得大些。

加工中心使用的滚珠丝杠应达到国际 J 级（精密级）以上，滚珠丝杠必须采用润滑油或锂基油脂进行润滑，同时采用防尘密封装置。如可采用接触式或非接触式密封圈，螺旋式弹簧钢带，或折叠式塑性人造革防护罩，以防尘土及硬性杂质进入丝杠。

（3）V400（H400）加工中心进给系统典型结构。图 5—10 所示为 V400（H400）加工中心进给系统机械结构。交流伺服电动机通过联轴器以直联方式联接在滚珠丝杠上。交流伺服电动机由其端面的止口定位，螺栓锁紧安装在轴承支座上。轴承支座由销钉定位，通过螺栓与床身相联，承受加工中该方向的切削载荷。滚珠丝杠由一对 60°接触角向心推力球轴承支承，轴承预加载荷间隙由两轴承间的隔套修配调整实现。

X、*Y* 两方向滚珠丝杠均采用一端固定一端浮动的联接方式。

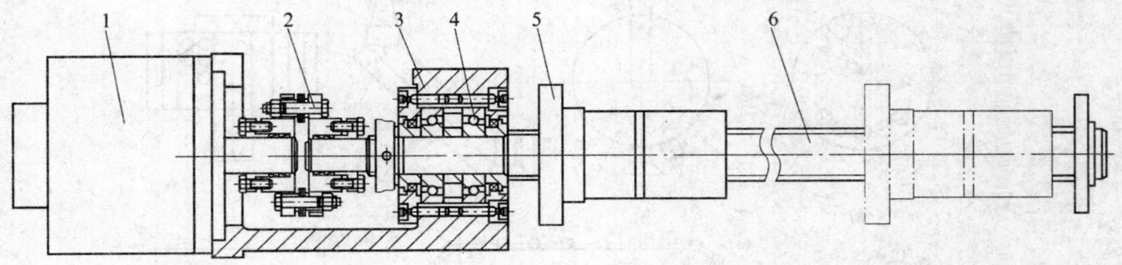

图 5—10　V400 进给系统机械结构

1—伺服电动机　2—联轴器　3—轴承支座　4—支承轴承　5—螺母　6—滚珠丝杠

3. 刀库及自动换刀装置

利用刀库实现换刀，是目前加工中心大量使用的换刀方式。由于有了刀库，机床只要一个固定主轴夹持刀具，有利于提高主轴刚度。独立的刀库，大大增加了刀具的储存数量，有利于扩大机床的功能，并能较好地隔离各种影响加工精度的干扰。

刀库换刀按照换刀过程有无机械手参与分成有机械手换刀和无机械手换刀两种情况。在有机械手换刀的过程中，使用一个机械手将加工用毕的刀具从主轴中拔出，与此同时，另一机械手将在刀库中待命的刀具从刀库拔出，然后两者再交换位置，完成换刀过程。无机械手换刀时，刀库中刀具存放方向与主轴平行，刀具放在主轴可到达位置。换刀时，三轴箱移到刀库换刀位置上方，利用主轴 Z 向运动将加工用毕刀具插入刀库中要求的空位处，然后刀库中待换刀具转到待命位置，主轴 Z 向运动将待用刀具从刀库中取出，并将刀具插入主轴。有机械手的系统在刀库配置、与主轴的相对位置及刀具数量上都比较灵活，换刀时间短。无机械手方式结构简单，只是换刀时间要长。

(1) 加工中心的刀库形式。刀库有多种形式，加工中心常用的有盘式、链式两种。

盘式结构（见图 5—11）中，刀具可以沿主轴轴向、径向、斜向安放，分别如图 5—11a、图 5—11b、图 5—11c 所示。刀具轴向安装的结构最为紧凑，但为了换刀时刀具与主轴同向，有的刀库中的刀具需在换刀位置作 90°翻转。在刀库容量较大时，为在存取方便的同时保持结构紧凑，可采取弹仓式结构，如图 5—11d 所示。目前大量的刀库安装在机床立柱的顶面或侧面。在刀库容量较大时，也可安装在单独的地基上，以隔离刀库转动造成的振动。

链式刀库的基本结构如图 5—11e 所示，通常刀具容量比盘式的要大，结构也比较灵活。可以采用加长链带方式加大刀库的容量，也可采用链带折叠回绕的方式，提高空间利用率，如图 5—11g 所示。在要求刀具容量很大时还可以采用多条链带结构，如图 5—11f 所示。

(2) VP1050 刀库结构与传动。如图 5—12 所示，VP1050 加工中心采用双立柱链式刀库结构，刀库容量为 24 把刀，刀柄 1 通过刀夹 2 装夹在链式刀库上，BT－40 刀柄上 16 mm 宽的端面键槽和刀夹 2 上的定位块配合，保证刀具在刀库上的正确安装，刀具靠刀夹外侧的弹簧夹夹持安装在刀库上。对于高精度的加工中心，每一只刀柄在加工中心上的安装均经过精密校正，为避免刀柄位置错误（相差 180°）引起安装误差，刀柄的定位键槽和主轴上的定位键做成一大一小，使刀柄的位置和主轴的位置完全对应。

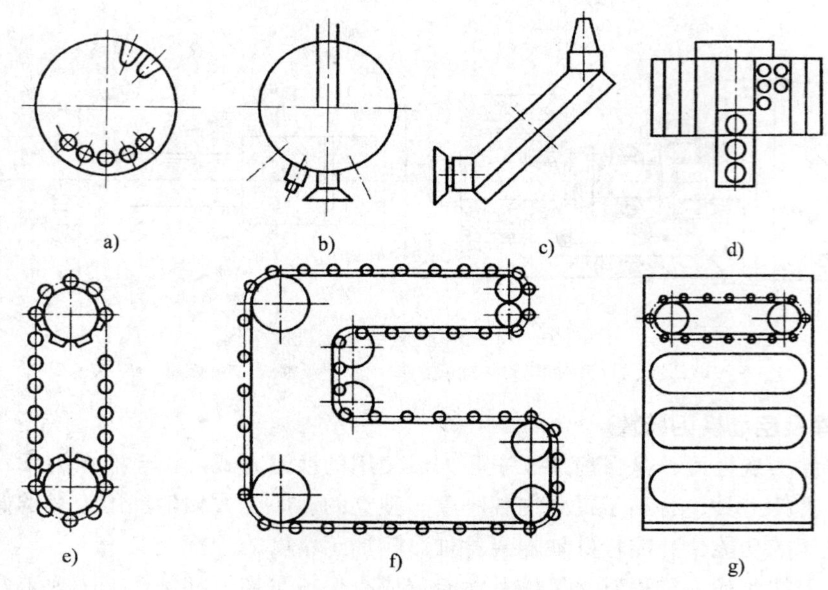

图 5—11 刀库的不同形式

a）刀具沿主轴轴向安装 b）刀具径向安装 c）刀具斜向安装
d）弹仓式结构 e）链式刀库 f）多条链带结构 g）链带折叠回绕方式

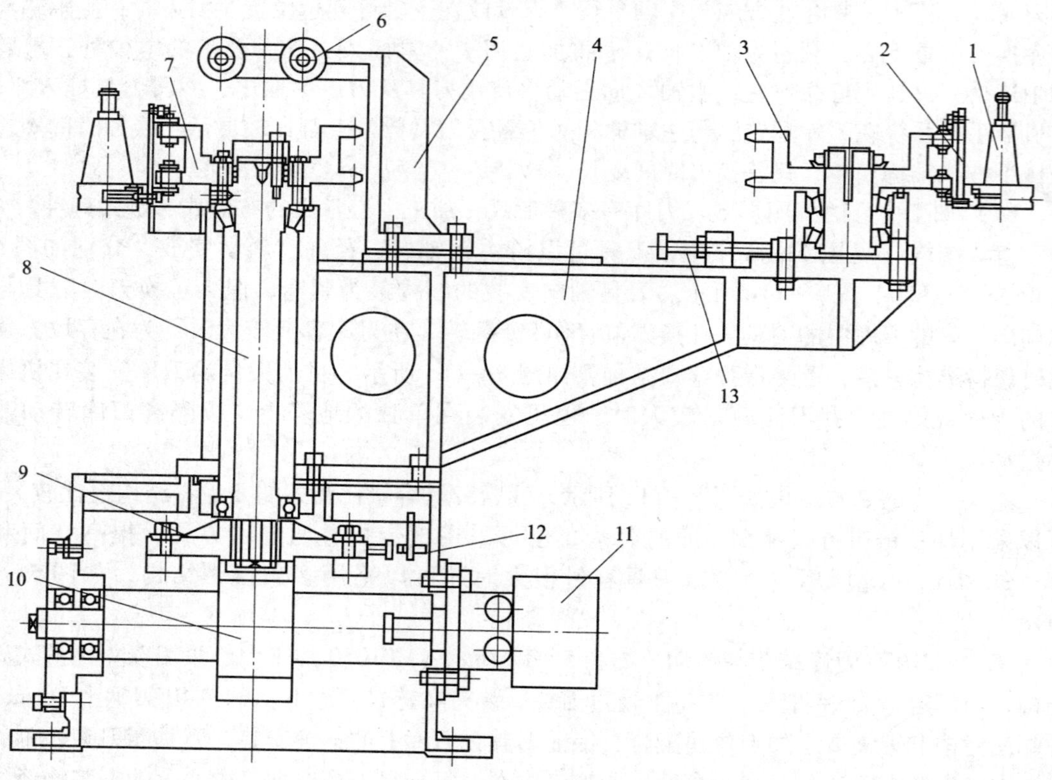

图 5—12 VP1050 加工中心刀库结构

1—刀柄 2—刀夹 3、7—双链轮 4—刀链架 5—刀臂滑座架 6—刀臂套筒 8—刀链传动轴
9—传动轮 10—圆柱凸轮 11—液压马达 12—位置传感器 13—刀链调整螺栓

刀夹 2 安装在链条上，通过双链轮 3、7 可以带动链条旋转。链条的松紧程度由刀链传动轴 8 调整螺栓 13 调整，并由螺母锁紧。刀链上安装有传动轮 9 和双链轮 7。刀库的旋转动力由液压马达 11 提供，通过圆柱凸轮 10、传动轮 9 将液压马达的转动转换为链式刀库的转动。液压油的不可缩性，使液压马达具有传动快捷、制动准确的特点，可以根据要求准确的起动和停止。

传动轮 9 的端面沿圆周均分布安装有 8 个转子，圆柱凸轮 10 每转一转，传动轮 9 转过 1/8 转。传动轮在凸轮的推动下每转过一个转子，相应于刀链上转过一把刀的位置。在传动轮 9 外沿上对应每一个转子的位置安装有一个金属感应块，由位置传感器 12 将刀具的位置信号传递给数控机床的 PLC 程序，每接到一次信号，PLC 程序将进行一系列的逻辑运算，确定当前位置刀号、当前位置与目标位置的位置距离，根据最佳路径，PLC 发出控制指令，使液压马达实现正转或反转。到达目标位置，PLC 将控制液压马达停止转动，位置传感器向 PLC 发出已到达目标位置信号，刀链工作完成。

（3）常见自动换刀装置实例。VP1050 换刀机械手如图 5—13 所示。套筒 1 由气缸带动做垂直方向运动，实现对刀库中刀具的抓刀，滑座 2 由气缸作用在两条圆柱导轨上水平移动，用于将刀库刀夹上的刀具（或换刀臂上的刀具）移到换刀臂上（或移到刀库刀夹上）。换刀臂可以上升、下降及 180°旋转实现主轴换刀。换刀臂的上下运动由气缸实现，回转运动由齿轮齿条机构实现。换刀过程如下：

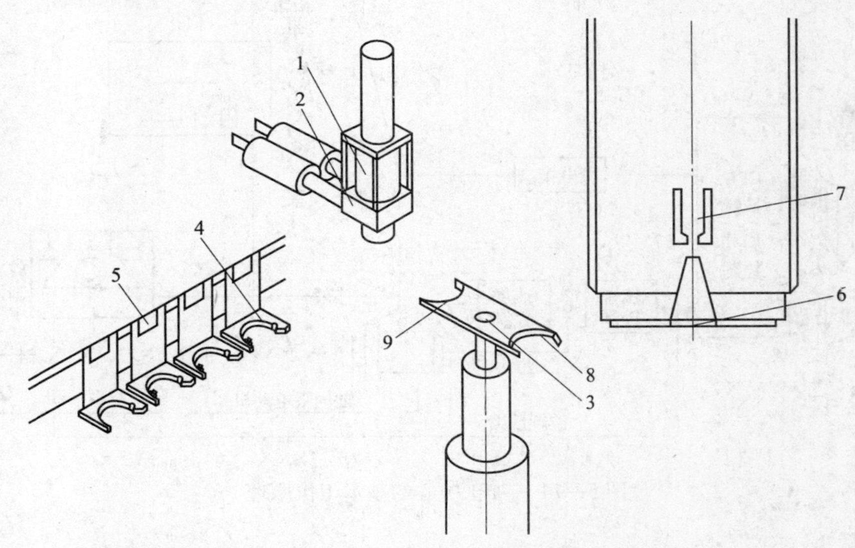

图 5—13　VP1050 加工中心换刀机械手原理

1—套筒　2—滑座　3—换刀臂　4—弹簧刀夹　5—刀号
6—主轴　7—主轴抓刀爪　8—换刀臂外侧爪　9—换刀臂内侧爪

1）取刀：套筒 1 下降（套进刀把）→滑座 2 前移至换刀臂（将刀具从刀库移到换刀臂）→换刀臂 3 刀号更新（换刀臂的刀号登记为刀链的刀号，此过程在数控系统内部由 PLC 程序完成，用于刀库的自动管理）→套筒 1 上升（套筒脱离刀把）→滑座 2 移进刀库（恢复初始预备状态）。

2）换刀：主轴 6 运动至还（换）刀参考点（运动顺序为先 Z 轴，后 X 轴，将刀柄送入换刀臂外侧）→主轴抓刀爪 7 松开→换刀臂 3 下降（从主轴上取下刀具）→换刀臂 3 旋转（刀具转至刀库侧）→换刀臂 3 上升（换刀臂刀爪与刀库刀爪对齐）→滑座 2 前移（套筒 1 对正刀柄）→套筒 1 下降（套进刀柄）→滑座 2 移进刀库（刀具从换刀臂移进刀库）→换刀臂 3 刀号设置为 0（换刀臂刀号为空白，由数控系统 PLC 完成）→套筒上升（脱离刀把）→还刀完成。

§5—3　加工中心的工作原理

一、加工中心各组成部分的功能

加工中心是一种利用数字控制技术，按照预先编制好的程序实现加工运行的自动化设备。加工中心种类繁多，但对一台完整的加工中心来讲，通常由机床机械部件、数控系统、伺服系统、位置反馈系统、输入装置及程序载体等组成，其基本工作原理如图 5—14、图 5—15 所示。

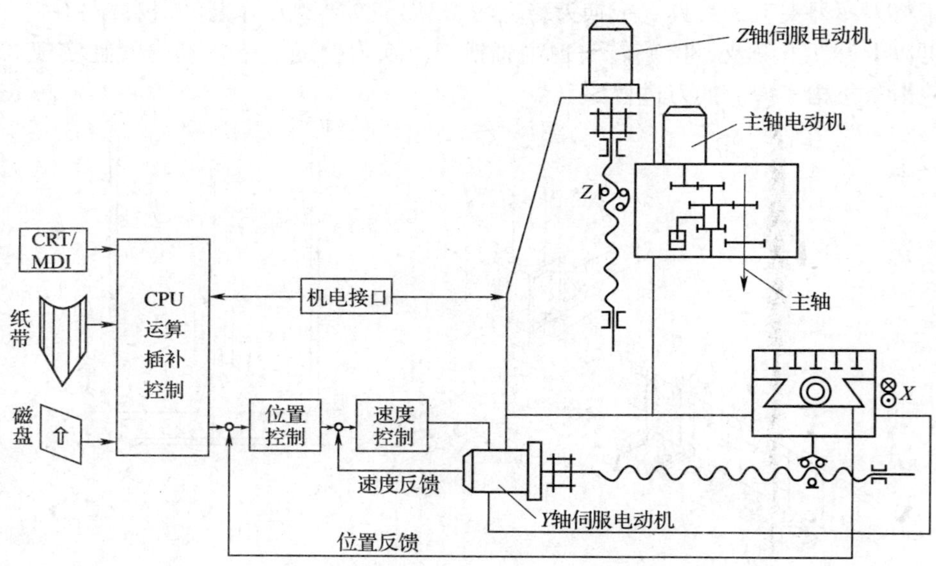

图 5—14　加工中心的基本工作原理

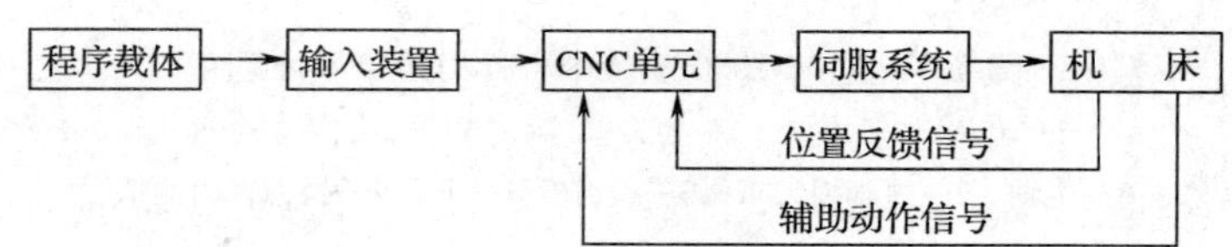

图 5—15　加工中心基本工作原理框图

1．机床机械部件

机床机械部件包括机床主机与辅助装置两部分。

机床主机是用于直接完成各种切削加工运动的机械部分，主要包括支承部件（床身、立柱等)、主运动部件（主轴箱）、进给运动部件（工作滑台及刀架等）等。数控机床与普通机床相比，结构上发生了很大的变化，普遍采用滚珠丝杠、滚动导轨等高效传动部件提高传动效率。由于采用高性能的主轴及伺服传动系统，使得机械传动结构明显简化，传动链大为缩短。

辅助装置如液压系统、气动系统、润滑系统、冷却排屑系统以及刀具自动交换系统、托盘自动交换系统等。

2. 数控系统

数控系统是数控机床的控制核心，通常是一台通用或专用微型计算机。数控系统由信息的输入、处理和输出三部分组成。程序由输入装置将加工信息传给数控系统，通过编译形成计算机能识别的信息，信息处理部分按照控制程序的规定，逐步存储并进行处理后，通过输出单元发出位置和速度控制指令给伺服系统和主运动控制部分。

数控机床的辅助动作，如刀具的选择与更换、切削液的启停等一般采用可编程序控制器（PLC）进行控制。现代数控系统一般都内置有 PLC 附加电路板，这种结构形式可省去 CNC 与 PLC 间的连线，结构紧凑、可靠性高、操作方便，无论从技术还是经济上都是有利的。

3. 伺服系统

伺服系统是数控机床的一个重要组成部分，包括驱动与执行两部分。它与一般机床进给系统的根本区别是：一般机床进给系统只能稳定地传递所需的力和速度，不能接受随机的输入信息，不能控制执行部件的位移和轨迹；伺服系统则不然，它能将数控系统送来的指令信息经功率放大后，通过机床进给传动元件驱动机床移动部件，实现精确定位或按规定的轨迹和速度运行，以加工出符合图样要求的零件。伺服系统的伺服精度和动态响应性能是影响数控机床的加工速度、精度和表面粗糙度等的重要因素之一。

伺服系统中常用的执行装置随控制系统的不同而不同。开环伺服系统常用步进电动机，闭环（半闭环）伺服系统常用脉宽调速直流电动机和交流伺服电动机。目前较普及的是采用交流伺服电动机。

4. 位置反馈系统

位置反馈通常分为伺服电动机转角位移反馈（半闭环中间检测）和机床末端执行机构位移反馈（闭环终端检测）两种。检测传感器（如光电编码器、光栅尺等）将上述运动部分的角位移或直线位移转换成电信号，输入数控系统，与指令位置进行比较，并根据比较结果发出指令，纠正所产生的误差。

5. 输入装置

输入装置的作用是将程序载体上的有关信息传递并存入数控系统。根据程序载体的不同，输入装置可以是光电阅读机、磁带机或软盘驱动器等。数控加工程序也可以通过键盘，用手工方式直接输入数控系统。现代数控系统一般还可以由编程计算机通过 RS－232C，甚至采用网络通讯方式将数控加工程序传送到数控系统中。

6. 程序载体

程序载体也称为控制介质。数控机床是按零件加工程序运行的，零件加工程序中包含了加工零件所需的全部操作信息、刀具相对工件的相对运动路径信息和工艺信息等，信息是以代码的形式按规定的格式存储在一定的载体上。常用的信息载体有穿孔带、磁带、磁盘等。通过数控机床输入装置，可将信息载体上的程序信息输入到数控系统。

二、加工中心的工作过程

数控机床加工零件时，根据零件图样要求及加工工艺，将所用刀具、刀具运动轨迹与速度、主轴转速与旋转方向、冷却等辅助操作以及相互间的先后顺序，以规定的数控代码形式编制成程序，并输入到数控系统中。数控系统将输入程序进行处理后，向机床各坐标的伺服系统及辅助装置发出指令，驱动机床各运动部件及辅助装置进行有序的动作与操作，实现刀具与工件的相对运动，加工出所要求的零件。图 5—16 所示粗略地表示了数控机床加工零件的工作过程。

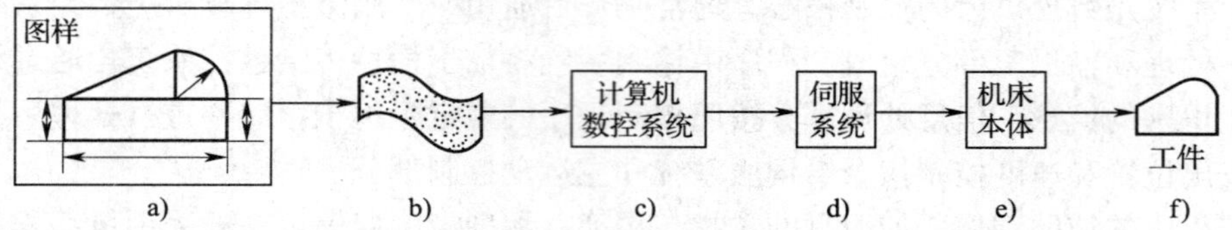

图 5—16　加工中心的工作过程

a）图样与工艺文件　b）加工程序　c）数控系统

d）伺服系统　e）机床本体　f）加工后的零件

三、加工中心的数控系统

加工中心之所以具有功能强、精度高、性能好、可靠性高的特点，其关键条件是有一个好的控制中枢，即计算机数字控制系统。这个系统的组成包括：程序、输入/输出设备、计算机（数字控制装置）、可编程序控制器、主轴驱动装置及电动机和进给驱动装置及电动机等。如图 5—17 所示，下面分别作一简介。

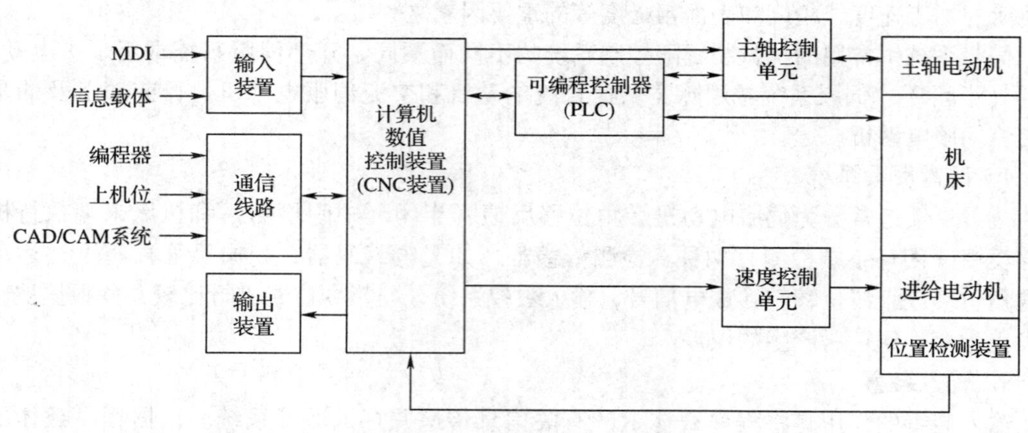

图 5—17　数控系统的组成

1. 数控装置

（1）计算机数字控制装置。计算机数字控制装置（简称 CNC 装置）是数控系统的核心，具有以下特点：

1）用存储的软件实现控制。一般计算机是用存储的软件进行控制的，CNC 装置也是用存储的软件进行控制以代替硬件控制。早期的 CNC 装置使用磁芯存储器，后来用半导体存储器，它们都有可能丢失信息，所以 CNC 装置往往配有系统软件存储带，软件丢失后要重新读入。现代 CNC 装置都把系统软件存储在半导体只读存储器中（ROM）；或可擦除的只读存储器（EPROM）中，现在可把电子盘作为存储器，使用这样的器件，软件的内容存入后，可长期保持不丢失，提高 CNC 的稳定性能。

2）有存储和修改零件程序的能力。CNC 装置在存储器中划出一部分可读可写存储器用以存储零件程序，有的 CNC 装置甚至有专门的区域存储用户编的子程序。CNC 装置都有编辑功能，操作员可以利用 CNC 装置的输入/显示装置和编辑软件功能来修改零件程序。CNC 装置控制加工中心工作时，是从自己的存储器中读出零件程序进行处理、执行，即存储器工作方式。

现代 CNC 装置都设置了串行数据输入接口，以便接收外来的零件程序，或把 CNC 装置内部的程序送出。

3）可实现调节控制。CNC 装置把计算机引入机床位置控制回路中，利用计算机的数据处理能力，可实现各种控制策略。例如，针对机床轮廓加工和快速移动的不同要求，可实现对开环增益的调节，使机床在两种不同的运动条件下都具有最佳性能；采用前馈控制，提高响应速度，降低伺服跟随误差；利用滑模变结构控制和双模控制保持系统定位过程的加速度恒定等。

4）用软件控制取代机床的继电器控制。早期数控的开关量控制是用继电器实现的，继电器有速度低、可靠性差的缺点，而且改变控制电路很困难。而可编程序控制器 PLC 把机床的各种开关控制作为软件控制，使机床的全部动作都由软件加以控制和监视。

5）有保护零件程序的能力。保护零件程序应考虑 3 个方面：必须保证零件程序的正确性；必须监视零件程序在机床上的执行情况；在检测到错误时，必须在零件变成废品之前采取措施。

6）有故障诊断的功能。当系统或程序出现故障时，CNC 装置能及时在线监测，并将故障信息显示，使操作和维修人员了解故障部位，及时排除，减少停机时间。

（2）数控装置的技术指标。CNC 装置的技术指标反映了 CNC 的基本性能，概括起来如下：

1）控制轴数。说明 CNC 最多可以控制多少坐标轴，其中包括移动轴和回转轴。基本坐标轴是 X、Y、Z，多于 3 个的坐标轴是 X、Y、Z 的平行辅助轴 U、V、W 或回转轴 A、B、C。

2）联动轴数。表示 CNC 可同时控制按一定规律完成一定轨迹插补的协调运动的坐标轴数，它与控制轴数是不同的概念。联动轴数越多，说明 CNC 可以加工较复杂的空间线型或型面。控制轴数越多，特别是联动轴数越多，CNC 系统就越复杂，编程也越困难。

3）脉冲当量（分辨率）。是 CNC 很重要的精度指标，有两方面的内容，一是机床坐标轴可达到的控制精度，表示 CNC 每发出一个脉冲，坐标轴所移动的距离，称为实际脉冲当量或外部脉冲当量；二是内部运算的最小单位，称为内部脉冲当量，内部脉冲当量一般比实际脉冲当量设置得要小，为的是在运算过程中不损失精度。CNC 系统在输出位移量之前，自动将内部脉冲当量转换成外部脉冲当量。

4）插补功能。插补功能越强，说明 CNC 能够加工的轮廓越多。现代 CNC 不仅可以插补直线、圆弧，而且可以插补抛物线、椭圆、正弦曲线、螺旋曲线、样条函数等，高级型 CNC 甚至可以对曲面进行直接插补，插补坐标系也从直角坐标系扩展到极坐标系、圆筒坐标系等。

5）进给速度和调节范围。以每分钟进给距离的形式指定刀具切削速度（用 F 指令）。其中最大进给速度表示 CNC 在一定条件下所能达到的最大加工速度；连续 1 mm 直线段加工速度表示执行连续 1 mm 直线段所能达到的最大加工速度，它常用作评价 CNC 实时性和高速加工能力的一个重要指标；最大快进速度表示不加工的最大移动速度。进给速度可通过操作板面上的进给倍率开关调整，调整范围一般为 10% ~200%，每档间隔 10%。

6）定位精度和重复精度。定位精度是指实际位置与指令位置一致的程度，不一致则为误差；重复精度是指在相同条件下，操作方法不变，进行规定次数操作所得到的连续结果的一致程度。

7）准备功能（C 功能）。是指令机床动作方式的功能，包括基本移动、程序暂停、平面选择、坐标设定、刀具补偿、基准点返回、固定循环、公/英制转换等指令。它用指令 G 和后续的两位数字表示。ISO 标准中定义的准备功能从 G00 至 G99 共 100 种。

G 代码有一次性和模态两种。在程序中，一次性的 G 代码限于在指令的程序段内有效，而模态的 G 代码直到出现同一组的其他 G 代码前一直保持有效。

8）主轴转速和调节范围。以每分钟转数的形式指定的主轴转速（用 S 指令）。机床操作还设有主轴倍率开关，用它可以修改程序而改变主轴转速，典型的调节范围是 50% ~ 120%，每档间隔 5%。

9）辅助功能（M 功能）。用来规定主轴的起、停、转向，切削液泵的接通与断开，刀库的起、停等。它也是衡量 CNC 功能的一个重要指标。M 功能的使用有立即型（在指令的程序段开始动作时立即执行）和段后型（在指令的程序段完成时才起作用）两种。

10）零件程序管理和编程。零件程序管理功能不仅反映 CNC 中可同时存储的零件程序个数，还有一个重要指标是容量，它表示可存储零件程序的长度。有两种表示方法，一种是直接给出容量，例如 64 k、128 k（字节数）；另一种是按早期的数控系统可存储的纸带长度，例如 120 m（米）。两种方法可以换算，每 1 k 容量大约可存储 2. 6 m 的纸带。

11）刀具管理功能和刀具补偿。用来选择刀具的功能（用 T 指令）。CNC 能够根据 T 指令从一定容量的刀库中选择加工时所需要的刀具，现代 CNC 还可进行刀具的半径补偿，刀具长度补偿以及刀具使用寿命管理和自动刀具测量等。

12）操作功能。CNC 通常能进行条件程序段的执行、程序段跳步、机械闭锁、辅助功能闭锁、单段、试运行、录返、示教等操作。操作功能越多，使用越方便。

13）零件程序结构。包括程序名位数、程序号位数、是否可以用子程序、子程序的嵌套层数、用户宏程序等。CNC 提供的零件程序结构越灵活，则用户使用越方便，零件程序越简单。

14）自动加减速控制。为保证伺服电动机在启动、停止或速度突变时不产生冲击、失步、超程或振荡，必须对送到伺服电动机的进给频率或电压进行控制。如在电动机启动及进给速度大幅度上升时，控制加在伺服电动机上的进给频率或电压逐渐增大；而当电动机停止及进给速度大幅度下降时，控制加在伺服电动机上的频率或电压逐渐减小。

CNC 系统中自动加减速控制多用软件实现，它可在插补前进行，称插补前加减速；也可在插补后进行，称插补后加减速。

自动加减速控制有多种算法，如直线加减速、指数加减速、抛物线加减速、鼓形加减速等。

15）误差补偿功能。在加工过程中，机械传动链中存在的反向间隙（齿隙）和螺距误差（由滚珠杠丝的螺距不均匀等引起），可导致实际加工的零件尺寸与程序规定的尺寸不一致，即加工误差。因此，CNC 采用反向间隙补偿和螺距误差补偿功能，把误差的补偿量输入到 CNC 的存储器，按补偿量重新计算刀具的坐标尺寸，从而加工出符合要求的零件。

16）机床顺序控制。现代 CNC 的机床顺序控制用可编程逻辑控制器 PLC（有的称可编程机器控制器 PMC）实现，PLC 的性能包括输入/输出点数、编程语言、指令条数、程序内容等。PLC 有内装型和外装型之分。

17）开关量接口。CNC 的 M、S、T 功能不仅在 CNC 内部要处理，而且要以 BCD 码的形式输出，M、S、T 码的输出位数是一个重要指标。另外，CNC 还有其他一些开关量接口，如外部的急停信号、循环启动信号、进给保持信号等。

18）通信与通信协议。一般 CNC 都有 RS232C 接口，有的还配有 DNC 接口，并设有缓冲区，进行高速传输。高级型 CNC 还可与 MAP 相连，接入工厂的通信网络，以适应 FMS、CIMS 的要求。

19）字符图形显示。CNC 可配置单色、彩色 CRT，通过软件和接口实现字符和图形显示。可以显示程序、参数、各种补偿量、坐标位置、故障信号、人机对话编辑菜单、零件图形、动态刀具轨迹（表示实际切削过程）等。在我国，CNC 的中文显示功能使操作者用起来更容易。

20）自诊断功能。CNC 中设置各种诊断程序，在故障发生后可迅速查明故障类型和部位，及时排除以减少故障停机时间和防止故障的扩大。

CNC 的故障诊断程序可以包含在系统程序中，在系统运行过程中进行诊断，也可以作为服务性程序，在系统运行前或故障停机后进行诊断，有的 CNC 还可进行过程通信诊断。

（3）典型数控装置简介。加工中心使用国外引进的数控系统较多，具有代表性的是日本 FANUC 公司和德国 SIEMENS 公司的产品，此外是美国 Allen－Bradley（A－B）、SINSINNATI、西班牙 FAGOR、日本三菱，近几年应用的国产数控系统有：蓝天Ⅰ、华中Ⅰ、中华Ⅰ等。下面介绍 FANUC 公司的数控装置。

FANUC 公司为使 CNC 功能在更高的层次上满足现代机械加工的高精度、高速度及高效率的要求，在插补、加速度、补偿、自动编程、图形显示、通信、控制及诊断方面不断地增加新的功能。插补功能除了直线、圆弧和螺旋线外，还有假想轴插补、极坐标插补、圆柱面插补、指数函数插补、渐开线插补及样条插补等。切削进给的自动加减速功能，除了插补后直线加减速之外，还有插补后钟形加减速和插补前的加减速。补偿功能，除了螺距误差补偿、丝杠反向间隙补偿外，还有坡度补偿、线性度补偿以及各种新的刀具补偿功能（如刀位、刀尖、刀具磨损等）。在故障诊断方面采用了人工智能功能（专家系统）。系统所具有的推理软件以知识库为依据，便于分析查找故障。

FANUC 公司近年生产的数控装置有 F0、F10/11/12、F15、F16、F18 系列。其中 F0 系列产品应用的最多，在加工中心上用的是 F0－MA/MB/MEA/MC/MF。

F0 系列是一个多微处理机系统。0A 系列主 CPU 为 80186；0B 系列主 CPU 为 80286。0C 系列主 CPU 为 80386；PMC 的 CPU 为 8086。此外，在图形控制和操作面板控制等上面也都有各自的 CPU。F0 系列用内装 PMC，PMC 有两种规格，即 FANUCPMC - MODEL L 和 FANUCPMC - MODEL M。M 型的功能比 L 型的强。0C 系列在已有的串行接口 RS232C 之外又增加了具有高速串行接口远程缓冲器，以此实现 DNC 运行。图 5—18 是 F0 系列的逻辑框图。

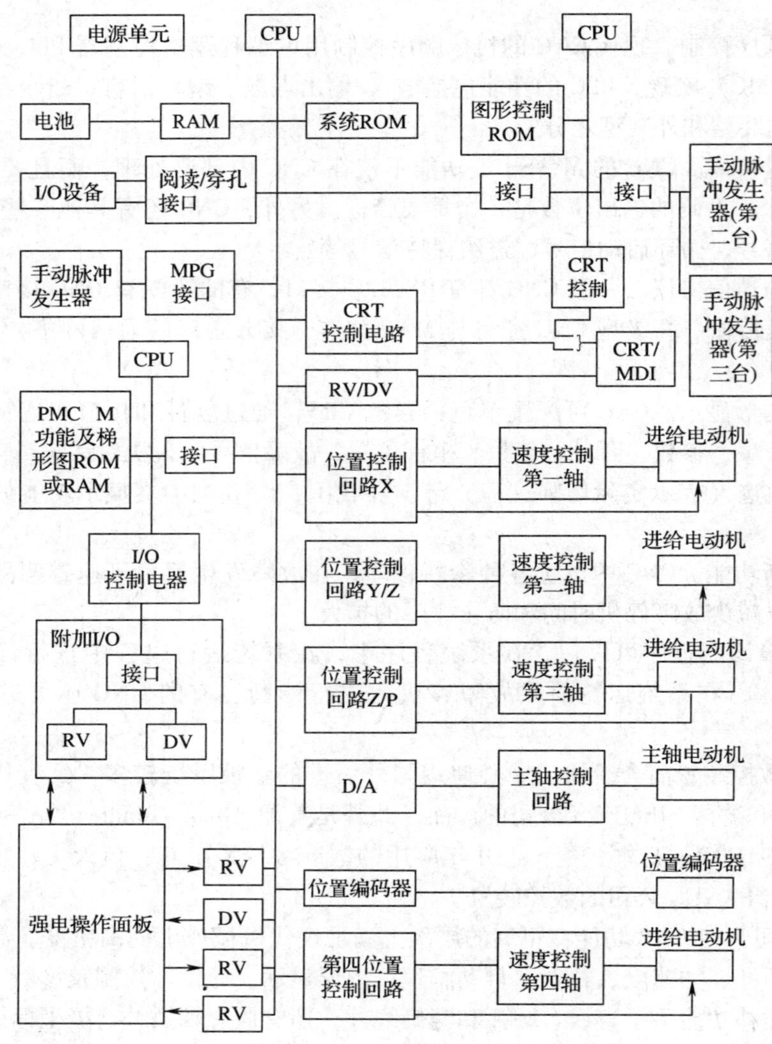

图 5—18　F0 系列逻辑框图

2. 进给驱动装置及电动机

数控装置将数控加工程序等各种信息接收进来正确处理后，协调指挥机床各部分的运动，完成数控机床所有运动的控制。

进给驱动系统包括进给轴用的伺服电动机（一般内装有速度和位置检测部件）及其进给伺服单元，用来控制机床各坐标轴的切削进给运动，提供切削过程中所需的转矩和功率，可以任意调节运转速度。

加工中心进给系统应该满足整机的两方面要求：稳定性方面，对于全闭环系统尤为重要，其中包括绝对稳定和相对稳定，即整个系统在启动状态或外界干扰作用下，经过几次衰减振荡后，能迅速地稳定在新的或原有的平衡状态下，这里包括动态误差、稳态误差和静态误差，也就是伺服系统的输入量与最终运动部件的运动量的精确程度。快速响应特性方面，即伺服系统的响应时间以及传动装置的加速能力，一台加工中心的进给系统不仅要求有合理的控制系统，而且要求对驱动元件和机械传动装置的参数进行合理的选择，这样才能使整个进给系统工作时的动态特性匹配。

加工中心进给驱动系统按检测信号的反馈方式分为闭环控制、半闭环控制。其原理如图5—19所示。当反馈信号由安装在工作台上的位置检测器取出后反馈到位置偏差检测器时，即构成闭环控制系统。在闭环控制系统中，由于伺服电动机的运动指令是由运动部件的实际位置与输入指令进行比较来修正的。能够把中间环节中的电气和机械传动所产生的误差排除在外，因此定位准确。但是，如果伺服刚度的匹配不恰当时，即整个系统的稳定性较差时，将会产生“振荡”，使整个进给系统无法工作。因此，一般只有在精度要求较高的加工中心上采用。

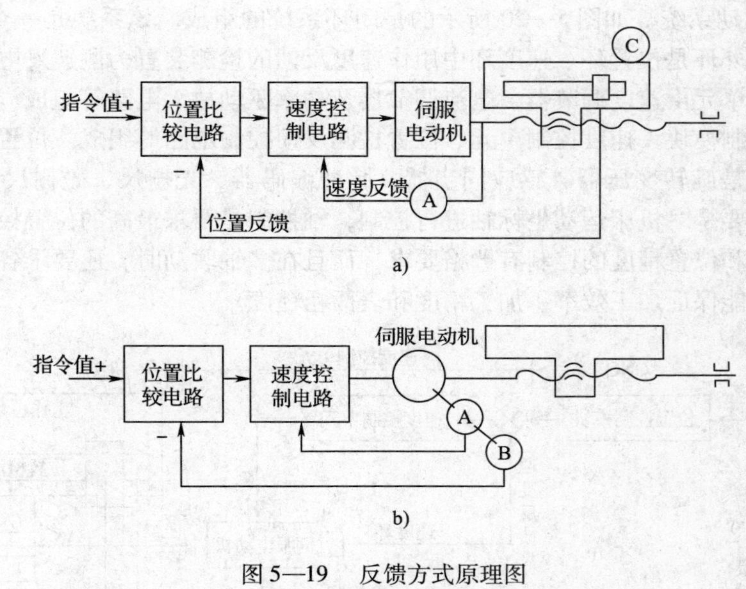

图5—19　反馈方式原理图

a）闭环控制　b）半闭环控制

当反馈信号是由安装在伺服电动机上或与传动丝杠连接的位置检测器取出后反馈到位置偏差检测器时，即构成半闭环控制系统。半闭环控制系统的反馈信号取出点与运动部件的实际位置之间存在着联轴节间隙、丝杠的螺距误差、丝杠扭转和丝杠轴向弹性变形等产生误差的环节，因此其定位精度低于全闭环系统；但对一般精度的加工中心，通过对机械零件的选择，必要时再加上采取螺距误差补偿和反向间隙补偿等电气措施，是可以满足精度要求的。如果零件的刚度选择恰当，装配满足技术要求，即使在没有电气补偿的情况下定位精度也可达6~10 μm/300 mm，与全闭环系统相比，半闭环系统在装配和调整时都比较方便，所以目前大多数加工中心的进给系统都采用半闭环方式。

（1）伺服电动机。在加工中心上常用的伺服电动机是直流伺服电动机和交流伺服电动机两种。

直流伺服电动机具有良好的调速特性。加工中心常用的有小惯量直流伺服电动机和永磁直流伺服电动机（也称为大惯量宽调速直流伺服电动机）。尤其是永磁直流伺服电动机能在较大过载转矩下长时间工作而且电动机的转子惯量较大，它能与丝杠直接连接而不需中间传动装置，并且低速运转性能良好，因此这种直流伺服电动机一度在加工中心上获得了广泛的应用。永磁直流伺服电动机的缺点是有电刷，限制了转速的提高，一般额定转速为1 000 ~ 1 500 r/min。

加工中心上常用的交流伺服电动机是永磁同步伺服电动机。交流伺服电动机没有直流伺服电动机的缺点，并且转子惯量比直流伺服电动机小，使得动态响应好。另外，在相同体积下，交流伺服电动机的输出功率比直流伺服电动机大。交流伺服电动机的容量可以造的较大，而且能达到更高的电压和转速。因此，近几年交流伺服电动机得到了迅速的应用，现在加工中心几乎都使用交流伺服系统。

伺服电动机的主要技术指标有：输出功率、额定转矩、最大转矩、最高转速、转子惯量和机械时间常数等。

（2）伺服驱动系统。如图 5—20 所示的是闭环系统的组成。该系统是一个双闭环系统，内环是速度环，外环是位置环。速度环中用作速度反馈的检测装置为测速发电机、脉冲编码器等。速度控制单元由速度调节器、电流调节器及功率驱动放大电路等组成。位置环由数控装置中的位置控制模块、速度控制单元、位置检测反馈控制电路等组成。位置环中用作位置反馈的检测装置是旋转变压器、感应同步器、脉冲编码器、光栅尺、磁栅尺和激光测距仪等。位置控制主要是对机床运动坐标轴进行控制，轴控制是要求最高的位置控制，不仅对单个轴的运动速度和位置精度的控制有严格要求，而且在多轴联动时，还要求各移动轴有很好的动态配合，才能保证加工效率、加工精度和表面粗糙度。

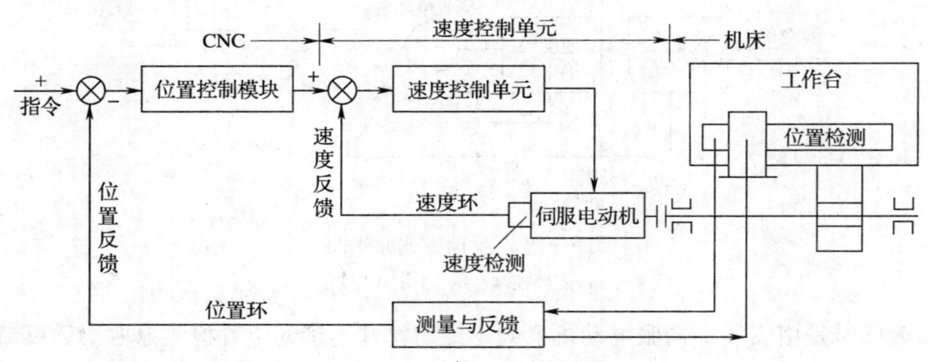

图 5—20　闭环系统的组成

数控装置插补信号输入到位置控制模块的位置比较电路与位置检测反馈电路来的反馈信号相比较后，位置比较电路输出位置移动信号经位置控制和速度控制单元输出到速度环，直到机床完成进给运动。

根据位置检测反馈元件和位置检测反馈电路的信号不同，位置比较电路有：鉴相器、幅值比较器、脉冲数码比较器等。它们组成的伺服系统分别是：相位伺服系统、幅值伺服系统和数字、脉冲比较伺服系统。相位与幅值伺服系统的位置测量元件常用的是：旋转变压器、感应同步器、光栅尺和磁栅尺等。这些测量元件及检测电路都可输出相位比较信号或幅值比较信号。数字、脉冲比较伺服系统常用的位置测量元件是脉冲编码器和光栅尺，它们的信号经检测电路处理后成为数字脉冲信号。尺状测量元件用于全闭环系统，回转测量元件常用于半闭环系统。

速度控制是伺服系统中的重要内容，速度环是用来控制电动机转速，速度控制单元为速度控制系统的核心。根据伺服电动机的不同，分别有直流伺服系统和交流伺服系统。在直流伺服系统中，广泛地采用了脉冲宽度调制（PWM）方法。在交流伺服系统中，采用了变频调速。

在直流伺服系统中采用的脉宽调制调速方法是功率放大器中的功率晶体管在开关状态下，开关频率保持恒定，用调整开关周期内晶体管导通时间的方法来给电动机输出，从而使电动机电枢两端获得宽度随时间变化的给定频率的电压脉冲。脉宽的连续变化，使电枢电压的平均值也连续变化，因而使电动机的转速连续调整。在速度控制系统中的功率放大器可采用晶闸管、大功率晶体管或可关断晶闸管等。

在交流伺服系统中最常用的是 PWM 型变频控制调速系统。PWM 型变频器有多种方式，主要有：正弦波 PWM（SPWM）、NPWM、DMPWM、矢量角 PWM、最佳开关角 PWM、电流跟踪 PWM 等。如 SPWM 是正弦波脉宽调制，是将与速度控制的直流电压经电压/频率变换后，成为频率与直流电压成正比的脉冲信号，再经分频器产生幅值一定的三角波和幅值可调的正弦波，这两组波在比较器中比较，产生调制好的矩形脉冲。矩形脉冲等幅、等距，但不等宽。在一周期里，脉宽按正弦分布。在实际中，控制正弦波的幅值就可改变矩形脉冲的宽度，从而控制了逆变器（功率放大）输出的波形与电动机各相中的电流有效值，这样就实现了对交流伺服电动机的转速控制。

四、主轴伺服系统

加工中心的主轴驱动和进给驱动有很大的差别。机床主运动通常是旋转运动，无须丝杠或其他直线运动的装置。随着生产力的不断提高、机床结构的改进、加工范围的扩大，要求机床主轴的速度和功率不断提高，主轴的转速范围不断的扩大，主轴的恒功率调速范围要大，自动换刀时的主轴准停功能等。为了实现上述种种要求，主轴驱动要采用无级调速系统驱动。

早期的加工中心多采用直流主轴驱动系统，但由于直流电动机的换向限制，大多数系统恒功率调速范围都非常小。现在随着微处理器技术和大功率晶体管技术的进展，20 世纪 80 年代初期开始，加工中心的主轴驱动应用了交流主轴驱动系统。目前在国际上新生产的数控机床已有 95% 采用交流主轴驱动系统。今后交流主轴驱动系统将完全取代直流主轴驱动系统。这是因为交流电动机不像直流电动机那样在高转速和大容量方面受到限制；而且交流主轴驱动系统的性能已达到直流驱动系统的水平，甚至在噪声方面还有所降低，价格比直流主轴驱动系统低。由于主轴驱动一般只有速度控制要求，往往没有位置控制要求，所以主轴控制系统只有速度控制环。另外由于主轴需要恒功率调速范围大，采用永磁式电动机就不合理，往往采用他激式直流伺服电动机和笼型感应交流伺服电动机。

1. 直流主轴伺服系统

直流主轴伺服系统是由他激式直流电动机和直流主轴速度控制单元组成，如图 5—21 所示。直流主轴速度单元是速度环和电流环构成的双环速度控制系统，用于控制主轴电动机的电枢电压进行恒转矩调速。控制系统的主回路采用反并联可逆整流电路，因为主轴电动机的容量大，所以主回路的功率开关元件大都采用晶闸管元件。主轴直流电动机调速还包括恒功率调速，它是由激磁控制回路完成。因为主轴电动机为他激式电动机，激磁绕组需要有另一直流电源供电，减弱激磁控制回路电流使电动机升速。

采用主轴速度控制单元之后，只需 2 ~ 3 级机械变速，即可满足加工中心主轴调速要求。

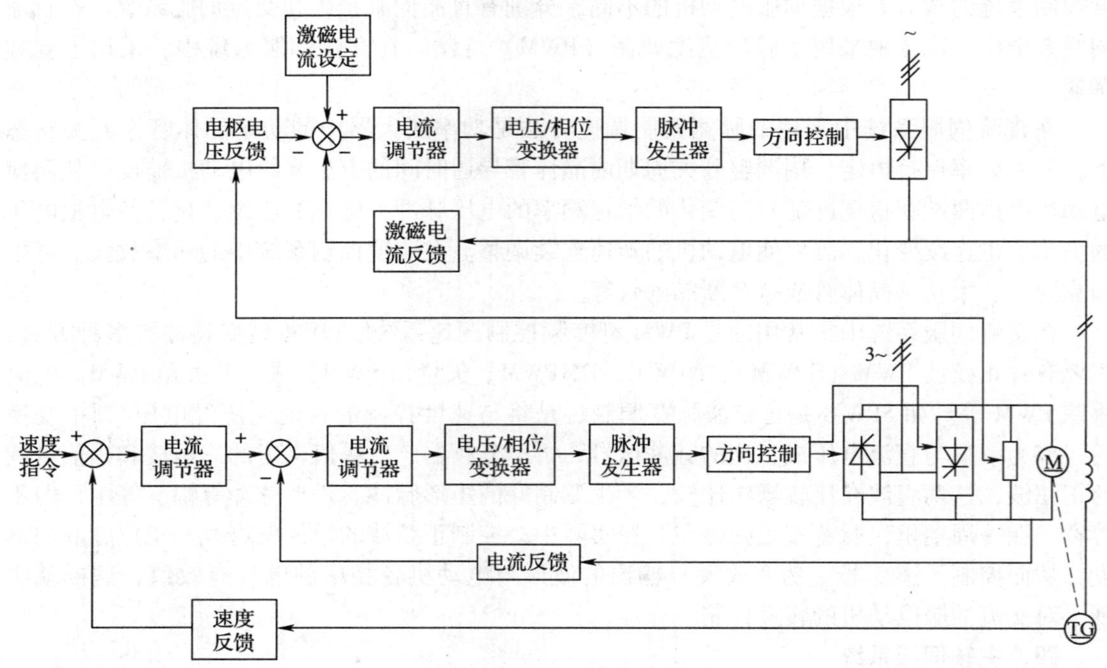

图 5—21　直流主轴速度控制单元

2. 交流主轴伺服系统

交流主轴伺服系统是由交流主轴伺服电动机和交流主轴速度控制单元组成。交流主轴伺服电动机均采用三相交流笼型感应电动机。三相交流笼型感应电动机装有对称的三相绕组，而在圆柱体的转子铁心上嵌有均匀分布的导条，导条两端分别把它们联成一体，称为笼型转子。其工作原理是：当定子上对称三相绕组接通对称三相电源以后，由电源供给激磁电流，在定子和转子之间的气隙内建立起旋转的磁场，依靠电磁感应作用，在转子导条内产生感应电动势。因为转子成闭合回路，转子导条中就有电流流动，从而产生电磁转矩，实现由电能变换为机械能。交流主轴速度控制单元一般是数字式交流速度控制单元，由微处理器担任的转差频率矢量控制器和晶体管逆变器控制感应电动机速度，速度传感器一般采用脉冲编码器或旋转变压器，如图 5—22 所示。

（1）矢量变换控制原理。在伺服系统中，直流伺服电动机能获得优良的动态与静态性能，其根本原因是被控量只有电动机磁场和电枢电流，且这两个量是独立的，如果圆满地补偿电枢反应，两个量互不影响。此时，电磁转矩与磁通和电枢电流分别成正比关系，因此，控制简单，性能为线性。而交流感应电动机没有独立的激磁回路，转子电流时刻影响着磁通的变化，其次，交流感应电动机的输入量是随时间交变的量，磁通也是空间的交变矢量。如果仅仅控制定子电压和电源频率，其输出特性显然不是线性。如果能够模拟直流电动机，求出交流电动机与此对应的磁场与电枢电流，分别而独立地加以控制，就会使交流电动机具有与直流电动机近似的优良调速特性。为此，必须将三相交流变量（矢量）转换为与之等效的直流量（标量），建立起交流电动机的等效数学模型，然后按直流电动机的控制方法对其进行控制后，再将控制信号等效转变为三相交流电量，驱动感应交流电动机，完成对交流电动机的速度控制。这种矢量——标量——矢量的过程就是矢量变换控制过程。在矢量变换控制中，首先是将三相交流量（三相交流电动机）等效为两相交流量（二相交流电动机），再将二相交流量（二相交流电动机）旋转后等效为模拟直流量（直流电动机），控制后，再将调制好的模拟直流量转换为三相交流量输出。在这个过程中要进行复杂的运算和坐标变换计算，所以矢量控制往往由微处理器系统来完成。

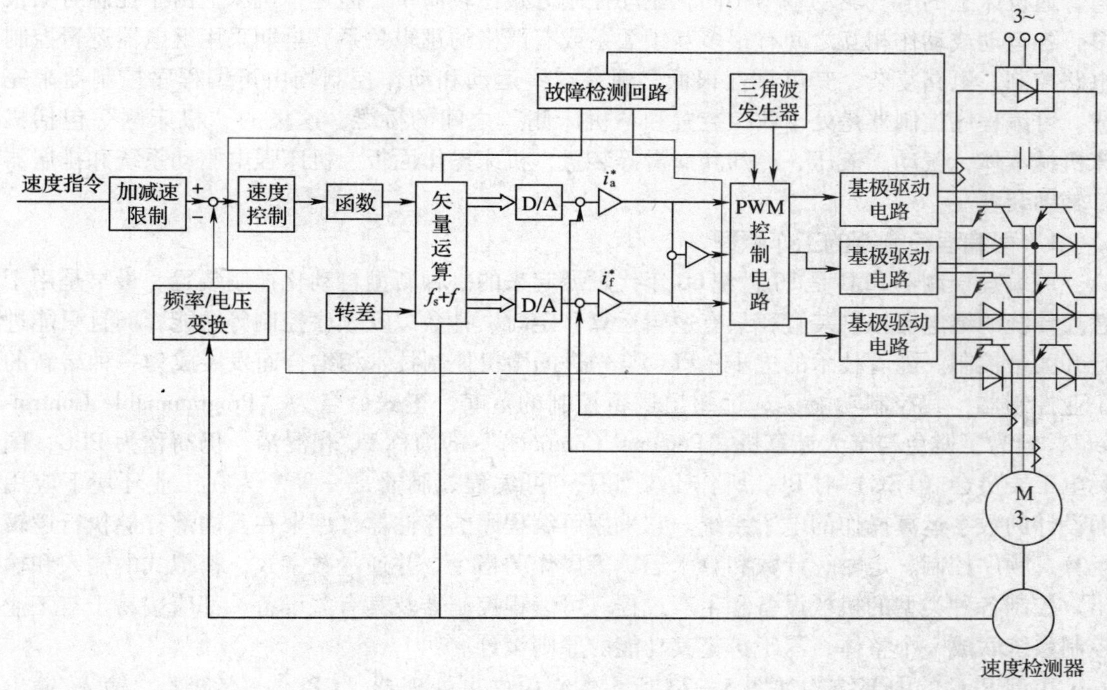

图 5—22 交流速度控制单元

（2）数字式交流速度控制单元。如图 5—22 所示的系统中虚线部分的控制、运算、调节等部分全部由标准化微处理机电路来完成，就成为全数字转差频率矢量控制系统。所谓标准化微处理机电路，是由 8 位或 16 位微处理器、ROM、RAM 以及标准化外围设备、数字输入/输出接口、可编程序计数器及一个中断器组成。一般来说，控制处理需要两个标准化微处理器电路，一个用来执行与速度控制算法有关的任务，如速度调节器的控制可采用一种数字化 PI 的补偿算法；另一个可用作执行两个电流分量的控制。在图中矢量变换工作过程如下：工频电源经桥式整流变成直流，再用晶体管桥式逆变器变换为电动机供电所需的变频电源，与此同时，按照控制回路输出信号，控制电动机的瞬时值电流。速度控制回路输出与转矩成正比的电流，而函数发生器回路预制励磁电流，并计算出定子电流给定值，再用矢量运算回路计算定子电流相位及与负载转矩有关的差转频率。把差转频率与由速度传感器得到的电动机转速频率综合进行代数运算，得到定子电流频率，并经变换器输出定子电流给定值，从而形成了正弦波 PWM 调制的电流控制。

数字式控制与通常的模拟控制相比有许多优点：主轴电动机的加速特性近似直线，时间短，且可使速度变化时的恢复时间减少；可提高主轴定位控制时系统的刚度和精度；系统参数可用数字设定，从而使调整操作更方便。

五、可编程序控制器

加工中心的数控系统要对机床各进给轴运动进行数字控制外，还有许多辅助运动和动作的控制，如主轴的启动、停止和转速的变化，刀库的刀具按程序要求实现换刀，液压、润滑、冷却、排屑装置、工件的装夹及行程极限保护、过载保护等许多开关量的控制。在这些运动或动作传动系统中，往往由普通交流电动机来实现运动的传动。普通交流电动机的驱动与普通机床上的电气驱动基本相同，驱动控制方式比较简单。但是，机床上由于控制对象很多，各运动或动作相互之间有很多互锁关系或有严格的逻辑关系。早期采用继电器逻辑控制电路控制，电路复杂，其可靠性很低。现在这些运动和动作控制均由可编程序控制器来完成。可编程序控制器是处于数控装置和“机床侧”之间的桥梁，这里的“机床侧”包括机床机械本体，气动、液压、冷却和润滑等装置，机床操作面板、机床强电驱动系统和排屑器等辅助装置。

1. 可编程控制器的工作原理

可编程控制器 PLC 是20 世纪60 年代发展起来的一种新型自动化控制装置。最早是用于替代传统的继电器控制装置，只有逻辑运算、定时、计数以及顺序控制等功能，而且只能进行开关量控制。随着技术的进步，PLC 与先进的微机控制技术相结合而发展成为一种崭新的工业控制器，其控制功能已远远超出逻辑控制的范畴，正式命名为“Programmable Controller”，但为了避免与个人计算机“Personal Computer”的简称 PC 相混淆，仍简称为 PLC，国际电工委员会（1EC）对 PLC 所作定义如下：可编程控制器是一种专为在工业环境下应用而设计的数字运算操作的电子系统。它采用可编程序的存储器，用来在其内部存储执行逻辑运算、顺序控制、定时、计数和算术运算等操作的指令，并通过数字式、模拟式的输入和输出，控制各种类型的机械设备和生产过程。可编程控制器及其有关设备，都应按易于与工业控制系统联成一个整体，易于扩充其功能的原则设计。

小型 PLC 的内部结构如图 5—23 所示。它由中央处理器（CPU）、存储器、输入/输出单元、编程器、电源和外部设备等组成，并且内部通过总线相连。

中央处理器单元（CPU）是系统的核心，通常可直接使用通用微处理器来实现，它通过输入模块将现场信息采入，并按用户程序规定的逻辑进行处理，然后将结果输出去控制外部设备。

存储器主要用于存放系统程序、用户程序和工作数据。其中系统程序是指控制和完成 PLC 各种功能的程序，包括监控程序、模块化应用功能子程序、指令解释程序、故障自诊断程序和各种管理程序等，并且在出厂时由制造厂家固化在 PROM 型存储器中。用户程序是指用户根据工程现场的生产过程和工艺要求而编写的应用程序，在修改调试完成后可由用户固化在 EPROM 中或存储在磁带、磁盘中。工作数据是 PLC 运行过程中需要经常存取，并且会随时改变的一些中间数据，为了适应随机存取的要求，它们一般存放在 RAM 中。可见，PLC 所用存储器基本上由 PROM、EPROM 和 RAM 三种形式组成，而存储器总容量随 PLC 类别或规模的不同而改变。

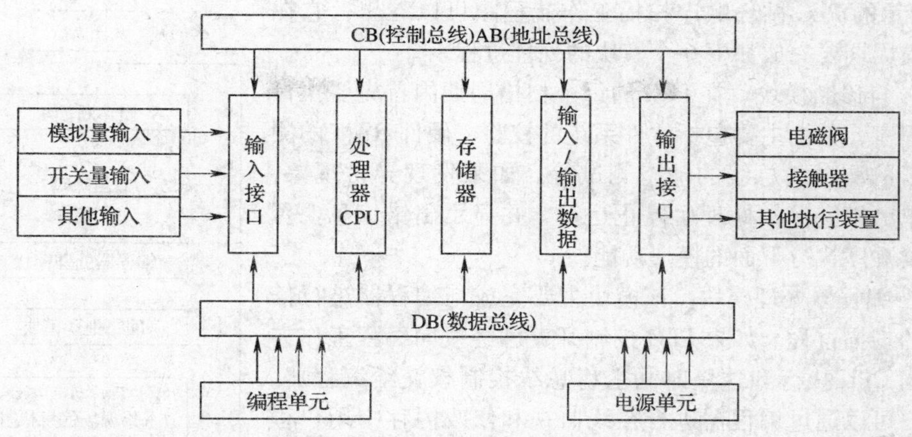

图 5—23　小型 PLC 的内部结构示意图

输入/输出模块是 PLC 与外部设备之间的桥梁。它一方面将外部现场信号转换成标准的逻辑电平信号，另一方面将 PLC 内部逻辑信号电平转换成外部执行元件所要求的信号。根据信号特点又可分为直流开关量输入模块、直流开关量输出模块、交流开关量输入模块、交流开关量输出模块、继电器输入模块、继电器输出模块、模拟量输入模块和模拟量输出模块等。

编程器是用来开发、调试、运行应用程序的特殊工具，一般由键盘、显示屏、智能处理器、外部设备（如硬盘/软盘驱动器等）组成，通过通信接口与 PLC 相连。

电源单元的作用是将外部提供的交流电转换为可编程控制器内部所需要的直流电源，有的还提供了 DC24V 输出。一般来讲，电源单元有三路输出，一路供给 CPU 模块使用，一路供给编程器接口使用，还有一路供给各种接口模板使用。对电源单元的要求是很高的，不但要求具有较好的电磁兼容性能，而且还要求工作电源稳定，并且有过电流过电压保护功能。另外，电源单元一般还装有后备电池（如锂电池），用于掉电时能及时保护 RAM 区中重要的信息和标志。

此外，在大、中型 PLC 中大多还配置有扩展接口和智能 I/O 模块。所谓扩展接口主要用于连接扩展 PLC 单元，从而扩大 PLC 的规模。所谓智能 I/O 模块就是它本身含有单独的 CPU，能够独立完成某种专用的功能，由于它和主 PLC 是并行工作的，从而大大提高了 PLC 的运行速度和效率。这类智能 I/O 模块有：计数和位置编码器模块、温度控制模块、阀控制模块和闭环控制模块等。

PLC 在上述硬件环境下，还必须要有相应的执行软件配合工作。PLC 基本软件包括系统软件和用户应用软件。系统软件一般包括操作系统、语言编译系统和各种功能软件等。其中操作系统管理 PLC 的各种资源，协调系统各部分之间、系统与用户之间的关系，为用户应用软件提供了一系列管理手段，以使用户应用程序能正确地进入系统，正常工作。用户应用软件是用户根据电气控制线路图采用梯形图语言编写的逻辑处理软件。

PLC 内部一般采用循环扫描工作方式，在大、中型 PLC 中还增加了中断工作方式。当用户将应用软件设计、调试完成后，用编程器写入 PLC 的用户程序存储器中，并将现场的输入信号和被控制的执行元件相应地连接在输入模板的输入端和输出模板的输出端上，然后通过 PLC 的控制开关使其处于运行工作方式，接着 PLC 就以循环顺序扫描的工作方式进行工作。在输入信号和用户程序的控制下，产生相应的输出信号，完成预定的控制任务。由图

5—24 所示的 PLC 循环顺序扫描工作流程图可以看出，它在一个扫描周期要完成如下 6 个模块的处理过程。

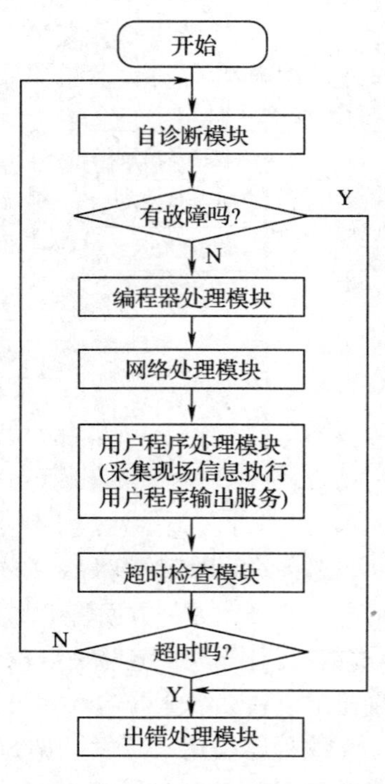

图 5—24　PLC 循环顺序扫描工作流程图

（1）自诊断模块。在 PLC 的每个扫描周期内首先要执行自诊断程序，其中主要包括软件系统的校验、硬件 RAM 的测试、CPU 的测试、总线的动态测试等。如果发现异常现象，PLC 在作出相应保护处理后停止运行，并显示出错信息。否则将继续顺序执行下面的模块功能。

（2）编程器处理模块。该模块主要完成与编程器进行信息交换的扫描过程。如果 PLC 控制开关已经拨向编程工作方式，则当 CPU 执行到这里时马上将总线控制权交给编程器。这时用户可以通过编程器进行在线监视和修改内存中用户程序，启动或停止 CPU，读出 CPU 状态，封锁或开放输入/输出，对逻辑变量和数字变量进行读写等。当编程器完成处理工作或达到所规定的信息交换时间后，CPU 将重新获得总线的控制权。

（3）网络处理模块。该模块主要完成与网络进行信息交换的扫描过程，只有当 PLC 配置了网络功能时，才执行该扫描过程，它主要用于 PLC 之间、PLC 与磁带机或 PLC 与计算机之间进行信息交换。

（4）用户程序处理模块。在用户程序处理过程中，PLC 中的 CPU 采用查询方式，首先通过输入模块采样现场的状态数据，并传送到输入映像区。当 PLC 按照梯形图（用户程序）先左后右、先上后下的顺序执行用户程序的过程中，根据需要可在输入映像区中提取有关现场信息，在输出映像区中提取历史信息，并在处理后可将其结果存入输出映像区，供下次处理时使用或者以备输出。在用户程序执行完后就进入输出服务扫描过程，CPU 将输出映像区中要输出的状态值按顺序传送到输出数据寄存器，然后再通过输出模板的转换后送去控制现场的有关执行元件。现将该扫描过程表示在图 5—25 中。

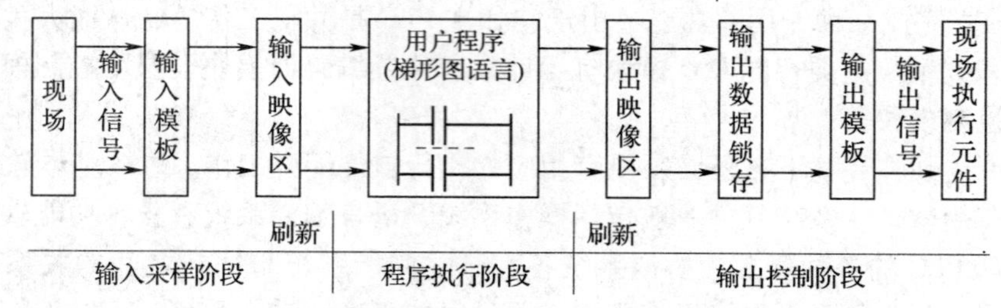

图 5—25　PLC 用户程序扫描过程

（5）超时检查模块。超时检查过程由 PLC 内部的看门狗定时器 WDT（Watch Dog Timer）来完成，若扫描周期时间没有超过 WDT 的设定时间，则继续执行下一个扫描周期；否则若超过了，则 CPU 将停止运行，复位输出，并在进行报警后转入停机扫描过程。由于超时大多是硬件或软件故障而引起系统死机，或者是用户程序执行时间过长而造成，它的危害性很大，所以要加以监视和防患。

（6）出错处理模块。当自诊断出错或超时出错时，就进行报警、出错显示并作相应处理（例如将全部输出端口置为 OFF 状态，保留目前执行状态等），然后停止扫描过程。

2. PLC 在数控机床中的应用

（1）数控机床 PLC 的控制对象。数控机床的控制可分为两大部分：一部分是坐标轴运动的位置控制；另一部分是数控机床加工过程的顺序控制。在讨论 PLC、CNC 和机床各机械部件、机床辅助装置、强电线路之间的关系时，常把数控机床分为“NC 侧”和“MT 侧”（即机床侧）两大部分。“NC 侧”包括 CNC 系统的硬件和软件以及与 CNC 系统连接的外围设备。“MT 侧”包括机床机械部分及其液压、气压、冷却、润滑、排屑等辅助装置，机床操作面板，继电器线路，机床强电线路等。PLC 处于 CNC 和 MT 之间，对 NC 侧和 MT 侧的输入、输出信号进行处理。

“MT 侧”顺序控制的最终对象随数控机床的类型、结构、辅助装置等的不同而有很大差别。机床机构越复杂，辅助装置越多，最终受控对象也越多。一般来说，最终受控对象的数量和顺序控制程序的复杂程度从低到高依次为 CNC 车床、CNC 铣床、加工中心、FMC、FMS。

PLC 在数控机床中有三种不同的配置方式：

1）PLC 在机床一侧，代替了传统的继电器—接触器逻辑控制，PLC 有（m + n）个输入/输出（I/O）点，如图 5—26a 所示。

2）PLC 在电气控制柜中，PLC 有 m 个输入/输出（I/O）点，如图 5—26b 所示。

3）PLC 在电气控制柜中，而输入/输出接口在机床一侧，如图 5—26c 所示。这种配置方式使 CNC 与机床接口的电缆大为减少。

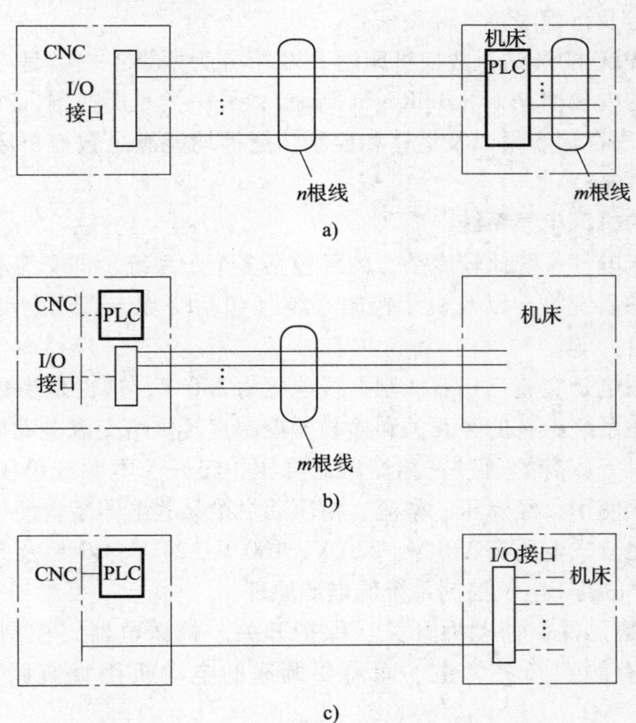

图 5—26　PLC 在数控机床中的配置方式

a）PLC 在机床侧　b）PLC 在 CNC 侧　c）输入/输出接口在机床侧

CNC 装置和机床输入/输出信号的处理包括：

1）CNC→机床。CNC 的输出数据经 PLC 逻辑处理，通过输入/输出接口送至机床侧。CNC 至机床的信息主要是 M、S、T 等功能代码。

①S 功能处理。主轴转速可以用 S2 位代码或 S4 位代码直接指定。在 PLC 中可容易地用 4 位代码直接指定转速。如某数控机床主轴的最高、最低转速分别为 3 150 $r \cdot min^{-1}$ 和 20 $r \cdot min^{-1}$，CNC 送出 S4 位代码至 PLC，将二十进制数转换为二进制数后送到限位器，当 S 代码大于 3 150 时，限制 S 为 3 150，当 S 代码小于 20 时，限制 S 为 20。此数值送到 D/A 转换器，转换成 20 ~ 3 150 $r \cdot min^{-1}$ 相对应的输出电压，作为转速指令控制主轴的转速。

②T 功能处理。数控机床通过 PLC 可管理刀库，进行自动刀具交换。处理的信息包括选刀方式、刀具累计使用次数、刀具剩余使用寿命和刀具刃磨次数等。

③M 功能处理。M 功能是辅助功能，根据不同的 M 代码，可控制主轴的正、反转和停止，主轴齿轮箱的换挡变速，主轴准停，切削液的开、关，卡盘的夹紧、松开及换刀机械手的取刀、归刀等动作。

PLC 向机床侧传递的信息主要是控制机床的执行元件，如电磁阀、继电器、接触器以及确保机床各运动部件状态的信号和故障指示等。

2）机床→CNC。从机床侧输入的开关量经 PLC 逻辑处理传送到 CNC 装置中。机床侧传递给 PLC 的信息主要是机床操作面板上各开关、按钮等信息，包括机床的启动、停止，工作方式选择，倍率选择，主轴的正、反转和停止，切削液的开、关，卡盘的夹紧、松开，各坐标轴的点动，换刀及行程限位等开关信号。

（2）数控机床 PLC 的形式。数控机床用 PLC 可分为两类：一类是专为实现数控机床顺序控制而设计制造的内装型 PLC（Built - in Type）；另一类是那些输入/输出接口技术规范、输入/输出点数、程序存储容量以及运算和控制功能等均能满足数控机床控制要求的独立型 PLC（Stand - alone Type）。

六、加工中心的机床电气系统

加工中心的机床电气系统比较庞杂，内部包括多个子系统：即交流动力电源系统、稳压电源系统、接地保护系统等，以及机床控制系统（包括交流、直流电动机的控制和机床电器逻辑控制及操作盘）等。

在我国，工业用电是交流三相五线制，线电压为 380 V，这也是多数加工中心使用的动力电源。这个电源在系统中有的经开关和接触器控制直接供给交流电动机使用，如液压站电动机、冷却泵电动机等；有的通过三相变压器降压、经开关电源或稳压电源供伺服驱动使用。还有许多是单相使用，经降压、整流、稳压后供给某些电器装置使用。于是系统内的电源便有交流和直流之分，电压有 380 V、220 V、100 V、24 V、12 V 及 5 V 等多个等级。图 5—27 所示是加工中心机床电气控制系统的电源原理。

电气系统的控制元件，如动力开关、保护开关、机床电器、控制各种电动机启停的接触器，多数是以有触点开关为主，而需要调速的电动机用直流调速器或交流变频器控制。

机床电器控制包括对动力电源开关，保护开关，各种行程、极限位置的控制，以及通过操作盘上的各种按键、按钮、操作手柄、波段开关，对机床辅助运动和辅助动作（包括对动力系统、液压/气压系统、冷却及润滑油等）的控制。在控制过程中，由可编程控制器（简称 PLC）执行逻辑控制，从而实现对主轴、换刀、润滑、冷却、气动、液压等系统的控制。

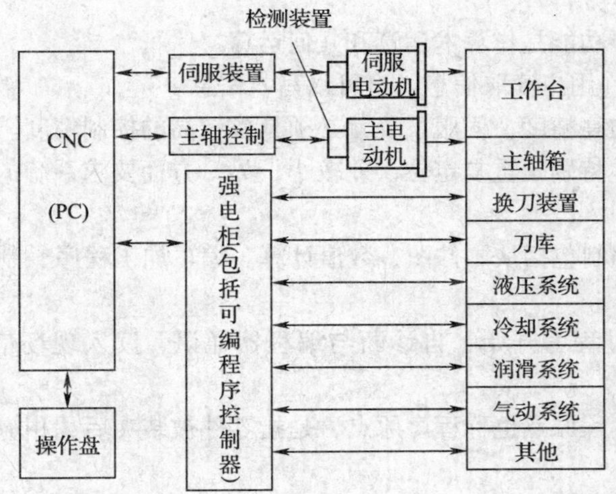

图 5—27　加工中心电气控制系统的电源原理图

习 题 五

一、判断题

1．NC 机床的运动控制可分为点位控制和连续控制，其中连续控制又可分为直线切削控制和轮廓控制两类。（　）

2．数控机床的加工精度比普通机床高，是因为数控机床的传动链较普通机床的传动链长。（　）

3．数控机床是按照所给的零件形状结构自动地对工件进行加工。（　）

4．由于程序运行或数据处理中发生中断而造成的停机故障，可采取硬件复位法或关掉数控机床总电源开关，然后再重新开机的方法排除故障。（　）

5．插补运动是指控制走为斜线成圆弧使两轴一齐运动达到控制目的。（　）

6．PLC 的存储器分为系统程序和用户程序存储器。（　）

7．检测装置是数控机床必不可少的装置。（　）

8．插补运动的轨迹与理想轨迹完全相同。（　）

9．滚珠丝杠副按使用范围及要求分为六个等级精度，其中 C 级精度最高。（　）

10．插补是根据给定的信息，在理想的轮廓（或轨迹）上的两已知点之间，确定一些中间点的一种方法。（　）

11．逐点比较法是对相邻的点两两比较，取其坐标值较大者作为进刀方向的一种方法。（　）

12．进给的最小设定单位越大，实际运动轨迹越接近理想运动的轨迹。（　）

13．两个半坐标的数控机床，X、Y、Z 三个坐标轴可以控制，但同时进行联动控制的

坐标轴只能是其中的任意两个，第三个不能联动控制的坐标轴仅能作等距的周期移动。（　）

14. 闭环伺服系统亦称为误差控制的随动系统。其中又有全闭环和半闭环之分。（　）

15. 运算器的主要功能是作算术运算和几何运算。（　）

16. ROM 既可允许用户读取信息，也可以写入信息。（　）

17. 要实现加工的高精度，伺服系统就必须具备较高的控制精度。该要求一方面体现在定位准确，其定位误差特别是重复定位误差较小；另一方面要求系统的分辨率较高。（　）

18. PLC 的程序编制包括从零件图、数值计算、编写加工程序、制作控制介质到程序编制的全过程。（　）

19. CNC 的扫描过程为开始、自诊断与编程器通讯、读入现场信号、执行用户程序、输出结果等内容组成。（　）

20. 数控机床的编程原点也称程序原点，是指零件被装夹后，相应的编程原点在机床原点坐标系中的位置。（　）

二、单项选择题

1. 滚珠丝杠副消除轴向间隙的目的主要是（　）。

A. 减少摩擦力矩　　B. 提高反向传动精度

C. 提高使用寿命　　D. 增大驱动力矩

2. 在开环系统中，影响丝杠副重复定位精度的因素是（　）。

A. 接触变形　　B. 热变形

C. 配合间隙　　D. 共振

3. 闭环控制系统的反馈装置装在（　）上。

A. 电动机轴　　B. 位移传感器

C. 传动丝杠　　D. 机床移动部件

4. STD 总线属于（　）。

A. 内总线　　B. 外总线

C. 片总线　　D. 控制总线

5. 通常 CNC 系统将零件加工程序输入后，存放在（　）中。

A. RAM　　B. ROM

C. PROM　　D. EPROM

6. 直流测速发电机输出的是与转速（　）。

A. 成正比的交流电压　　B. 成反比的交流电压

C. 成正比的直流电压　　D. 成反比的直流电压

7. 闭环进给伺服系统与半闭环进给伺服系统主要区别在于（　）。

A. 位置控制器　　B. 检测单元

C. 伺服单元　　D. 控制对象

8. 位置检测元件是位置控制闭环系统的重要组成部分，是保证数控机床（　）的关键。

A. 精度　　B. 稳定性

C. 效率　　D. 速度

9. 半闭环系统的反馈装置一般装在（　　）。

A. 导轨上　　B. 伺服电动机上

C. 工作台上　　D. 刀架上

10. 为提高 CNC 系统的可靠性，可采用（　　）。

A. 单片机　　B. 双 CPU

C. 提高时钟频率　　D. 光电隔离电路

11. 数据存储器英文缩写为（　　）。

A. CPU　　B. RAM

C. SRF　　D. ROM

12. （　　）称为分布式数控，是实现 CAD/CAM 和计算机辅助生产管理系统集成的纽带，是机械加工自动化的又一种形式。

A. DNC　　B. CNC

C. FMS　　D. FNC

13. 目前在机械工业中最高水平的生产型式为（　　）。

A. CNC　　B. CIMS

C. FMS　　D. CAM

14. 直流伺服电动机的 PWM 调速法具有调速范围宽的优点，是因为（　　）。

A. 采用大功率晶体管

B. 电动机电枢的电流脉冲小，接近纯直流

C. 采用桥式电路

D. 脉冲开关频率固定

15. 机床 I/O 控制回路中的接口软件是（　　）。

A. 插补程序　　B. 系统管理程序

C. 系统的编译程序　　D. 伺服控制程序

16. 轮廓控制系统中，NC 机床之所以能加工出形状各异的零件轮廓，主要是因为有（　　）。

A. 计算机　　B. 两个以上的坐标轴

C. 编程功能　　D. 插补功能

17. 接口芯片的作用是扩展（　　）。

A. 程序存储器　　B. 数据存储器

C. 输入/输出端口　　D. 地址线数据

18. 位置检测元件是位置控制闭环系统的重要组成部分，是保证数控机床（　　）的关键。

A. 精度　　B. 稳定性

C. 效率　　D. 速度

19. 数控机床伺服系统是以（　　）为直接控制目标的自动控制系统。

A．机械运动速度　　　　　　　　　　B．机械位移

C．切削力　　　　　　　　　　　　　D．切削速度

三、简答题

1．加工中心的主要加工对象有哪些？

2．简述加工中心的分类情况，并说明各类加工中心的特点。

第六章

加工中心的程序编制

考核要点

· 加工中心编程基础知识
· FANUC 系统加工中心的编程方法
· 华中（HNC－21/22M）系统加工中心的编程方法

§6—1　加工中心编程基础

一、加工中心的坐标系

1. 坐标系的确定原则

我国机械工业部 1982 年颁布了 JB 3052—82 标准，其中规定的命名原则如下：

（1）刀具相对于静止工件而运动的原则。这一原则使编程人员能在不知道是刀具移近工件还是工件移近刀具的情况下，就可依据零件图样，确定机床的加工过程。

（2）标准坐标（机床坐标）系的规定。在数控机床上，机床的动作是由数控装置来控制的，为了确定机床上的成形运动和辅助运动，必须先确定机床上的运动方向和运动距离，这就需要一个坐标系才能实现，这个坐标系就称为机床坐标系。

标准的机床坐标系是一个右手笛卡尔直角坐标系，如图 6—1 所示。图中规定了 *X*、*Y*、*Z* 三个直角坐标轴的方向，这个坐标系的各个坐标轴与机床的主要导轨相平行，它与安装在机床上、并且按机床的主要直线导轨找正的工件相关。根据右手螺旋方法，我们可以很方便地确定出 *A*、*B*、*C* 三个旋转坐标的方向。

（3）运动的方向。数控机床的某一部件运动的正方向，是增大工件和刀具之间距离的方向。

2. 机床坐标系和工件坐标系

（1）机床坐标系。机床坐标系是机床上固有的坐标系，机床坐标系的方位是参考机床上的一些基准确定的。机床上有一些固定的基准线，如主轴中心线、固定的基准面（如工作台面、主轴端面、工作台侧面、导轨面等）。不同的机床有不同的坐标系，如图 6—2 所示为立式加工中心坐标系。一台标准的立式加工中心有 3 个移动坐标轴 *X*、*Y*、*Z*。

1）*Z* 坐标的运动。平行于机床主轴（传递切削动力）的刀具运动坐标轴为 *Z* 坐标轴，规定增大刀具和工件之间距离的方向为 *Z* 坐标轴的正方向（＋*Z*）。

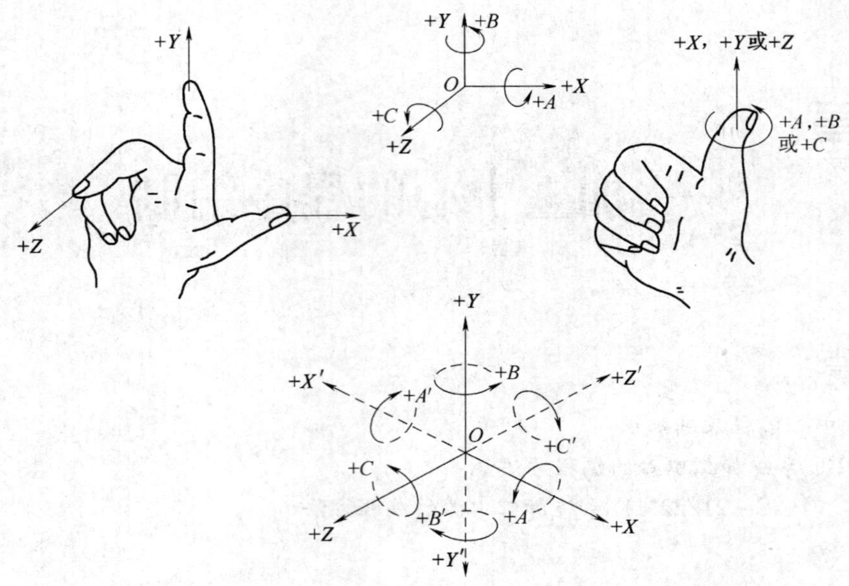

图6—1　右手笛卡尔直角坐标系

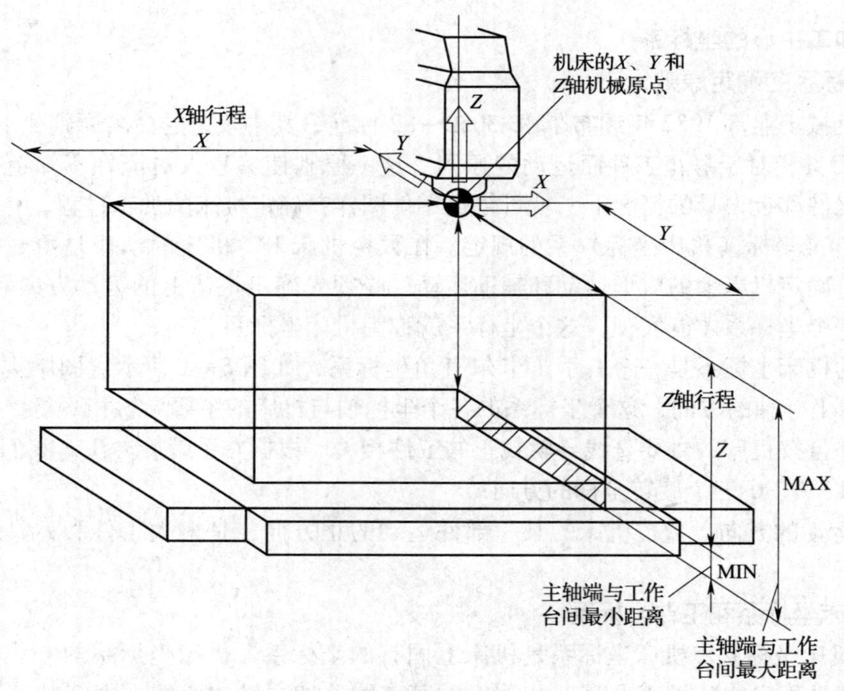

图6—2　立式加工中心的坐标系

2）X 坐标的运动。X 坐标轴为水平方向，它平行于工件的装夹面，垂直于 Z 坐标轴。对于单立柱机床，当从刀具向立柱看时，X 的正方向指向右方（$+X$）。

3）Y 坐标的运动。根据 X 和 Z 坐标轴，按右手法则来确定 Y 坐标轴的运动方向。

旋转坐标轴 A、B、C 相应在 X、Y、Z 坐标轴正方向上，按照右手螺旋前进的方向来确定。

由于工件与刀具是一对相对运动的物体，故在编程时为了方便，一律假定工件固定不动，全部用刀具运动的坐标系来编程，即用标准坐标系 X、Y、Z 和 A、B、C 进行编程。这样，即使不知是刀具运动还是工件运动，也能编出正确的程序。实行编程时，坐标值的正号可省略，负号不可省且紧跟在字母之后。

（2）机床原点。亦称机械原点，是机床坐标系的原点。它的位置是在机床各坐标轴的正向最大极限处，如图 6—3 所示。

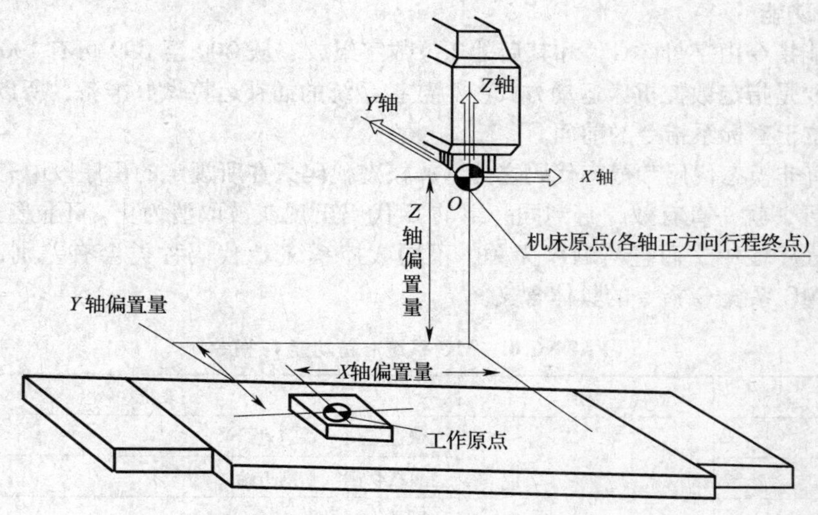

图 6—3　机床原点与工件原点

（3）工件坐标系。亦称加工坐标系，是编程人员在编程和加工时使用的坐标系，是程序的参考坐标系。其位置以机床坐标系为参考点，一般在一台机床中可以设定 6 个工件坐标系。工件坐标系的原点称为工件原点或程序零点，可设在工件上便于编程的某一固定点上。编程时的刀具轨迹坐标点是按工件轮廓在工作坐标系中的坐标确定。在加工时，工件随夹具安装在机床上，这时测量工件原点（程序零点）与机床原点间的距离，称作工件原点偏置，如图 6—3 所示。该偏置值需预存在数控系统的存储器中，加工时，工件原点偏置便能自动地加到工件坐标系上，使数控系统可按机床坐标系确定加工时的绝对坐标值。因此，编程人员可以不考虑工件在机床上的实际安装位置和安装精度，而利用数控系统的原点偏置功能，通过工件原点偏置值，补偿工件在工作台上的安装位置误差。目前大多数数控机床都有这种功能，使用起来很方便。

3. 局部坐标系

为进一步方便编程，有时需要在不改变工件坐标系的情况下，在某几个程序段中临时改变一下坐标系，这个坐标系就称为局部坐标系。用户可以通过指令代码将选定的工件坐标系平移或旋转形成局部坐标系。这样做不会改变原来设定的各工件坐标系。

4. 绝对坐标系与增量（相对）坐标系

在坐标系中描述运动点位置常采用绝对值方式和增量方式，绝对值方式的描述方法是所有点的坐标值均以某一固定坐标原点作为计算起点，这个坐标系称为绝对坐标系。增量方式的描述方法是运动轨迹的终点坐标，是以起点坐标开始计算的，这样的坐标系称为增量（相对）坐标。采用绝对坐标系可以避免尺寸的积累误差。

二、加工中心数控系统的功能

加工中心在编程时，对加工中心自动运行的各个动作，如主轴的转、停，刀具的自动换刀，切削的进给速度，切削液的开、关等，都要以指令的形式予以给定。我们把这类指令称为功能指令，它有准备功能 G 指令、辅助功能 M 指令以及 F、S、T、H、D 指令等几种。

下面介绍 FANUC 0i – MC 数控系统加工中心的功能。

1. 准备功能

准备功能指令由字母“G”和其后的 2 位数字组成。从 G00 至 G99 可有 100 种。该指令的作用，主要是指定数控机床运动方式，为数控系统的插补运算做好准备，所以在程序段中 G 指令一般位于坐标系指令的前面。

G 指令有非模态代码和模态代码之分。非模态代码只在所规定的程序段中有效，模态代码一旦被执行，就一直有效，直到同一组的 G 代码出现或被取消为止。不同组的 G 代码可以放在同一程序段中，而且与顺序无关。不同数控系统 G 代码种类会有差别，表 6—1 为 FAUNC 0i – MC 系统 G 指令的具体含义。

表 6—1　　FAUNC 0i – MC 系统准备功能 G 指令

G 码	组别	功能
G00*	01	快速定位（快速进给）
G01*		直线切削（切削进给）
G02		圆弧切削 CW
G03		圆弧切削 CCW
G04	00	暂停、正确停止
G09		正确停止
G10		资料设定
G11		资料设定模式取消
G15	17	极坐标指令取消
G16		极坐标指令
G17*	02	*XY* 平面选择
G18		*ZX* 平面选择
G19		*YZ* 平面选择
G20	06	英制输入
G21		米制输入
G22*	00	内藏行程检查功能 ON
G23		内藏行程检查功能 OFF
G27		原点复位检查
G28		原点复位
G29		从参考原点复位

续表

G 码	组别	功能
G30		第二原点复位
G31		跳跃功能
G33	01	螺纹切削
G39	00	转角补正圆弧插补
G40 *	07	刀具半径补正取消
G41		刀具半径补正—左侧
G42		刀具半径补正—右侧
G43	00	刀具长度补正— + 方向
G44		刀具长度补正— – 方向
G45		工具位置补正伸长
G46		工具位置补正缩短
G47		工具位置补正 2 倍伸长
G48		工具位置补正 2 倍缩短
G49 *	08	刀具长度补正取消
G50	11	缩放比例取消
G51		缩放比例
G52	14	特定坐标系设定
G53		机械坐标系设定
G54 *		工件坐标系 1 选择
G55		工件坐标系 2 选择
G56		工件坐标系 3 选择
G57		工件坐标系 4 选择
G58		工件坐标系 5 选择
G59		工件坐标系 6 选择
G60	00	单方向定位
G61	15	确定停止模式
G62		自动转角进给率调整模式
G63		攻螺纹模式
G64		切削模式
G65	12	自设程式群呼出
G66		自设程式群状态呼出
G67 *		自设程式群呼出取消
G68 *	16	坐标系旋转
G69		坐标系旋转取消

续表

G码	组别	功能
G73	09	啄式钻孔循环
G74		反攻螺纹循环
G76		精镗孔循环
G80*		固定循环取消
G81		钻孔循环，钻镗孔
G82		钻孔循环，反镗孔
G83		啄式钻孔循环
G84		攻螺纹循环
G85		镗孔循环
G86		镗孔循环
G87		反镗孔循环
G88		镗孔循环
G89		镗孔循环
G90*	03	绝对指令
G91*		增量指令
G92	00	坐标系设定
G94	05	每分钟进给
G95*		未使用
G96*	13	周速一定控制
G97*		周速一定控制取消
G98	04	固定循环中起始点复位
G99		固定循环中 R 点复位

注：1. 带“＊”记号的G码在电源开时是这个G码状态。对G20及G21，保持电源关以前的G码。G00、G01、G90、G91可用参数设定选择。

2. 组00的G码不是状态G码。它们仅在所指定的单步有效。

3. 如果输入的G码是一览表中未列入的G码，或指令系统中无特殊功能的G码时会显示警示（No.010）。

4. 在同一单步中可指定几个G码。同一单步中指定同一组G码一个以上时，最后指定的G码有效。

5. 如果在固定循环模式中指定组01的任何G码，固定循环会自动取消，成为G80状态。但是01组的G码不受任何固定循环的G码影响。

2. 辅助功能

辅助功能也称M功能，它是用来指令机床辅助动作及状态的功能。M功能代码常因机床生产厂家以及机床的结构的差异和规格的不同而有所差别。表6—2为FAUNC 0i－MC系统M指令的具体含义。

表 6—2　　**FAUNC 0i - MC 系统辅助功能 M 指令**

* #	M 码	功能说明	
EB	M00	程序暂停	PROGRAM STOP
EB	M01	程序选择性停止	OPTIONAL STOP
EB	M02	程序结束且重置	END OF PROGRAM & RESET
SB	M03	主轴正转	SPINDLE CLOCKWISE ROTATION
SB	M04	主轴反转	SPINDLE COUNTER CLOCKWISE ROTATION
EB	M05	主轴旋转停止	SPINDLE STOP
EB	M06	主轴自动换刀	SPINDLE AUTO TOOL CHANGE
SB	M08	主轴喷水冷却	FOOLD COOLANT TURN ON
EB	M09	关闭所有冷却	ALL COOLANT TURN OFF
SO	M10	第四轴油压阀开	4TH AXIS CLAMP
SO	M11	第四轴油压阀关	4TH AXIS UNCLAMP
SB	M13	主轴正转且喷水冷却	SPAINDLE CW & FLOOD COOLANT TURN ON
SB	M14	主轴反转且喷水冷却	SPAINDLE CCW & FLOOD COOLANT TURN ON
EB	M15	主轴和喷水冷却停止	SPAINDLE & FLOOD COOLANT TURN OFF
SB	M19	主轴定位	SPAINDLE ORIENTATION
SO	M29	刚性攻螺纹	RIGID TAPPING MODE
EB	M30	程式结束重置且回到程序起点	END OF PROGRAM & REWIND
SO	M57	镜像功能关	MIRROR OFF
SO	M58	*X* 轴镜像开	X AXIS MIRROR
SO	M59	*Y* 轴镜像开	Y AXIS MIRROR
SB	M69	完成自动换刀	ATC MACRO FINISH
SB	M70	开始自动换刀	ATC MACRO START
SO	M81	第一个辅助 M 码开	1st RESERVE M CODE TURN ON
EO	M82	第一个辅助 M 码关	1st RESERVE M CODE TURN OFF
SO	M83	第二个 M 码开	2nd RESERVE M CODE TURN ON
EO	M84	第二个 M 码关	2nd RESERVE M CODE TURN OFF
EB	M93	修改刀库刀号	MAGAZINE TOOL NO. CHANGE
EB	M94	修改换刀臂刀号	ATC ARM TOOL NO. CHANGE
EB	M95	修改主轴刀号	SPINDLE TOOL NO. CHANGE
EB	M98	调用子程式	SUB - PROGRAM CALLING
SB	M99	子程序结束，返回主程序	RETURN TO MAIN PROGRAM

注：* 行标S：表示 M 码在该单节位移指令执行前操作。

E：表示 M 码在该单节位移指令执行后操作。

行标B：表示 M 码是基本功能。

O：表示 M 码是选择功能。

下面对常用辅助功能 M 指令做出说明。

（1）M00。程序暂停，程序自动执行后，当执行到 M00 指令时，数值控制单元将停止一切的加工指令动作，再按启动钮后可继续执行下面的程序指令，M00 一般均单独成为一个程序段。

（2）M01。程序选择性停止，此一指令的功能与 M00 相同，但其停止或不停止，与操作面板上的“OPTION STOP”按钮有关。当开关置于 ON 时，则 M01 有效，其功能等于 M00，若开关置于 OFF 时，则 M01 将不被执行，即程序不会停止。

（3）M02。程序结束，表示加工程序结束，此时执行“光标”（cursor）停留于此程序段上，欲使光标回到程序开头，必须先将模式钮（model 钮）置于“EDIT”上，再按“RESET”键使光标回复到程序的开始。

（4）M03。主轴正转。

（5）M04。主轴反转。

（6）M05。主轴停止。

（7）M06。刀具交换，将刀库中目前置于待换刀位置的刀具换至主轴位置。

（8）M19。主轴定位，主轴旋转至一固定方向后停止旋转，用于装夹精镗孔刀及反镗孔刀使用。G76 或 G87 指令，必须先手动插入此一指令，以对正偏位方向。

（9）M30。程序结束，记忆回复，纸带回卷，此指令相似于 M02 功能，不同之处是执行到此指令时，如为记忆操作执行，光标会自动回复至程序开始位置，以便于同一程序继续执行。

（10）M98。调用子程序，当系统执行到此指令时，执行动作会跳至所指定的子程序，且连续执行指定的次数。子程序里亦可再呼叫指定的子程序。

（11）M99。子程序结束，返回主程序，当子程序执行完毕后，程序最后必须以此指令来表示子程序结束，使系统回到主程序中继续执行主程序后面的程序。

3. 进给功能

进给功能也称 F 功能，它是用来指令切削进给速度的功能。F 功能用地址 F 及其后面的数字来表示。F 功能的单位为 mm/min 或 in/min。

4. 主轴功能

主轴功能也称为主轴转速功能或 S 功能，它是用来指令机床主轴转速（切削速度）的功能。S 功能用地址 S 及其后的数字来表示。在编程时除用 S 代码指令主轴转速外，还要用 M 代码指令主轴的旋转方向。

5. 刀具功能

刀具功能也称 T 功能，它是用来选择刀具的功能。T 功能用地址 T 及其后面的数字表示。

6. 第二辅助功能

第二辅助功能也称 B 功能，它是用来指令工作台进行分度的功能。B 功能用地址 B 及其后面的数字来表示。

三、FANUC 系统程序的格式

1. 加工程序的组成

加工程序可分为主程序和子程序，但不论是主程序还是子程序，每一个程序都是由若干个程序段组成。程序段是由一个或若干个字（字是由表示地址的字母和数字、符号等组成，它表示控制数控机床完成一定功能的具体指令）组成，它表示数控机床为完成某一特定动作而需要的全部指令。例如：

O3001

N1 M6 T1；

N2 G54 G90 G0 G43 H1 Z100；

N3 M3 S600；

…

N80 M30；

%

上面每一行称为一个程序段，N1、G54、M3、S600…都是一个字。

2. 加工程序的格式

每个加工程序都有加工程序号、程序段、程序结束符等几部分组成。

（1）加工程序号。

格式为：O××××

××××为加工程序号，可以从0000～9999。存入数控系统中的各零件加工程序号不能相同。

（2）程序段。

格式为：

N×…×	G××	X±×…× Y±×…× Z±×…×	M×× T×× F×…× S×…×	；
程序段号	准备功能	坐标运动尺寸	工艺性指令	结束代码

（3）程序结束符。FANUC数控系统的程序结束符为“%”。

四、编程方式的选用

1. 绝对值编程与增量值编程

G90指令按绝对值方式设定坐标，即移动指令终点的坐标值X、Y、Z都是以坐标系的坐标原点为基准来计算。G91指令按增量值方式设定坐标，即移动指令终点的坐标值X、Y、Z都是以当前点为基准来计算的，当前点到终点的方向与坐标轴同向取正、反向取负。其编程关系如图6—4所示。

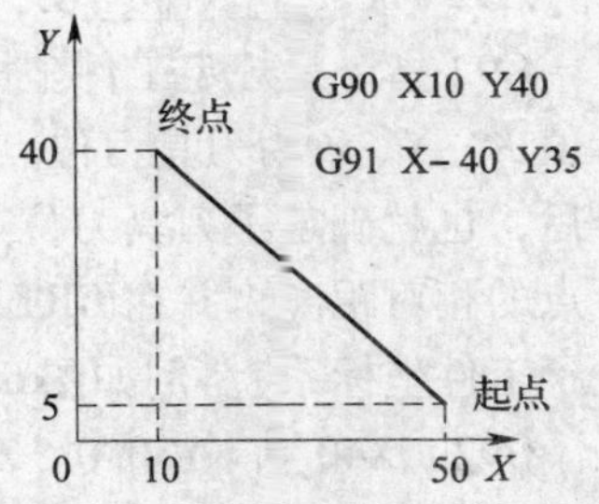

图6—4 绝对值编程与增量值编程

2. 毫米输入与英寸输入

G20、G21是两个互相取代的G指令，一般机床出厂时，将毫米输入G21设定为参数缺省状态。用毫米输入程序时，可不再指定G21；但用英寸输入程序时，在程序开始时必须指定G20（在坐标系统设定前）。在一个程序中也可以毫米、英寸输入混合使月，在G20以下、G21未出现前的各程序段为英寸输入；在G21以下、G20未出现前的各程序段为毫米输入。G21、G20具有停电后的续效性，为避免出现意外，在使用G20英制输入后，在程序结束前务必加一个G21的指令，以恢复机床的缺省状态。

3. 极坐标指令——G15、G16

终点的坐标值可以用极坐标（半径和角度）输入。

在 G17 指令有效时，编程格式：

G90（G91）G16；　　启动极坐标指令（极坐标方式）

G1（G2、G3）X __ Y __（R __）　F __；X __：终点极坐标半径；Y __：极坐标角度

…

G15；　　取消极坐标指令（取消极坐标方式）

在 G90 状态，X 为终点到坐标系原点的距离（工件坐标系原点现为极坐标系的原点）。当使用局部坐标系（G52）时，局部坐标系的原点变成极坐标系的原点。在 G91 状态，X 为刀具所处的当前点到终点的距离。

在 G90 时，Y 为终点到坐标原点的连线与 +X 方向之间的夹角。在 G91 时，Y 为当前点到坐标原点的连线与当前点到终点的连线之间的夹角。“+”逆时针、“-”顺时针。

§6—2　FANUC 系统加工中心的编程

本节以 FANUC 系统为例介绍加工中心的编程方法。

一、绝对值输入指令和增量值输入指令：G90 和 G91

$$\left.\begin{matrix}G90\\G91\end{matrix}\right\} Z\_\_\_\_\ Y\_\_\_\_\ Z\_\_\_\_$$

G90 指令按绝对值方式设定输入坐标，即移动指令终点的坐标值 X、Y、Z 都是以工件坐标系坐标原点（程序零点）为基准来计算。

G91 指令按增量值方式设定输入坐标，即移动指令终点的坐标值 X、Y、Z 都是以始点为基准来计算，再根据终点相对于始点的方向判断正负，与坐标轴同向取正，反向取负。

二、设定工件坐标系指令：G92

G92　X ____ Y ____ Z ____

G92 指令是规定工件坐标系坐标原点的指令。工件坐标系坐标原点又称为程序零点，坐标值 X、Y、Z 为刀具刀位点在工件坐标系中（相对于程序零点）的初始位置。执行 G92 指令后，也就确定了刀具刀位点的初始位置（也称为程序起点或起刀点）与工件坐标系坐标原点的相对距离，并在 CRT 上显示出刀具刀位点在工件坐标系中的当前位置坐标值（即建立了工件坐标系）。例如图 6—5 所示：

G92　X40.0　Y30.0　Z25.0

注意：G92 指令执行前的刀具位置，需放在程序所要求的位置上，因刀具在不同的位置，所设定出的工件坐标系的坐标原点位置不同。在编程中可以任意改变坐标系的程序零点，所以，在计算较为简便的条件下，对复杂的工件，经常要改变坐标系。

三、加工坐标系选择指令：G54～G59

若在工作台上同时加工多个相同零件时，可以设定不同的程序零点，如图 6—6 所示，可建立 G54～G59 六个加工坐标系。其坐标原点（程序零点）可设在便于编程的某一固定点上，这样建立的加工坐标系，在系统断电后并不破坏，再次开机后仍有效，并与刀具的当前位置无关，只需按选择的坐标系编程。G54～G59 指令可使其后的坐标值视为用加工坐标系 1～6 表示的绝对坐标值。

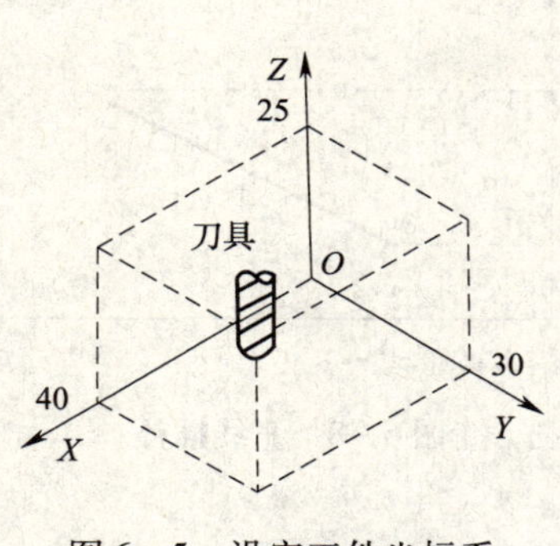

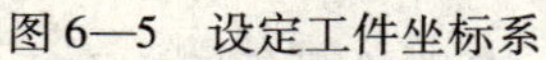
图6—5　设定工件坐标系

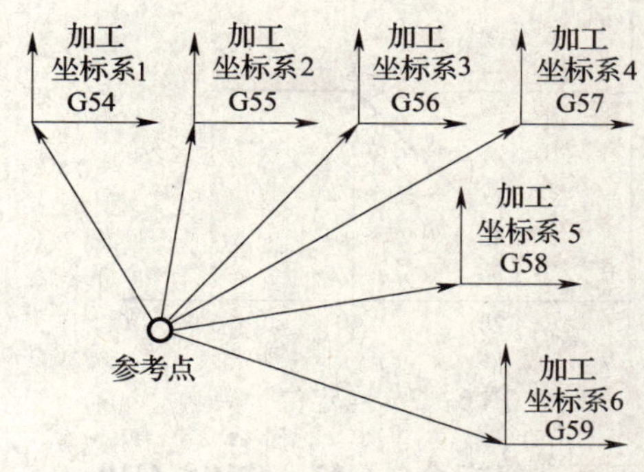

图6—6　加工坐标系

这六个加工坐标系程序零点的位置可通过在程序中编入变更加工坐标系指令 G10 来设定；也可直接在 CRT/MDI 操作面板上用 OFSET 来设定，即将程序零点相对于机床坐标系的坐标值（零点偏移值）置入相应项中即可。

四、点定位指令：G00

G00　X ____ Y ____ Z ____

点定位 G00 指令为刀具相对于工件分别以各轴快速移动速度由始点（当前点）快速移动到终点定位。当是绝对值 G90 指令时，刀具分别以各轴快速移动速度移至工件坐标系中坐标值为 X、Y、Z 值的点上；当是增量值 G91 指令时，刀具则移至距始点（当前点）为 X、Y、Z 值的点上。各轴快速移动速度可分别用参数设定。在加工执行时，还可以在操作面板上用快速进给速率修调旋钮来调整控制。通常快速进给速率修调分为 F0、25%、50%、100%四段，其中最慢速率 F0 也由参数设定；25%、50%、100%为设定速率的百分率。

例如，若 *X* 轴和 *Y* 轴的快速移动速度均为 4 000 mm/min，刀具的始点位于工件坐标系的 *A* 点（见图 6—7），当程序为：

G90　G00　X60.0 Y30.0 或　G91　G00　X40.0　Y20.0，则刀具的进给路线为一折线，即刀具从始点 *A* 先沿 *X* 轴、*Y* 轴同时移动至 *B* 点，然后再沿 *X* 轴移至终点 *C*。

五、直线插补指令：G01

G01　X ____ Y ____ Z ____ F ____

直线插补 G01 指令为刀具相对于工件以 F 指令的进给速度从当前点（始点）向终点进行直线插补。F 代码是进给速度指令代码，在没有新的 F 指令以前一直有效，不必在每个程序段中都写入 F 指令，F 指令的进给速度是刀具沿加工轨迹（路径）的运动速度，沿各坐标轴方向的进给速度分量可能不相同；三坐标轴能否同时运动（联动）取决于机床功能。

例如（见图 6—8）：

G90　G01　X60.0　Y30.0　F200　　　　始点 *A*→终点 *B*

或　G91　G01　X40.0　Y20.0　F200

F200 是指从始点 *A* 向终点 *B* 进行直线插补的进给速度 200 mm/min，刀具的进给路线如图 6—8 所示。

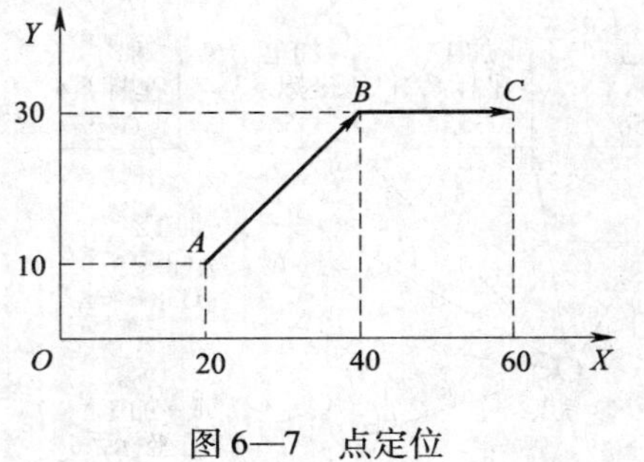

图 6—7　点定位

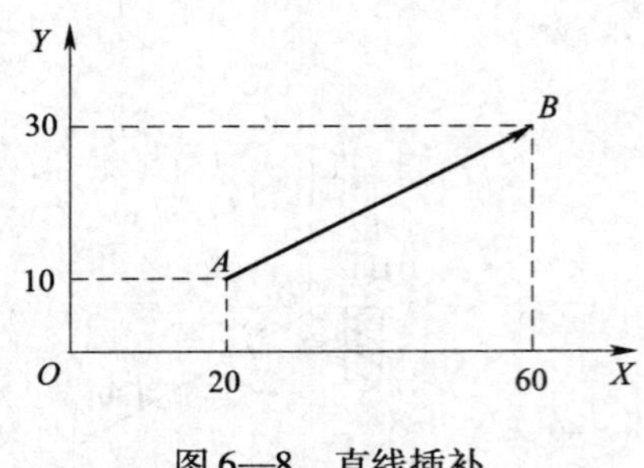

图 6—8　直线插补

六、平面选择指令：G17、G18、G19

平面选择指令 G17、G18、G19 分别用来指定程序段中刀具的圆弧插补平面和刀具半径补偿平面。如图 6—9 所示，G17：选择 *XY* 平面；G18：选择 *ZX* 平面；G19：选择 *YZ* 平面。

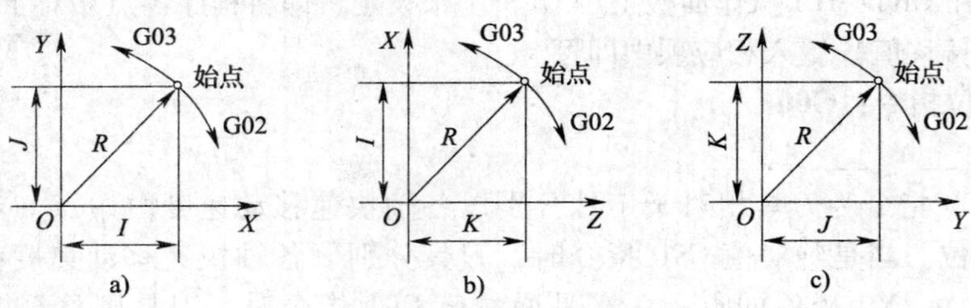

图 6—9　圆弧插补

a）G17　b）G18　c）G19

七、顺时针圆弧插补指令和逆时针圆弧插补指令：G02 和 G03

1. ***XY*** **平面圆弧**

$$G17\begin{Bmatrix}G02\\G03\end{Bmatrix}\quad X\underline{\qquad}\ Y\underline{\qquad}\begin{Bmatrix}R\underline{\qquad}\\I\underline{\qquad}\ J\underline{\qquad}\end{Bmatrix}\quad F\underline{\qquad}$$

2. ***ZX*** **平面圆弧**

$$G18\begin{Bmatrix}G02\\G03\end{Bmatrix}\quad X\underline{\qquad}\ Z\underline{\qquad}\begin{Bmatrix}R\underline{\qquad}\\I\underline{\qquad}\ K\underline{\qquad}\end{Bmatrix}\quad F\underline{\qquad}$$

3. ***YZ*** **平面圆弧**

$$G19\begin{Bmatrix}G02\\G03\end{Bmatrix}\quad Y\underline{\qquad}\ Z\underline{\qquad}\begin{Bmatrix}R\underline{\qquad}\\J\underline{\qquad}\ K\underline{\qquad}\end{Bmatrix}\quad F\underline{\qquad}$$

圆弧插补 G02、G03 指令刀具相对于工件在指定的坐标平面（G17、G18、G19）内，以 F 指令的进给速度从当前点（始点）向终点进行圆弧插补（见图 6—9）。X、Y、Z 是圆弧终点坐标值。R 是圆弧半径，当圆弧所对应的圆心角为 0° ~180°时，R 取正值；当圆心角为 180° ~360°时，R 取负值。I、J、K 分别为圆心相对于圆弧始点在 *X*、*Y*、*Z* 轴方向的坐标增量。

注意，I、J、K 为零时可以省略；在同一程序中，如 I、J、K 与 R 同时出现时，R 有效，而其他字被忽略。

例如（见图 6—10）：

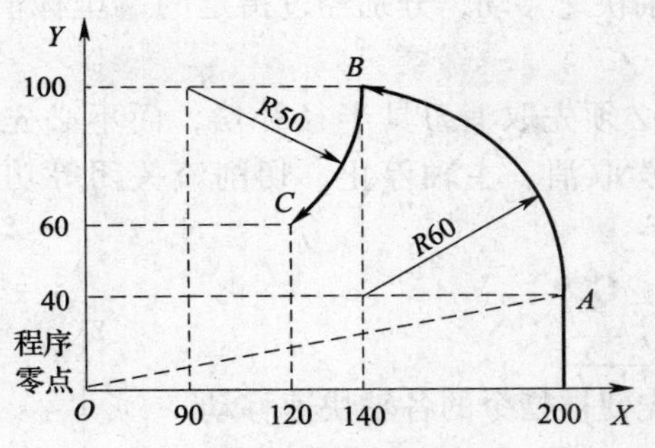

图 6—10　圆弧插补举例

（1）采用绝对值指令 G90 时。

G92　X0　Y0　Z0；　　程序零点为 O

G90　G00　X200.0　Y40.0；　　点定位 O→A

G03　X140.0　Y100.0　I-60.0（或 R60.0）F300；　　A→B

G02　X120.0　Y60.0　I-50.0（或 R50.0）；　　B→C

（2）采用增量值指令 G91 时。

G92　X0　Y0　Z0；

G91　G00　X200.0　Y40.0；

G03　X-60.0　Y60.0　I-60.0（或 R60.0）F300；

G02　X-20.0　Y-40.0　I-50.0（或 R50.0）；

八、暂停指令：G04

G04{X ____ / P ____

暂停指令 G04 指令刀具暂时停止进给，直到经过指令的暂停时间，再继续执行下一程序段。地址 P 或 X 指令暂停的时间；其中地址 X 后可以是带小数点的数，单位为 s，如暂停 ls 可写 G04 X1.0；地址 P 不允许用小数点输入，只能用整数，单位为 ms，如暂停 ls 可写为 G04　P1000。此功能常用于切槽或钻到孔底时。

九、返回指令：G27～G29

1. 返回参考点校验指令：G27

G27　X ____ Y ____ Z ____

根据 G27 指令，刀具以参数所设定的速度快速进给，并在指令规定的位置（坐标值为 *X*、*Y*、*Z* 点）定位。若所到达的位置是机床零点，则返回参考点的各轴指示灯亮。如果指示灯不亮，则说明程序中所给的指令有错误或机床定位误差过大。

注意，执行 G27 指令的前提是机床在通电后必须返回过一次参考点（手动返回或 G28 指令返回）。使用 G27 指令时，必须先取消刀具长度和半径补偿，否则会发生不正确的动作。由于返回参考点不是每个加工周期都需要执行，所以可作为选择程序段。G27 程序段执行后，如不希望继续执行下一程序段（使机械系统停止）时，则必须在该程序段后增加 M00 或 M01 或在单个程序段中运行 M00 或 M01。

2. 自动返回参考点指令：G28

G28　X ____ Y ____ Z ____

执行 G28 指令，使各轴快速移动，分别经过指定的（坐标值为 X、Y、Z）中间点返回到参考点定位。

在使用 G28 指令时，必须先取消刀具半径补偿，而不必先取消刀具长度补偿，因为 G28 指令包含刀具长度补偿取消、主轴停止、切削液关闭等功能。故 G28 指令一般用于自动换刀。

3. 从参考点返回指令：G29

G29　X____ Y____ Z____

执行 G29 指令时，首先使被指令的各轴快速移动到前面 G28 所指令的中间点，然后再移到被指令的（坐标值为 X、Y、Z 的返回点）位置上定位。如 G29 指令的前面，未指令中间点，则执行 G29 指令时，被指令的各轴经程序零点，再移到 G29 指令的返回点上定位。

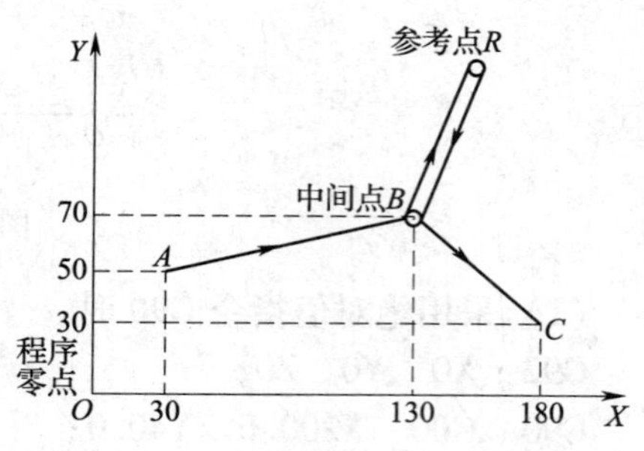

图 6—11　自动返回参考点

例如（见图 6—11）：

（1）绝对值指令 G90 时：

G90　G28　X130.0　Y70.0；　　当前点 $A\rightarrow B\rightarrow R$

M06；　　换刀

G29　X180.0　Y30.0；　　参考点 $R\rightarrow B\rightarrow C$

（2）增量值指令 G91 时：

G91　G28　X100.0　Y20.0；

M06；

G29　X50.0　Y－40.0；

如程序中无 G28 指令时，则程序段 G90　G29　X180.8　Y130.0 的进给路线为 $A\rightarrow O\rightarrow C$。

通常 G28 和 G29 指令应配合使用，使机床换刀后直接返回加工点 C，而不必计算中间点 B 与参考点 R 之间的实际距离。

十、刀具半径补偿功能

在数控铣床上进行轮廓的铣削加工时，由于刀具半径的存在，刀具中心（刀心）轨迹和工件轮廓不重合。如果数控系统不具备刀具半径自动补偿功能，则只能按刀心轨迹进行编程，即在编程时给出刀具的中心轨迹，如图 6—12 所示的点划线轨迹，其计算相当复杂，尤其当刀具磨损、重磨或换新刀而使刀具直径变化时，必须重新计算刀心轨迹，修改程序，这样既繁琐，又不易保证加工精度。当数控系统具备刀具半径补偿功能时，数控编程只需按工件轮廓进行，如图 6—12 中的粗实线轨迹，数控系统会自动计算刀心轨迹，使刀具偏离工件轮廓一个半径值，即进行刀具半径补偿。

下面讨论在 G17 情况时半径补偿问题。

1. 刀具半径左补偿指令 G41 和刀具半径右补偿指令 G42

$\begin{Bmatrix}\text{G00}\\ \text{G01}\end{Bmatrix}$ $\begin{Bmatrix}\text{G41}\\ \text{G42}\end{Bmatrix}$ X____ Y____ H（或 D）____

格式中的 X 和 Y 表示刀具移至终点时，轮廓曲线（编程轨迹）上点的坐标值；H（或 D）为刀具半径补偿寄存器地址字，在寄存器中存有刀具半径补偿值。

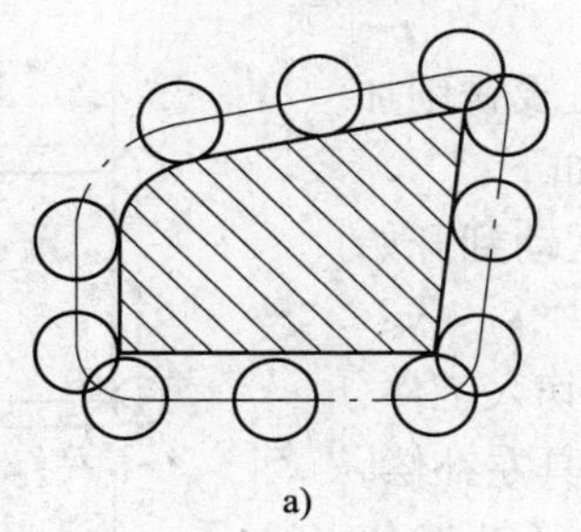

a)

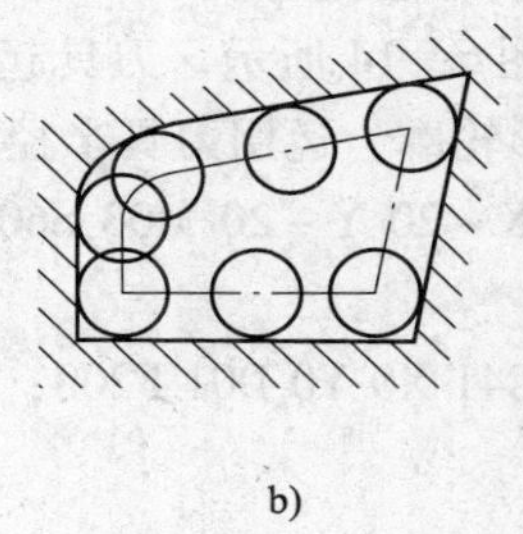

b)

图 6—12　刀具半径补偿

a）外轮廓加工　b）内轮廓加工

不论是刀具长度补偿值，还是刀具半径补偿值，都是由操作者在 CRT/MDI 面板上用"MENU　OFFSET"功能键置入刀具补偿寄存器 H01～H99（或 D01～D99），如图 6—13 所示的菜单中都有相应的偏置号（OFFSET NO.）与之对应，如偏置号 005 对应于 H05 寄存器。设置刀具补偿量时，操作者只需用面板上的光标键（CURSOR），将光标移至所选的偏置号上，键入刀具补偿值，将其输入到偏置号后面的偏移量（OFFSET DATA）位置上即可。

OFFSET		O0013	N0008
NO.	DATA	NO.	DATA
001	10.000	009	0.000
002	−1.000	010	10.000
003	0.000	011	−20.000
004	0.000	012	0.000
005	20.000	013	0.000
006	0.000	014	0.000
007	0.000	015	0.000
008	0.000	016	0.000
ACTUAL	POSITION	(RELATIVE)	
X	0.000	Y	0.000
Z	0.000		
NO.005			

图 6—13　刀具偏移量菜单

为了保证刀具从无半径补偿运动到所希望的刀具半径补偿始点，需用一直线程序段 G00 或 G01 指令来建立刀具半径补偿。

2. 取消刀具半径补偿指令：G40

$$G40\begin{cases}G00\\G01\end{cases}\ X\_\_\_\ Y\_\_\_$$

最后一段刀具半径补偿轨迹加工完成后，与建立刀具半径补偿类似，也应有一直线程序段 G00 或 G01 指令取消刀具半径补偿，以保证刀具从刀具半径补偿终点（刀补终点）运动到取消刀具半径补偿点（取消刀补点）。指令中有 X、Y 时，X 和 Y 表示编程轨迹上取消刀补点的坐标值。

3. 刀具半径补偿应用举例

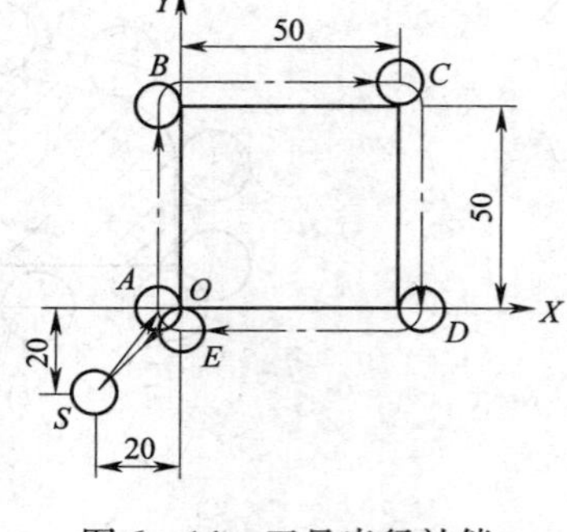

图 6—14 刀具半径补偿应用举例

例 6—1 如图 6—14 所示，刀具起始点为 S，要铣削加工图中的实线矩形轮廓，运用刀具半径补偿编程如下：

N1 G00 G90 X－20 Y－20 M03 S600；刀具运动到开始点 S

N2 G17 G01 G41 X0 Y0 D01 F200；　在 A 点切入工件，建立刀具左补偿，刀具半径补偿值存放在 01 寄存器中

N3 X0 Y50；　$A \to B$

N4 X50 Y50；　$B \to C$

N5 X50 Y0；　$C \to D$

N6 X0 Y0；　$D \to E$

N7 G01 G40 X－20 Y－20；　取消刀具半径补偿

N8 M05；

N9 M30；

十一、刀具长度正补偿指令 G43、刀具长度负补偿指令 G44 和取消刀具长度补偿指令 G49

$$\left.\begin{matrix}\text{G43}\\ \text{G44}\end{matrix}\right\} \text{Z\_\_\_\_ H\_\_\_\_}$$

当刀具磨损时，可在程序中使用刀具补偿指令补偿刀具尺寸的变化，而不必重新调整刀具和重新对刀。在 G17 的情况下，刀具补偿 G43 和 G44 只用于 Z 轴的补偿，而对 X 轴和 Y 轴无效。格式中的 Z 值是指程序中的指令值。H 为补偿功能代号，它后面的两位数字是刀具补偿寄存器的地址字，如 H01 是指 01 号寄存器，在该寄存器中存放刀具长度的补偿值。从 H00 至 H99，除 H00 寄存器必须置 0 外，其余寄存器存放刀具长度补偿值，该值的范围为：米制 0 ~ ±999. 99 mm ；英制 0 ~ ±99. 999 in。

如图 6—15 所示，执行 G43 时：

$$Z_{实际值} = Z_{指令值} + (\text{H}\times\times)$$

执行 G44 时：

$$Z_{实际值} = Z_{指令值} - (\text{H}\times\times)$$

式中，(H××) 是指编号为××寄存器中的补偿量。

采用取消刀具长度补偿 G49 指令或用 G43 H00 和 G44 H00 可以撤销补偿指令。

例如，图 6—16 所示的刀具长度补偿，H05＝200 mm，编程如下：

N1 G92 X0 Y0 Z0；　设定 O 点为程序零点

N2 G90 G00 G44 Z30. 0 H05；　指令点 A，到达点 B

如（H05）＝－200 mm，则程序为：

N1 G92 X0 Y0 Z0；　设定 O 点为程序零点

N2 G90 G43 Z30. 0 H05；　指令点 A，到达点 B，其效果一样

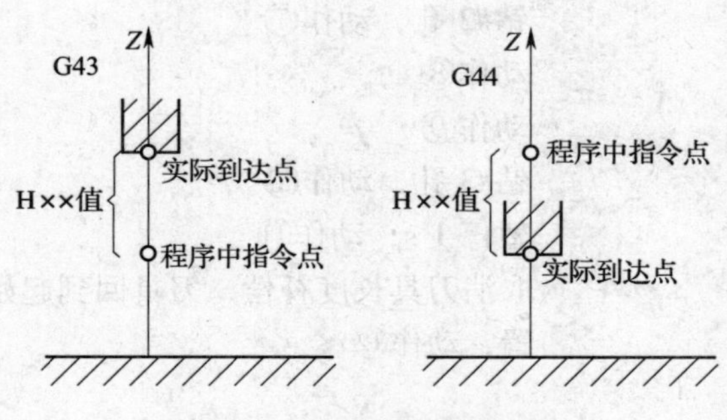

图 6—15　刀具长度补偿

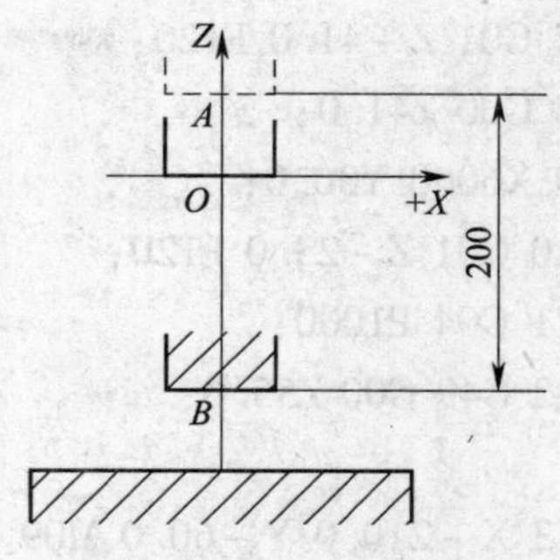

图 6—16　刀具长度补偿举例

例 6—2　如图 6—17 所示，要加工#1、#2、#3 孔，刀具实际位置与刀具编程位置相差 8 mm，要使用刀具长度补偿来解决此问题，取长度补偿值 H01 = −8 mm，程序如下：

N1 G91 G00 X120.0 Y80.0 M03 S500 M08；	刀具到达#1 孔上方，动作①
N2 G43 Z−32.0 H01；	刀具运动到距工件表面 3 mm 处，动作②
N3 G01 Z−21.0 F120；	钻#1 孔，动作③
N4 G04 P1000；	暂停 1 s
N5 G00 X21.0；	刀具抬起，到达距工件表面 3 mm 处，动作⑤
N6 X30.0 Y−50.0；	动作⑥

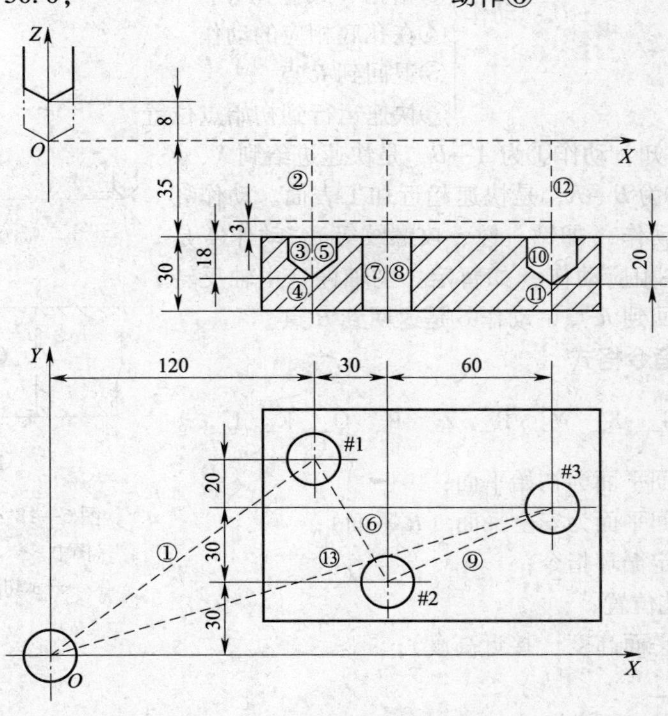

图 6—17　刀具长度补偿应用实例

（图中，①～⑬表示刀具运动过程）

N7 G01 Z－41.0 F120；	钻#2 孔，动作⑦
N8 G00 Z41.0；	动作⑧
N9 X60.0 Y30.0；	动作⑨
N10 G01 Z－23.0 F120；	钻#3 孔，动作⑩
N11 G04 P1000；	暂停 1 s，动作⑪
N12 G49 G00 Z55.0；	取消刀具长度补偿，刀具回到起始位置，动作⑫
N13 X－210.0 Y－60.0 M09 M05；	
N14 M02；	

十二、固定循环指令

在数控加工中，有些典型的加工工序，是由刀具固定的动作完成的。如在加工中心上钻孔，一般需要快速接近工件、慢速（切削速度）钻孔、快速回退等固定动作。将这些典型的、固定的几个连续动作，用一条 G 指令来代表，这样，只需用单一程序段的指令即可完成加工，这样的指令称为固定循环指令。因为固定循环多用于孔加工，因此也称之为“钻孔循环”。

1. 固定循环常由六个动作顺序组成（见图 6—18）

动作：
- ①*X* 和 *Y* 轴定位
- ②快速运行到 *R* 点
- ③钻孔（或镗孔等）
- ④在孔底相应的动作
- ⑤退回到 *R* 点
- ⑥快速运行到初始点位置

由图 6—18 可知，动作①为 *A*→*B*，是快速进给到 *X*、*Y* 指定的点。动作②为 *B*→*R*，是快速趋近加工表面。动作③为 *R*→*E*，是加工动作（如钻、镗、攻螺纹等）。动作④是在 *E* 点处执行一些相应动作（如暂定、主轴停、主轴反转等）。动作⑤是返回到 *R* 点，动作⑥是返回到 *B* 点。

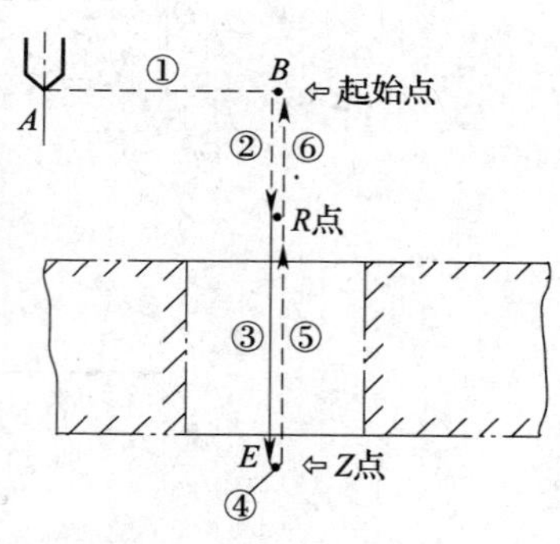

图 6—18　固定循环动作
（图中，- - ►表示快速移动，→表示切削进给，后同）

2. 固定循环指令格式

$$\begin{Bmatrix} G90 \\ G91 \end{Bmatrix}\begin{Bmatrix} G98 \\ G99 \end{Bmatrix} G\_\ \ X\_\ \ Y\_\ \ R\_\ \ Z\_\ \ P\_\ \ Q\_\ \ F\_\ \ L\_;$$

其中　G98——返回平面为初始平面；

G99——返回平面为安全平面（*R* 平面）；

G_ ——固定循环指令；

X、Y——孔位置；

R——安全平面高度（接近高度）；

Z——孔深；

P——在孔底停留时间，ms；

Q——每次进刀深度；

F——进给速度；

L——固定循环的重复次数。

图 6—19 所示为 G98 和 G99 模式的刀具返回示意图。多孔加工时一般最初加工的孔用 G99，最后的孔用 G98。

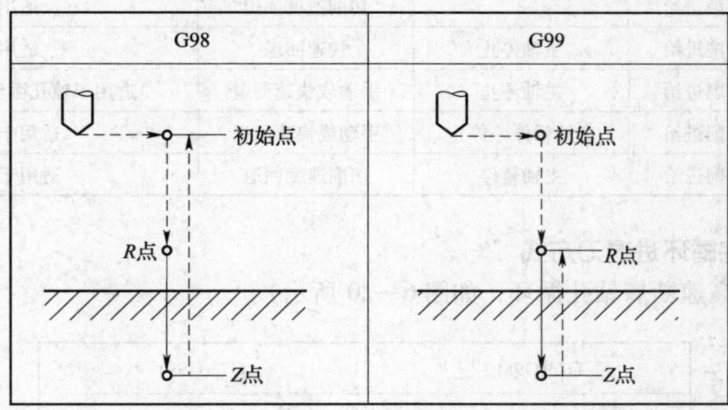

图 6—19 G98、G99 模式刀具返回示意图

初始点：固定循环开始的位置。

R 点：快速接近工件的安全位置。

Z 点：孔底位置。

3. 固定循环指令分类

钻孔循环：G73、G81、G83

攻螺纹循环：G74、G84

镗孔循环：G76、G81、G82、G85、G86、G87、G88、G89

取消固定循环：G80（G00、G01、G02、G03）

表 6—3 为固定循环指令及用途。

表 6—3 **固定循环指令及用途**

G 代码	循环进给（－*Z* 向）	孔底操作	返回方式（＋*Z* 向）	用途
G73	间歇进给	—	快速回退	适用于高速钻孔（断屑）
G74	切削进给	主轴正转	切削速度回退	适用于左旋攻螺纹循环，主轴逆时针旋转
G76	切削进给	主轴定向停止，并有让刀动作	快速回退	适用于精镗孔循环
G80	—	—	—	取消固定循环
G81	切削进给		快速回退	钻孔、钻中心孔
G82	切削进给	主轴暂停	快速回退	适用于盲孔、台阶孔的加工
G83	间歇进给		快速回退	适用于深孔钻（排屑）
G84	切削进给	主轴逆转	切削速度回退	适用于右旋攻螺纹循环，主轴顺时针旋转

续表

G 代码	循环进给（$-Z$ 向）	孔底操作	返回方式（$+Z$ 向）	用途
G85	切削进给	—	切削速度回退	适用于镗孔
G86	切削进给	主轴停止	快速回退	适用于镗孔
G87	切削进给	主轴停止	手动或快速回退	适用于镗孔循环，向后镗孔循环
G88	切削进给	主轴暂停→停止	手动或快速回退	适用于镗孔循环
G89	切削进给	主轴暂停	切削速度回退	适用于镗孔循环

4. 典型固定循环进退刀方式

（1）G73（高速断屑钻孔循环，如图 6—20 所示）。

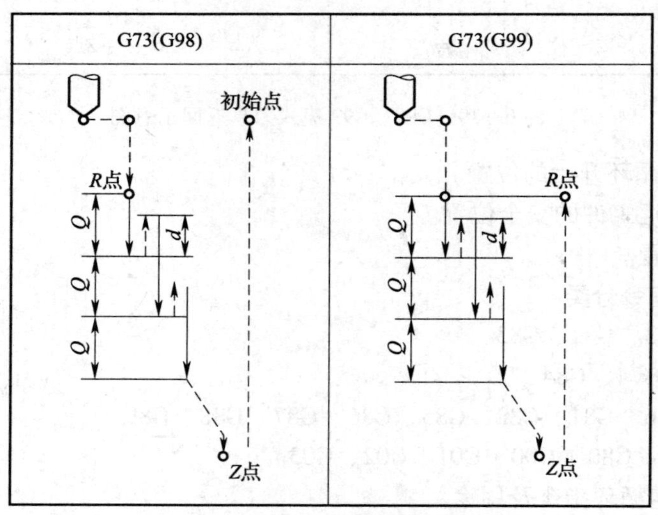

图 6—20　G73（高速断屑钻孔循环）

$$\begin{Bmatrix} G98 \\ G99 \end{Bmatrix} \quad G73\ X\_\ Y\_\ R\_\ Z\_\ P\_\ Q\_\ F\_;$$

图中，Q——每次进刀深度，按增量定义；

d——每次的退刀量，由系统设定；标准让刀量为 0.1 mm，让刀量可以在设定参数时修改。

（2）G76（精镗孔循环，如图 6—21 所示）。

$$\begin{Bmatrix} G98 \\ G99 \end{Bmatrix} \quad G76\ X\_\ Y\_\ R\_\ Z\_\ P\_\ Q\_\ F\_;$$

执行该固定循环指令，主轴在孔底定向停止，并且有让刀动作，然后再返回，这使被加工表面质量更好。

让刀量由地址 Q 指定，并且总是正值，如果定义为负值则无效。

注意这里的 Q 与 G73 和 G83 指令中的 Q 值含义不同。

（3）G81（钻孔循环、点位钻孔循环，如图 6—22 所示）。

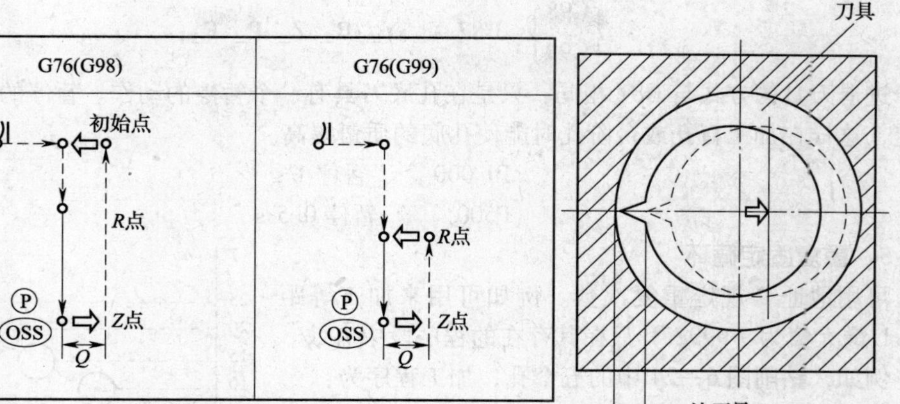

图 6—21　G76（精镗孔循环）

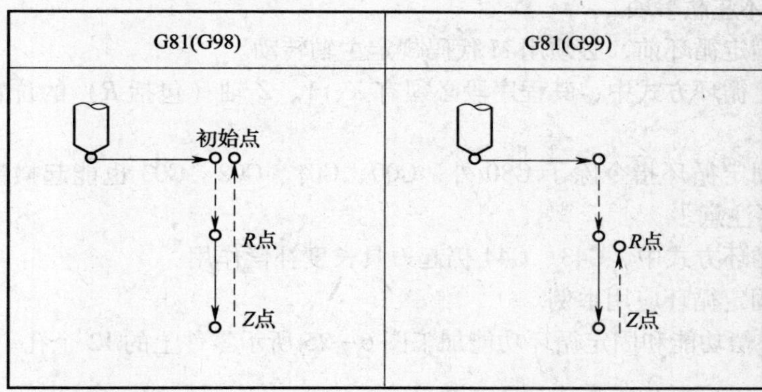

图 6—22　G81（钻孔循环、点位钻孔循环）

$$\begin{Bmatrix} G98 \\ G99 \end{Bmatrix} \quad G81\ X\_\ Y\_\ R\_\ Z\_\ F\_;$$

（4）G82（钻孔循环，反向镗孔循环，如图 6—23 所示）。

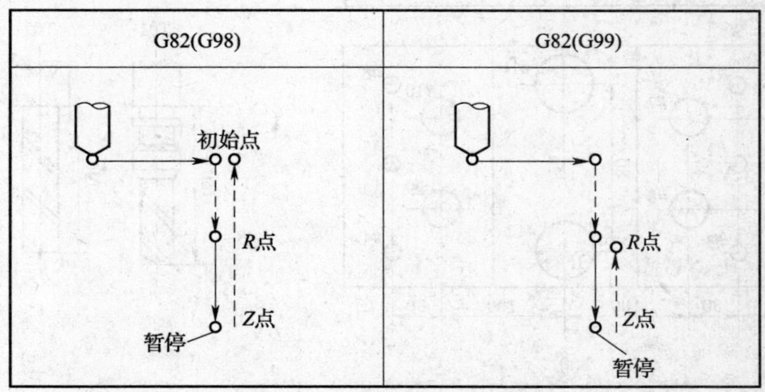

图 6—23　G82（钻孔循环、反向镗孔循环）

$$\begin{Bmatrix} G98 \\ G99 \end{Bmatrix} \quad G82\ X\_\ Y\_\ R\_\ Z\_\ P\_\ F\_;$$

进退刀具的方式与 G81 相同，只是在孔底刀具有一个暂停的动作。暂停的时间由地址 P 指定，这样在加工盲孔或台阶孔时能使孔底的质量提高。

$$\begin{cases} \text{P1 000} & \text{暂停 1 s} \\ \text{P500} & \text{暂停 0.5 s} \end{cases}$$

5. 重复固定循环

可用地址 L 规定重复次数。例如可用来加工等距孔。L 最大值为 9 999，L 只在其存在的程序段中有效。

例如，钻削图 6—24 中的五个孔，加工程序为：

N10 G00 G90 X0 Y0;

N11 G91 G81 G98 X10.0 Y5.0 Z－20.0 R－5.0 L5 F80;

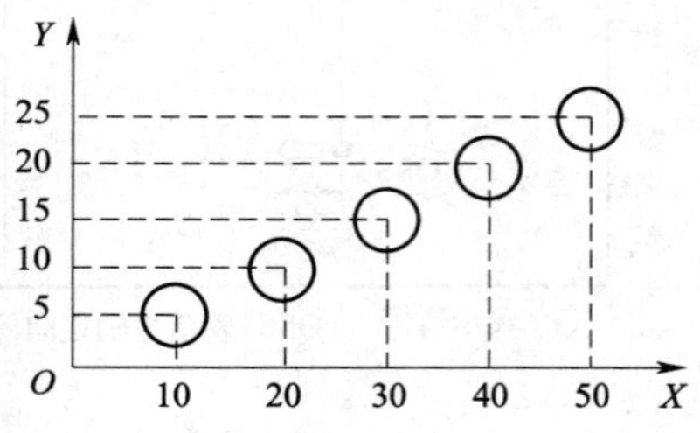

图 6—24 重复固定循环举例

6. 固定循环注意事项

（1）指定固定循环前，必须用 M 代码规定主轴转动。

（2）在固定循环方式中，其程序段必须有 *X*、*Y*、*Z* 轴（包括 *R*）的位置数据，否则不执行固定循环。

（3）撤销固定循环指令除了 G80 外，G00、G01、G02、G03 也能起撤销作用，因此编写固定循环时要注意。

（4）固定循环方式中，G43、G44 仍起刀具长度补偿作用。

例 6—3 固定循环应用举例。

使用刀具补偿功能和固定循环功能加工图 6—25 所示零件上的 12 个孔。

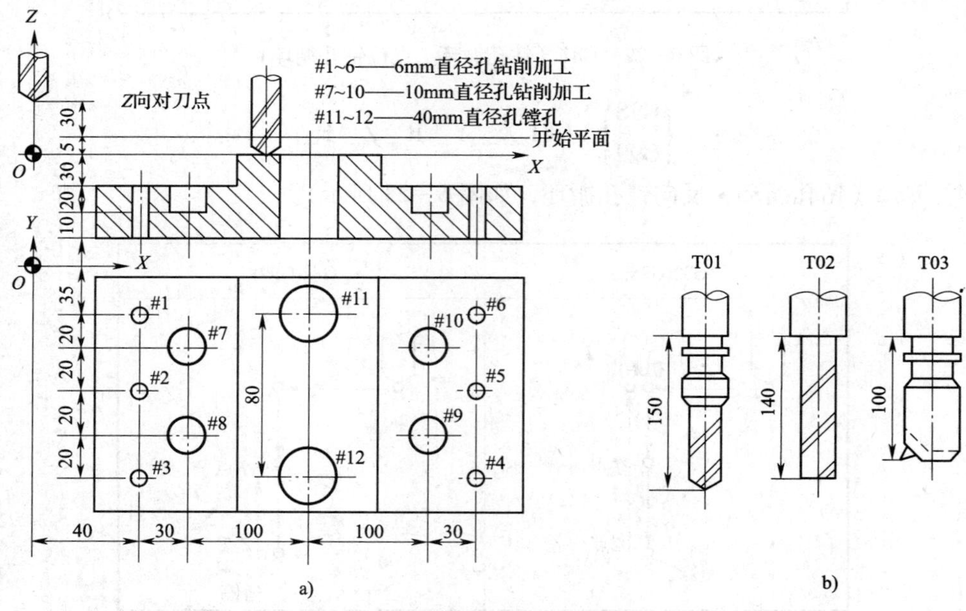

图 6—25 固定循环应用举例

a）零件图 b）刀具尺寸图

（1）分析零件图样，进行工艺处理。该零件孔加工中，有通孔、盲孔，需钻、扩和镗加工。故选择钻头 T01、扩孔刀 T02 和镗刀 T03，加工坐标系原点设在零件上表面处。由于有三种孔径尺寸的加工，按照先小孔后大孔加工的原则，确定加工路线为：从编程原点开始，先加工 6 个 $\phi6$ mm 的孔，再加工 4 个 $\phi10$ mm 的孔，最后加工 2 个 $\phi40$ mm 的孔。

T01、T02 的主轴转数 $S=600$ r/min，进给速度 $F=120$ mm/min；T03 主轴转数 $S=300$ r/min，进给速度 $F=50$ mm/min。

（2）加工调整。T01、T02、和 T03 的刀具补偿号分别为 H01、H02 和 H03。对刀时，以 T01 刀为基准，确定零件上表面为 Z 向零点，H01 中刀具长度补偿值设置为零，该点在 G53 坐标系中的位置为 $Z-30$。对 T02，因其刀具长度与 T01 相比为 $140-150=-10$ mm，即短了 10 mm，所以将 H02 的补偿值设置为 -10。对 T03 同样计算，H03 的补偿值设置为 -50。换刀时，用 M00 指令停止后，手动换刀后再起动，继续执行程序。

根据零件的装夹尺寸，设置加工原点 G54：$X=-600$，$Y=-80$，$Z=-30$。

（3）数学处理。在多孔加工时，为了简化程序，采用固定循环指令。这时的数学处理主要是按固定循环指令格式的要求，确定孔位坐标、快进尺寸和工作进给尺寸值等。固定循环中的开始平面为 $Z=5$，R 点平面定为零件孔口表面 $+Z$ 向 3 mm 处。

（4）编写零件加工程序如下：

```
N10   G54   G90   G00   X0   Y0   Z30；                          进入加工坐标系
N20   G43   G00   Z5   H01；                                     选用 T01 号刀具
N30   S600   M03；                                               主轴起动
N40   G99   G81   X40   Y-35   Z-63   R-27   F120；            加工#1 孔（回 R 平面）
N50   Y-75；                                                     加工#2 孔（回 R 平面）
N60   G98   Y-115；                                              加工#3 孔（回起始平面）
N70   G99   X300；                                               加工#4 孔（回 R 平面）
N80   Y-75；                                                     加工#5 孔（回 R 平面）
N90   G98   Y-35；                                               加工#6 孔（回起始平面）
N100   G00   X500   Y0   M05；                                   回换刀点，主轴停
N110   G49   Z20   M00；                                         撤销刀补，换刀
N120   G43   Z5   H02；                                          选用 T02 刀，长度补偿
N130   S600   M03；                                              主轴启动
N140   G99   G81   X70   Y-55   Z-50   R-27   F-120；          加工#7 孔（回 R 平面）
N150   G98   Y-95；                                              加工#8 孔（回起始平面）
N160   G99   X270；                                              加工#9 孔（回 R 平面）
N170   G98   Y-55；                                              加工#10 孔（回起始平面）
N180   G00   X500   Y0   M05；                                   回换刀点，主轴停
N190   G49   Z20   M00；                                         撤销刀补，换刀
N200   G43   Z5   H03；                                          选用 T03 刀，长度补偿
N210   S300   M03；                                              主轴启动
N220   G76   G99   X170   Y-35   Z-65   R3   F50；             加工#11 孔（回 R 平面）
```

N230　G98　Y－115;　　　　　　　　加工#12 孔（回起始平面）
N240　G49　Z30;　　　　　　　　撤销刀补
N250　M30;　　　　　　　　程序停

参数设置:

H01 =0，H02 = －10，H03 = －50;

G54：X = －600，Y = －80，Z = －30。

十三、换刀程序

加工中心具有自动换刀装置，可以通过程序自动完成刀具的交换，不需要人工干涉。在加工中心换刀时，要用到选刀指令（T 代码）及换刀指令（M06）。多数加工中心都规定了“换刀点”位置，即定距换刀。主轴只有运动到换刀点，机械手才能执行换刀动作。一般立式加工中心规定换刀点的位置在 Z0 处（即机床 *Z* 轴零点），同时规定换刀时应有回参考点的准备功能 G28 指令。卧式加工中心规定换刀点的位置在 Z0 及 *XY* 平面的第二参考点（用 G30 X0 Y0 指令）处。当控制系统遇到选刀指令 T 代码时，自动按照刀号选刀，被选中的刀具处于刀库中的换刀位置上。接到换刀的指令 M06 后，机械手执行换刀动作。换刀程序可采用两种方法设计。

方法一：N10　G28　Z0　T02;
　　　　N11　M06;

当刀具返回 *Z* 轴换刀点的同时，刀库将 T02 号刀具选出，然后进行刀具交换，换到主轴上的刀具号为 T02。若 T 功能执行时间（即选刀时间）大于 *Z* 轴回零时间，则 M06 指令等刀库将 T02 号刀具转到最下方位置后才能执行。这种方法占用机动时间较长。

方法二：N10　G01　Z…T02;
　　　　……
　　　　N17　G28　Z0　M06;
　　　　N18　G01　Z…T03;
　　　　……

在 N17 程序段换上 N10 程序段选出的 T02 号刀具；在换刀后，紧接着选出下次要用的 T03 号刀具。在 N10 程序段和 N18 程序段执行选刀时，不占用机动时间，所以通常都使用这种方法。

另外，在编制程序时，通常都把换刀动作编制成一个换刀子程序，来实现刀库中当前换刀位置上的刀具与主轴上刀具的交换。下面就是两个换刀子程序。

O8999；（ATC）：　　　　　　立式加工中心换刀子程序
M05　M09;　　　　　　主轴停，切削液停
G80;　　　　　　取消固定循环
G91 G28 Z0;　　　　　　*Z* 轴回原点
G49 M06;　　　　　　取消长度补偿，换刀
M99;

O8999；（ATC）：　　　　　　卧式加工中心换刀子程序

```
M05 M09;                    主轴停，切削液停
G80;                        取消固定循环
G91 G28 Z0;                 Z 轴回原点
G91 G30 X0 Y0;              回到换刀原点（第二参考点）
G49 M06;                    取消长度补偿，换刀
M99;
```

十四、子程序及其使用

程序分主程序和子程序。一个以程序号为 O 开始，以 M99 结束的程序称作子程序。子程序是相对主程序而言的，主程序可以调用子程序。当一次装夹加工多个零件或一个零件有重复加工部分时，可以把这个图形编成一个子程序存储在存储器中，使用时反复调用。子程序的有效使用可以简化程序并缩短检查时间。

调用子程序指令：M98

调用子程序的指令格式为：M98　P ××××　L ____；

其中：P 后边的数字为子程序编号，L 为调用次数（L1 可省略，最多为 9 999 次）。

从子程序返回到主程序用 M99 指令。图 6—26 所示为调用子程序的形式。

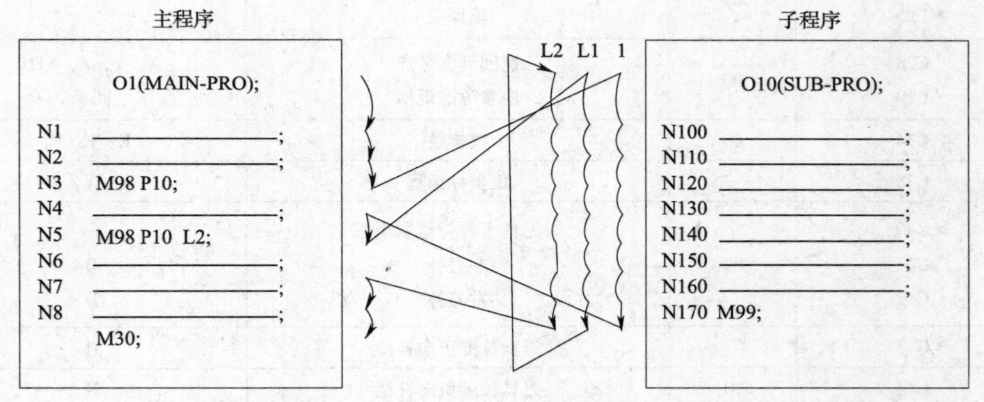

图 6—26　子程序的用法

子程序可以多重调用，一般可达四重。每次调用子程序时的坐标系、刀具半径补偿值、坐标位置、切削用量等可根据情况改变，甚至可对子程序进行镜像、缩放、拷贝等。

§6—3　华中（HNC－21/22M）系统加工中心的编程

一、准备功能代码的应用

准备功能 G 指令由 G 后面的 1 位或 2 位数值组成，它用来规定刀具和工件的相对运动轨迹、机床坐标系、坐标平面、刀具补偿、坐标偏置等多种加工操作。

HNC—21/22M 数控系统的 G 功能指令见表 6—4。

说明：使用华中（HNC—21/22M）系统编程时，在每行程序后面不需加分号（；）。

表 6—4　　**HNC—21/22M 准备功能一览表**

G 代码	组	功能	参数（后续地址字）
G00	01	快速定位	X，Y，Z，4TH
▶G01		直线插补	同上
G02		顺圆插补	X，Y，Z，I，J，K，R
G03		逆圆插补	同上
G04	00	暂停	P
G07	16	虚轴指定	X，Y，Z，4TH
G09	00	准停校验	—
▶G17	02	*XY* 平面选择	X，Y
G18		*ZX* 平面选择	X，Z
G19		*YZ* 平面选择	Y，Z
G20	08	英寸输入	—
▶G21		毫米输入	
G22		脉冲当量输入	
G24	03	镜像开	X，Y，Z，4TH
▶G25		镜像关	
G28	00	返回到参考点	X，Y，Z，4TH
G29		由参考点返回	同上
G34	00	攻螺纹	K，F，P
G38		极坐标编程	X，Y，Z
▶G40	09	刀具半径补偿取消	
G41		左刀补	D
G42		右刀补	D
G43	10	刀具长度正向补偿	H
G44		刀具长度负向补偿	H
▶G49		刀具长度补偿取消	—
G50	04	缩放关	X，Y，Z，P
G51		缩放开	
G52	00	局部坐标系设定	X，Y，Z，4TH
G53		直接机床坐标系编程	
G54	11	工件坐标系 1 选择	—
▶G55		工件坐标系 2 选择	
G56		工件坐标系 3 选择	
G57		工件坐标系 4 选择	
G58		工件坐标系 5 选择	—
G59		工件坐标系 6 选择	
G60	00	单方向定位	X，Y，Z，4TH

续表

G代码	组	功能	参数（后续地址字）
▶G61 G64	12	精确停止校验方式 连续方式	—
G65	00	子程序调用	P，A～Z
G68 ▶G69	05	旋转变换 旋转取消	X，Y，Z，P
G73 G74 G76 ▶G80 G81 G82 G83 G84 G85 G86 G87 G88 G89	06	深孔钻削循环 逆攻螺纹循环 精镗循环 固定循环取消 定心钻循环 钻孔循环 深孔钻循环 攻螺纹循环 镗孔循环 镗孔循环 反镗循环 镗孔循环 镗孔循环	X，Y，Z，P，Q， R，I，J，K 同上 同上 同上 同上 同上 同上 同上 同上 同上 同上 同上 同上
▶G90 G91	13	绝对值编程 增量值编程	—
G92	00	工件坐标系设定	X，Y，Z，4TH
▶G94 G95	14	每分钟进给 每转进给	—
▶G98 G99	15	固定循环返回起始点 固定循环返回到 R 点	—

提示：①4TH 指的是 X、Y、Z 之外的第 4 轴，可用 A、B、C 等命名；

②00 组中的 G 代码是非模态的，其他组的 G 代码是模态的；

③标记▶者为模态代码的缺省值。

G 功能有非模态 G 功能和模态 G 功能之分。

非模态 G 功能：只在所规定的程序段中有效，程序段结束时被注销。

模态 G 功能：一组可相互注销的 G 功能，其中某一 G 功能一旦被执行，则一直有效，直到被同一组的另一 G 功能注销为止。

模态 G 功能组中包含一个缺省 G 功能（表 6—4 中有▶标记者），上电时将被初始化为该功能。

没有共同参数的不同组 G 代码可以放在同一程序段中，而且与顺序无关。例如，G90、G17 可与 G01 放在同一程序段中，G24、G68、G51 等虽与 G01 不同组，但由于有共同参数，因而不能放在同一程序段中。

下面我们按数控编程的一般顺序来分类介绍 HNC—21/22M 数控系统的 G 功能指令。

1. 单位的设定

（1）尺寸单位选择 G20、G21、G22。

格式：G20

G21

G22

说明：G20、G21、G22 用于指定尺寸字的输入制式（即单位）。

其中：

G20 为英制输入制式；

G21 为公制输入制式；

C22 为脉冲当量输入制式。

G20、G21、G22 为模态指令，可相互注销，G21 为缺省值。

（2）进给速度单位的设定 G94、G95。

格式：G94

G95

说明：G94/G95 用来指定进给速度 F 的单位。

其中：

G94 为每分钟进给；

G95 为每转进给，即主轴旋转一周时刀具的进给量。

用 G94 编程时，对于线性轴，F 的单位依 G20、G21、G22 的设定而为 mm/min、in/min 或脉冲当量/分；对于旋转轴，F 的单位为°/min 或脉冲当量/分钟。

用 G95 编程时，对于线性轴，F 的单位依 G20、G21、G22 的设定而为 mm/r、in/r 或脉冲当量/转；对于旋转轴，F 的单位为°/r 或脉冲当量/转。此功能只在主轴装有编码器时才有效。

G94、G95 为模态指令，可相互注销，G94 为缺省值。

2. 坐标系的设定与选择

（1）工件坐标系选择 G54 ~ G59。

格式：G54

G55

G56

G57

G58

G59

说明：G54 ~ G59 用来指定数控系统预定的 6 个工件坐标系（见图 6—27），任选其一。

这 6 个预定工件坐标的原点在机床坐标系中的值（工件零点偏置值）可用 MDI 方式输入，数控系统自动记忆。

G54 ~ G59 为模态指令，可相互注销，G54 为缺省值。

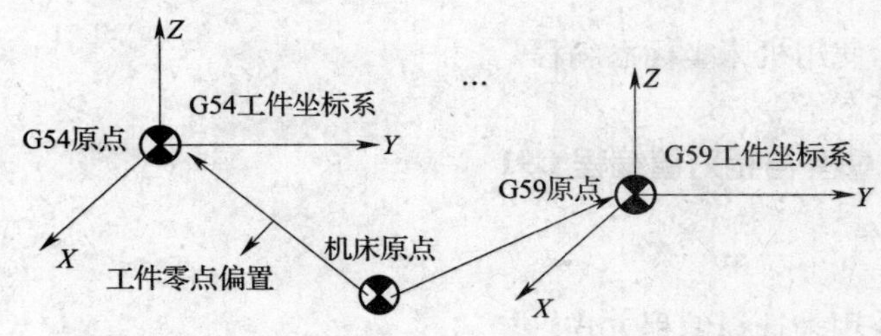

图 6—27　工件坐标系选择（G54 ~ G59）

提示：使用该组指令前，要先用 MDI 方式输入各坐标系的坐标原点在机床坐标系中的坐标值。

（2）工件坐标系设定 G92。

格式：G92 X __ Y __ Z __ A __

说明：G92 通过设定对刀点与工件坐标系原点的相对位置建立工件坐标系。

其中：

X、Y、Z、A 为设定的工件坐标系原点到对刀点的有向距离。

HNC—21/22M 的最大联动轴数为 4。本书中，假设第四轴用 A 表示。

G92 指令为非模态指令，但其建立的工件坐标系在被新的工件坐标系取代前一直有效，G92 指令段一般放在一个零件程序的第一段。

（3）局部坐标系设定 G52。

格式：G52 X __ Y __ Z __ A __

说明：G52 能在所有的工件坐标系（G92、G54 ~ G59）中形成子坐标系，即局部坐标系，如图 6—28 所示。

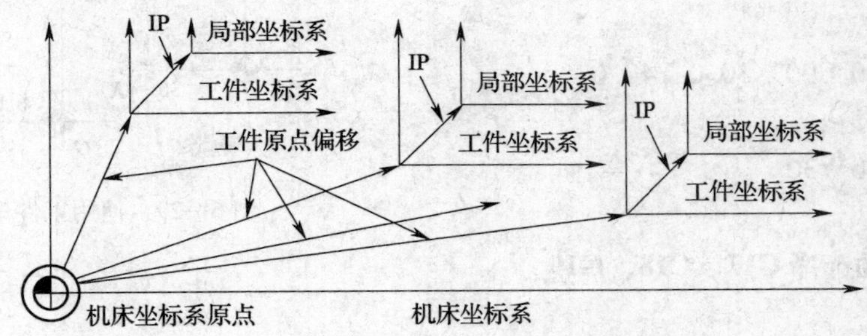

图 6—28　局部坐标系的设定 G52

其中：

X、Y、Z、A 分别为局部坐标系原点在当前工件坐标系中的坐标值。

G52 指令为非模态指令，但其设定的局部坐标系在被取代或注销前一直有效。

设定局部坐标系后，工件坐标系和机床坐标系保持不变。

要注销局部坐标系，可用 G52 X0 Y0 Z0 A0 来实现。

在缩放及旋转功能下，不能使用 G52 指令，但在 G52 下能进行缩放及坐标系旋转。

（4）直接机床坐标系编程 G53。

格式：G53

说明：G53 表示使用机床坐标系编程。

G53 指令为非模态指令。

3. 绝对值编程 G90 与相对值编程 G91

格式：G90

G91

说明：该组指令用来选择编程方式。

其中：

G90 为绝对值编程；

G91 为相对值编程。

用 G90 编程时，每个编程坐标轴上的编程值是相对于程序原点（G92 建立的工件坐标系原点，或 G54 ~ G59 选定的工件坐标系原点，或 G52 指令的局部坐标系原点，或 G53 指令的机床坐标系原点）的。

用 G91 编程时，每个编程坐标轴上的编程值是相对于前一位置而言的，该值等于沿轴移动的距离，与当前编程坐标系无关。

G90、G91 为模态指令，可相互注销，G90 为缺省值。

G90、G91 可用于同一程序段中，但要注意其顺序所造成的差异。

选择合适的编程方式可使编程简化。当图样尺寸给定一个固定基准时，采用绝对方式编程较为方便；当图样尺寸是以轮廓顶点之间的间距给出时，采用相对方式编程较为方便。

例 6—4 如图 6—29 所示，使用工件坐标系编程，要求刀具从当前点移动到 *A* 点，再从 *A* 点移动到 *B* 点。

当前点→*A*→*B*

%1000

N01 G54 G00 G90 X30. 0 Y40. 0

N02 G59

N03 G00 X30 Y30

……

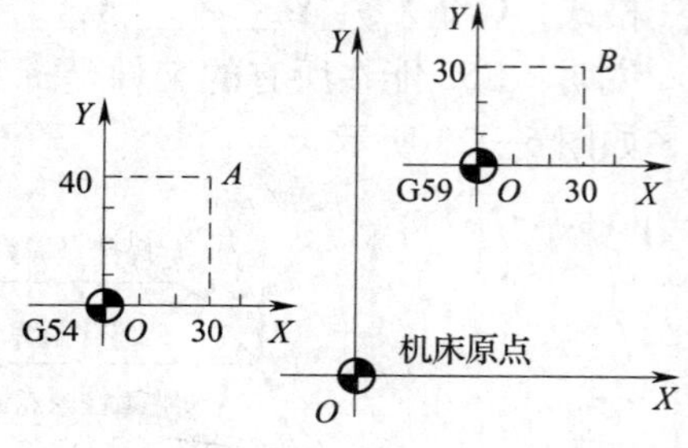

图 6—29 使用工件坐标系编程

4. 坐标平面选择 C17、C18、G19

格式：G17

G18

G19

说明：该组指令用来选择进行圆弧插补和刀具半径补偿的平面。

其中：

G17 为选择 *XY* 平面；

C18 为选择 *ZX* 平面；

G19 为选择 *YZ* 平面。

G17、G18、G19 为模态指令，可相互注销，G17 为缺省值。

提示：进给指令与平面选择无关，例如使用指令 G17 G01 Z10 时，*Z* 轴照样会移动。

5. 回参考点控制指令

（1）自动返回参考点 G28。

格式：G28 X __ Y __ Z __ A __

说明：G28 指令首先使所有的编程轴都快速定位到中间点，然后再从中间点快速返回到参考点。

其中：

X、Y、Z、A 为回参考点时经过的中间点（非参考点）的参数，在 G90 时为中间点在工件坐标系中的坐标；在 G91 时为中间点相对于起点的位移量。

在电源接通、手动返回参考点后，若程序需要返回参考点时，可使用 G28 指令控制编程轴经过中间点自动返回参考点。这时从中间点到参考点的方向应与机床参数“回参考点方向”设定的方向一致。

在一般情况下，G28 指令用于自动更换刀具或者消除机械误差时，在执行该指令之前应取消刀具半径补偿和刀具长度补偿。

执行 G28 程序段，不仅产生坐标轴移动指令，而且记忆中间点坐标值，以供 G29 使用。

G28 指令仅在其被规定的程序段中有效。

（2）自动从参考点返回 G29。

格式：G29 X __ Y __ Z __ A __

说明：G29 可使所有编程轴快速经过由 G28 指令定义的中间点，然后再快速到达指定点。

通常该指令紧跟在 G28 指令之后。

其中：

X、Y、Z、A 为返回的定位终点的参数，在 G90 时为定位终点在工件坐标系中的坐标；在 G91 时为定位终点相对于 G28 定义的中间点的位移量。

G29 指令仅在其被规定的程序段中有效。

6. 进给控制指令

（1）快速定位 G00。

格式：G00 X __ Y __ Z __ A __

说明：G00 指定刀具以预先设定的快移速度，从当前位置快速移动到程序段指定的定位终点（目标点）。

其中：

X、Y、Z、A 分别为快速定位终点，在 G90 时为定位终点在工件坐标系中的坐标；在 G91 时为定位终点相对于起点的位移量。

G00 一般用于加工前快速定位趋近加工点或加工后快速退刀，以缩短加工辅助时间，不能用于加工过程。

G00 的快移速度由机床参数栏中的“最高快移速度”分别对各轴设定，不能用进给速度指令 F 设定。快移速度可由机床控制面板上的快速修调旋钮修正。

G00 为模态指令，可由 G01、G02、G03 或 G33 功能注销。

提示：在执行 G00 指令时，由于各轴以各自速度移动，不能保证各轴同时到达终点，因而联动直线轴的合成轨迹不一定是直线。此时，操作者必须格外小心，以免刀具与工件发生碰撞。常见的做法是先将 *Z* 轴移动到安全高度，然后再执行 G00 指令。

（2）线性进给 G01。

格式：G01 X __ Y __ Z __ A __ F __

说明：G01 指定刀具以联动的方式，按 F 规定的合成进给速度，从当前位置按线性路线（联动直线轴的合成轨迹为直线）移动到程序段指令的终点。

其中：

X、Y、Z、A 分别为线性进给终点，在 G90 时为终点在工件坐标系中的坐标；在 G91 时为终点相对于起点的位移量；F 为合成进给速度。

G01 为模态代码，可由 G00、G02、G03 或 G33 功能注销。

（3）单方向定位 G60。

格式：G60 X __ Y __ Z __ A __

说明：G60 指定刀具相对于工件先以 G00 速度快速定位到一中间点，然后以一固定速度单方向移动到定位终点，如图 6—30 所示。

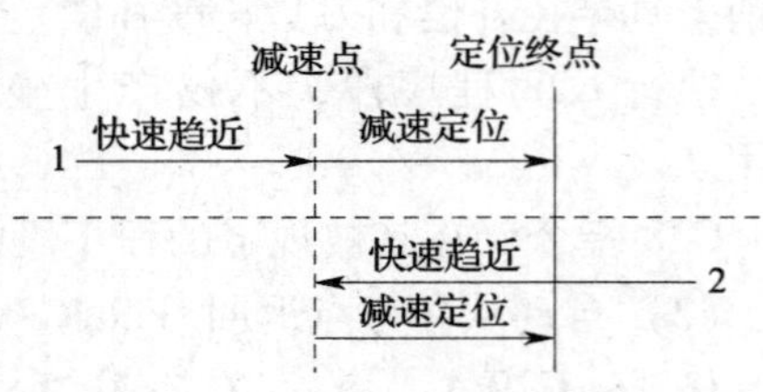

图 6—30　G60 定位过程

其中：

X、Y、Z、A 分别为单向定位终点，在 G90 时为定位终点在工件坐标系中的坐标；在 G91 时为定位终点相对于起点的位移量。

用 G60 编程时，各轴的定位方向（从中间点到定位终点的方向）以及中间点与定位终点的距离由机床参数“单向定位偏移值”设定。当该参数值小于 0 时，定位方向为负；当该参数值大于 0 时，定位方向为正。

G60 指令仅在其被规定的程序段中有效。

（4）圆弧进给 G02/G03。

格式：G17 G02（G03）X __ Y __ I __ J __ F __

G17 G02（G03）X __ Y __ R __ F __

G18 G02（G03）X __ Z __ I __ K __ F __

G18 G02（G03）X __ Z __ R __ F __

G19 G02（G03）Y __ Z __ J __ K __ F __

G19 G02（G03）Y __ Z __ R __ F __

说明：G02/G03 指定刀具以联动的方式，按 F 规定的合成进给速度，在 G17/G18/G19 规定的平面内，从当前位置按顺/逆时针圆弧路线（联动轴的合成轨迹为圆弧）移动到程序段指令的终点。

其中：

G02 为顺时针圆弧插补（见图 6—31）；

G03 为逆时针圆弧插补（见图 6—31）；

G17 为 *XY* 平面的圆弧；

G18 为 *ZX* 平面的圆弧；

G19 为 *YZ* 平面的圆弧。

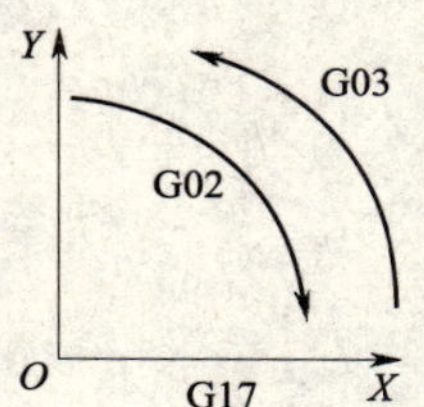

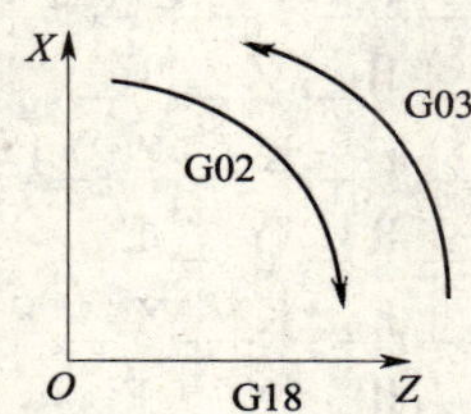

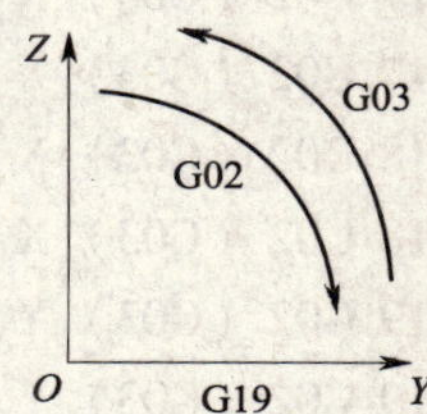

图 6—31 不同平面的 G02 与 G03 的选择

X、Y、Z 值分别为圆弧终点，在 G90 时为圆弧终点在工件坐标系中的坐标；在 G91 时为圆弧终点相对于圆弧起点的位移量；

I、J、K 值分别为圆心相对于圆弧起点的偏移值（等于圆心的坐标减去圆弧起点的坐标，如图 6—32 所示），在 G90/G91 时都是以增量方式来指定；

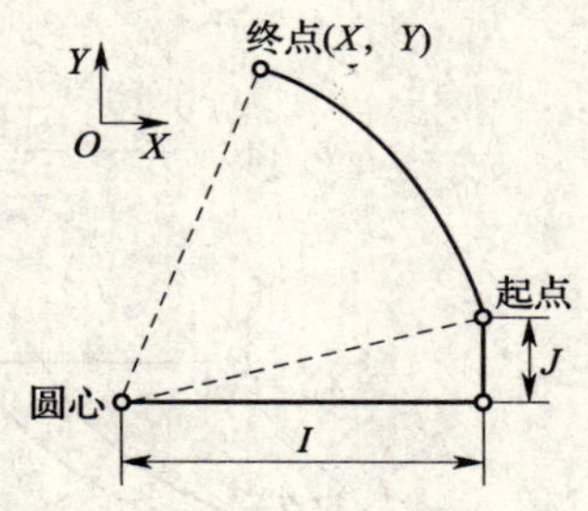

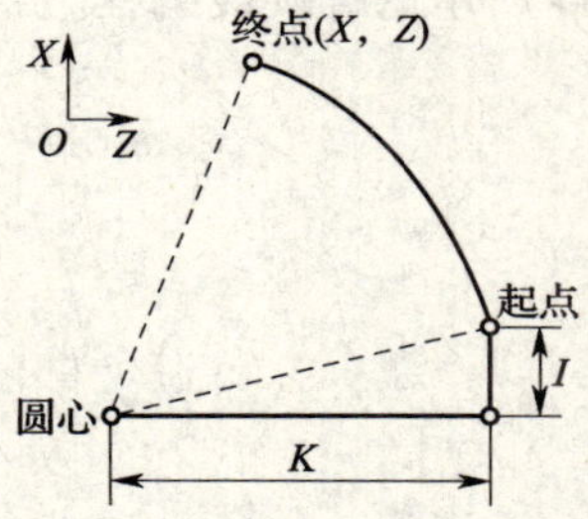

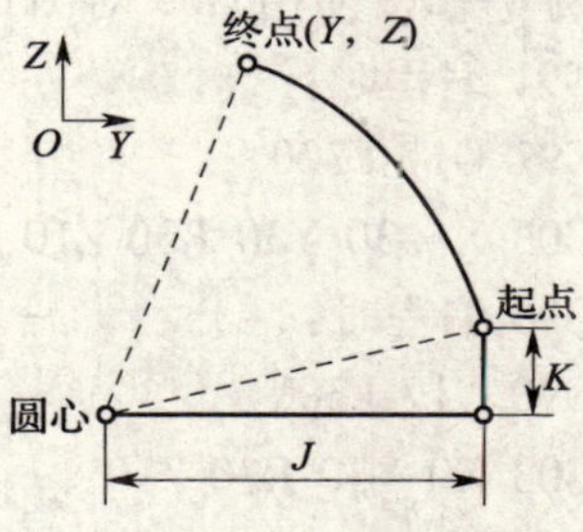

图 6—32 I、J、K 的选择

R 值为圆弧半径，当圆弧圆心角小于 180°时，R 值为正值，否则 R 值为负值；

F 为被编程的两个轴的合成进给速度。

例 6—5 使用 G02 对图 6—33 所示的劣弧 a 和优弧 b 编程。

1）圆弧 a 的 4 种编程方法。

G91 G02 X30 Y30 R30 F300

G91 G02 X30 Y30 I30 J0 F300

G90 G02 X0 Y30 R30 F300

G90 G02 X0 Y30 I30 J0 F300

2）圆弧 b 的 4 种编程方法。

G91 G02 X30 Y30 R－30 F300

G91 G02 X30 Y30 I0 J30 F300

G90 G02 X0 Y30 R－30 F300

G90 G02 X0 Y30 I0 J30 F300

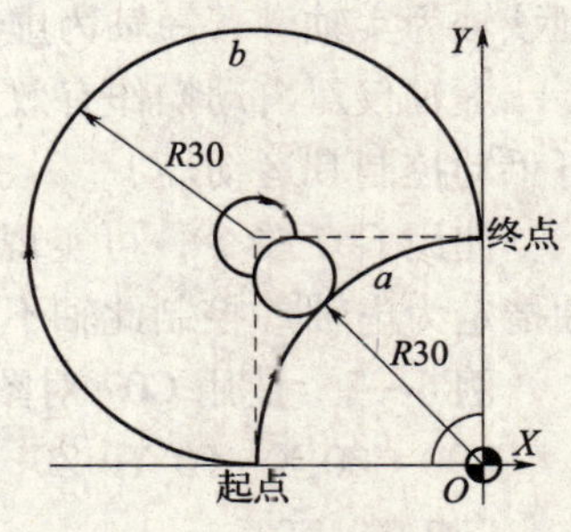

图 6—33 圆弧编程

提示：

①顺时针或逆时针是指从垂直于圆弧所在平面的坐标轴的正方向看到的回转方向；

②整圆编程时不可以使用 R，只能用 I、J、K；

③当同时编入 R 和 I、J、K 时，R 有效。

（5）螺旋线进给 G02/G03。

格式：G17 G02（G03）X __ Y __ I __ J __ Z __ F __

G17 G02（G03）X __ Y __ R __ Z __ F __

G18 G02（G03）X __ Z __ I __ K __ Y __ F __

G18 G02（G03）X __ Z __ R __ Y __ F __

G19 G02（G03）Y __ Z __ J __ K __ X __ F __

G19 G02（G03）Y __ Z __ R __ X __ F __

说明：当 G02/G03 指定刀具相对于工件圆弧进给的同时，对另一不在圆弧平面上的坐标轴施加运动指令，则联动轴的合成轨迹为螺旋线。

其中：

X、Y、Z 为由 G17/G18/G19 平面选定的两个坐标为螺旋线投影圆弧的终点，第 3 坐标是与选定平面相垂直轴的终点；其余参数的意义同圆弧进给。

该指令对于任何小于 360°的圆弧，可附加任一数值的第 3 轴指令，实现螺旋线进给。

例 6—6 使用 G03 对图 6—34 所示的螺旋线编程。

G91 编程时：

G91 G17 F300

G03 X－30 Y30 R30 Z10

G90 编程时：

G90 G17 F300

G03 X0 Y30 R30 Z10

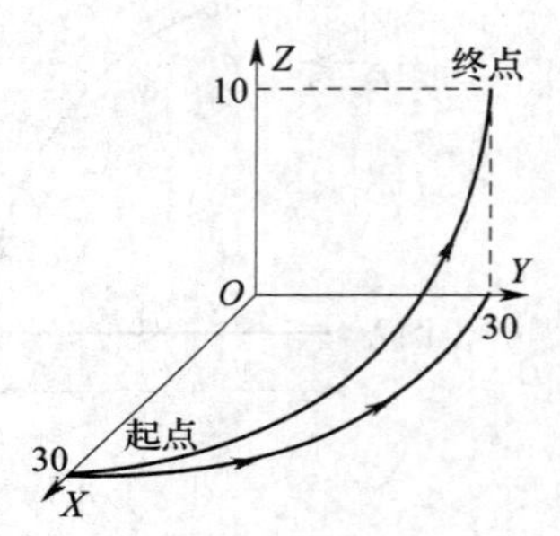

图 6—34 螺旋线编程

（6）虚轴指定 G07 及正弦线进给。

格式：G07 X __ Y __ Z __ A __

说明：G07 为虚轴指定和取消指令。

其中：

X、Y、Z、A 可被指定为虚轴，若被指定轴后跟数字 0，则该轴为虚轴；若后跟数字 1，则该轴为实轴。若一轴为虚轴，则此轴只参加插补计算，并不运动。

虚轴仅对自动操作有效，对手动操作无效，也就是说，在程序中被指定为虚轴的轴，仍可手动控制其运动。

使用 G07 指令，可实现正弦线进给，即在螺旋线进给指令前，将参加圆弧插补的某一轴指定为虚轴（控制此轴不运动），则剩余两轴的合成运动为正弦线。

例 6—7 使用 G07 对图 6—35 所示的正弦线编程。

G90 G00 X－50 Y0 Z0

G07 X0 G91

G03 X0 Y0 I0 J50 Z60 F800

7．刀具半径补偿功能指令

（1）加工中心刀具半径补偿功能介绍。

1）刀具半径补偿的目的。在加工中心上进行轮廓的铣削加工时，由于刀具半径的存在，刀具中心（刀心）轨迹与工件轮廓不重合。如果数控系统不具备刀具半径自动补偿功能，则只能按刀心轨迹进行编程，即在编程时给出刀具的中心轨迹，如图 6—36 所示的虚线轨迹，其计算相当复杂。尤其当刀具磨损、重磨或换新刀而使刀具半径变化时，必须重新计算刀心轨迹，修改程序，这样既繁琐，又不易保证加工精度。

当数控系统具备刀具半径补偿功能时，数控编程只需按工件轮廓编程即可，如图 6—36 中的实线轨迹。此时，数控系统会自动计算刀心轨迹，使刀具偏离工件轮廓一个半径值（补偿量，也称偏置量），即进行刀具半径补偿。

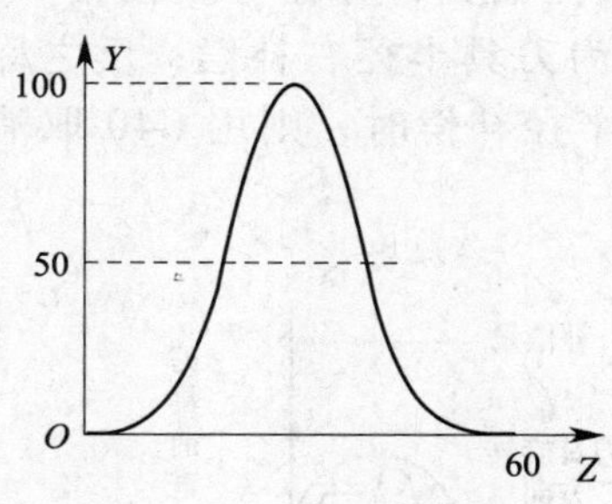

图 6—35　正弦线插补编程

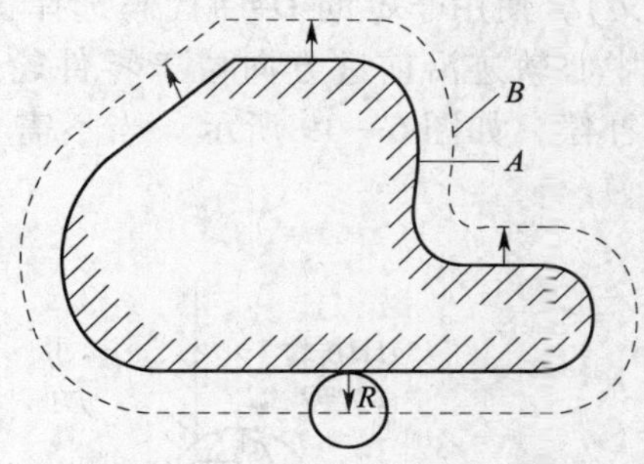

图 6—36　刀具半径补偿示意图

2）刀具半径补偿的应用。刀具半径补偿功能的主要应用场合如下：

①刀具因磨损、重磨、换新刀而引起刀具直径改变后，不必修改程序，只需在刀具参数设置中输入变化后的刀具直径。如图 6—37 所示，1 为未磨损刀具，2 为磨损后刀具，两者直径不同，只需将刀具参数表中的刀具半径 r_1改为 r_2，即可适用同一程序。

②通过有意识地改变刀具半径补偿量，便可用同一刀具、同一程序和不同的切削余量完成粗、半精、精加工，如图 6—38 所示。从图中可以看出，当设定补偿量为 ac 时，刀具中心按 cc′运动，当设定补偿量为 ab 时，刀具中心按 bb′运动完成切削。

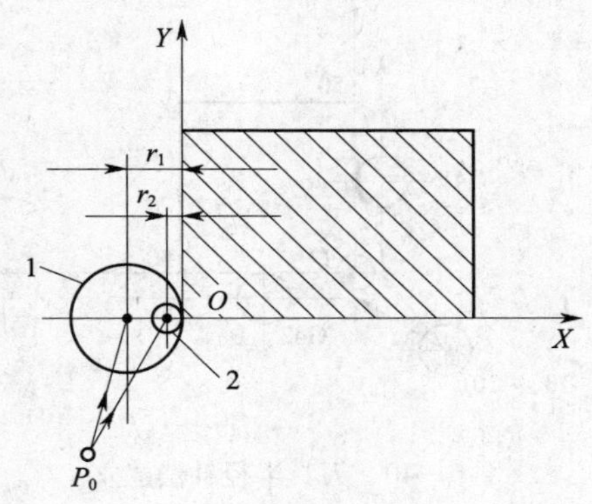

图 6—37　刀具直径变化

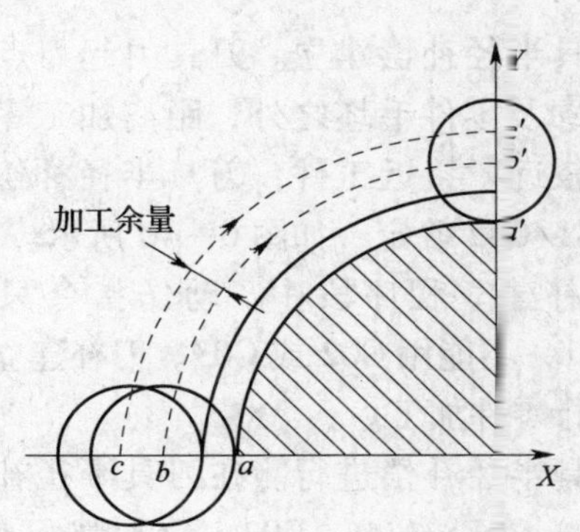

图 6—38　利用刀具半径补偿进行粗、精加工

3）刀具半径补偿的执行过程。数控系统的刀具半径补偿，就是将计算刀具中心轨迹的过程交由 CNC 系统执行。编程人员假设刀具的半径为零，直接根据零件的轮廓形状进行编程，因此，这种编程方法也称为对零件的编程。实际的刀具半径存放在一个可编程刀具半径偏置寄存器中，在加工过程中，CNC 系统根据零件程序和刀具半径，自动计算刀具中心轨迹，完成对零件的加工。当刀具半径发生变化时，不需要修改零件程序，只需修改存放在刀具半径偏置寄存器中的刀具半径值或者选用存放在另一个刀具半径偏置寄存器中的刀具半径所对应的刀具即可。

现代 CNC 系统一般都设置有若干个可编程刀具半径偏置寄存器，并对其进行编号，专供刀具补偿之用。可将刀具补偿参数（刀具长度、刀具半径等）存入这些寄存器中，在进行数控编程时，只需调用所需刀具半径补偿参数所对应的寄存器编号即可。

铣削加工刀具半径补偿分为刀具半径左补偿（用 G41 定义）和刀具半径右补偿（用 G42 定义），使用非零的 D# #代码选择正确的刀具半径偏置寄存器号。根据 ISO 标准，当刀具中心轨迹沿前进方向位于零件轮廓右边时称为刀具半径右补偿；反之称为刀具半径左补偿，如图 6—39 所示。当不需要进行刀具半径补偿时，则用 G40 取消刀具半径补偿。

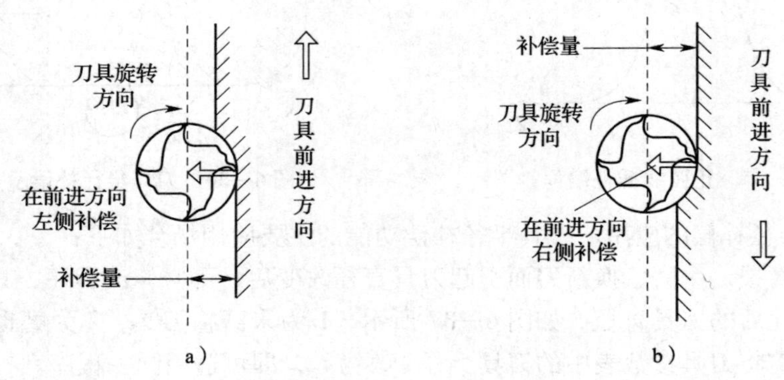

图 6—39　刀具补偿方向

a）左刀补　b）右刀补

刀具半径补偿的执行过程一般可分为以下三步：

①刀具半径补偿建立。刀具由起刀点（位于零件轮廓及零件毛坯之外，距离加工零件轮廓切入点较近）接近工件，刀具半径补偿偏置方向由 G41/G42 确定，如图 6—40 所示。

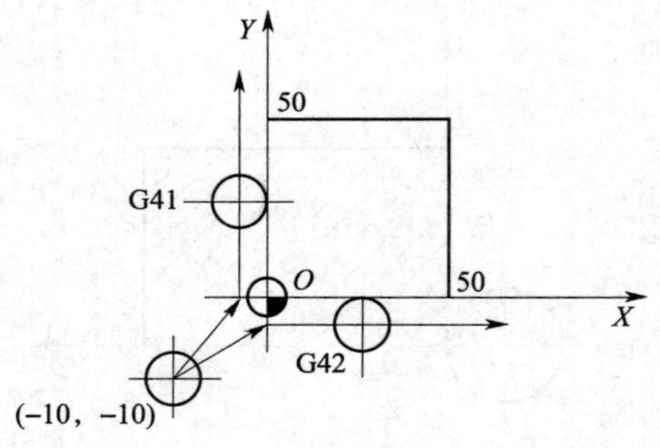

图 6—40　刀具半径补偿建立

在刀补建立程序段中，动作指令只能用 G00 或 G01，不能用 G02 或 G03。刀补建立过程中不能进行零件加工。

②刀具半径补偿进行。在刀具半径补偿进行状态下，G01、G00、G02、G03 都可使用。它根据读入的相邻两段编程轨迹，判断转接处工件内侧所形成的角度，自动计算刀具中心的轨迹。

在刀补进行状态下，刀具中心轨迹与编程轨迹始终偏离一个刀具半径的距离。

③刀具半径补偿撤销。当刀具撤离工件，回到退刀点后，要取消刀具半径补偿。与建立刀具半径补偿过程类似，退刀点也应位于零件轮廓之外。退刀点距离加工零件轮廓较近，可与起刀点相同，也可以不相同。

刀补撤销也只能用 G01 或 G00，而不能用 G02 或 G03。同样，在该过程中不能进行零件加工。

（2）刀具半径补偿编程 G40、G41、G42。

格式：$\left\{\begin{matrix}G17\\G18\\G19\end{matrix}\right\}\left\{\begin{matrix}G40\\G41\\G42\end{matrix}\right\}$ G00（G01）X＿Y＿Z＿D＿

说明：该组指令用于建立/取消刀具半径补偿。

其中：

G40 为取消刀具半径补偿；

C41 为建立左刀补，如图 6—39a 所示；

G42 为建立右刀补，如图 6—39b 所示；

G17 为在 *XY* 平面建立刀具半径补偿平面；

G18 为在 *ZX* 平面建立刀具半径补偿平面；

G19 为在 *YZ* 平面建立刀具半径补偿平面；

X、Y、Z 为 G00/G01 的参数，即刀补建立或取消的终点（注：投影到补偿平面上的刀具轨迹受到的补偿）；

D 为 G41/G42 的参数，即刀补号码（D00 - D99），它代表了刀补表中对应的半径补偿值。

G40、G41、G42 都是模态代码，可相互注销。

提示：

①刀具半径补偿平面的切换 G17/G18/G19 必须在补偿取消方式下进行；

②刀具半径补偿的建立与取消只能用 G00 或 G01 指令，不能用 G02 或 G03。

例 6—8 考虑刀具半径补偿，编制如图 6—41 所示零件的加工程序。要求建立如图所示的工件坐标系，按箭头所指示的路径进行加工。设加工开始时刀具距离工件上表面 50 mm，切削深度为 8 mm。

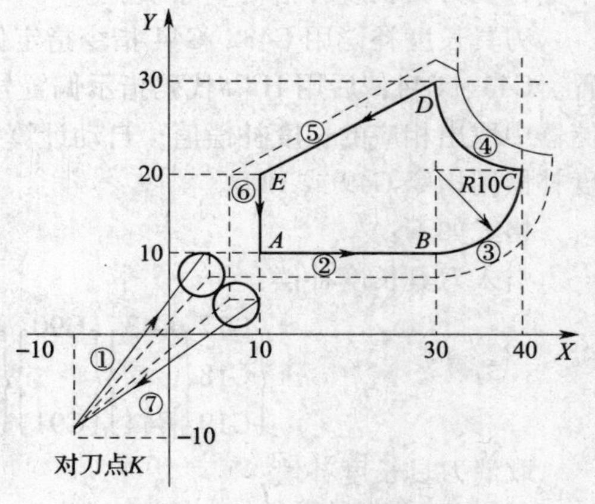

图 6—41 刀具半径补偿编程

```
%1008
G92 X-10 Y-10 Z50        建立工件坐标系，对刀点坐标（-10，-10，50）
G90 G17                  绝对坐标编程，刀具半径补偿平面为XY平面
C42 G00 X4 Y10 D01       建立右刀补，刀补号码01，快移到工件切入点
Z2 M03 S900              Z向快移接近工件上表面，主轴正转
G01  Z-8 F800            Z向切入工件，切深8 mm，进给速度800 mm/min
X30                      加工AB段直线
G03 X40 Y20 I0 J10       加工BC段圆弧
G02 X30 Y30 I0 J10       加工CD段圆弧
G01 X10 Y20              加工DE段直线
Y10                      加工EA段直线
G00 Z50 M05              Z向快移离开工件上表面，主轴停转
```

G40 X－10 Y－10　　　　　　　　　取消刀补，快移到对刀点

M02　　　　　　　　　　　　　　　程序结束

提示：

①加工前应先用手动方式对刀，将刀具移动到相对于编程原点（－10，－10，50）的对刀点处；

②图中带箭头的实线为编程轮廓，不带箭头的虚线为刀具中心的实际路线。

8. 刀具长度补偿功能指令

根据加工情况，有时不仅需要对刀具半径进行补偿，而且还需要对刀具长度进行补偿。

铣刀的长度补偿与控制点有关。假如以一把标准刀具的刀头作为控制点，则此刀被称为零长度刀具，无须长度补偿。如果加工时用到长度不一样的非标准刀具，则要进行刀具长度补偿。长度补偿值等于所用刀具与零长度刀具（标准刀具）的长度差。

另一种情况是把刀具长度的测量基准面作为控制点，则铣刀长度补偿始终存在。不论用哪把刀具，都要进行刀具的绝对长度补偿才能加工出正确的零件表面。

另外，铣刀用过一段时间后，由于磨损，长度会变短，这时也需要进行长度补偿。

刀具长度补偿是对垂直于主平面的坐标轴实施的。例如采用 G17 编程时，主平面为 *XY* 平面，则刀具长度补偿对 *Z* 轴实施。

刀具长度补偿用 G43、G44 指令指定偏置的方向，其中 G43 为正向偏置，G44 为负向偏置。G43、C44，后用 H# #代码指示偏置号。在加工过程中，CNC 系统根据偏置号从偏置存储器中取出相应的长度补偿值，自动计算刀具中心轨迹，完成对零件的加工。要取消刀具长度补偿用指令 G49 或 H00。

格式如下：

引入刀具长度补偿：

$$\begin{Bmatrix}G17\\G18\\G19\end{Bmatrix}\begin{Bmatrix}G43\\ \\G44\end{Bmatrix}\begin{Bmatrix}G90\\ \\G91\end{Bmatrix}\begin{Bmatrix}G00\\ \\G01\end{Bmatrix}X\_\_\ Y\_\_\ Z\_\_\ H\_\_\ F$$

取消刀具长度补偿：

$$G49\begin{Bmatrix}G90\\G91\end{Bmatrix}\begin{Bmatrix}G00\\G01\end{Bmatrix}X\_\_\ Y\_\_\ Z\_\_\ F\_\_$$

说明：

G17：*XY* 平面，刀具长度补偿轴为 *Z* 轴。

G18：*ZX* 平面，刀具长度补偿轴为 *Y* 轴。

G19：*YZ* 平面，刀具长度补偿轴为 *X* 轴。

G43：刀具长度正方向补偿，刀具相对于基准往正 *Z* 方向移动，补偿值为正；若选用长度负补偿 G44 指令，则补偿值用负值。

G44：刀具长度负方向补偿，刀具相对于基准往负 *Z* 方向移动，补偿值为正；若选用长度正补偿 G43 指令，补偿值用负值。

H：刀具长度补偿偏置号（#0001～#0099），它代表了刀具表中对应的长度补偿值。

G49：取消刀具长度补偿。

X、Y、Z：G00/G01 的参数，即刀补建立或取消的终点坐标。在 G90 方式下检验刀补

建立正确性的方法：将刀补建立程序段中指定的 Z 值与工件坐标系设定中的 Z 值相加，再与 H 指令的对应补偿值进行计算，G43 指令时加上补偿值，G44 指令时减去补偿值，最后的计算结果应与刀具移动后的机床实际坐标一致。

华中（HNC－21/22M）系统加工中心只有六个工件坐标系可以选择，在加工复杂零件且调用六把以上刀具时，按每把刀具设置一个坐标系的情况将不允许，使用刀具长度补偿功能可在一个工件坐标系下实现多把刀具的编程和加工。当刀具长度方向的尺寸发生变化（更换新刀或刀具磨损）时，可在不改变程序的情况下，通过设置刀具长度补偿来完成零件的加工。

以图 6—42 所示加工过程中崩刀更换同尺寸刀具为例，换刀后不改变工件坐标系。图 6—42 左表示刀具损坏前的位置，图 6—42 右表示更换新的刀具后缩短了 3 mm。按原来程序加工轮廓，深度将减少了 3 mm，此时可通过刀具长度补偿的方法来解决（用 G44 指令，H 对应的偏置值为 3 mm）。

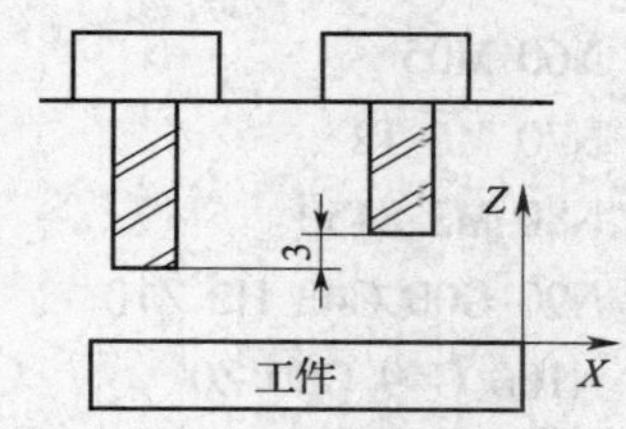

图 6—42　刀具长度补偿举例

刀具长度补偿指令一般用于刀具轴向（Z 方向）的补偿，使用时必须先确定基准。用基准刀具时，以设置的工件坐标原点的机械坐标为长度基准；不用基准刀具时，以机械坐标原点为长度基准，该方法应用广泛。刀具相对于基准往 Z 轴的正向或负向移动后，使刀具在 Z 方向的实际位移量比程序给定值增加或减少一个偏置量，即执行了刀具长度正补偿或负补偿。华中系统最多可设置 99 个长度补偿偏置值，改变刀具长度补偿量时，需重新指定刀具补偿号，刀具长度按新的偏置值进行补偿。

例 6—9　在选用一个工件坐标系（G54）的前提下，采用不同刀具加工零件不同部位时，刀具长度补偿指令的应用如图 6—43 所示（G54 中的 Z 设置为“0”，每把刀具都采用长度补偿，工件上表面为执行刀具长度补偿后的 Z0 位置）。

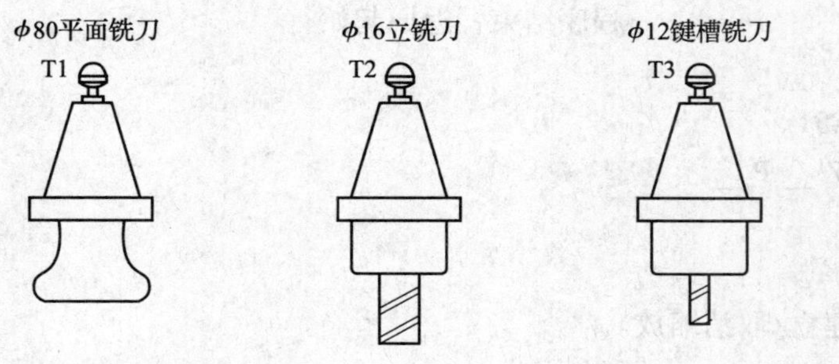

刀具名称	ϕ80平面铣刀	ϕ16立铣刀	ϕ12键槽铣刀	ϕ 8.5麻花钻
对刀后机床坐标值	−250.362	−230.586	−242.603	−205.84
用G43设置时的补偿值	H1=−250.362	H2=−230.586	H3=−242.603	H4=−205.84
用G44设置时的补偿值	H1=250.362	H2=230.586	H3=242.603	H4=205.84

图 6—43　刀具长度补偿举例

以机械原点为长度基准，通过图 6—43 的刀具选择及对刀结果，编写程序使四把刀具的刀尖都在工件表面以上 10 mm 的位置上定位。该程序（程序文件名为 O5009）也可用来校验刀具长度补偿设置是否正确。

%1	程序名
N10 G53 G90 G00 X0 Y0 Z0	*Z* 轴快速抬刀至机床原点
N20 M6 T1	1 号刀具：ϕ80 mm 平面铣刀
N30 G54 M3 S600	G54 工件坐标系，绝对坐标编程，主轴正转
N40 G00 G43 H1 Z10	*Z* 轴快速定位，调用 1 号长度补偿
N50 G49 G00 Z0	取消长度补偿，Z 快速定位到机械原点
N60 M05	主轴停转
N70 M6 T2	调用 2 号刀具：ϕ16 mm 立铣刀
N80 M3 S450	主轴正转，450 r/min
N90 G00 G43 H2 Z10	*Z* 轴快速定位，调用 2 号长度补偿
N100 G49 G00 Z0	取消长度补偿，Z 快速定位到机械原点
N110 M05	主轴停转
N120 M6 T3	调用 3 号刀具：ϕ12 mm 键槽铣刀
N130 M3 S750	主轴正转，750 r/min
N140 G00 G43 H3 Z10	*Z* 轴快速定位，调用 3 号长度补偿
N150 G49 G00 Z0	取消长度补偿，Z 快速定位到机械原点
N160 M05	主轴停转
N170 M6 T4	调用 4 号刀具：ϕ8.5 mm 麻花钻
N180 M3 S600	主轴正转，600 r/min
N190 G00 G43 H Z10	*Z* 轴快速定位，调用 4 号长度补偿
N200 G49 G00 Z0	取消长度补偿，Z 快速定位到机械原点
N210 M05	主轴停转
N220 M30	程序结束，返回起始行

9. 简化编程指令

（1）缩放功能 G50、G51。

格式：G51 X __ Y __ Z __ P __

M98 P __

G50

说明：该组指令用于建立/取消缩放。

其中：

G51 为建立缩放；

G50 为取消缩放；

X、Y、Z 为缩放中心的坐标值；

P 为缩放倍数。

G51 既可指定平面缩放，也可指定空间缩放。

在 G51 后，运动指令的坐标值以（*X*，*Y*，*Z*）为缩放中心，按 P 规定的缩放比例进行计算。

在有刀具补偿的情况下，先进行缩放，然后才进行刀具半径补偿、刀具长度补偿。

G51、G50 为模态指令，可相互注销，G50 为缺省值。

例 6—10 使用缩放功能编制如图 6—44 所示轮廓的加工程序。已知三角形 *ABC* 的顶点为 *A*（10，30）、*B*（90，30）、*C*（50，110），三角形 *A′B′C′*是缩放后的图形，其中缩放中心为 *D*（50，50），缩放系数为 0.5 倍，设刀具起点距工件上表面50 mm。

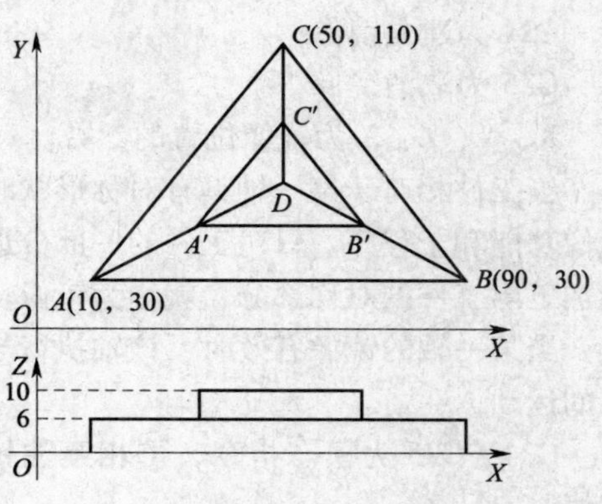

图 6—44 三角形 *ABC* 缩放示意图

```
%0051                          主程序
G92 X0 Y0 Z60
G91 G17 M03 S600 F300
G43 G00 X50 Y50 Z-46 H01
#51=14
M98 P100                       加工三角形 ABC
#51=8
G51 X50 Y50 P0.5               缩放中心（50，50），缩放系数 0.5
M98 P100                       加工三角形 A′B′C′
G50                            取消缩放
G49 G00 Z46
M05 M30

%100                           子程序（三角形 ABC 的加工程序）
G42 G00 X-44 Y-20 D01
Z[-#51]
G01 X84
X-40 Y80
X-44 Y-88
Z[#51]
G40 G00 X44 Y28
M99
```

（2）镜像功能 G24、G25。

格式：G24 X __ Y __ Z __ A __

M98 P __

G25 X __ Y __ Z __ A __

说明：该组指令用于建立/取消镜像，

其中：

G24 为建立镜像；

G25 为取消镜像；

X、Y、Z、A 为镜像位置的参数。

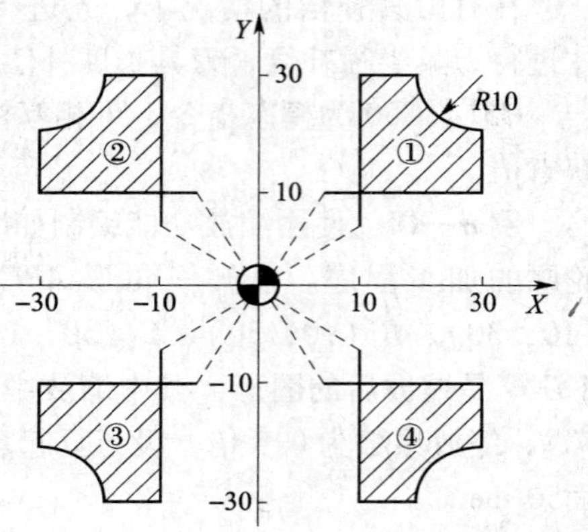

图 6—45 镜像功能

当工件相对于某一轴具有对称形状时，可以利用镜像功能和子程序。只对工件的一部分进行编程，而能加工出工件的对称部分，就称为镜像功能。

当某一轴的镜像有效时，该轴执行与编程方向相反的运动。

G24、G25 为模态指令，可相互注销，G25 为缺省值。

例 6—11 使用镜像功能编制如图 6—45 所示轮廓的加工程序。设刀具起点距工件上表面 100 mm，切削深度 5 mm。

```
%0024                         主程序
G92 X0 Y0 Z0
G91 G17 M03 S600
M98 P100                      加工①
G24 X0                        Y 轴镜像，镜像位置为 X=0
M98 P100                      加工②
G24 Y0                        X、Y 轴镜像，镜像位置为（0，0）
M98 P100                      加工③
G25 X0                        X 轴镜像继续有效，取消 Y 轴镜像
M98 P100                      加工④
G25 Y0                        取消镜像
M30

%100                          子程序（①的加工程序）
N100 G41 G00 X10 Y4 D01
N120 G43 Z-98 H01
N130 G01 Z-7 F300
N140 Y26
N150 X10
N160 G03 X10 Y-10 I10 J0
N170 G01 Y-10
N180 X-25
N185 G49 G00 Z105
N200 G40 X-5 Y-10
N210 M99
```

（3）旋转变换 G68、G69。

格式：G17 G68 X __ Y __ P __

G18 G68 X __ Z __ P __

G19 G68 Y __ Z __ P __

M98 P __

G69

说明：该组指令用于建立/取消旋转变换。

其中：

G68 为建立旋转变换；

G69 为取消旋转变换；

X、Y、Z 为旋转中心的坐标值；

P 为旋转角度，单位是“°”，0°≤P≤360°。

在有刀具补偿的情况下，先旋转变换后进行刀补（刀具半径补偿、长度补偿）；在有缩放功能的情况下，先缩放变换后旋转变换。

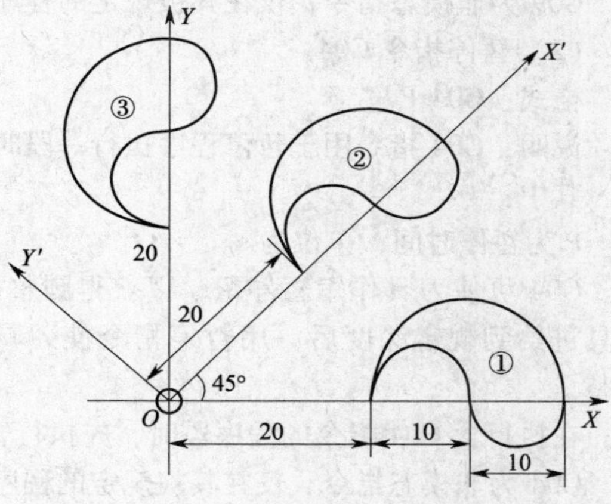

图 6—46　旋转变换功能

例 6—12　使用旋转功能编制如图 6—46 所示轮廓的加工程序。设刀具起点距工件上表面 50 mm，切削深度 5 mm。

```
%0068                         主程序
G92 X0 Y0 Z50
G90 G17 M03 S600
G43 Z-5 H02
M98 P200                      加工①
G68 X0 Y0 P45                 旋转45°
M98 P200                      加工②
G68 X0 Y0 P90                 旋转90°
M98 P200                      加工③
G49 Z50
G69 M05 M30                   取消旋转

%200                          子程序（①的加工程序）
G41 G01 X20 Y-5 D02 F300
Y0
G02 X40 I10
G02 X30 I-5
G03 X20 I-5
G00 Y-6
G40 X0 Y0
M99
```

10. 其他功能指令

（1）准停检验 G09。

格式：G09

说明：G09 用来控制程序段在继续执行下个程序段前，准确停止在本程序段的终点。该功能用于加工尖锐的棱角。

G09 为非模态指令，仅在其被规定的程序段中有效。

（2）暂停指令 G04。

格式：G04 P＿

说明：G04 指令用于暂停程序执行一段时间。

其中：

P 为暂停时间，单位为 s。

G04 可使刀具作短暂停留，以获得圆整而光滑的表面。在对不通孔作深度控制时，在刀具进给到规定深度后，用暂停指令使刀具作非进给光整切削，然后退刀，以保证孔底平整。

在执行含 G04 指令的程序段时，先执行暂停功能。

G04 为非模态指令，仅在其被规定的程序段中有效。

例 6—13 编制如图 6—47 所示零件的钻孔加工程序。

```
%0004
G92 X0 Y0 Z0
G91 F200 M03 S500
G43 G01 Z-6 H01
G04 P5
G49 G00 Z6 M05 M30
```

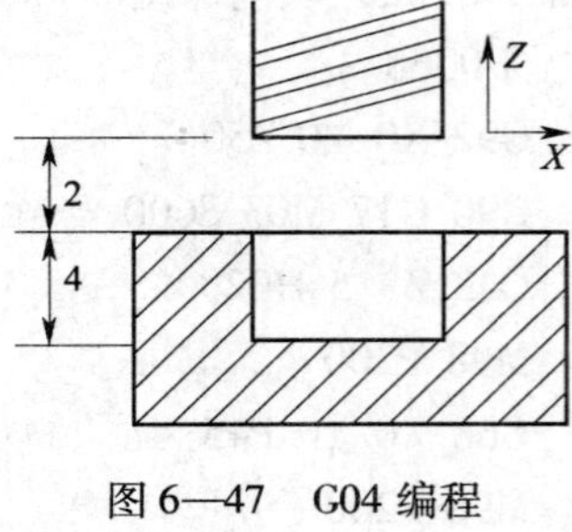

图 6—47 G04 编程

（3）段间过渡方式 G61、G64。

格式：G61

G64

说明：该组指令用于控制程序段间的过渡方式。

其中：

G61 为精确停止检验；

G64 为连续切削方式。

在 G61 后的各程序段编程轴都要准确停止在程序段的终点，然后再继续执行下一程序段。因而采用 G61 方式的编程轮廓与实际轮廓相符。

G61 与 G09 的区别在于 G61 为模态指令。

在 G64 之后的各程序段编程轴刚开始减速时（未到达所编程的终点），就开始执行下一程序段。但在有定位指令（G00、G60）或有准停校验（G09）的程序段中，以及在不含运动指令的程序段中，进给速度仍减速到 0 才执行定位校验。

G64 方式的编程轮廓与实际轮廓不同。其不同程度取决于 F 值的大小及两路径间的夹角。F 值越大，其区别越大。

G61、G64 为模态指令，可相互注销，G64 为缺省值。

例 6—14 编制如图 6—48 所示轮廓的加工程序。要求编程轮廓与实际轮廓相符。

```
%0061
G92 X0 Y0 Z0
G91 G00 G43 Z-10 H01
G41 X50 Y20 D01
G01 G61 Y80 F300
X100
……
```

例 6—15 编制如图 6—49 所示轮廓的加工程序。要求程序段间不停顿。

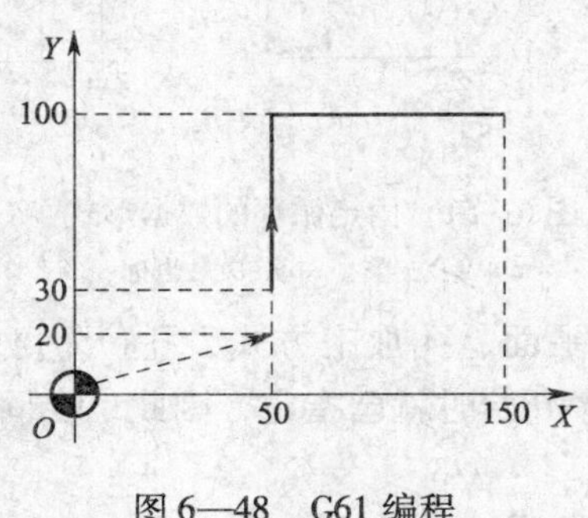

图 6—48 G61 编程

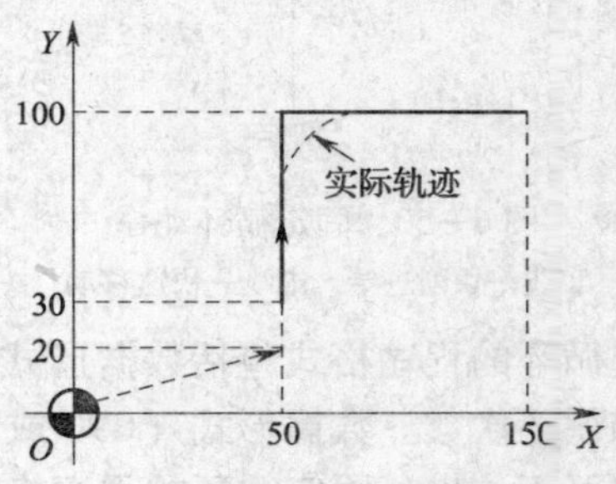

图 6—49 G64 编程

```
%0064
G92 X0 Y0 Z0
G91 G00 G43 Z-10 H01
G41 X50 Y20 D01
G01 G64 Y80 F300
X100
……
```

11. 固定循环

在数控加工中，某些加工动作循环已经典型化。例如，钻孔、镗孔的动作是由孔位平面定位、快速进给、工作进给、快速退回等组成，这样一系列典型的加工动作可以预先编好程序，存储在内存中，可用称为固定循环的一个 G 代码程序段调用，从而简化编程工作。

孔加工固定循环指令有 G73、G74、G76、G80～G89，通常由下述 6 个动作构成（见图 6—50）。通常，带箭头实线表示切削进给，带箭头虚线表示快速移动。

①*X*、*Y* 轴定位。

②定位到 *R* 点（定位方式取决于上次是 G00 还是 G01）。

③孔加工。

④在孔底的动作。

⑤退回到 *R* 点（参考点）。

⑥快速返回到初始点。

固定循环的数据表达形式可以用绝对坐标（G90）和相对坐标（G91）表示，如图 6—51 所示。

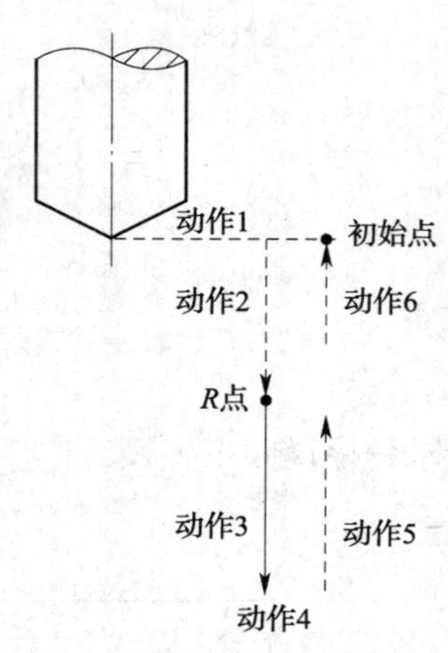

图 6—50　固定循环动作
实线—切削进给　虚线—快速移动

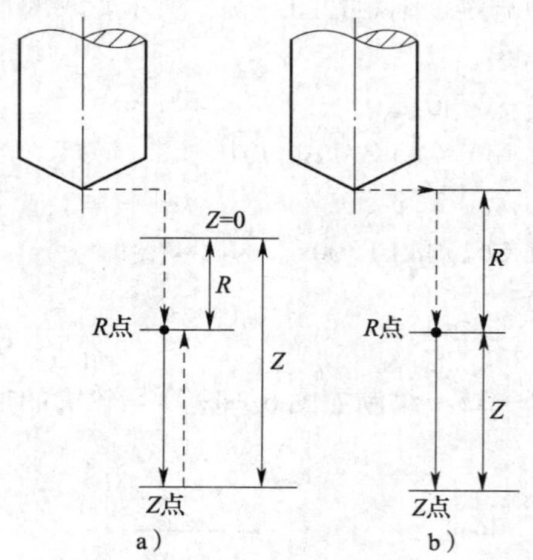

图 6—51　固定循环的数据形式
a）绝对坐标　b）相对坐标

固定循环的程序格式包括数据形式、返回 R 点平面、孔加工方式、孔位置数据、孔加工数据和循环次数。数据形式（G90 或 G91）在程序开始时就已指定，因此，在固定循环程序格式中可不注出。固定循环的程序格式如下：

格式：G98（G99）G__ X__ Y__ Z__ R__ Q__ P__ I__ J__ K__ F__

说明：该组指令用于控制孔加工固定循环。

其中：

G98 为返回初始平面；

G99 为返回 R 点平面；

G 为固定循环代码 G73、G74、G76 和 G81 ~ G89 中之一；

X、Y 在 G91 时为加工起点到孔位的距离，在 G90 时为孔位坐标；

R 在 G91 时为初始点到 R 点的距离，在 G90 时为 R 点的坐标；

Z 在 G91 时为 R 点到孔底的距离，在 G90 时为孔底坐标；

Q 为每次进给深度（G73/G83）；

I、J 为刀具在轴反向的位移增量（G76/G87）；

P 为刀具在孔底的暂停时间；

F 为切削进给速度；

I 为固定循环的次数。

G73、G74、G76 和 C81 ~ G89 是同组的模态指令。其中定义的 Z、R、P、F、Q、I、J、K 地址在各个指令中是模态值，改变指令后需重新定义。G80、G01 ~ G03 等代码可以取消固定循环。

（1）高速深孔加工循环 G73。

格式：G98（G99）G73 X__ Y__ Z__ R__ Q__ P__ K__ F__ L__

说明：G73 用于高速深孔加工循环，其指令动作循环如图 6—52 所示。

其中：

Q 为每次进给深度；

K 为每次退刀距离。

G73 用于 Z 轴的间歇进给，使深孔加工时容易排屑，减少退刀量，可以进行高效率的加工。

提示：当 Z、K、Q 移动量为零时，该指令不执行。

例 6—16 使用 G73 指令编制如图 6—52 所示的深孔加工程序。设刀具起点距工件上表面 42 mm，距孔底 80 mm，在距工件上表面 2 mm 处（R 点）由快进转换为工进，每次进给深度 10 mm，每次退刀距离 5 mm。

```
%0073
G92 X0 Y0 Z80
G00 G90 G98 M03 S600
G73 X100 R40 P2 Q-10 K5 Z0 F200
G00 X0 Y0 Z80
M05
M30
```

（2）反攻螺纹循环 G74。

格式：G98（G99）G74 X__Y__Z__R__P__K__F__L__

说明：G74 用于反攻螺纹循环，其指令动作循环见图 6—53。

G74 攻反螺纹时主轴反转，到孔底时主轴正转，然后退回。

提示：

①攻螺纹时速度倍率、进给保持均不起作用；

②R 点应选在距工件表面 7 mm 以上的地方；

③如果 Z 的移动量为零，该指令不执行。

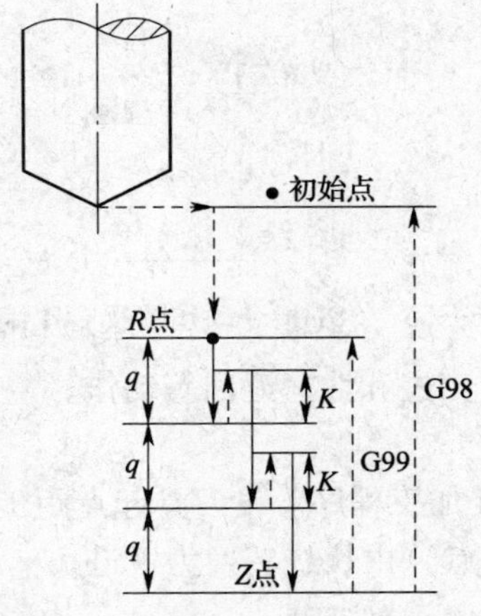

图 6—52 G73 指令动作图及 G73 编程

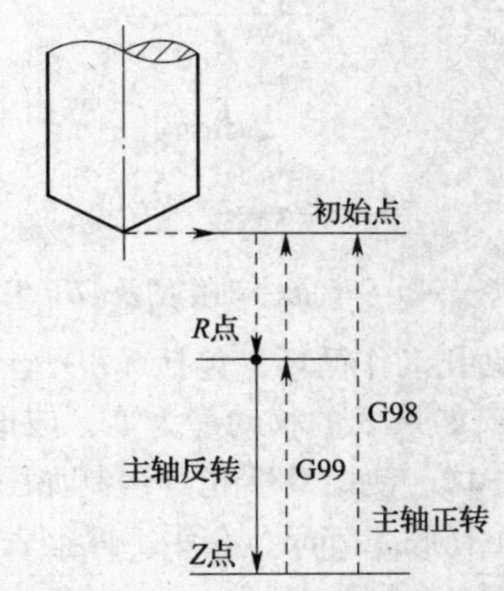

图 6—53 G74 指令动作图及 G74 编程

（3）精镗循环 G76。

格式：$\begin{Bmatrix} \text{G98} \\ \text{G99} \end{Bmatrix}$G76 X__Y__Z__R__P__K__F__L__

说明：G76 用于精镗循环，其指令动作循环如图 6—54 所示。

其中：

I 为 X 轴刀尖反向位移量；

J 为 Y 轴刀尖反向位移量。

采用 G76 精镗时，主轴在孔底定向停止后，它会向刀尖反方向移动，然后快速退刀。这种带有让刀的退刀不会划伤已加工平面，保证了镗孔精度。

提示：如果 Z 的移动量为零，该指令不执行。

例 6—17　使用 G76 指令编制如图 6—54 所示精镗加工程序。设刀具起点距工件上表面 42 mm，距孔底 50 mm，在距工件上表面 2 mm 处（R 点）由快进转换为工进。

```
%0076
G92 X0 Y0 Z50
G00 G91 G99 M03 S600
G76 X100 R-40 P2 I-6 Z-10 F200
G00 X0 Y0 Z40
M05
M30
```

（4）钻孔循环（中心钻）G81。

格式：G98（G99）G81 X__ Y__ Z__ R__ P__ K__ F__ L__

说明：G81 用于钻孔循环，其指令动作循环如图 6—55 所示。

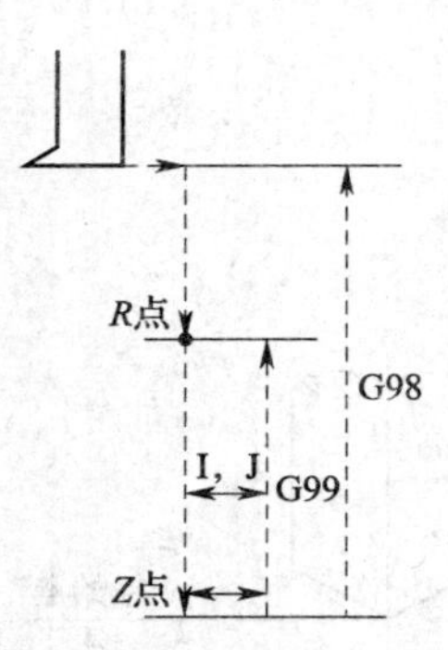

图 6—54　G76 指令动作图及 G76 编程

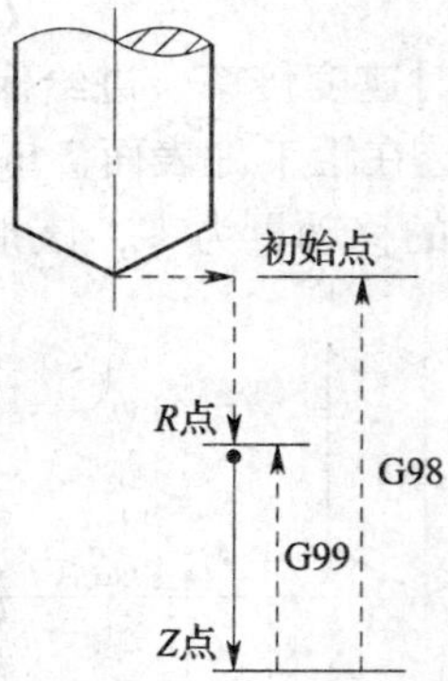

图 6—55　G81 指令动作图及 G81 编程

G81 钻孔动作循环，包括 X、Y 坐标定位，快进、工进和快速返回等动作。

提示：如果 Z 的移动量为零，该指令不执行。

例 6—18　使用 G81 指令编制如图 6—55 所示钻孔加工程序。设刀具起点距工件上表面 42 mm，距孔底 50 mm，在距工件上表面 2 mm 处（R 点）由快进转换为工进。

```
%0081
G92 X0 Y0 Z50
G00 G90 M03 S600
G99 G81 X100 R10 Z0 F200
G90 G00 X0 Y0 Z50
M05
M30
```

（5）带停顿的钻孔循环 G82。

格式：G98（G99）G82　X＿Y＿Z＿R＿P＿K＿F＿L＿

说明：G82 用于带停顿的钻孔循环，其指令动作循环同 G81。

G82 指令除了要在孔底暂停外，其他动作与 G81 相同。暂停时间由地址 P 给出。

G82 指令主要用于加工盲孔，以提高孔深精度。

提示：如果 *Z* 的移动量为零，该指令不执行。

（6）深孔加工循环 G83。

格式：G98（G99）G83　X＿Y＿Z＿R＿Q＿P＿K＿F＿L＿

说明：G83 用于深孔加工循环，其指令动作循环如图 6—56 所示。

其中：

Q 为每次进给深度；

K 为每次退刀后，再次进给时，由快速进给转换为切削进给时距上次加工面的距离。

提示：当 Z、K、Q 移动量为零时，该指令不执行。

例 6—19　使用 G83 指令编制如图 6—56 所示深孔加工程序。设刀具起点距工件上表面 42 mm，距孔底 80 mm，在距工件上表面 2 mm 处（*R* 点）由快进转换为工进，每次进给深度 10 mm，每次退刀后，再由快速进给转换为切削进给时距上次加工面的距离为 5 mm。

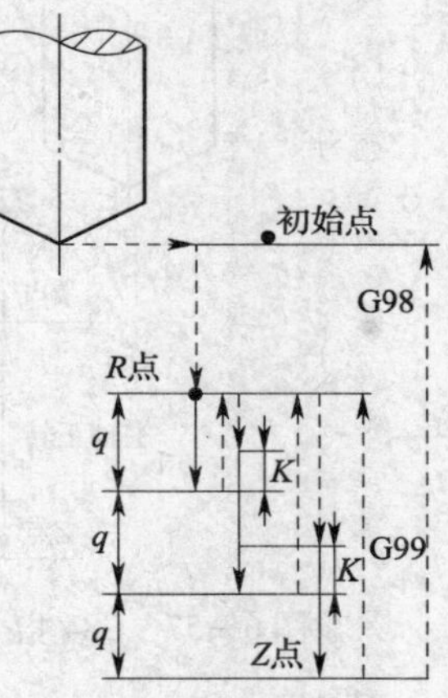

图 6—56　G83 指令动作图及 G83 编程

```
%0083
G92 X0 Y0 Z80
G00 G99 G91 F200
M03 S500
G83 X100 G90 R40 P2 Q-10 K5 Z0
G90 G00 X0Y0 Z80
M05
M30
```

（7）攻螺纹循环 G84。

格式：G98（G99）G84　X＿Y＿Z＿R＿P＿K＿F＿L＿

说明：G84 用于攻螺纹循环，其指令动作循环如图 6—57 所示。

G84 攻螺纹时从 *R* 点到 *Z* 点主轴正转，在孔底暂停后，主轴反转，然后退回。

提示：①攻螺纹时速度倍率、进给保持均不起作用；

②*R* 点应选在距工件表面 7 mm 以上的地方；

③如果 *Z* 的移动量为零，该指令不执行。

例 6—20　使用 G84 指令编制如图 6—57 所示攻螺纹加工程序。设刀具起点距工件上表面 48 mm，距孔底 60 mm，在距工件上表面 8 mm 处（*R* 点）由快进转换为工进。

```
%0084
G92 X0 Y0 Z60
G90 G00 F200 M03 S600
G91G98 G84 X100 R-40 P10
```

Z -20

G00 X0 Y0

M05

M30

（8）镗孔循环 G85。G85 指令与 G84 指令相同，但在孔底时主轴不反转。

（9）镗孔循环 G86。G86 指令与 G81 相同，但在孔底时主轴停止，然后快速退回。

提示：

①如果 *Z* 的移动量为零，该指令不执行；

②调用此指令之后，主轴将保持正转。

（10）反镗循环 G87。

格式：G98（G99）G87 X__ Y__ Z__ R__ P__ I__ J__ F__ L__

说明：G87 用于精镗循环，其指令动作循环如图 6—58 所示。

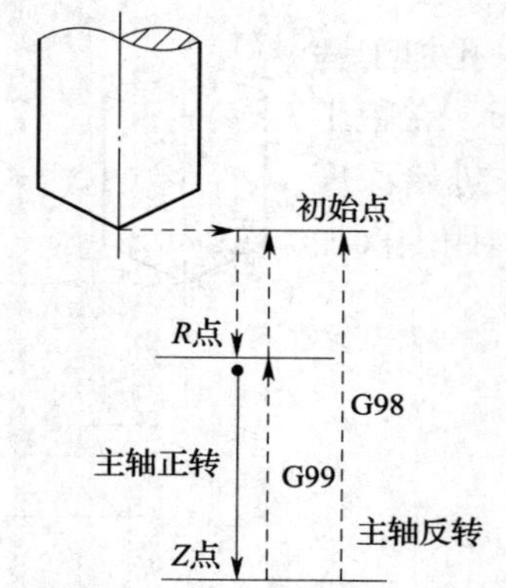

图 6—57　G84 指令动作图及 G84 编程

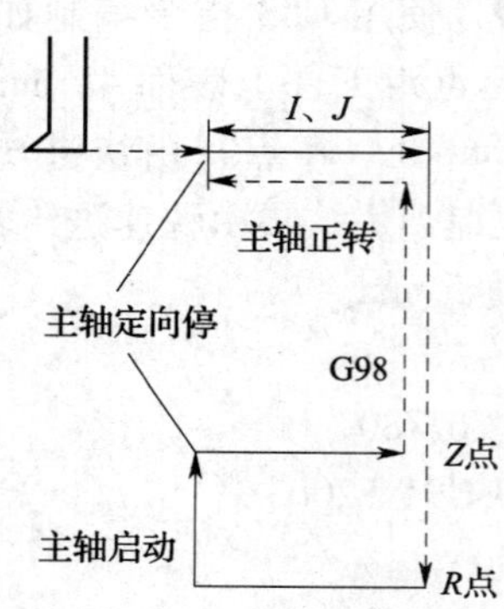

图 6—58　G87 指令动作图及 G87 编程

其中：

I 为 *X* 轴刀尖反向位移量；

J 为 *Y* 轴刀尖反向位移量。

G87 指令动作循环描述如下：

1）在 *X*、*Y* 轴定位。

2）主轴定向停止。

3）在 *X*、*Y* 方向分别向刀尖的反方向移动 I、J 值。

4）定位到 *R* 点（孔底）。

5）在 *X*、*Y* 方向分别向刀尖方向移动 I、J 值。

6）主轴正转。

7）在 *Z* 轴正方向上加工至 *Z* 点。

8）主轴定向停止。

9）在 *X*、*Y* 方向分别向刀尖反方向移动 I、J 值。

10）返回到初始点（只能用 G98）。

11）在 *X*、*Y* 方向分别向刀尖方向移动 I、J 值。

12）主轴正转。

提示：如果 Z 的移动量为零，该指令不执行。

（11）镗孔循环 G88。

格式：G98（G99）G88 X __ Y __ Z __ R __ P __ F __ L __

说明：G88 指令动作循环如图 6—59 所示。动作循环描述如下：

1）在 X、Y 轴定位。

2）定位到 R 点。

3）在 Z 轴方向上加工至 Z 点（孔底）。

4）暂停后主轴停止。

5）转换为手动状态，手动将刀具从孔中退出。

6）返回到初始平面。

7）主轴正转。

提示：如果 Z 的移动量为零，该指令不执行。

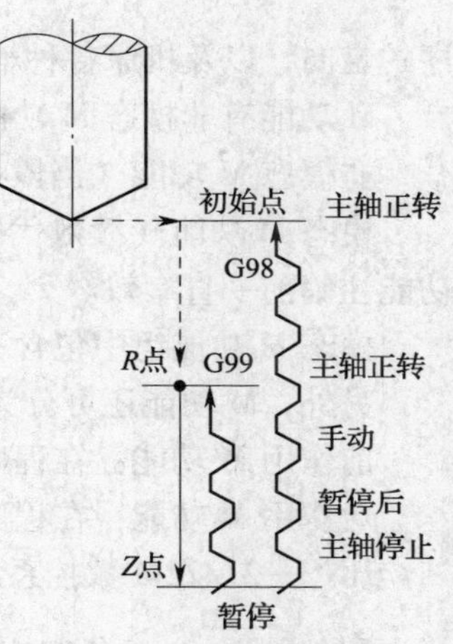

图 6—59　G88 指令动作图及 G88 编程

例 6—21　使用 G88 指令编制如图 6—59 所示镗孔加工程序。设刀具起点距 R 点 40 mm，距孔底 80 mm。

```
%0088
G92 X0 Y0 Z80
M03 S600
G90 G00 G98 F200
G88 X60 Y80 R40 P2 Z0
G00 X0 Y0
M05
M30
```

（12）镗孔循环 G89。G89 指令与 G86 指令相同，但在孔底有暂停。

提示：如果 Z 的移动量为零，G89 指令不执行。

（13）取消固定循环 G80。该指令能取消固定循环，同时 R 点和 Z 点也被取消。

在使用固定循环指令时应注意以下几点：

1）在使用固定循环指令前应使用 M03 或 M04 指令使主轴旋转。

2）在固定循环程序段中，X、Y、Z、R 数据应至少指定一个才能进行孔加工。

3）在使用控制主轴回转的固定循环（G74、G84、G86）中，如果连续加工一些孔间距比较小，或者初始平面到 R 点平面的距离比较短的孔时，会出现在进入孔的切削动作前，主轴还没有达到正常转速的情况。遇到这种情况时，应在各孔的加工动作之间插入 G04 指令，等待主轴转速上来。

4）当用 G00 ~ G03 指令注销固定循环时，若 G00 ~ G03 指令和固定循环出现在同一程序段，则按后出现的指令运行。

5）在固定循环程序段中，如果指定了 M，则在最初定位时送出 M 信号，等待 M 信号完成，才能进行孔加工循环。

二、辅助功能 M 代码

辅助功能由地址字 M 和其后的 1 或 2 位数字（M0 ~ M99）组成，主要用于控制零件程序的走向，以及机床各种辅助功能的开关动作（如主轴的旋转、切削液的开关等）。

M 功能有非模态 M 功能和模态 M 功能两种形式。

非模态 M 功能（当段有效代码）：只在书写了该代码的程序段中有效。

模态 M 功能（续效代码）：一组可相互注销的 M 功能，这些功能在被同一组的另一个功能注销前一直有效。

模态 M 功能组中包含一个缺省功能（见表 6—5），系统上电时将被初始化为该功能。

另外，M 功能还可分为前作用 M 功能和后作用 M 功能两类。

前作用 M 功能：在程序段编制的轴运动之前执行该 M 功能。

后作用 M 功能：在程序段编制的轴运动之后执行该 M 功能。

HNC—21/22M 数控系统的基本 M 功能指令见表 6—5（标记▶者为缺省值）。

表 6—5　　　华中（HNC—21/22M）系统加工中心辅助功能 M 指令代码

代码	模态	功能说明	代码	模态	功能说明
M00	非模态	程序暂停	M09	▶模态	切削液关
M02	非模态	程序结束	M21	非模态	刀库正转（顺时针旋转）
M03	模态	主轴正转启动	M22	非模态	刀库反转（逆时针旋转）
M04	模态	主轴反转启动	M30	非模态	程序结束并返回程序起点
M05	▶模态	主轴停止转动	M41	非模态	刀库向前
M06	非模态	换刀	M98	非模态	调用子程序
M07/M08	模态	切削液打开	M99	非模态	子程序结束，返回主程序

其中：

M00、M02、M30、M98、M99 用于控制零件程序的走向，是 CNC 系统内定的辅助功能，不由机床制造商设计决定，也就是说，与 PLC 程序无关；

其余 M 代码用于控制机床各种辅助功能的开关动作，其功能不由 CNC 内定，而是由 PLC 程序指定，所以有可能因机床制造厂不同而有差异（即各机床的 M 代码个数可能不同，同一代码实现的功能也可能不同，表 6—5 所示为标准 PLC 指定的功能），具体使用时请使用者参考机床使用说明书。

下面对常用的辅助功能代码作一介绍：

1．程序暂停　M00

当 CNC 执行到 M00 指令时，将暂停执行当前程序，以方便操作者进行刀具和工件的尺寸测量、工件调头、排屑、手动变速等操作。

在暂停时，机床的主轴、进给及切削液停止，而全部现存的模态信息保持不变，欲继续执行后续程序段，再按操作面板上的“循环启动”键即可。例如：

N10 G01 X100 Y100

N20 M00

N30 G02 X300 Y400 R20

当 CNC 执行到 N20 程序段时，进入暂停状态。当操作者完成必要的手动操作后，按操作面板上的“循环启动”键，程序将从 N30 程序段开始继续执行。

M00 为非模态后作用 M 功能。

2．程序结束　M02

M02 编在主程序的最后一个程序段中。

当 CNC 执行到 M02 指令时，机床的主轴、进给、切削液全部停止运行，加工结束。

使用 M02 的程序结束后，若要重新执行该程序，就得重新调用该程序，或在自动加工子菜单下，按 F4 键，然后再按操作面板上的“循环启动”键即可。

M02 为非模态后作用 M 功能。

3．程序结束并返回到零件程序起点　M30

M30 和 M02 功能基本相同，只是 M30 指令还兼有控制返回到零件程序头（%）的作用。

使用 M30 的程序结束后，若要重新执行该程序，只需再次按操作面板上的“循环启动”键即可。

4．主轴控制指令　M03、M04、M05

M03 启动主轴，主轴以程序中编制的主轴速度正转（从 Z 轴正向朝 Z 轴负向看顺时针方向）旋转。

M04 启动主轴，主轴以程序中编制的主轴速度反转（从 Z 轴正向朝 Z 轴负向看逆时针方向）旋转。

M05 使主轴停止旋转。

M03、M04 为模态前作用 M 功能；M05 为模态后作用 M 功能，M05 为缺省值。

M03、M04、M05 可相互注销。

5．换刀功能指令　M06

M06 用于从刀库中调用一个欲安装在主轴上的刀具。华中系统（HNC－21/22M）加工中心在执行换刀功能后，主轴仍然移动到换刀前的 Z 位置（换刀前后机械坐标一致）后停止。

如果调用的刀具比执行换刀指令前主轴上的刀具长时，换刀后刀具容易与工件或工作台面发生碰撞。因此换刀前必须将 Z 轴抬高至换刀点（一般设定在机械坐标为 Z－110 位置左右）或换刀点以上的位置，然后执行换刀指令。

执行 M06 指令后的换刀动作为：①主轴 Z 向移动至换刀点；②主轴定向；③刀库向前移动夹住刀柄；④主轴松开刀柄并向上移动（一般移动至机械原点）；⑤刀库就近旋转至欲调用的刀具号；⑥主轴下降至换刀点并夹紧刀柄；⑦刀库后退；⑧主轴移动至换刀动作前的 Z 位置。

换刀前，机床必须返回过参考点；必须检查刀库参数：按下主菜单上的“刀具补偿”按钮，再按“刀库表”按钮，此时显示刀库参数。参数第一行中的“当前位置”为#0000；“刀号”应为刀库当前位置刀具号，若不正确可以按 Enter 键进行修改；“组号”应为 0，如果组号不正确，不能进行换刀，否则换刀时执行完换刀动作④后，刀库将一直旋转，无法停止。出现该现象后，只能关机后再开机，修正完参数后再执行换刀；如果关机时恰巧刀库当前位置有刀，此时应设法使刀库当前位置上没有刀具（解决方法见下面刀库控制指令的说明中），然后再执行换刀指令。换刀动作执行前刀库当前位置上绝不允许有刀具，否则换刀时将撞坏刀库；换刀时也绝不允许按下急停按钮或关机，以免发生故障。M06 指令为非模态后作用 M 功能。

6．切削液打开、关闭指令　M07/M08、M09

M07/M08 指令将打开切削液管道。

M09 指令将关闭切削液管道。

M07/M08 为模态前作用 M 功能；M09 为模态后作用 M 功能，M09 为缺省功能。

7. 刀库控制指令　M21、M22、M41

M21：刀库正转（即从 Z 轴正向往负向观察，刀库顺时针旋转）

M22：刀库反转（即从 Z 轴正向往负向观察，刀库逆时针旋转）

M41：刀库向前移动

M21、M22、M41 指令在正常情况下不允许使用，主要用来解决刀库故障。例如，当换刀动作执行完步骤④时，急停按钮被按下，此时刀具停留在刀库的当前位置，释放急停按钮后，刀库自动后退；若直接采用 M06 指令进行换刀将会撞坏刀库。利用 M21 或 M22 指令将刀库旋转，使刀库当前位置上没有刀具，然后再执行换刀指令；或先将主轴抬高至机械原点（主轴上没有刀具），执行 M41 指令使刀库向前，此时系统显示急停，手动从刀库上取下刀具，然后将急停按钮按下后再释放，刀库自动后退。如果换刀动作执行完步骤③时，急停按钮被按下，此时只需将急停按钮释放，刀库将自动后退，刀具仍然存在于主轴上。

三、进给功能、主轴功能和刀具功能

1. 进给速度 F

F 指令用来控制加工工件时刀具相对于工件的合成进给速度，F 的单位取决于 G94（每分钟进给量，单位为 mm/min）或 G95（每转进给量，单位为 mm/r）。

当工作在 C01、G02 或 G03 方式时，编程的 F 值一直有效，直到被新的 F 值所取代为止。当工作在 C00、G60 方式时，快速定位的速度是各轴的最高速度，与所指定的 F 值无关。借助操作面板上的倍率选择开关，F 值可在一定范围内进行倍率修调。当执行攻螺纹循环 G84、螺纹切削 G33 时，倍率开关失效，进给倍率固定在 100%。

2. 主轴功能 S

主轴功能 S 用来控制主轴转速，其后的数值表示主轴速度（由于铣床的刀具安装在主轴上，主轴转速即为刀具转速），单位为转/分钟（r/min）。

S 是模态指令，S 功能只有在主轴速度可调节时才有效。

3. 刀具功能 T

T 代码用于选刀，其后的数值表示选择的刀具号，T 代码与刀具的关系是由机床制造厂规定的。

在加工中心上执行 T 指令时，首先刀库转动并选择所需的刀具，然后等待，直到 M06 指令作用时自动完成换刀。

T 指令同时调入刀补寄存器中的刀补值（刀补长度和刀补半径）。T 指令为非模态指令，但被调用的刀补值一直有效，直到再次换刀调入新的刀补值。

四、子程序的应用

当程序中含有某些固定顺序或重复出现的区域时，这些顺序或区域可以作为子程序存入存储器以简化编程，一个子程序还可以调用另一个子程序。在主程序调用一个子程序的时候，认为是一重调用，HNC—21/22M 系统最多可进行 9 重调用。

子程序调用指令 M98：M98 用在主程序中，用来调用子程序。

子程序返回指令 M99：M99 指令用在被调程序中，表示子程序结束。执行 M99 则返回并继续执行主程序。

1. 子程序的格式

% ****

……

M99

在子程序开头，必须规定子程序号，以作为调用入口地址。子程序的结尾用 M99，以控制执行完该子程序后返回主程序。

2. 调用子程序的格式

M98 P _ L _

子程序调用指令中，P 后跟被调用的子程序号，L 后跟重复调用次数。当 $L=1$ 时可省略 L。

§6—4 加工中心编程及加工综合实例

一、轮廓加工

例 6—22 要求在加工中心上加工如图 6—60 所示零件，毛坯为：80 mm × 80 mm × 15 mm的铝块，本工序为加工外轮廓（76 ± 0.1）mm，内轮廓（40 ± 0.1）mm，4 × ϕ12 mm孔和铣上平面至尺寸 14 mm。试进行工艺分析和程序编制。

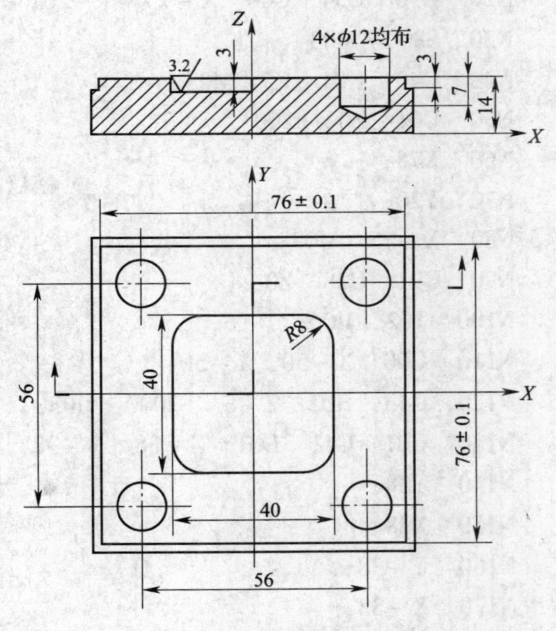

图 6—60 轮廓加工

1. 工艺分析及处理

该零件毛坯为铝件，切削性能较好。尺寸精度不高，表面粗糙度要求不高，加工余量不大，所以不分粗精加工。另外由于图样上是对称公差，所以编程时可以不考虑公差，以基本尺寸进行编程。完成该零件的加工必须换两次刀，所以在加工中心上加工比较合适。

（1）工序安排及刀具选择。

1）铣上平面至尺寸，选 ϕ60 mm 的硬质合金盘铣刀，刀号为 T01；

2）选择 ϕ16 mm 的键槽铣刀铣外轮廓，刀号为 T02；

3）用 T02 号刀铣内轮廓；

4）选择 ϕ12 mm 的钻头钻孔，刀号为 T03。

（2）工件的安装。由于工件为方形，且底面和侧面都不加工。另外尺寸 14 mm 的设计基准为底面，所以定位面选择工件的两侧面和底面。选择机床用平口虎钳装夹即可。

（3）确定工艺参数。切削用量的选择必须考虑多方面的因素，如机床、夹具等工艺系统的刚度，刀具的材料、耐用度、工件的材料等。并根据数控工艺手册，结合实践经验来确定。由于加工中心适合于高精度，高速切削加工。根据经验切削用量选择如下数值。

铣平面：S800，F200，切削深度一次完成；

铣外轮廓和内轮廓：S2000，F100，切削深度一次完成；

钻孔：S1000，F30。

2. 程序编制

（1）程序原点的确定。由于外轮廓（76 ±0.1）mm、内轮廓（40 ±0.1）mm、4 × ϕ12 mm 孔位置尺寸的设计基准皆为零件的对称中心平面，其深度的设计基准为工件的上平面，而尺寸 14 mm 的设计基准又为工件的底平面，为满足以上各尺寸的加工要求，程序原点设置在工件上平面中心处。

（2）程序编制。程序编制的方法很多，本工件外轮廓、内轮廓采用半径补偿，钻孔采用固定循环指令。

使用 FANUC 系统编程，参考程序如下：

```
O0104;
N10   T01   M06;                                    T01 号盘铣刀铣平面
N20   G90   G54   G00   X-75   Y-20;
N30   S800   M03;
N40   G43   H01   Z5   M08;
N50   G01   Z0   F200;
N60   X75;
N70   Y20;
N80   X-75   M09;
N90   G91   G28   Z0;
N100   T02   M06;                                   用 G41 半径补偿铣外轮廓
N110   G00   X-50   Y-50;
N120   G43   H02   Z-3   S2000   M03;
N130   G01   G41   D01   X-38   Y-38   F100;
N140   Y38;
N150   X38;
N160   Y-38;
N170   X-38;
N180   X-50;
N190   G40   Y-50;                                  撤销刀补
N200   G00   Z10;
N210   G00   X0   Y0;
N220   G01   G41   D01   X20;                       建立刀补加工内轮廓
N230   Z-3;
N240   Y32;
N250   G03   X32   Y38   R8;
N260   G01   X-32;
N270   G03   X-38   Y32   R8;
```

```
N280  G01  Y-32;
N290  G03  X-32  Y-38  R8;
N300  G01  X-38;
N310  G03  X-38  Y-32  R8;
N320  G01  Y5;
N330  Z5;
N340  G00  G40  Z10;
N350  X0  Y0;                                        铣中间多余的材料
N360  G01  Z-3;
N370  X10;
N380  G03  X10  I-10  J0;
N390  G00  Z50  M09;
N400  G91  G28  Z0;
N410  T03  M06;                                      换 T03 号刀钻孔
N420  G00  G43  H03  Z50  M08;
N430  S1000  M03;
N440  G99  G81  X-28  Y28  Z-10.464  R3  F30;刀尖的深度为-10.464 mm
N450  Y-28;
N460  X-28;
N470  G98  Y28  M09;
N480  G91  G28  Z0;
N490  M30;
```

3. 程序校验和试切削

操作步骤如下：

（1）将程序输入系统进行图形模拟和修改。

（2）按要求装夹好工件和刀具。

（3）对刀进行工件坐标系的设置（本程序选用 G54）。

（4）进行刀具长度补偿和 T02 号刀的半径补偿。

（5）以上准备工作完成后，可以试切削工件。

（6）按图样要求对工件进行检验，如有不合格之处，再修改程序或修改补偿设置，直到工件合格为止。

二、型腔加工

例 6—23 在加工中心上加工如图 6—61 所示的型腔零件，编写其加工程序。

1. 图样分析

该型腔由直线和圆弧构成，直线与圆弧均为相切圆滑过渡，要求 $40^{+0.02}_{0}$ mm 的型面与中心平面 *A* 对称，公差为 0.02 mm，各表面粗糙度值均为 $R_a3.2$ μm。

2. 加工分析

型腔的加工分粗、半精及精加工三个工序。粗加工的原则是在短时间内尽快去除加工余量。半精加工的目的是使精加工的余量均匀化。精加工为确保加工质量。

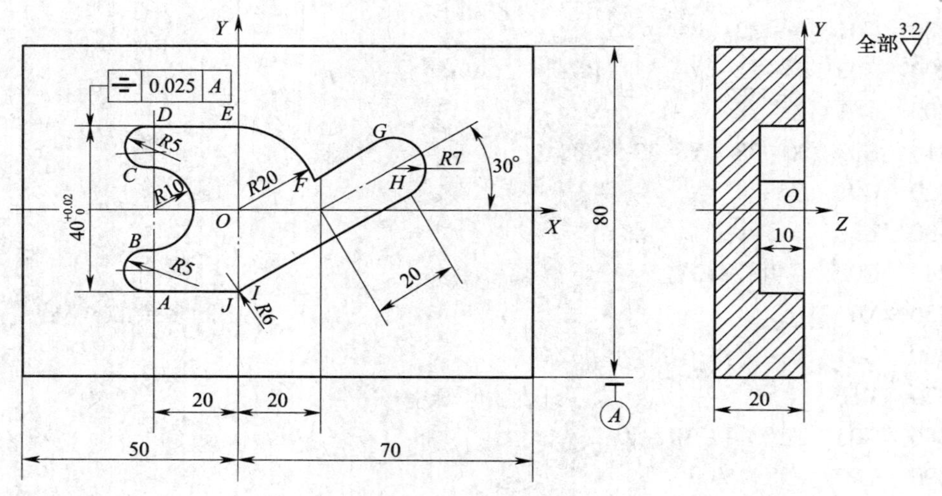

图 6—61　型腔零件

（1）粗加工。采用 ϕ12 mm 键槽立铣刀去除加工量。因采用手工编程，可根据图样做一些辅助草图，利于程序编写。余量留 0.5 ~ 1.0 mm。

（2）半精加工。采用 ϕ8 mm 键槽立铣刀半精加工底面型腔轮廓。底面可留 0.1 ~ 0.3 mm 余量，轮廓留 0.05 ~ 0.2 mm 加工余量。

（3）精加工。采用 ϕ8 mm 键槽立铣刀，将零件加工至符合图样要求。

3. 切削用量选择

根据刀具、工件材料，切削用量的选择见表 6—6。

表 6—6　　NC 加工参数表

刀具名称	刀具直径（mm）	刃数	切削速度（mm/min）	每转进给量（mm/r）	转速（r/min）	进给量（mm/min）	刀具
铣刀	ϕ12	2	20	0.2	500	100	T1
铣刀	ϕ8	2	20	0.16	800	128	T2
铣刀	ϕ8	2	30	0.1	1 200	120	T2

4. 工件装夹定位

采用精密机床用平口虎钳夹持工件，用找正器确定工件零点与图样零点一致。

5. 坐标点计算

根据工件零点计算出各点的坐标。坐标值如下：

A（－20.0，－20.0），*B*（－20.0，－10.0），*C*（－20.0，10.0），*D*（－20.0，20.0），*E*（0，20.0），*F*（18.625，7.289），*G*（33.821，16.062），*H*（40.821，3.938），*I*（0.751，－19.196），*J*（－2.249，－20.0）。

6. 程序编写，使用 FANUC 系统编程

程序如下：

N0002　T1　M98　P8999；　　调用 ϕ12 mm 铣刀进行粗加工

N0004　G90　G54　G00　X0　Y0　S500　M03；　使用 G54 坐标系

```
N0006  G43  Z10.0  H01  M08;                    使用刀具长度补偿
N0008  G41  X2.0  Y-8.0  D11;                   使用刀具半径补偿
N0010  G01  Z-9.8  F20.0;
N0012  G03  X10.0  Y0.0  R8.0  F100;
N0014  X0.0  Y10.0  R10.0;
N0016  G01  X-5.0;
N0018  Y-10.0;
N0020  X0.0;
N0022  G03  X10.0  Y0.0  R10.0;
N0024  X2.0  Y8.0  R8.0;
N0026  G40  G00  Z5.0;
N0028  G41  X7.0  Y-8.0;
N0030  G01  Z-9.8  F20.0;
N0032  G03  X15.0  Y0.0  R8.0  F100;
N0034  X0.0  Y15.0  R15.0;
N0036  G01  X-10.0;
N0040  Y-15.0;
N0042  X0.0;
N0044  G03  X15.0  Y0.0  R15.0;
N0046  X7.0  Y8.0  R8.0;
N0048  G40  G00  Z5.0;
N0050  G41  X-2.0  Y8.0;
N0052  G01  Z-9.8  F20.0;
N0054  G03  X-10.0  Y0.0 R8.0  F100;
N0056  G01  Y-20.0;
N0058  X-2.249;
N0060  G03  X0.751  Y-19.196  R6.0;
N0062  G01  X40.81  Y3.938;
N0064  G03  X33.821  Y16.062  R7.0;
N0066  G01  X18.625  Y7.289
N0068  G03  X0.0  Y20.0  R20.0;
N0070  G01  X-10.0;
N0072  Y0;
N0074  G03  X-2.0  Y-8.0  R8.0;
N0076  G40  G00  Z5.0;
N0078  M09;
N0080  M05;
N0082  T2  M98  P8999;                          调用φ8 mm铣刀进行半精加工
N0084  G90  G54  X0  Y0  S800  M3;
```

```
N0086  G43  Z5.0  H02  M08;
N0088  G41  X-5.0  Y5.0  D12;
N0090  G01  Z-9.8  F20.0;
N0092  G03  X-10.0  Y0.0  R5.0  F128.0;
N0094  G02  X-20.0  Y-10.0  R10.0;
N0096  G03  Y-20.0  R5.0;
N0098  G01  X-2.249;
N0100  G03  X0.751  Y-19.196  R6.0;
N0102  G01  X40.821  Y3.938;
N0104  G03  X33.821  Y16.062  R7.0;
N0106  G01  X18.625  Y7.289;
N0108  G03  X0.0  Y20.0  R20.0;
N0110  G01  X-20.0;
N0112  G03  Y10.0  R5.0;
N0114  G02  X-10.0  Y0.0  R10.0;
N0116  G03  X-5.0  Y-5.0  R5.0;
N0118  G40  G00  Z5.0;
N0120  M09;
N0122  M05;
N0124  T3  M98  P8999;                         调用φ8 mm铣刀进行精加工
N0126  G90  G54  X0  Y0  S1200  M03;
N0128  G43  Z5.0  H03  M08;
N0130  G41  X5.0  Y-5.0  D13;
N0132  G01  Z-10.0  F20.0;
N0134  G03  X10.0  Y0.0  R5.0  F120.0;
N0136  X0.0  Y10.0  R10.0;
N0138  G01  X-5.0;
N0140  Y-10.0;
N0142  X0.0;
N0144  G03  X10.0  Y0.0  R10.0;
N0146  X5.0  Y5.0  R5.0;
N0148  G40  G00  X5.0;
N0150  G41  X10.0  Y-5.0;
N0152  G01  Z-10.0  F20.0;
N0154  G41  G03  X15.0  Y0.0  R15.0  F120.0;
N0156  X0.0  Y15.0  R15.0;
N0158  G01  X-10.0;
N0160  Y-15.0;
N0162  X0.0;
```

```
N0164  G03  X15.0  Y0.0  R15.0;
N0166  X10.0  Y5.0  R5.0;
N0168  G40  G00  Z5.0;
N0170  G41  X-5.0  Y5.0;
N0172  G01  Z-10.0  F20.0;
N0174  G03  X-10.0  Y0.0  R5.0  F120.0;
N0176  G02  X-20.0  Y-10.0  R10.0;
N0178  G03  Y-20.0  R5.0;
N0180  G01  X-2.249;
N0182  G03  X0.751  Y-19.196  R6.0;
N0184  G01  X40.821  Y3.938;
N0186  G03  X33.821  Y16.062  R7.0;
N0188  G01  X18.625  Y7.289;
N0190  G03  X0.0  Y20.0  R20.0;
N0192  G01  X-20.0;
N0194  G03  Y10.0  R5.0;
N0196  G02  X-10.0  Y0.0  R10.0;
N0198  G03  X-5.0  Y-5.0  R5.0;
N0200  G40  G00  Z5.0;
N0202  G00  Z100.0;
N0204  M05;
N0206  M30;                                程序结束
```

三、孔类零件加工

例6—24 零件如图6—62所示，在120 mm × 80 mm × $30_{-0.03}^{0}$ mm材料上加工4个ϕ15H7 mm孔，使用加工中心加工，试编写加工程序。

1. 图样分析

4 × ϕ15H7 mm导柱孔，孔距为（90 ± 0.05）mm ×（50 ± 0.02）mm，孔边距为（15 ± 0.02）mm，轴线对A面垂直度公差为ϕ0.04 mm，表面粗糙度全部为R_a3.2 μm。

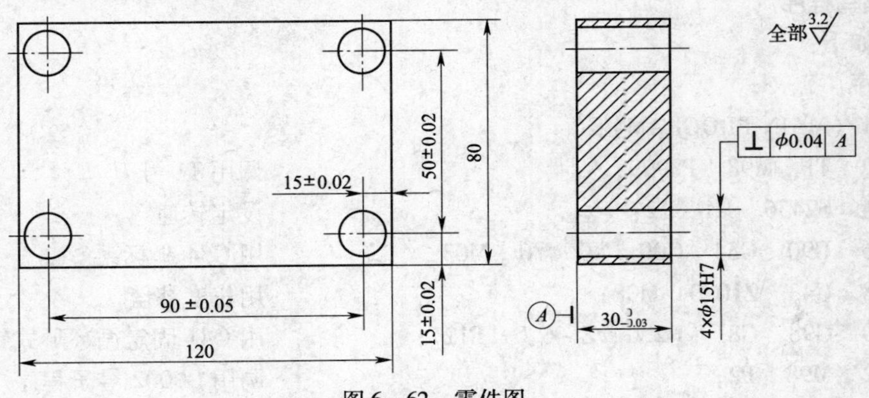

图6—62 零件图

2. 工艺分析

零件加工工艺过程如下：

（1）钻中心孔。由于钻头具有较长的横刃，定位性不好，因此采用中心钻钻出 4 × ϕ15H7 mm 的中心孔。

（2）钻孔。用 ϕ14.5 mm 钻头钻出 4 × ϕ15H7 mm 底孔。

（3）镗孔。用 ϕ14.8 mm 镗刀进行镗孔，保证铰孔余量、较好的表面粗糙度及较好的位置度。

（4）铰孔。用铰刀铰 4 × ϕ15H7 mm 孔至尺寸。

3. 刀具选择

经工艺分析选择 ϕ3 mm 高速钢中心钻，ϕ14.5 mm 麻花钻，ϕ14.8 mm 镗刀及 ϕ15 mm 机用铰刀。

4. 切削用量选择

根据刀具、工件材料，切削用量的选择见表 6—7。

表 6—7　　　　NC 加工参数表

刀具名称	直径（mm）	切削速度（mm/min）	每转进给量（mm/r）	转速（r/min）	进给量（mm/min）	刀具号	半径补偿号	长度补偿号	备注
中心钻	ϕ3	24	0.05	2 456	127	T1		H1	
麻花钻	ϕ14.5	24	0.25	527	132	T2		H2	
镗刀	ϕ14.8	24	0.1	527	65	T3		H3	
铰刀	ϕ15	6	0.4	127	50	T4		H4	

5. 夹具的选择

经过工艺分析采用精密机床用平口虎钳装夹工件，用找正器确定工件右下角为工件坐标系原点，即 G54 原点。

6. 坐标点的计算

由图样分析采用相对坐标，能消除积累误差，更利于保证孔距。各孔相对坐标：（–15.0，15.0），（0，50.0），（–90.0，0），（0，–50.0）。

7. 编写程序

程序如下：

主程序

```
O0001（MAIN PROGRAM）;
N0002  T1  M98  P8999;                     调用 T1 号刀
N0004  S2456  H1  T2;                      设定转速
N0006  G90  G54  G00  X0  Y0  M03;         用 G54 坐标系
N0008  G43  Z10.0  M08;                    用长度补偿
N0010  G98  G81  R2.0  Z–6.0  F127;        用 G81 固定循环形式钻中心孔
N0012  M98  P2;                            调用 O0002 号子程序
N0014  G90  G80;
```

```
N0016  M09;
N0018  M05;
N0020  M98  P8999;
N0022  S527  H2  T3;
N0024  G90  G54  G00  X0  Y0  M03;
N0026  G43  Z10.0  M08;
N0028  G98  G83  R2.0  Z-35.0  Q2.0  F132;       用G83固定循环形式钻孔
N0030  M98  P2;
N0032  G90  G80;
N0034  M09;
N0036  M05;
N0038  M98  P8999;
N0040  S527  H3  T4;
N0042  G90  G54  G00  X0  Y0  M03;
N0044  G43  Z10.0  M08;
N0046  G98  G76  R2.0  Z-35.0  Q1.0  F65;        用G76固定循环形式镗孔
N0048  M98  P2;
N0050  G90  G80;
N0052  M09;
N0054  M05;
N0056  M98  P8999;
N0058  S127  H4;
N0060  G90  G54  G00  X0  Y0  M03;
N0062  G43  Z10.0  M08;
N0064  G98  G81  R2.0  Z-40.0  F50;              用G81固定循环形式铰孔
N0066  M98  P2;
P0068  G90  G80;
N0070  M09;
N0072  M05;
N0074  M30;                                      程序结束
```

子程序

```
O002;
N2002  G91  X-15.0  Y15.0;                       各孔坐标值
N2004  Y50.0;
N2006  X-90.0;
N2008  Y-50.0;
N2010  M99;                                      返回主程序
```

```
O8999;
N3002  M09;
N3004  G91  G28  Z0  M05;                     返回机床Z轴零点
N3006  G49  G80  G40;
N3008  G0  G53  Y-600.0;
N3010  M06;
N3012  M99;                                   返回主程序
```

四、六边形凸台加工

例6—25 六边形凸台如图6—63所示，在华中（HNC-21/22M）系统加工中心上编程并加工零件。

1. 工艺分析

该零件毛坯为一圆柱棒料，将工件在三爪自定心卡盘上装夹，工件坐标系原点为ϕ21 mm内孔圆心处。

（1）加工步骤。

1）铣四方。选用ϕ20 mm平底刀（T1），刀具长度补偿H01。

2）铣六边形。选用ϕ16 mm平底刀（T2），刀具长度补偿H02。

3）铣内孔。选用ϕ8 mm键槽铣刀（T3），刀具长度补偿H03。

4）钻孔。选用ϕ4 mm麻花钻（T4），刀具长度补偿H04。

（2）基点坐标。基点坐标图如图6—64所示，基点坐标见表6—8。

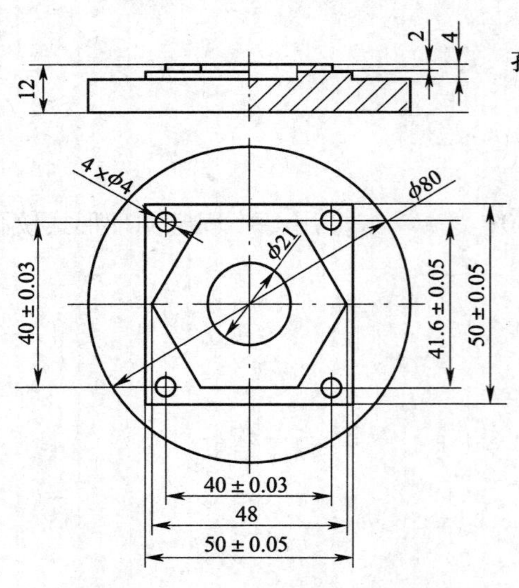

图6—63　六边形凸台零件

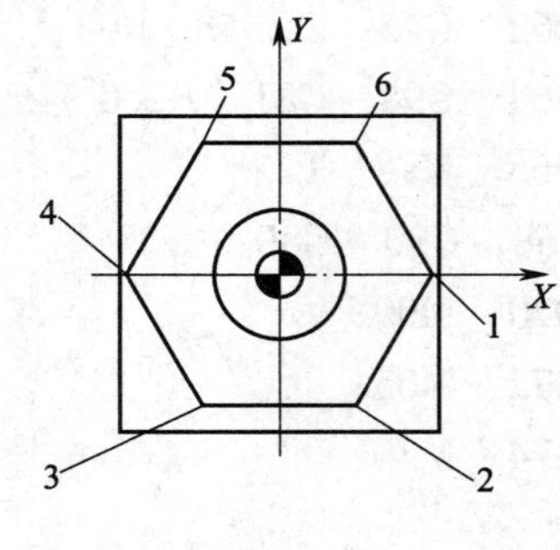

图6—64　基点坐标图

表6—8　基点坐标

基点	X	Y	基点	X	Y
1	24	0	4	-24	0
2	12	-20.8	5	-12	20.8
3	-12	-20.8	6	12	20.8

2．使用华中（HNC－21/22M）系统编程

程序如下：

```
%0001
N10 T1 M06                          φ20 mm 平底刀，铣四方
N20 G54 G90 G00 X0 Y0 M03 S800      建立工件坐标系
N30 G43 H01 Z50                     建立刀具长度补偿，Z 轴快速定位
N40 Z10 M08                         Z 快速定位至安全高度，切削液开
N60 G00 X55 Y－40                   X、Y 快速定位
N70 G01 Z－4 F200                   Z 向切入工件深 4 mm
N80 G01 G41 Y－25 D1                建立刀具半径补偿 D1＝10 mm
N90 X－25                           X 直线进给
N100 Y25                            Y 直线进给
N110 X25                            X 直线进给
N120 Y－40                          Y 直线进给
N130 G00 G40 X55                    取消刀具半径补偿
N140 G00 G49 Z100                   取消刀具长度补偿，Z 轴快速定位
N150 M05 M09                        主轴停，切削液关
N160 T2 M06                         φ16 mm 平底刀，铣六边形
N170 G54 G90 G00 X0 Y0 M03 S800     建立工件坐标系
N180 G43 H02 Z50                    建立刀具长度补偿，Z 轴快速定位
N190 Z10 M08                        Z 快速定位至安全高度，切削液开
N200 G00 X40                        X 快速定位
N210 G01 Z－2 F200                  Z 向切入工件深 2 mm
N220 G01 G41 X24 D2                 建立刀具半径补偿 D2＝8 mm
N230 X12 Y－20.8                    进刀至 2 点
N240 X－12                          至 3 点
N250 X－24 Y0                       至 4 点
N260 X－12 Y20.8                    至 5 点
N270 X12 Y20.8                      至 6 点
N280 X24 Y0                         至 1 点
N290 G01 G40 X40                    取消刀具半径补偿
N300 G00 G49 Z100                   取消刀具长度补偿，Z 轴快速定位
N310 M09 M05                        主轴停，切削液关
N320 T3  M06                        φ8 mm 键槽铣刀，铣内孔
N330 G54 G90 G00 X0 Y0 M03 S800     建立工件坐标系
N340 G43 H03 Z50                    建立刀具长度补偿，Z 轴快速定位
N350 Z10 M08                        Z 快速定位至安全高度，切削液开
N360 G01 Z－2 F200                  Z 向切入工件深 2 mm
N370 X5                             X 直线进给
```

N380 G02 I-5	铣整圆
N390 G01 X5.5	X 直线进给
N400 G01 G41 Y-5 D3	建立刀具半径补偿 D3=4 mm
N410 G03 X10.5 Y0 R5	圆弧切入
N420 G03 I-10.5	铣整圆
N430 G03 X5.5 Y5 R5	圆弧切出
N440 G00 G40 X0 Y0	取消刀具半径补偿
N450 G49 G00 Z100	取消刀具长度补偿，Z 轴快速定位
N460 M05 M09	主轴停，切削液关
N470 T4 M06	ϕ4 mm 麻花钻
N480 G54 G90 G00 X0 Y0 M03 S1000	建立工件坐标系
N490 G43 H04 Z50	建立刀具长度补偿，Z 轴快速定位
N500 Z10 M08	Z 快速定位至安全高度，切削液开
N510 G98 G81 X20 Y-20 Z-10 R5 F80	钻孔循环
N520 X-20	X 快速定位
N530 Y20	Y 快速定位
N540 X20	X 快速定位
N550 G80	取消循环
N560 G49 G00 Z100	取消刀具长度补偿，Z 轴快速定位
N570 M09 M05	主轴停，切削液关
N580 M30	程序结束并返回程序头

习　题　六

一、判断题

1. 对于任何曲线，既可以按实际轮廓编程，应用刀具补偿加工出所需要的廓形，也可以按刀具中心轨道编程，加工出所需要的廓形。（　）

2. 数控机床所加工的轮廓，与所采用程序有关，而与所选用的刀具无关。（　）

3. 目前 NC 编程的方法有手工编程和自动编程两种。（　）

4. G00 和 G01 的运行轨迹都一样，只是速度不一样。（　）

5. 在执行主程序的过程中，有调用子程序的指令时，就执行子程序的指令，执行子程序以后，加工就结束。（　）

6. 在华中（HNC-21/22M）数控系统中，通过在地址 S、T、M 后边规定数值，便把控制信息传送到内装 PLC。（　）

7. 在华中（HNC-21/22M）数控系统中，“G92 X30 Y30 Z20”程序段中的 20 为机床原点相对于工件坐标系原点的位置。（　）

8. G2、G3 使用 I、K 值，则圆弧可自动过象限。（　）

9. 数控加工中，程序调试的目的：一是检查所编程序是否正确，二是把编程零点、加工零点和机床零点相统一。（　）

10. 在华中（HNC－21/22M）系统中，G74 反功螺纹循环指令攻螺纹时，速度倍率调整开关同样作用。（　）

二、单项选择题

1. 零件加工程序是由一个个程序段组成的，而一个程序段则是由若干（　）组成的。

A. 地址　　B. 地址字

C. 指令　　D. 指令字

2. 数控铣床系统中，系统的初态和模态是指（　）。

A. 系统加工复位后的状态

B. 系统 I/O 接口的状态

C. 加工程序的编程状态

D. 编程原点时的状态

3. 相对编程是指（　）。

A. 相对于加工起点位置进行编程

B. 相对于下一点的位置进行编程

C. 相对于当前位置进行编程

D. 以方向正负进行编程

4. 加工坐标系在（　）后不被破坏（再次开机后仍有效），并与刀具的当前位置无关，只要按选择的坐标系编程。

A. 工件重新安装　　B. 系统切断电源

C. 机床导轨维修　　D. 停机间隙调整

5. 如果省略了重复调用子程序的次数，则认为重复次数为（　）。

A. 0 次　　B. 1 次

C. 99 次　　D. 100 次

6. 准备功能 G90 表示的功能是（　）。

A. 预备功能　　B. 固定循环

C. 绝对尺寸　　D. 增量尺寸

7. 程序编制中首件试切的作用是（　）。

A. 检验零件图设计的正确性

B. 检验零件工艺方案的正确性

C. 检验程序单的正确性，综合检验所加工的零件是否符合图样要求

D. 仅检验程序单的正确性

8. 圆弧加工指令 G02/G03 中 I、K 值用于指令（　）。

A. 圆弧终点坐标　　B. 圆弧起点坐标

C. 圆心的位置　　D. 起点相对于圆心位置

9. 程序是由多条指令组成，每一条指令都称为程序段（占一行），构成程序段的要素是程序字，程序字是由（　）组成。

A. 地址　　B. 数值

C. 地址及其后续的数值　　D. 符号

10. 编程时，一般选择工件上的某一点作为程序原点，并以这个原点作为坐标系的原

点，建立一个新的坐标系，该坐标系称为（　　）。

A. 工件坐标系　　B. 程序坐标系

C. 机床坐标系　　D. 固定坐标系

三、五边形凸台如题图 6—1 所示，毛坯是经过预先铣削加工过的规则铝合金，尺寸为 96 mm×96 mm×50 mm，编程并加工零件

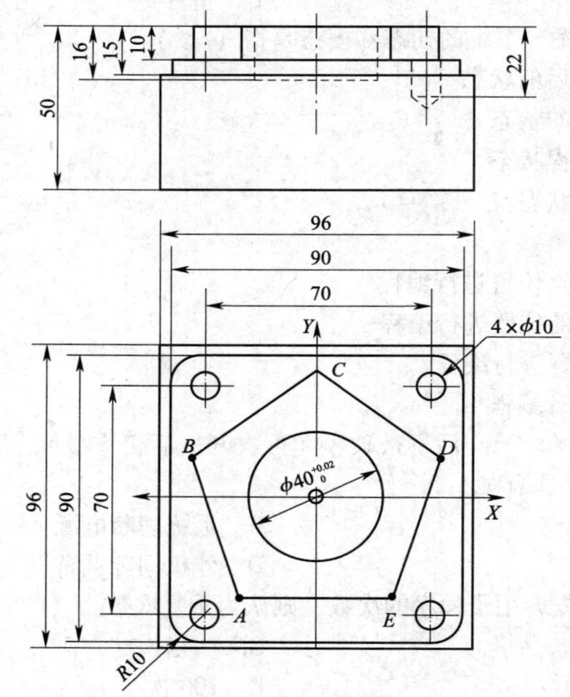

题图 6—1　凸台零件

四、零件如题图 6—2 所示，在加工中心上编程并加工零件

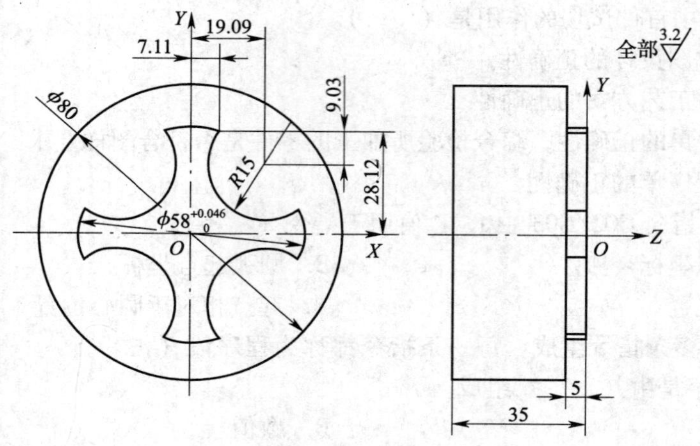

题图 6—2

五、应用固定循环功能指令加工如题图 6—3 所示工件上的系列孔

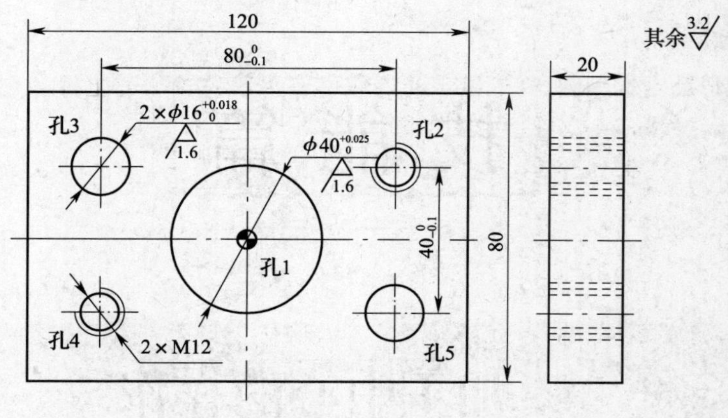

题图 6—3

技能篇

第七章 加工中心的操作

考核要点

· FANUC 系统加工中心的操作方法
· 华中（HNC－21/22M）系统加工中心的操作方法

§7—1　VP1050 立式加工中心（FANUC 0－MC 系统）的组成及操作

VP1050 立式加工中心是一台具有 24 把刀位并配置 FANUC 0－MC 数控系统的龙门结构立式加工中心，它适用于各种中小型机床零件和具有复杂型腔的模具加工。机床具有三轴联动控制，工件一次装夹后可自动完成铣、镗、钻、铰、攻螺纹等多种工序的加工。

一、VP1050 立式加工中心的布局及技术参数

1. 机床的布局

如图 7—1 所示为 VP1050 立式加工中心。

VP1050 立式镗铣加工中心具有 1 050 mm×630 mm 的工作台面，可以适应大部分中小型零件的精密加工。数控系统基本配置为三坐标轴控制，具有增设一个旋转坐标轴的能力。配备回转工作台后可以进一步扩展机床的工艺范围。机床的三个坐标轴采用半闭环控制方式，三轴重复定位精度可达到 0. 005 mm。

如图 7—1 所示，VP1050 的床身采用龙门式架构，封闭形的结构使床身具有较高的刚度，龙门下宽裕的空间便于驱动设备和控制器的安装。主轴箱 19 通过 *X*、*Z* 轴滚动导轨的连接，安装在龙门框架 28 的上框，加工过程中产生的切屑由双管路喷射的强力切消液冲向工作台的两侧，通过除屑机 9 送入集屑桶 10 中。VP1050 具有 24 个刀位的刀库 3，打开刀库门 5 可以安装刀具或对刀库刀具的位置进行调整。温控机 4 具有独立的系统，向主轴部件及传动支承部件提供经过过滤净化、满足设定温度的冷却润滑油。

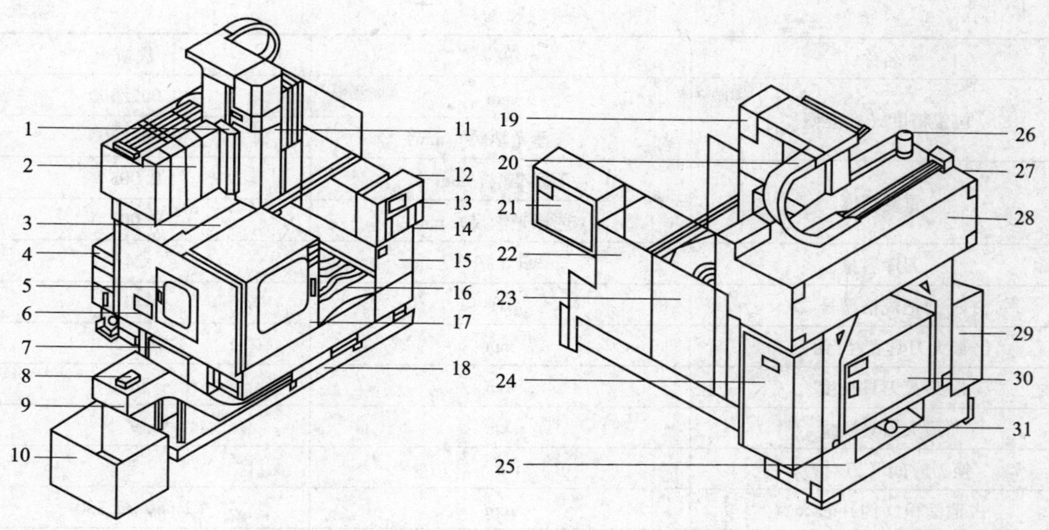

图 7—1　VP1050 立式加工中心外形图

1—鞍座　2—X 轴护罩　3—刀库　4—主轴温控机　5—刀库门　6—刀库操作面板　7—液压油箱
8—除屑机操作盒　9—除屑机　10—集屑桶　11、19—主轴头　12—CRT/MDI 面板　13—手摇轮
14、21—机床操作面板　15、22、23—防护罩　16—工作台　17—操作门　18—水箱
20—绕性护带　24—电气箱　25—底座　26—警示灯　27—油压阀
28—门桥　29—主轴温控机　30—电控箱　31—Y 轴电动机

VP1050 的操纵箱安放在机床的前方右上部，CRT/MDI 操作面板可以根据需要绕垂直轴旋转 90°以满足操作及编程的需要。

机床动力要求为三相 220 V、50 Hz 交流电电源，并提供大于 0.5 MPa 的压缩空气。

2. 机床的规格及技术参考

VP1050 型镗铣加工中心的规格与参数见表 7—1。

表 7—1　　VP1050 型镗铣加工中心的规格与参数

名称	单位	规格
X 轴行程	mm	1 050
Y 轴行程	mm	600
Z 轴行程	mm	550
主轴端部到工作台距离	mm	150 ~ 700
工作台尺寸	mm	1 250 × 600
工作台载重	kg	1 200
主轴马达（连续/30 min）	kW（Hp）	7.5/11（10/15）
主轴转速（无级变速）	r/min	10 ~ 4 000
主轴内锥孔型号	BT	#40
快速进给速率	（X，Y 轴）mm/min	20 000
	（Z 轴）mm/min	12 000
切削进给速率	mm/min	1 ~ 5 000

续表

名称	单位	规格
位置精度（标准型）	mm	0. 005/300
	（选择光学尺）mm	0. 003/300
重复精度	（标准型）mm	0. 003
	（选择光学尺）mm	0. 002
刀库容量	set（把）	24
刀把规格型号	BT	40
最大刀具直径/无刀	mm	76/125
最大刀具长度	mm	300
最大刀具质量	kg	9
换刀时间（刀对刀）	s	3
占地面积（约）长×宽	mm	2 680×2 350
机器高度（约）	mm	3 300
机器质量（约）	kg	8 000
电力需求	V（kVA）	3~220（22）
	Hz	50/60
气压压力需求	kg/cm^2	5
水箱容量	L	140

二、CNC 系统操作面板的组成及操作方法

VP1050 加工中心 CNC 系统操作面板即 CRT/MDI 面板是由一个显示屏（CRT）和各类控制键组成，其结构如图 7—2 所示。

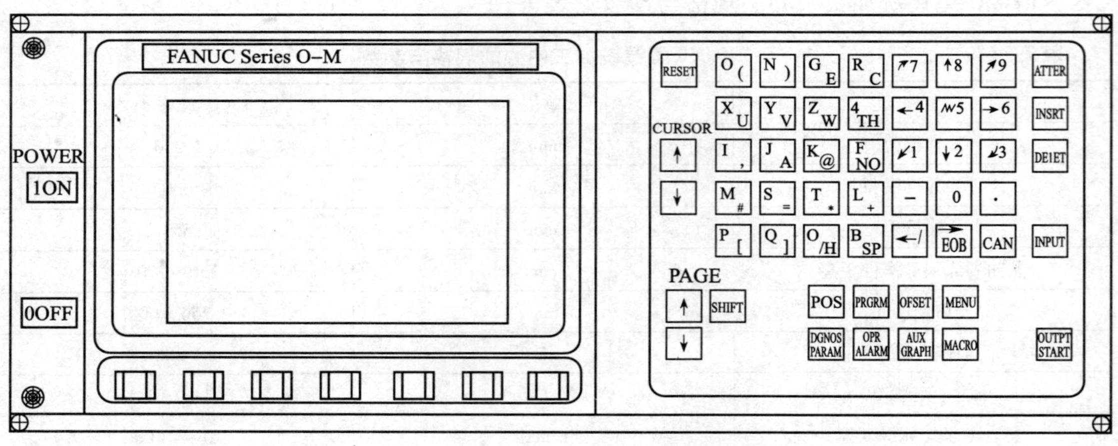

图 7—2　CNC 系统操作面板

1. 显示屏

显示屏可显示刀具实际位置、加工程序、坐标系、刀具参数、机床参数、报警信息等。显示屏显示的内容随不同的主功能、子功能状态而异。

2. 各类控制键

各类控制键的功能见表 7—2。

表 7—2　　**VP1050 加工中心 CNC 面板控制键功能**

号码	名称	功能
1	RESET 重新设定键	按本键重新设定 CNC 状态及取消警示等
2	START 启动键	按本键启动 MDI 指令或启动自动操作；因为本键的操作方法依工具机而定，请参照工具机制造厂的操作说明书
3	地址及数字键	按这些键输入文字、数字及其他符号
4	INPUT 输入键	当按地址或数字键时，文字或数字一旦键入缓冲记忆，会显示在 CRT 画面；按 INPUT键，将资料设定输入补正记忆。本键与软键的 INPUT 键相同，所以按任何一个结果都相同
5	光标移动键	两种光标移动键说明如下： ↓：本键用于光标向前移动一小段距离 ↑：本键用于光标向后移动一小段距离
6	PAGE 键	两种换页转换键说明如下： ↓：本键用于 CRT 画面向前转换 ↑：本键用于 CRT 画面向后转换
7	POS 键	现在位置表示
8	PRGRM 键	在 EDIT 编辑模式——在内存中编辑及显示程序 在 MDI 模式——输入及显示 MDI 资料 在自动操作模式——显示指令值
9	DGNOS 键	参数设定及显示和自我诊断资料显示
10	OPR ALARM 键	警示号码显示及设定
11	AUX GRAPH 键	画面功能
12	软件键 （特殊功能）	软件键依用途有各种功能 软件键的功能显示在 CRT 画面底部 左端的软件键：本键用于使各功能回到最初状态（当从软件键操作各功能时，按功能键的状态） 右端的软件键：本键用于目前尚未显示的操作功能

三、机床操作面板的组成及操作方法

机床操作面板因机床的功能及开关的分配不同而有所不同。VP1050 加工中心的机床操作面板如图 7—3 所示。各操作键的功能见表 7—3。

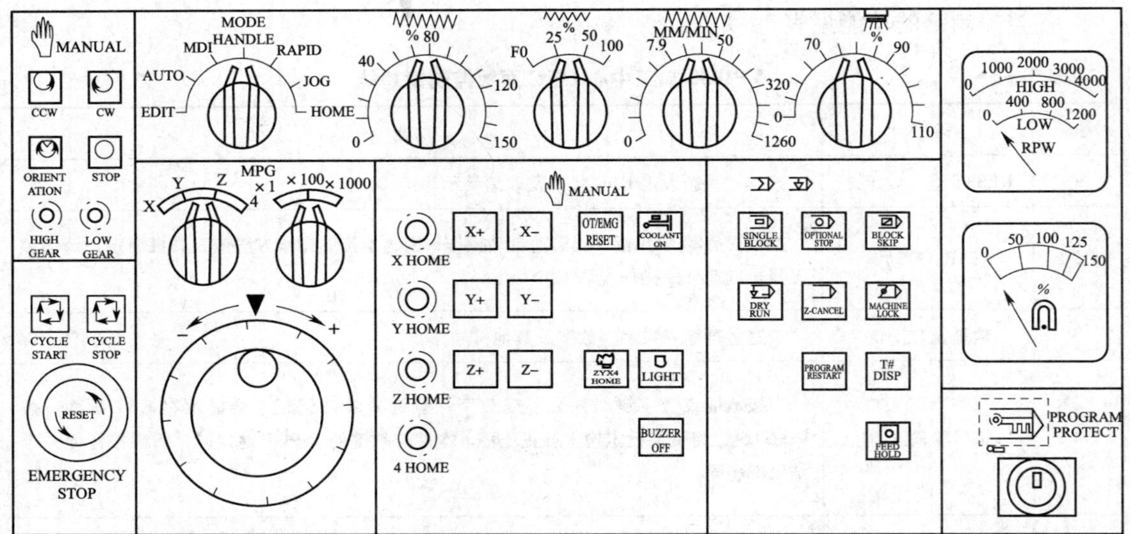

图 7—3　VP1050 加工中心机床操作面板

表 7—3　　　　各操作键功能

名称	功能
CYCLE START 循环起动	选择执行程序，然后按本键，起动自动运行。在自动运行中，亮灯表示自动运行中
CYCLE STOP 循环停止	在机床自动运行中按本键，则运行停止
EMERGENCY STOP 紧急停止	按本键，机床紧急停止
MODE 模式选择	依操作种类选择模式：EDIT——编辑方式；AUTO——自动运行；MDI——手动数据输入；HANDLE——手轮方式；RAPID——快速行动；JOG——手动方式；HOME——回参考点
RAPID TRAVERSE OVERRIDE 快速进给率调整	当执行快速进给率调整时，本键选择进给率调整量
STEP FEED AMOUNT 阶段进给	本键选择阶段进给中每一阶段的进给量
FEED RATE OVERRIDE 进给率调整	对自动或手动操作选择进给率调整量
JOG FEED RATE 手动进给率	选择手动连续进给率
HANDLE AXIS SELECTION 手轮轴选择	选择手轮移动轴
HANDLE MULTIPLYING SELECTION 手轮倍率选择	手轮进给，选择每格移动量的倍率
SINGLE BLOCK 单段	将单段开关调至 ON，用单段执行自动操作
SINGLE STOP 单段运行停止	在单段执行自动操作过程中按本键，则运行停止

续表

名称	功能
BLOCK SKIP 选择性单段跳越	将本开关置于 ON，执行选择性单段跳越
DRY RUN 程式预演	将本开关置于 ON，执行程式预演
Z－CANCLE *Z* 轴锁定	按下本键，则 *Z* 轴被锁定
MACHINE LOCK 机床锁定	按下本键，则机床被锁定
PROGRAM RESTART	程序重新运行
T# DISP	显示刀具号及其数据
FEED HOLD 进给保持	自动操作中按本键时，刀具减速而后停止

四、机床的操作方法与步骤

1. 手动操作

（1）原点复位手动操作（操作面板见图 7—4）。

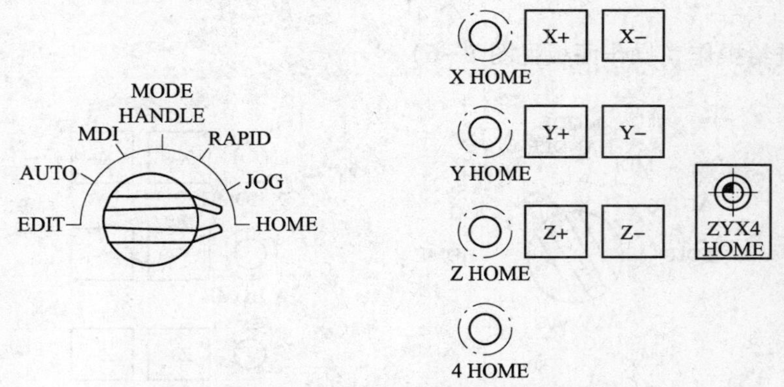

图 7—4　原点复位手动操作面板布局

1）旋转 MODE 旋钮至 HOME 位置。在 HOME 模式下按各轴方向键，可使各轴向机械原点移动，或按所有轴回机械原点（*Z*、*Y*、*X*、4HOME）键，各轴依序回机械原点。

注意：在进行回原点之前，请在 HANDLE MODE 模式或 RAPID 模式下，将各轴位置移离各轴原点 100 mm 以上。

2）按一下 X＋/X－按键，则 *X* 轴会向机械原点方向移动。此时 *X* 轴 LED 闪烁，直到 *X* 轴移到原点。

3）*Y*、*Z*、4 轴动作方式与 *X* 轴相同。

4）按 HOME 键，各轴依 *Z*、*Y*、*X*、4 轴的顺序回原点。这时键灯会闪烁，直到每个轴都在机械原点的位置才结束闪烁，并保持灯亮。

5）各轴在回机械原点的过程中，以快速进给率移到减速位置，然后以 200 mm/min 速度移到原点，在快速进给移动中可用快速进给率调整钮调整速率。

（2）连续进给手动操作。

1）慢速进给操作（操作面板见图 7—5）。

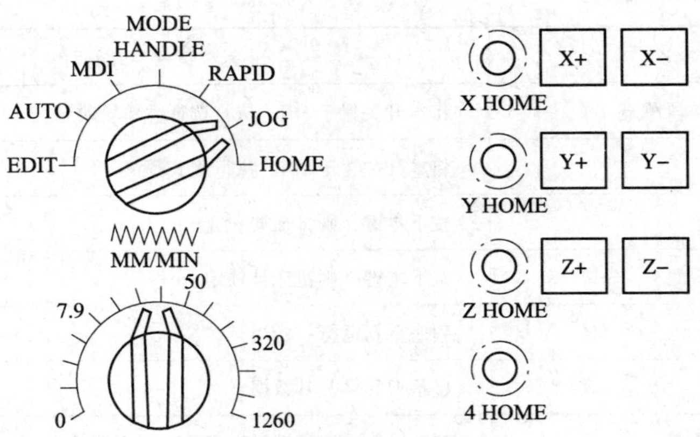

图 7—5　慢速进给操作面板

①旋转 MODE 旋钮至 JOG 位置：在这个模式下按 X + 键，则 *X* 轴以慢速进给调整钮选择的速度向 X + 方向移动。*Y*、*Z*、4 轴操作方式与 *X* 轴相同。

②调整慢速进给率：通过旋钮，慢速进给速率由 0 ~ 1 260 mm/min 变化，进给误差不超过 ±3%。

2）快速进给操作（操作面板见图 7—6）。

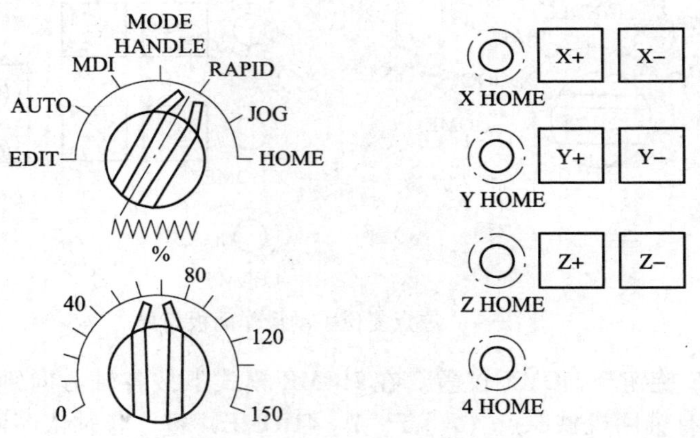

图 7—6　快速进给操作面板

①旋转 MODE 旋钮至 RAPID 位置：在这个模式下，按 X + 键则 *X* 轴以快速进给调整钮选择的速度向 X + 方向移动。*Y*、*Z*、4 轴操作方式与 *X* 轴相同。

②调整快速进给率：通过旋钮，快速进给速率可产生如下变化：

F0 = 0 mm/min

100% = *X* 轴　20 000 mm/min

Y 轴　20 000 mm/min

Z 轴　12 000 mm/min

4 轴　______ r/min

（3）摇轮进给手动操作（操作面板见图 7—7）。

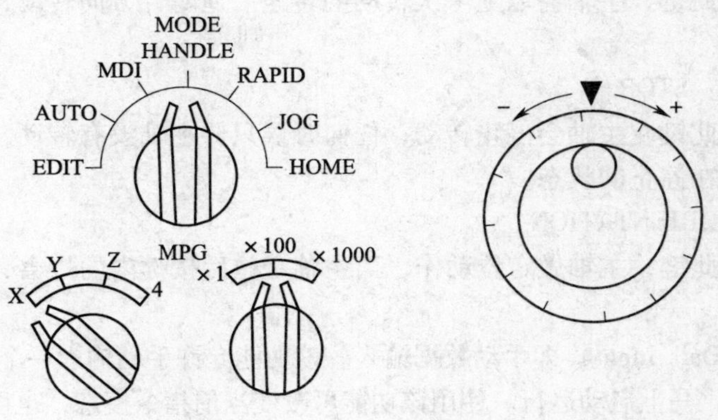

图 7—7　移动轴选择钮

1）旋转 MODE 旋钮至 HANDLE 位置。在这个模式下，可以用手摇轮使各轴移动，在手摇轮操作面板上选择要移动的轴和每摇动一格的倍率。

2）选择移动轴。移动轴选择钮如图 7—7 所示，此按钮用来选择手摇轮操作轴，使用手摇轮时只能单轴操作。

3）移动量。通过倍率选择钮，手摇轮旋转一格移动轴轴向位移可为 0.001 mm/0.01 mm/0.1 mm。

4）手摇轮。旋转手轮一圈（360°）将产生 100 个脉冲，手摇轮顺时针（CW）旋转，移动轴向“+”坐标方向移动，手摇轮反时针（CCW）旋转，则移动轴向“-”坐标方向移动。

（4）主轴运转手动操作。在手动操作模式（含 HANDLE、RAPID、JOG、HOME）中，可由下列四个按键控制主轴运转。当主轴运转时如将模式改为自动模式（AUTO/MDI），则主轴立刻停转。操作面板如图 7—8 所示。

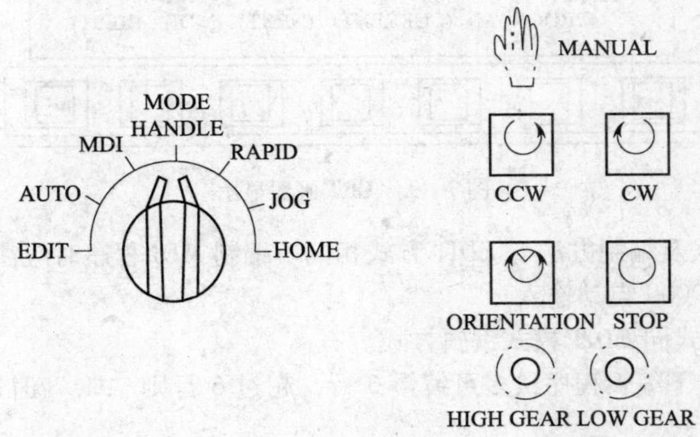

图 7—8　主轴运转手动操作面板

主轴正转键：CW

手动模式时按此键，主轴会以上一次转动的转速沿顺时针方向转动，正转时按键内的灯会亮。

主轴反转键：CCW

手动模式时按此键，主轴会以上一次转动的转速沿逆时针方向转动，反转时按键内的灯会亮。

主轴停止按键：STOP

手动模式时按此键，主轴会停止转动，任何时候只要主轴没有转动，这个按键内的灯就会亮，表示主轴是在停止的状态。

主轴定位键：ORIENTATION

手动模式时按此键，主轴做定位动作，当主轴定位后按键内的灯会亮。

2. MDI 操作

MDI（Manual Data Input）即手动数据输入。该功能允许手动输入一个命令或程序段指令，并像自动加工那样，马上启动运行。使用该功能可改变当前指令模态，也可实现指令动作。

（1）程序制作。将模式选择钮设定在 MDI 位置。按 PRGRM 键则 CRT 画面显示如图 7—9 所示。

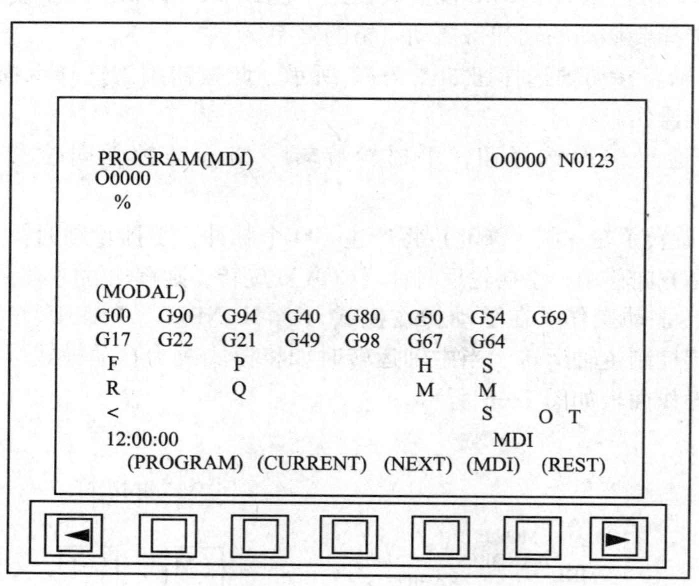

图 7—9　CRT 画面显示

MDI 程序的格式及编制方法与 EDIT 方式相同。编制 MDI 程序时应注意以下几点：

1）程序号码 O0000 自动输入。

2）程序编辑方式同 EDIT 模式编辑方式。

3）在 MDI 模式下编辑程序最多可编辑 6 行，超过 6 行则“%”消失，无法进行插入、变换。

4）程序最后一单节为 M02 或 M30 可自动 RESET 暂存器的资料，避免影响后续操作和程序执行错误。

5）编辑好的程序，想全部消除可按 O 再按 DELETE 或 RESET 键。

（2）程序的执行。将光标置于程序的开头（也可由中途操作），按 START 键或操作面板的 CYCLE START 键则可开始执行程序。执行到程序结束（M02/M30）或%。则所制作的程序自动消失。

（3）刀号输入/修改。加工中心在使用过程中，由于误操作或其他方面的原因使机床刀库刀号与显示刀号不符，此时需修改刀号，以避免发生撞刀事故。

1）主轴刀号输入。

①在 MDI 模式下输入 M95 Tn（Tn = T1 ~ T24）；

②按一下 CYCLE START 键，画面 M95 Tn 消失；

③按下 T# DISPLAY 键检查输入是否正确。

2）换刀臂刀号输入。

①在 MDI 模式下输入 M94 Tn（Tn = T1 ~ T24）；

②按一下 CYCLE START 键，画面 M94 Tn 消失；

③按下 T# DISPLAY 键检查输入是否正确。

3）刀库刀号输入。

①在 MDI 模式下输入 M93 Tn（Tn = T1 ~ T24）；

②按一下 CYCLE START 键，画面 M93 Tn 消失；

③按下 T# DISPLAY 键检查输入是否正确。

（4）自动换刀/选刀。在 MDI 模式下，可完成自动换刀/选刀动作。当 NC 读到 M06 时自动执行刀臂与主轴间的刀具交换；读到 T 码时自动执行还刀、选刀、取刀动作。如果 M06 与 T 码同时在同一单节，则先执行自动选刀动作再执行换刀动作。

1）自动换刀顺序。换刀前状态：主轴装有一把刀（Ts），换刀臂刀库侧的刀爪已经准备好一把刀（Txx）。

开始：

①Z 轴退回第二参考点，主轴定位；

②X 轴移到第二参考点，刀号对调开始；

③主轴松刀；

④换刀臂下降；

⑤换刀臂旋转；

⑥换刀臂上升，刀号对调完成；

⑦主轴抓刀；

⑧X 轴移到 HOME 点。

结束：

换刀后状态：主轴装有一把刀（Txx），换刀臂刀库侧的刀爪抓一把刀（Ts）。

2）自动选刀顺序。VP1050 加工中心采用了固定刀号式刀库和捷径选刀方式。

选刀前状态：换刀臂上有一把旧刀，要选刀库中一把新刀。

开始：

①还刀位置确定（刀臂安装有旧刀具）；

②还刀（先还刀臂上的旧刀具）；

③选刀；

④取刀（再抓新选刀具）。

结束：

选刀后状态：换刀臂装上要求的新刀，换刀臂上的旧刀还原到刀库中对应刀号的位置。

3. 程序管理操作

（1）输入新程序。该功能包括程序名的创建和程序的输入。程序输入的操作步骤如下：

1）将资料保护开关打开。

2）将模式选择旋钮旋至 EDIT 模式。

3）按 PRGRM 键。

4）键入程序位址 O。

5）键入程序号码。

6）按 INSRT 键确认。

以上操作完成新程序名的建立。

7）键入程序的各个程序内容，按 INSRT 键确认（此项可完成程序内容的输入）。

（2）程序编辑。程序编辑包括程序的查找，程序内容的修改等内容，其操作步骤如下：

1）程序查找（如图 7—10 所示查找 O0124 号程序）。程序查找的步骤如下：

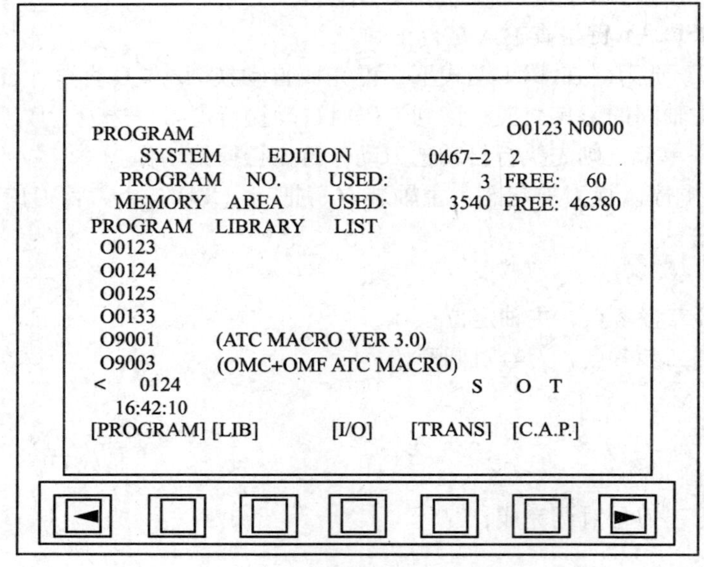

图 7—10　程序的查找

①将资料保护开关打开；

②将模式选择旋钮旋至 EDIT 模式；

③按 PRGRM 键；

④键入程序地址 O；

⑤键入所要寻找的程序号码 0124，按确认键；

⑥查找结束后，CRT 画面显示寻找到的程序。

2）程序内容搜寻。程序内容的搜寻方法有单字节搜寻、页面搜寻及指定字节搜寻等方法。

①单字节搜寻。按下 CURSOR↑或 CURSOR↓键，则光标在当前位置开始向前或向后一个一个字节搜寻，当找到需要的字节后，松开 CURSOR 键。

②页面搜寻。按下 PAGE↑或 PAGE↓键，则屏幕显示上一个页面的程序内容或下一个页面的程序内容，当找到需要修改的程序段所在页面，用单字节搜寻方式寻找需修改的字节。

③指定字节搜寻。键入需搜寻的字节，按下 CURSOR↑或 CURSOR↓键，则搜寻从当前位置开始向前或向后进行，当搜寻到要搜寻的字节，则光标停在寻到的字节下。如没有找到要搜寻的字节，则 CRT 显示警示信息，并报警。

3）程序内容的修改。程序内容的修改包括：程序字节的插入、替换与删除等内容。

①程序字节的插入。在 EDIT 或 MDI 模式下，用搜寻方式，将光标移到插入位置前面邻近字节，键入插入内容，如插入 T15，键入 T、键入 1、键入 5，然后按 INSRT 键，完成插入。

②程序字节的替换。在 EDIT 或 MDI 模式下，用搜寻方式，将光标移到需替换字节的位置，键入替换内容，如 X15 替换为 Y30，键入 Y、键入 3、键入 0，然后按 ALTER 键，完成替换。

③程序字节的删除。在 EDIT 或 MDI 模式下，用搜寻方式，将光标移到需删除字节的位置，按 DELET 键，完成删除。

4）自动插入顺序号码。自动插入程序顺序号码步骤如下：

①将参数 SEQ 设定为 1；

②选择 EDIT 模式；

③按 PRGRM 键；

④键入地址 N；

⑤键入 N 的起始值，例如 1；

⑥按 INSRT 键；

⑦在一单节插入每一单节资料；

⑧键入 EOB；

⑨按 INSRT 键，EOB 被存储在内存中。在增量值参数设定为 2 的情况，N12 插入且显示于下一行。

（3）程序的删除。删除数控系统内存中程序的步骤如下：

1）旋转定模式选择旋钮至 EDIT 状态；

2）按 PRGRM 键；

3）按地址 O；

4）键入要删除的程序号；

5）按 DELET 键，将删除程序。

4. 工件坐标系的建立及工件坐标系的测量

（1）加工中心的坐标系统。在加工中心上加工零件时，刀具与工件的相对运动必须在确定的坐标系中才能按程序进行加工。加工中心加工时，坐标系页面上一般都有下列坐标系显示：相对坐标系、剩余坐标系、绝对坐标系（也就是工件坐标系）、机床坐标系。在应用中，比较关键的是机床坐标系和工件坐标系。机床坐标系不作为编程使用，而常常用它来确定工件坐标系，即它是建立工件坐标系的参考点。

（2）工件坐标系的建立。

1）用 G92 指令建立工件坐标系。工件坐标系原点与机床坐标系的原点之间的距离可以用 G92 指令设定。如按图 7—11 上假设的机床原点位置，用 G92 建立工件坐标系的指令为：

N1 G92 X100.0 Y－200.0 Z－200.0；建立以 O′为原点的工件坐标系，在内存中完成了机床参考点向 O′点的位置变化；但刀具并不运动，刀具的移动在下一条程序段中

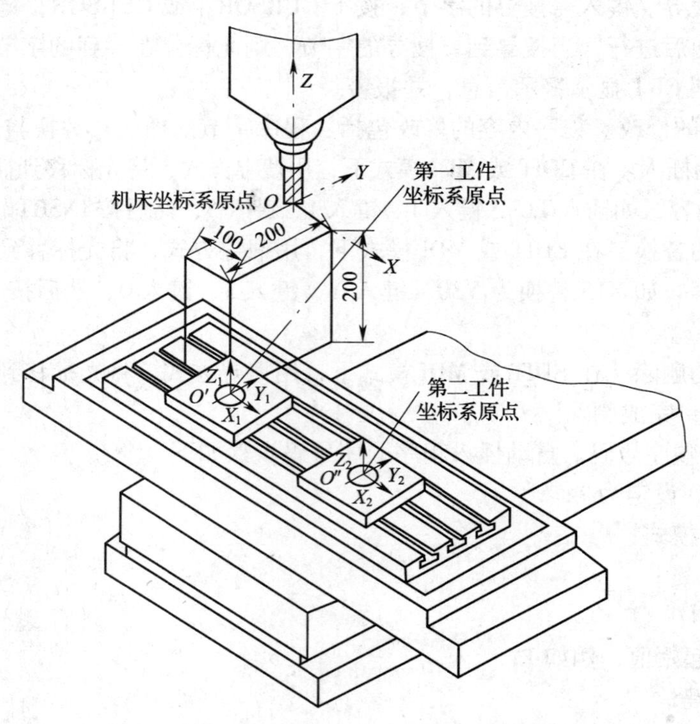

图 7—11　假设的机床原点位置

N2 G00 G90 X－50.0 Z0；刀具快速到达工件坐标系中的坐标位置

2）用 G54～G59 设定工件坐标系。用 G54～G59 设定工件坐标系与用 G92 设定不同，G92 是在程序中设定工件坐标系相对机床坐标系的偏置值。G54～G59 是通过偏置画面内参数设定工件坐标系偏置值。如图 7—11 所示，第一工件坐标系用 G54 设定，其设置方法如下：

①在机床 CNC 操作面板上，按三次 OFFSET 键，使屏幕显示出工件坐标系偏置画面；

②将光标移到 G54 处；

③按地址键 X、数字键 100.0、INPUT 键，按地址键 Y、数字键－200.0、INPUT 键，按地址键 Z、数字键－200.0、INPUT 键，这时 G54 工件坐标系设定完成，屏幕上的画面将如图 7—12 所示。同样，图 7—11 中第二工件坐标系可用 G55～G59 中任意一个设定，偏置值可用同样的方法输入。

3）用原工件坐标系偏置建立工件坐标系。在实际加工中，有时需要新建工件坐标系和原先建立的工件坐标系（如 G54～G59）有相关关系，如在 *X*、*Y*、*Z* 向具有一个偏置量。此时可采用对原有坐标系整体偏移的方法来实现。如新建一个工件坐标系相对原 G54～G59 坐标系整体偏置量为 X20、Y20、Z10，其设置方法如下：

在机床 CNC 操作面板上，按三次 OFFSET 键，使屏幕显示出工件坐标系偏置画面；将光标移到坐标偏置（SHIFT）处。

按地址键 X、数字键 20、INPUT 键，按地址键 Y、数字键 20、INPUT 键，按地址键 Z、数字键 10、INPUT 键，此时建立的 G54～G59 工件坐标系的坐标原点已不是工件偏置画面中 G54～G59 坐标系坐标原点显示值，而是在其基础上加上相对坐标系的对应值。

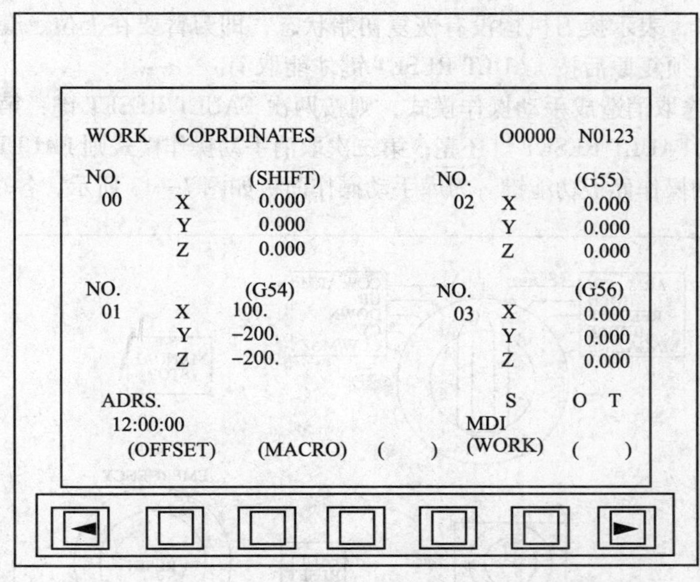

图 7—12　用 G54 设定第一工件坐标系后的屏幕画面

（3）工件坐标系的测量。工件夹具找正装夹后，必须正确测出工件坐标系坐标值，输入到偏置页面。测定工件坐标系的坐标值，就是测定工件的编程原点（即工件坐标系原点）在机床坐标系中的坐标值。

确定工件坐标系的坐标值的方法是：在确定的工位，使所选的编程原点在 X 向、Y 向与机床主轴轴线重合，在 Z 向与机床主轴端面（或刀具端面）重合，此时在机床坐标系下的坐标值即为要建立的工件坐标系原点的坐标值。

测量工件坐标系原点的方法如下：

1）X、Y 坐标值的测量。先用表找正夹具在机床工作台上的位置，然后在主轴中安装一光电测头，分别移动机床 X 轴、Y 轴，使夹具定位面与测头接近，通过测量测头与定位面之间的距离，即可确定出编程原点在机床坐标系中的 X、Y 向坐标值。

2）Z 坐标值的测量。在主轴中安装一标准测棒（或加工刀具），移动 Z 轴，使夹具定位面与测棒接近，再用千分块规准确测出测棒与定位面之间的距离 H。则工件坐标系为：

$$ZW = -|ZM + T + H|$$

式中，ZM 为在机床坐标系中主轴 Z 向移动的距离；T 为测棒长度；H 为块规尺寸；ZW 为主轴端面在机床坐标系中的坐标值。

5. 刀库手动操作

（1）刀库手动操作模式成立条件如下：

1）刀库不在自动换刀或选刀时，将刀库面板钥匙开关转到 MANUAL 位置；如果刀库在自动换刀或选刀时则等到程序结束后才成立。

2）刀库正在执行选刀动作时，按 RESET 键或 E－STEP 键或停电键则自动成为手动操作模式。

（2）刀库手动操作模式取消的条件如下：

1）刀库面板钥匙开关转回 LOCK 位置，再按 FAULT RESET 键，则 FAULT RESET 灯熄灭。如果无法取消，表示换刀机构没有恢复初始状态，即刀臂要在上位、套筒要在高位、滑座要在刀库位，必须复原后按 FAULT RESET 键才能取消。

2）因选刀中途取消造成手动操作模式，则按两次 FAULT RESET 键：第一次刀库自动正转一位，确认定位 FAULT RESET 灯还亮；第二次取消手动操作模式则 FAULT RESET 灯熄灭。

（3）刀库手动操作面板功能键。刀库手动操作面板如图 7—13 所示，各功能键作用如下：

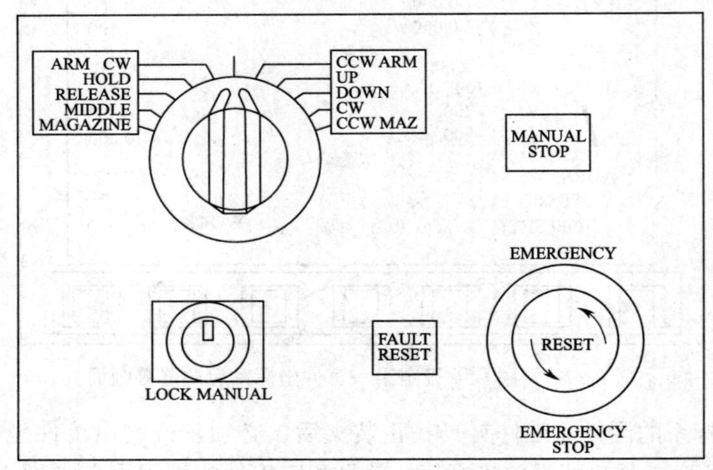

图 7—13 刀库手动操作面板

1）钥匙开关（KEY SWITCH）。设定刀库为手动模式。

2）刀库手动启动键（MANUAL STEP）。刀库为手动模式时各项动作启动键。

3）错误消除键（FAUAL RESET）。该键有三种用途：

①当刀库发生异常排除后应按该键解除警报；

②打开刀库门又关上后，应按该键解除警报；

③当钥匙开关转回 LOCK 位置后，应按该键使刀库恢复自动模式。

4）刀库单动选择开关的定义如下：

①ARM MAGAZINE：滑座移进刀库

②ARM MIDDLE：滑座移向刀臂

③ARM RELEASE：套筒脱离刀柄（高位）

④ARM HOLD：磁筒套进刀柄（低位）

⑤ARM CW：刀臂顺时针转动

⑥ARM CCW：刀臂逆时针转动

⑦ARM UP：刀臂上升

⑧ARM DOWN：刀臂下降

⑨MAGAZINE CW：刀链顺时针转动

⑩MAGAZINE CCW：刀链逆时针转动

6. 程序的校验

加工程序编制完成后，并不能马上用于工件的加工，应检验加工程序的正确性及加工程序与机床、工件之间的适应性。特别是对于手工编程，程序的校验尤为重要。

加工程序在机床上的校验方法有以下几种（用于程序校验的操作键如图 7—14 所示）。

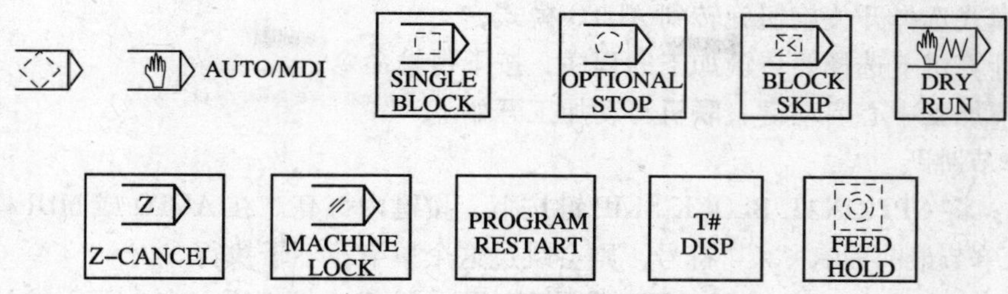

图 7—14　用于程序校验的操作键

（1）全轴机械锁定。按下 MACHINE LOCK 键，按键内灯亮，此时“全轴机械锁住”开关为 ON，数控系统执行 NC 指令或手动指令操作，机床机械轴不移动，坐标画面中机械坐标值不变，但绝对坐标值和增量继续改变。M、S、T 码的指令照常执行动作。

（2）*Z* 轴机械锁定。当 Z－CANCEL 按键按下，按键内的灯亮，此时，“*Z* 轴机械锁定”开关为 ON，在手动/自动操作中 *Z* 轴不移动。按键没有按下，按键内灯熄灭，“*Z* 轴机械锁定”开关为 OFF，*Z* 轴进给正常。

（3）辅助功能锁定。当使用 MST LOCK 软键确定辅助功能锁定开关为 ON 时，机械操作面板的 M、S、T 及 B 的指令锁定，除了 M00、M01、M02、M30、M98、M99 会被执行外，所有的其他 M、S、T 码都不会被执行。当辅助功能锁定开关为 OFF 时，所有的 M、S、T 码可正常执行。

（4）程序空运行。当 DRY RUN 按键按下，按键内灯亮。在自动（AUTO）或 MDI 模式中的执行程序，G01 移动的速度与指令设定值（F）无关，而以慢速进给调整钮选择的速度移动，G00 则不受影响。当 DRY RUN 按键没有按下，按键内灯熄灭。在自动（AUTO）或 MDI 模式中的执行程序，G01 移动的速度以指令值 *X* 切削速率调整钮选定的百分比为轴向的移动速率。

7. 自动加工

自动加工可根据加工程序的大小，分两种模式进行。当加工程序的容量不超过加工中心的内存容量（50 k），可以将加工程序全部输入加工中心的内存中，实现自动加工。当加工程序的容量大于加工中心的内存，此时可采用计算机与加工中心联机的方式自动加工。

（1）单机自动加工。在自动执行程序模式下，数控系统可以执行内存中的程序，但同一时间只能执行一个程序。

自动执行过程如下：

1）程序输入到内存；

2）选择要执行的程序；

3）设定模式选择钮至 AUTO 模式；

4）按启动键，开始自动执行程序，此时键内的灯亮。

（2）联机自动加工。联机自动加工操作步骤如下：

1）选用一台计算机，安装专用程序传输软件（如 PCIN 软件），根据加工中心的程序传输具体要求，设置传输参数；

2）通过 RS－232C 串行端口将计算机和加工中心连接起来；

3）将加工中心设置成 DNC 操作模式；

4）将模式选择开关旋钮旋转到 AUTO 模式；

5）在计算机上选择要传输加工的程序，按下传输命令；

6）按下加工中心启动键，联机自动加工开始。

（3）单节跳跃。

1）ON：将 OPTIONAL BLOCK SKIP 键按下，按键内灯亮。在 AUTO 或 MDI 模式执行程序时，如果单节最前面有“/”符号，则会跳过这个单节，不予执行。

2）OFF：OPTIONAL BLOCK SKIP 键没有按下，按键内灯熄灭。在 AUTO 或 MDI 模式执行程序时，如果单节最前面有“/”符号，也会正常执行这个单节。

8. 安全操作

安全操作包括急停、超程等各类报警处理。

（1）报警。数控系统对其软、硬件及故障具有自我诊断能力，该功能用于监视整个加工过程是否正常，并及时报警。

常见的报警形式有：机床自锁（驱动电源切断）、屏幕出错、报警灯、蜂鸣器叫。

（2）急停处理。当加工过程中出现紧急情况时，按机械操作面板上的紧急停止按钮，机床的各运动部件在移动中立刻停止。

当本按钮按下时，解除的方法因机床不同而不同，通常将它旋转解除。

（3）超程处理。在手动、自动加工过程中，若机床移动部件（如刀具主轴、工作台）超出其行程极限（软件控制限位或机械限位）时，则为超程。超程时系统报警，机床机械锁住、超程报警灯亮、屏幕上方报警行内出现超程报警内容（如：*X* 向超过行程极限）。

软件控制限位超程处理按下列步骤：

1）旋转 MODE 旋钮在 HANDLE 位置。

2）用手摇轮使超程轴反向移动至适当位置。

3）按 RESET 重新设定键，使数控系统复位。

4）超程轴原点复位，恢复坐标系统。

机械限位超程，机床液压系统将自动关闭，其超程处理按下列步骤：

1）按住 CYCLE START 键，使机床液压系统强制启动。

2）旋转 MODE 旋钮至 HANDLE 位置。

3）用手摇轮使超程轴反向移动至适当位置，并放开 CYCLE START 键。

4）按 RESET 重新设定键，使数控系统复位。

5）超程轴原点复位，恢复坐标系统。

§7—2　华中（HNC－21/22M）系统加工中心的组成及操作

一、华中（HNC－21/22M）系统加工中心操作面板的组成及功能说明

华中（HNC－21/22M）系统加工中心的操作面板如图 7—15 所示，面板的上半部分为数控系统操作面板，下半部分为机床操作面板。

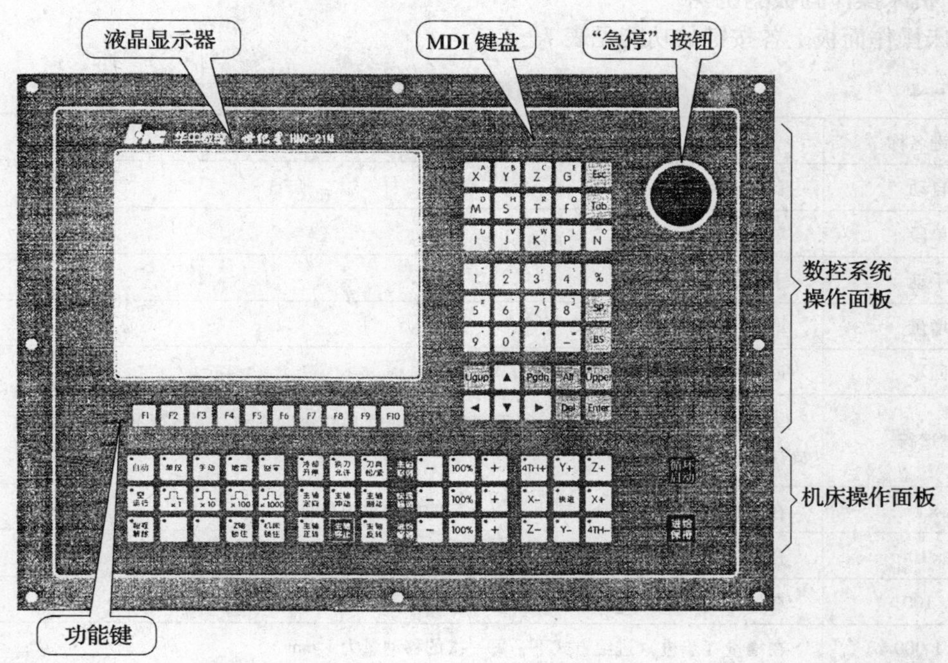

图 7—15　华中（HNC－21/22M）系统加工中心的操作面板

1. 数控系统操作面板的说明

- F1～F10：功能键，其功能与显示屏上显示的功能相对应，用于系统的菜单操作。
- MDI 键盘：用于通过面板输入程序，以及工件坐标系零点偏置和刀补等的输入，其部分按键的功能在图 7—16 右侧列出。

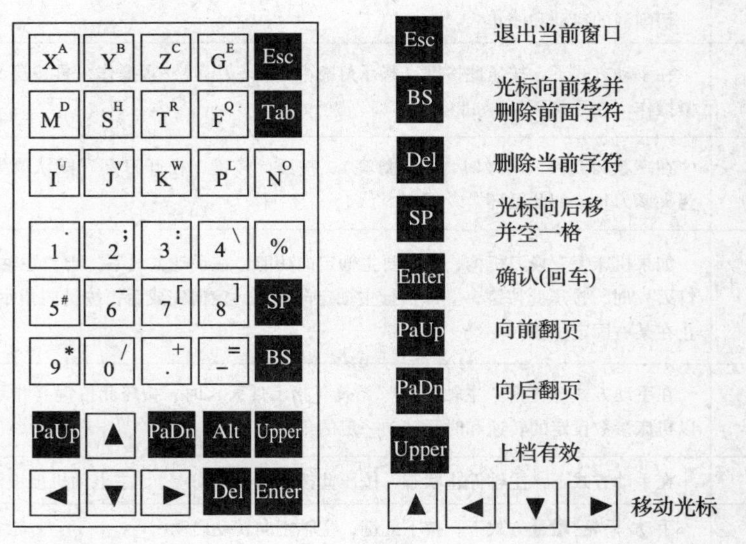

图 7—16　MDI 键盘

2. 机床操作面板的说明

机床操作面板上各按键的功能见表 7—4。

表 7—4 机床操作面板上各按键的功能

按键名称	功 能
自动	自动运行方式
单段	单程序段执行方式
手动	手动进给方式
增量	增量（步进）进给方式
回零	返回机床参考点（即回零）方式
空运行	当空运行开关为 ON 时，运行程序时坐标轴以 G00 速度移动。空运行不做实际切削，目的是确认切削路径
×1	在增量（步进）进给方式下，每一次的移动量为 0.001 mm
×10	在增量（步进）进给方式下，每一次的移动量为 0.01 mm
×100	在增量（步进）进给方式下，每一次的移动量为 0.1 mm
×1 000	在增量（步进）进给方式下，每一次的移动量为 1 mm
超程解除	当某轴出现超程，要退出超程状态时，应一直按压着“超程解除”键，然后在手动方式下，使该轴向相反方向退出超程状态
Z 轴锁住	在自动运行开始前，按压“*Z* 轴锁住”按键（指示灯亮），再按“循环启动”轴锁住键，*Z* 轴坐标位置信息变化，但 *Z* 轴不运动，因而主轴不运动
机床锁住	在自动/MDI/手动运行前，按此按键（灯亮），伺服轴不进给，但坐标轴位置显示信息仍更新，M、S、T 功能仍有效。机床锁住用于校验程序，在自动运行过程中无效
冷却开停	切削液的启动和停止
换刀允许	在手动方式下，按压此按键（指示灯亮），允许刀具松/紧操作，再按压又为不允许刀具松/紧操作（指示灯灭），如此循环
刀具松/紧	在“换刀允许”有效时（指示灯亮），按压此按键，松开刀具（默认值为夹紧），再按压又为夹紧刀具，如此循环
主轴定向	如果机床上有换刀机构，就需要主轴定向功能，在手动方式下，当“主轴制动”无效（指示灯灭）时，按压此按键，立即执行主轴定向功能，定向完成后，按键内指示灯亮，主轴准确停止在某一固定位置
主轴冲动	在手动方式下，当“主轴制动”无效（指示灯灭）时，按压此按键（指示灯亮），主电动机以机床参数设定的转速和时间转动一定的角度
主轴制动	在手动方式下，主轴停止状态，按压此按键（指示灯亮），主电动机被锁定在当前位置
主轴正转	手动/手轮/增量方式下，按下此键，主轴正向转动启动
主轴停止	手动/手轮/增量方式下，按下此键，主轴停止转动

续表

按键名称	功 能
主轴反转	手动/手轮/增量方式下，按下此键，主轴反向转动启动
主轴修调	用于改变主轴转速的倍率，按“+”倍率逐渐增大，按“-”倍率逐渐减小
快速修调	用于改变坐标轴快速移动速度的倍率，按“+”倍率逐渐增大，按“-”倍率逐渐减小
进给修调	在自动运行中，改变进给速度F的倍率，按“+”倍率逐渐增大，按“-”倍率逐渐减小
X+、X-、Y+、Y-、Z+、Z-	坐标轴选择键，在手动和增量方式下，按这些键则相应的坐标轴朝正方向或负方向运动
快进	同时按下该键和坐标轴选择键，则某坐标轴将快速运动
4TH+、4TH-	坐标轴选择键，在手动和增量方式下，按该键则第4轴朝正方向或负方向运动
循环启动	自动运行的启动
进给保持	自动运行中刀具减速停止

3. 华中（HNC-21/22M）系统软件操作界面板的组成及功能说明

华中（HNC-21/22M）系统软件操作界面如图7—17所示，由如下几个部分组成（下面的序号和图7—17中序号对应）。

（1）图形显示窗口。可以根据需要，用功能键F9设置窗口的显示内容。

（2）菜单命令条。可通过菜单命令条中的功能键F1～F10来完成系统功能的操作。

（3）运行程序索引。自动加工中的程序名和当前程序段行号。

（4）选定坐标系下的坐标值。坐标系可在机床坐标系/工件坐标系/相对坐标系之间切换。显示值可在指令位置/实际位置/剩余进给/跟踪误差/负载电流/补偿值之间切换。

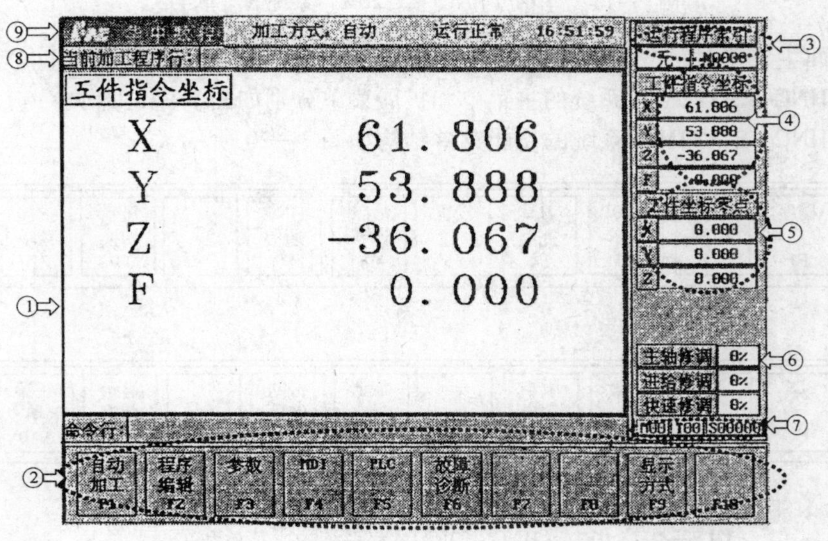

图7—17 华中（HNC-21/22M）系统的软件操作界面

（5）工件坐标系零点。工件坐标系零点是在机床坐标系下的坐标。

（6）倍率修调。主轴修调：当前主轴修调倍率。进给修调：当前进给修调倍率。快速修调：当前快进修调倍率。

（7）辅助功能。自动加工中的 M、S、T 代码。

（8）当前加工程序行。当前正在或将要加工的程序段。

（9）当前加工方式、系统运行状态及当前时间。工作方式：系统工作方式根据机床控制面板上相应按键的状态可在自动（运行）、单段（运行）、手动（运行）、增量（运行）、回零、急停、复位等之间切换。运行状态：系统工作状态在“运行正常”和“出错”之间切换。系统时钟：当前系统时间。

4. 华中（HNC－21/22M）系统功能菜单结构

操作界面中最重要的一块是菜单命令条。系统功能的操作主要通过菜单命令条中的功能键 F1～F10 来完成。由于每个功能包括不同的操作，菜单采用层次结构，即在主菜单下选择一个菜单项后，数控装置会显示该功能下的子菜单，用户可根据该子菜单的内容选择所需的操作，如图 7—18 所示。

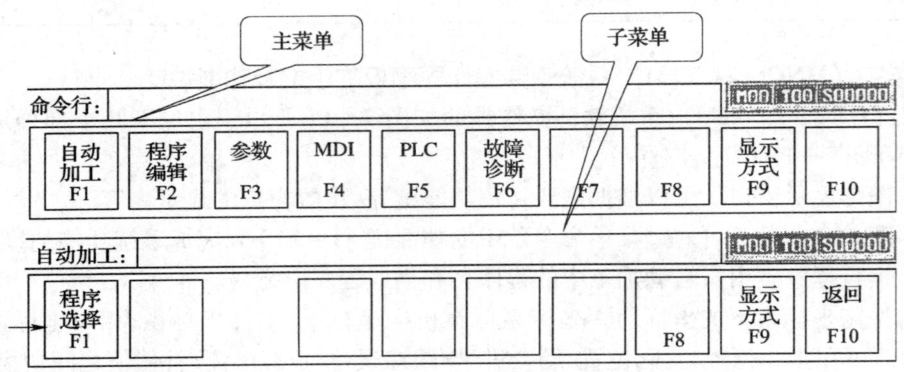

图 7—18　华中（HNC－21/22M）系统的菜单层次

当要返回主菜单时，按子菜单下的 F10 键即可。

华中（HNC－21/22M）系统的主菜单和扩展菜单分别如图 7—19 所示。

华中（HNC－21/22M）系统的功能菜单结构如图 7—20 所示。

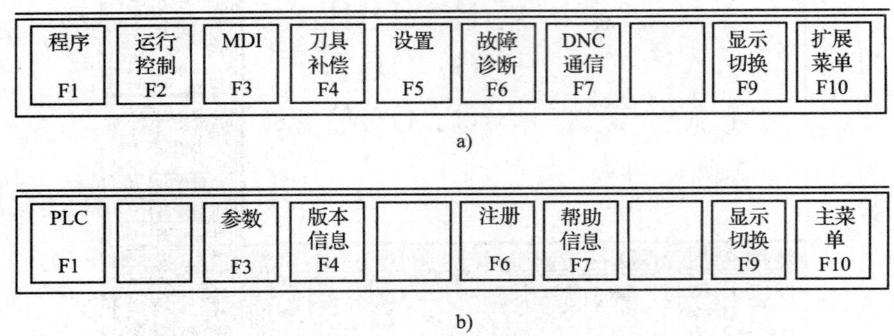

图 7—19　华中（HNC－21/22M）系统的主菜单和扩展菜单

a）主菜单　b）扩展菜单

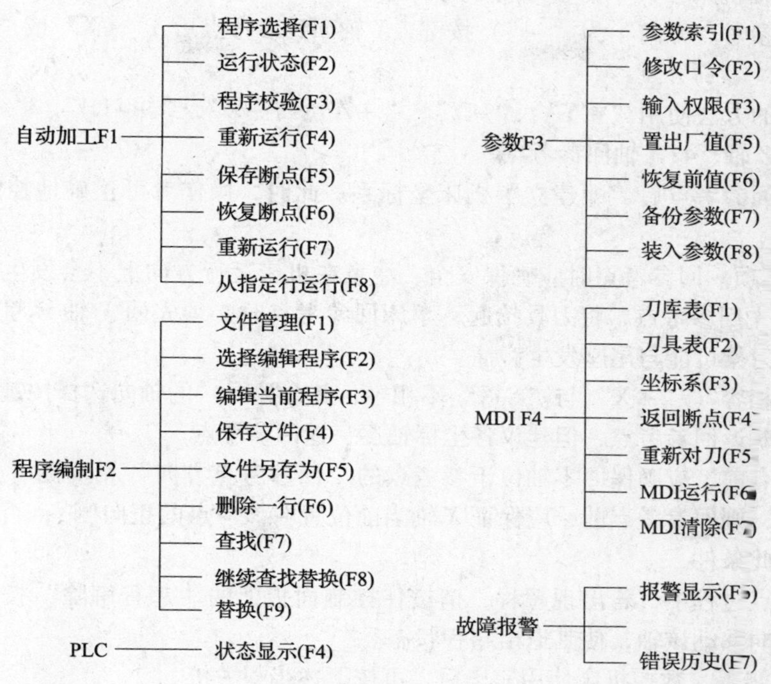

图 7—20　华中（HNC－21/22M）系统的功能菜单结构

二、华中（HNC－21/22M）系统加工中心的操作方法

1. 开机、返回参考点及关机

（1）开机步骤。

1）检查机床状态是否正常。

2）检查电源电压是否符合要求，接线是否正确。

3）按下控制面板上的“急停”按钮（此步不是必须的，但建议依此操作）。

4）打开外部电源开关，启动机床电源。

5）接通数控系统电源。

6）检查风扇电动机运转是否正常。

7）检查面板上的指示灯是否正常。

（2）返回机床参考点。数控机床在自动方式和 MDI 方式下正确运行的前提是建立机床坐标系，为此，当数控系统接通电源、复位后，紧接着应进行机床各轴手动回参考点操作（使用绝对式测量装置时，可不回参考点）。

此外，数控机床断电后再次接通数控系统电源、超程报警解除以后及“急停”按钮解除以后，一般也需要进行再次回参考点操作，以建立正确的机床坐标系。

机床未回参考点之前，数控机床只能手动操作。

1）操作步骤。

①如果数控系统显示的当前工作方式不是回零方式，则按压控制面板上面的“回零”按键，确保数控系统处于“回零”方式。

②根据 *X* 轴机床参数“回参考点方向”，按压“+X”（“回参考点方向”为“+”）或“-X”（“回参考点方向”为“-”）按键，*X* 轴回到参考点后，“+X”或“-X”按键内的指示灯亮。

③用同样的方法使用“+Y”、“-Y”、“+Z”、“-Z”、“+4TH”、“-4TH”按键，可以使 *Y* 轴、*Z* 轴、4*TH* 轴回参考点。

当所有轴回参考点后，即建立了机床坐标系。此时，操作者可正确地控制机床自动或 MDI 运行。

2）注意事项。回参考点时应确保安全，注意在机床运行方向上不会发生碰撞。铣床一般应选择 *Z* 轴先回参考点，将刀具抬起；车床回参考点时必须先回 *X* 轴参考点，再回 *Z* 轴参考点，否则刀架可能与尾座发生碰撞。

使用多个相容（“+X”与“-X”不相容，其余类同）的轴向选择按键，可一次性使多个坐标轴同时返回参考点，但建议各坐标轴逐一返回参考点。

在回参考点前，应确保回零轴位于参考点的“回参考点方向”相反侧（如 *X* 轴的回参考点方向为负，则回参考点前，应保证 *X* 轴当前位置在参考点的正向侧）；否则应手动移动该轴直到满足此条件。

在回参考点过程中，若出现超程，请按住控制面板上的“超程解除”按键，采用手动方式向相反方向移动该轴，使其退出超程状态。

（3）关机步骤。数控机床使用完毕后，可按下述步骤关机。

1）按下控制面板上的“急停”按钮，断开伺服电源。

2）断开数控系统电源。

3）断开数控机床电源。

2. 数控机床的手动控制

（1）坐标轴的运动控制。

1）手动连续进给。手动连续（点动）进给的一般操作方法如下：

①按压控制面板上的“手动”按钮（指示灯亮），系统处于手动运行方式。

②按压进给修调或快速修调右侧的“-、100%、+”按钮，选择合适的手动进给速率。

③在轴手动按钮（+X、+Y、+Z、+4TH、-X、-Y、-Z、-4TH）中，按压需手动连续进给的轴和方向（如+X）。

④被选轴（如 *X*）将向所选择的方向（如正方向）以选定的进给速率连续移动。

⑤松开相应的轴手动按钮（如+X），被选轴（如 *X*）即减速停止。

同时按压多个相容的轴手动按钮，可连续移动多个坐标轴。

在手动连续进给时，若同时按压“快进”按钮，则相应轴作正向或负向的快速运动。

提示：

①手动连续进给速率为系统参数“最高快移速度”的 1/3 乘以“进给修调选择的进给倍率”；

②手动连续快速移动的速率为系统参数“最高快移速度”乘以“快速修调选择的快移倍率”。

2）增量（步进）进给。增量进给的操作方法如下：

①当有手持单元时，置其上坐标轴选择波段开关置于“OFF”挡，否则直接按压控制面板上的“增量”按钮（指示灯亮），数控系统处于增量进给方式。

②按压增量倍率按钮“×1”、“×10”、“×100”、“×1 000”中的一个，选择合适的步进增量值。

③在轴手动按钮（+X、+Y、+Z、+4TH、-X、-Y、-Z、-4TH）中 按压需增量进给的轴和方向（如+X)。

④被选轴（如 X）将向所选择的方向（如正方向）移动一个步进增量。

⑤松开相应的轴手动按钮（如+X）后，再次按压该按钮，被选轴（如X）将再次进给一个步进增量。

⑥同时按压多个方向的轴手动按钮，可增量进给多个坐标轴。

3）手脉（手摇脉冲发生器）进给。手脉进给的一般操作方法如下。

①当手持单元的坐标轴选择波段开关置于“X”“Y”“Z”“4TH”挡时，按压控制面板上的“增量”按钮（指示灯亮)，数控系统处于手摇进给方式。

②由手持单元的坐标轴选择波段开关选择进给的坐标轴（如 X)。

③由手持单元的倍率波段开关选择进给的脉冲当量（手摇每转一格移动的距离)。

④手动顺时针或逆时针旋转手摇脉冲发生器，被选轴（如 X）将向正向或负向移动（移动距离：转动格数×脉冲当量)。

⑤手摇进给方式每次只能增量进给一个坐标轴。

(2）主轴手动操作。

1）主轴正、反转及停止。在手动（手动、增量）方式下，当“主轴制动”无效（指示灯灭）时，可进行如下操作。

按压“主轴正转”按钮（指示灯亮)，主轴电动机以机床参数和设定的转速（乘以主轴修调）正转。

按压“主轴反转”按钮（指示灯亮)，主轴电动机以机床参数和设定的转速（乘以主轴修调）反转。

按压“主轴停止”按钮（指示灯亮)，主轴电动机停止运转。

提示：这几个按钮互锁，即按压其中一个（指示灯亮)，其余几个会失效（指示灯灭)。

2）主轴制动。在手动方式（手动、增量）下，主轴处于停止状态时，按压“主轴制动”按钮（指示灯亮)，主轴电动机被锁定在当前位置；再按一次该按钮，主轴电动机制动取消（指示灯灭)。

3）主轴定向。如果机床上有换刀机构，通常就需要主轴定向功能。这是因为换刀时，主轴上的刀具必须定位可靠，否则会损坏刀具或刀爪。

在手动方式下，当“主轴制动”无效（指示灯灭）时，按压“主轴定向”按钮，主轴立即执行主轴定向功能，定向完成后，按钮内指示灯亮，主轴准确停止在某一固定位置。

4）主轴冲动。在手动方式下，当“主轴制动”无效（指示灯灭）时，按压“主轴冲动”按钮（指示灯亮)，主轴电动机会以一定的转速瞬时转动一定的角度。该功能主要用于装夹刀具。

5）主轴速度修调。主轴正转及反转的速度可通过主轴修调调节。

按压主轴修调右侧的“100%”按钮（指示灯亮)，主轴修调倍率被置为100%，按压

“+”按钮，主轴修调倍率递增10%；按压“-”按钮，主轴修调倍率递减10%。

当数控机床为机械齿轮换挡时，主轴速度不能修调。

（3）其他手动操作。

1）刀具夹紧与松开。在手动方式下，通过按压“允许换刀”按钮，使得刀具松/紧操作有效（指示灯亮）。

按压“刀具松/紧”按钮，松开刀具（默认值为夹紧）；再按压此按钮，夹紧刀具；再按压此按钮，又松开刀具，如此循环。

2）冷却启动与停止。在任何方式下，按压“冷却开/停”按钮，切削液开（默认值为切削液关），再按压此按钮，切削液关，再按压此按钮，切削液又开，如此循环。

3. 工作参数设置

控制数控机床各轴手动回参考点，建立机床坐标系只是自动运行和MDI运行的前提。由于零件程序一般是以工件坐标系为基准编制的，且在加工过程中需要进行刀具补偿（对铣床来说是半径和长度补偿，对车床来说是刀尖圆弧半径和几何磨损补偿）。因此，为避免刀具与工件的碰撞或加工零件报废，确保零件加工的正确性，在加工前务必正确输入工件坐标系及刀具补偿数据。

此外，必要的工作参数（如串口参数）设置，也是数控机床特定时正确加工所必不可少的。而为了更好地观察加工过程，一般可通过改变显示参数选择显示内容。

正确设置机床参数和系统参数是数控机床工作的基础，但数控机床在安装、测试完数控系统后，在交付客户时，一般已设置好这些参数。操作者无需（最好不要）更改这些参数，但有个别参数与机床操作有关，需要用户设置。

（1）工件坐标系的设定（F5→F1）。输入坐标系数据的操作步骤如下。

1）在主菜单（图7—19）下按“F5”键，进入设置功能子菜单，如图7—21所示。

设置：								M00 T00 S 0	
坐标系设定 F1	图形参数 F2	设置显示 F3		网络 F5	串口参数 F6			显示切换 F9	返回 F10

图7—21　设置功能子菜单

2）在图7—21所示的子菜单下按“F1”键，进入坐标系手动数据输入方式，图形显示窗口首先显示G54坐标系数据，如图7—22所示。

3）按PgDn/PgUp键或直接按“F1”～“F8”键，选择要输入的数据类型，即G54、G55、G56、G57、G58、G59坐标系、当前工件坐标系的偏置值（坐标系零点相对于机床零点的值），或当前相对值零点。

4）在命令行输入所需数据，如在图7—22所示情况下输入“X200 Y300”，并按“Enter”键，将设置G54坐标系的X及Y偏置分别设为200、300。

若输入正确，图形显示窗口相应位置将显示修改过的值，否则原值不变。

提示：编辑的过程中，在没按“Enter”键进行确认之前，可按“Esc”键退出编辑，但输入的数据将丢失，数控系统将保持原值不变。

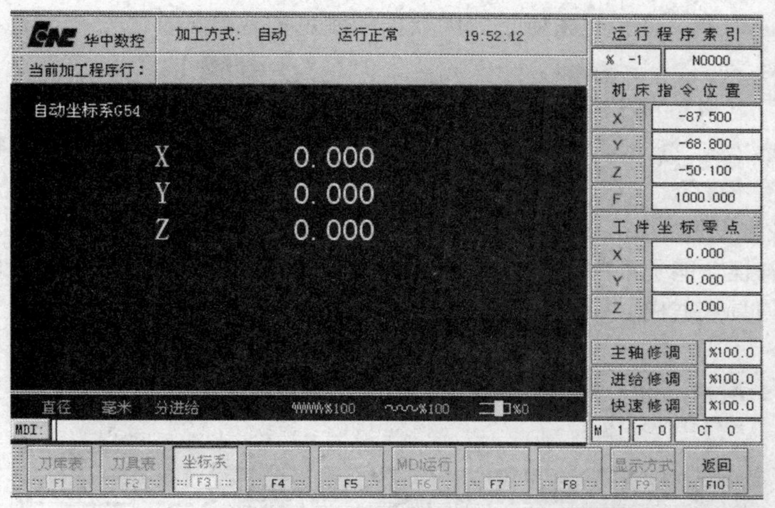

图 7—22　MDI 方式下的坐标系设置

（2）刀具补偿值设置。在主菜单（见图 7—19）下按“F4”键进入刀具补偿功能子菜单，命令行与菜单条的显示如图 7—23 所示。

图 7—23　刀具补偿功能子菜单

1）刀库数据设置（F4→F1）。输入刀库数据的操作步骤如下：

①在刀具补偿功能子菜单下（见图 7—23）按“F1”键，进行刀库数据设置，图形显示窗口将出现刀库数据栏，如图 7—24 所示。

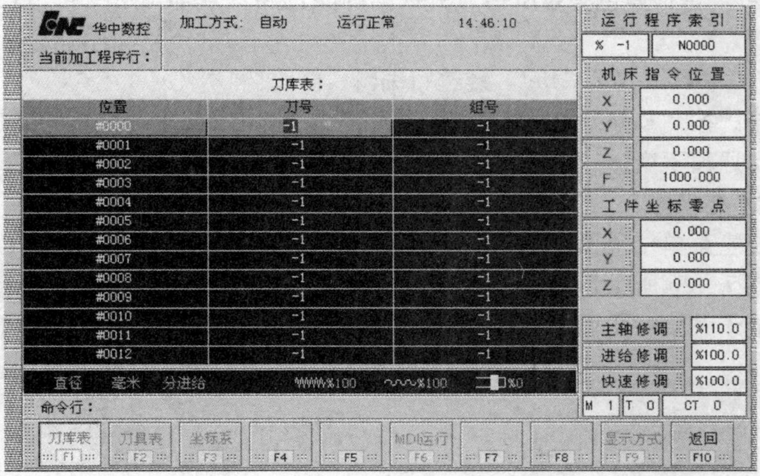

华中数控　加工方式：自动　运行正常　14:46:10

当前加工程序行：

刀库表：

位置	刀号	组号
#0000	-1	-1
#0001	-1	-1
#0002	-1	-1
#0003	-1	-1
#0004	-1	-1
#0005	-1	-1
#0006	-1	-1
#0007	-1	-1
#0008	-1	-1
#0009	-1	-1
#0010	-1	-1
#0011	-1	-1
#0012	-1	-1

运行程序索引：% -1　N0000

机床指令位置：X 0.000　Y 0.000　Z 0.000　F 1000.000

工件坐标零点：X 0.000　Y 0.000　Z 0.000

主轴修调 %110.0　进给修调 %100.0　快速修调 %100.0

直径　毫米　分进给

命令行：

M 1　T 0　CT 0

刀库表 F1　刀具表 F2　坐标系 F3　F4　F5　MDI运行 F6　F7　F8　显示方式 F9　返回 F10

图 7—24　刀库表的修改

②用“▲”“▼”“▶”“◀”“PgUp”“PgDn”键移动蓝色亮条选择要编辑的选项。

③按“Enter”键，蓝色亮条所指刀库数据的颜色和背景都发生变化，表示选中，同时有一光标在闪烁。

④用“▶”“◀”“BS”“Del”键进行编辑、修改。

⑤修改完毕，按“Enter”键确认。若输入正确，图形显示窗口相应位置将显示修改过的值，否则原值不变。

2）刀具数据设置（F4→F2）。输入刀具数据的操作步骤如下：

①在刀具补偿功能子菜单下（见图7—23）按“F2”键，进行刀具数据设置，图形显示窗口将出现刀具数据栏，如图7—25所示。

刀号	组号	长度	半径	寿命	位置
#0000	-1	0.000	0.000	0	-1
#0001	-1	0.000	0.000	0	-1
#0002	-1	0.000	0.000	0	-1
#0003	-1	0.000	0.000	0	-1
#0004	-1	0.000	0.000	0	-1
#0005	-1	0.000	0.000	0	-1
#0006	-1	0.000	0.000	0	-1
#0007	-1	0.000	0.000	0	-1
#0008	-1	0.000	0.000	0	-1
#0009	-1	0.000	0.000	0	-1
#0010	-1	0.000	0.000	0	-1
#0011	-1	0.000	0.000	0	-1
#0012	-1	0.000	0.000	0	-1

图7—25 刀具数据的输入与修改

②用“▲”“▼”“▶”“◀”“PgUp”“PgDn”键移动蓝色亮条选择要编辑的选项。

③按“Enter”键，蓝色亮条所指刀具数据的颜色和背景都发生变化，表示选中，同时有一光标在闪烁。

④用“▶”“◀”“BS”“Del”键进行编辑、修改。

⑤修改完毕，按“Enter”键确认。若输入正确，图形显示窗口相应位置将显示修改过的值，否则保持原值不变。

4. 程序输入与校验

在数控系统主菜单（见图7—19）下，按“F1”键进入程序功能子菜单，命令行与菜单条的显示如图7—26所示。

在程序功能子菜单（见图7—26）下，可以对零件程序进行编辑与校验等操作。

图7—26 程序功能子菜单

（1）零件程序的输入。

1）选择待编辑的程序（F4→ F1）。选择程序的操作方法如下：

①在图 7—26 所示的菜单下按“F1”键，将弹出如图 7—27 所示的“选择程序”菜单。

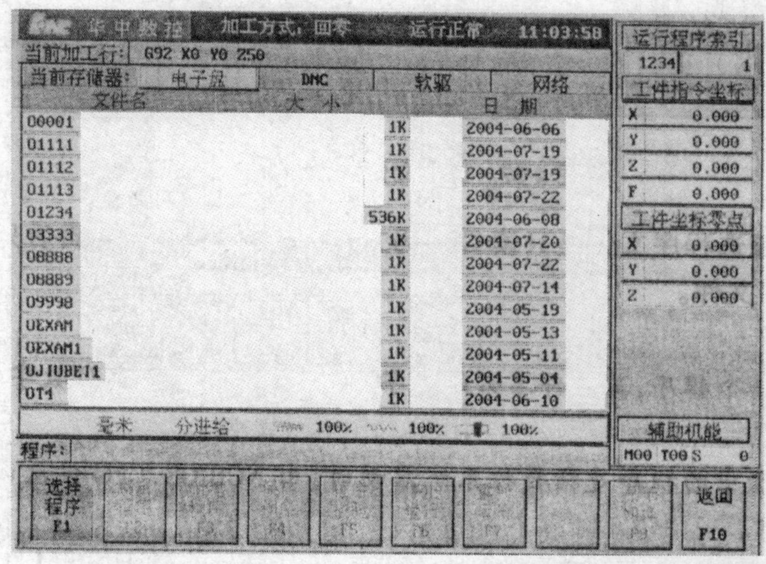

图 7—27　程序选择界面

②在图 7—27 所示的菜单下，用“►”“ ◄”键选择程序源（待编辑程序的来源）。

其中：

电子盘程序指保存在电子盘上的程序文件；

DNC 程序指由串口发送过来的程序文件；

软驱程序指保存在软驱上的程序文件；

网络程序指建立网络连接后，由网络路径映射的程序文件。

③如果是 DNC 程序、软驱程序或网络程序，根据菜单命令条提示，按“Enter”键建立连接。

④用“▲”“▼”键选中程序源上的一个程序文件。

⑤按“Enter”键，即可将该程序文件选中并调入加工缓冲区，如图 7—28 所示。

⑥如果被选程序文件是只读 G 代码文件，则该程序文件编辑后只能另存为其他名字的程序文件。

提示：

①任何一个程序，其文件名必须以字母“O”加上后面若干位数字、字母或符号构成。

②电子盘中的程序是指数控系统启动时，由 NCBIOS. CFG 设置的 PROGPATH 目录中的程序。

2）程序的编辑（F1→F2）。当选择一个零件程序后，在程序功能子菜单（见图 7—26）下按“F2”键，将弹出如图 7—29 所示的“编辑程序”界面，在此界面下可以编辑当前程序。

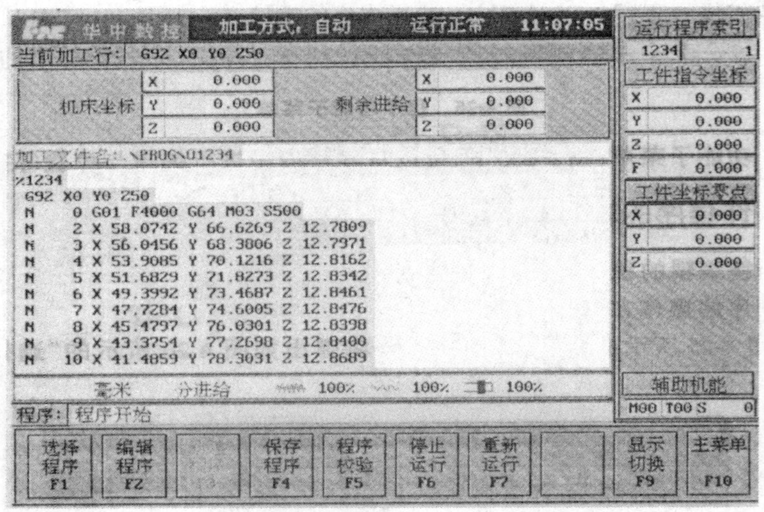

图 7—28 调入文件到加工缓冲区

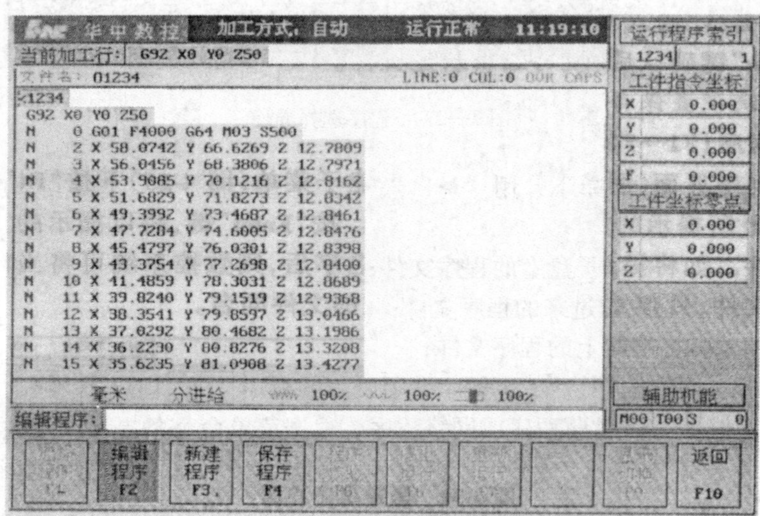

图 7—29 编辑程序界面

编辑过程中用到的主要快捷键的功能如下：

“Del”键：删除光标后的一个字符，光标位置不变，余下的字符左移一个字符位置。

“PgUp”键：使编辑程序向当前程序上方滚动一屏，光标位置不变，如果到了程序的第一页，则光标移到文件首行的第一个字符处。

“PgDn”键：使编辑程序向当前程序下方滚动一屏，光标位置不变，如果到了程序的最后一页，则光标移到文件末行的第一个字符处。

“BS”键：删除光标前的一个字符，光标向前移动一个字符位置，余下的字符左移一个字符位置。

“◀”键：使光标左移一个字符位置。

“▶”键：使光标右移一个字符位置。

“▲”键：使光标向上移一行。

“▼”键：使光标向下移一行。

（2）零件程序的管理。

1）新建程序（F1→F2→F3）。在指定磁盘或目录下建立一个新文件，但新文件不能和已存在的文件同名。

在编辑程序界面（见图7—29）下按“F3”键，进入如图7—30所示的“新建程序”菜单，数控系统提示“输入新建文件名”，光标在“输入新建文件名”栏闪烁，输入文件名后，按“Enter”键确认，就可编辑新建文件。

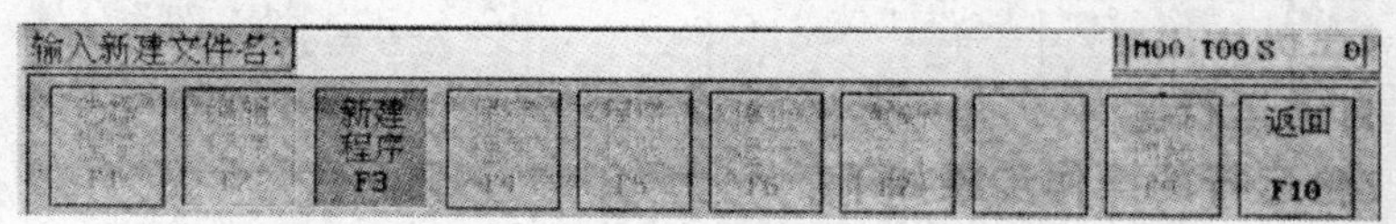

图7—30　新建程序界面

提示：系统设置保存程序文件的缺省目录为程序目录（Prog）。

2）保存程序（F1→F4）。在编辑程序界面（见图7—29）或在程序功能子菜单（见图7—26）下按“F4”键，数控系统给出图7—31所提示的文件保存的文件名。按“Enter”键，将以提示的文件名保存当前程序文件。如将提示文件名改为其他名字后，则数控系统可将当前编辑程序另存为其他文件，另存文件名不能和已存在的文件同名。

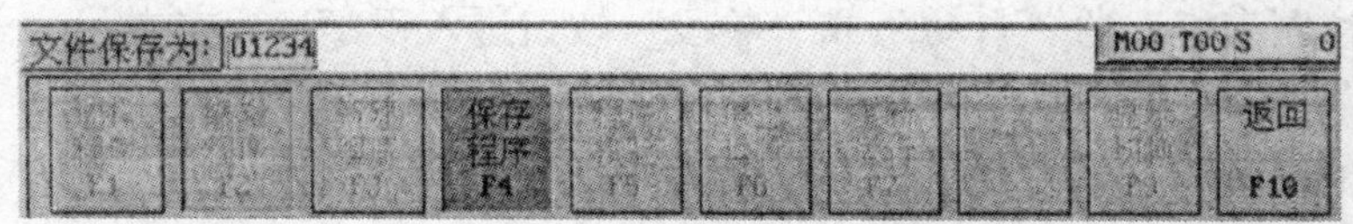

图7—31　保存程序界面

如果存盘操作不成功，系统会给出如图7—32所示的提示信息，此时该程序文件是可读文件，不能更改保存，只能改为其他名字后保存。

图7—32　不能保存程序提示

3）删除程序文件。删除程序文件的操作步骤如下：

①在选择程序菜单中用“▲”“▼”键移动光标条选中要删除的程序文件。

②按“Del”键，数控系统弹出如图7—33所示对话框，系统提示是否要删除选中的程序文件，按“Y”键将选中程序文件从当前存储器上删除，按“N”键则取消删除操作。

提示：因删除的程序文件不可恢复，所以在删除操作前应确认。

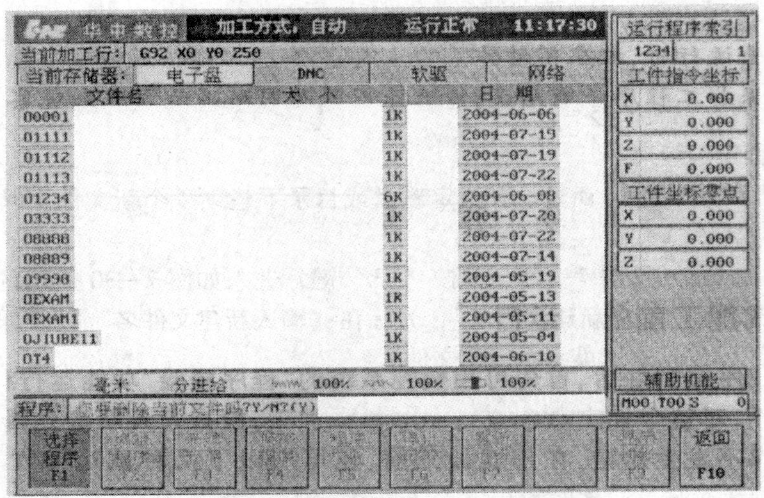

图 7—33　确认是否删除文件

（3）零件程序的校验（F1→F5）。程序校验用于对调入加工缓冲区的程序文件进行校验，并提示可能的错误。

以前未在机床上运行的新程序在调入后最好先进行校验运行，正确无误后再启动，然后自动运行。

程序校验运行的操作步骤如下：

①按调入待编辑程序的方法，调入要校验的加工程序。

②按机床控制面板上的“自动”或“单段”按钮进入程序运行方式。

③在程序菜单下，按“F5”键，此时软件操作界面的工作方式显示改为“自动校验”，如图 7—34 所示。

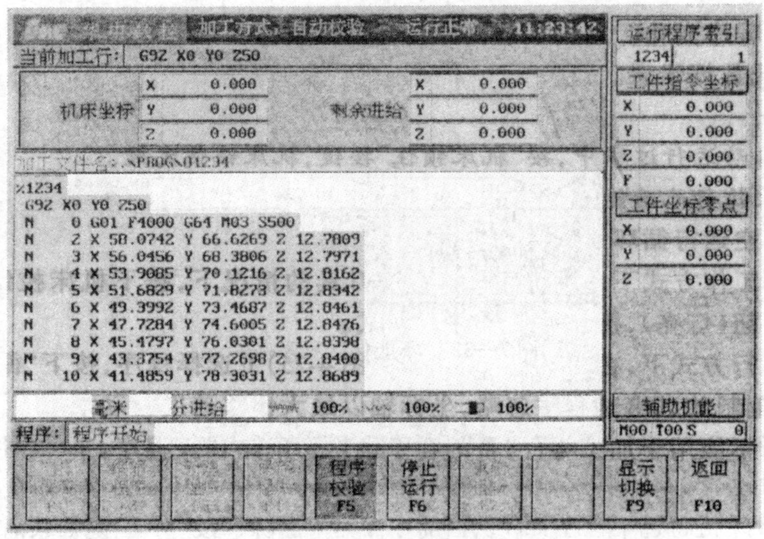

图 7—34　校验运行界面

④按机床控制面板上的“循环启动”按键，程序校验开始。

⑤校验完后，若程序正确，光标将返回到程序的第一行，且软件操作界面的工作方式显示改为“自动”或“单段”；若程序有错，命令行将提示程序的哪一行有错。

5. 程序运行与控制

(1) 正式加工前的试运行。在零件程序编制好后，首先可用数控系统的“程序校验”功能运行程序，在机床不动的情况下，对整个加工过程进行图形模拟加工，检查刀具轨迹是否正确。

为了确保不发生差错，在正式加工前，还可用以下几种试运行方法来检验程序。

1）机床锁定循环。按下机床控制面板上的“机床锁住”按钮（灯亮），机床处于锁住状态。

在自动工作方式下，在程序功能子菜单（见图7—26）下选择程序，按下“循环启动”按钮，伺服轴将不进给（有的机床还有锁住M、S、T等功能），但显示屏上的坐标轴位置信息按程序变化。通过观察机床坐标位置数据和报警显示来判断程序是否有语法、格式或数据错误。

提示：

①在自动运行过程中，按“机床锁住”按键，机床锁住无效。

②每次执行此功能后，需再次进行回参考点操作。

2）单段运行。在自动加工试切时，出于安全考虑，可选择单段执行加工程序的功能。

按下机床控制面板上的“单段”按钮（灯亮），机床处于单段运行方式。

在程序功能子菜单（见图7—26）下，选择程序，每按一次“循环启动”按钮，仅执行一个程序段的动作，可使加工程序逐段执行。

3）机床空运行循环。在自动工作方式下，在不安装工件或刀具的情况下，按下机床控制面板上的“空运行”按钮（灯亮），机床处于空运行方式。

在空运行方式下，在程序功能子菜单（见图7—26）下选择程序，按下“循环启动”按钮，程序中编制的进给速率被忽略，坐标轴以最大快移速度移动。

空运行不能用于加工零件，目的在于确认切削路径及程序。

提示：

①在实际切削时，应关闭此功能，否则可能会造成危险。

②此功能对螺纹切削无效。

(2) 零件程序的自动运行。如程序无误，取消空运行及机床锁定，机床重新回零后，可进行零件程序的自动运行。

在系统的主菜单操作界面下，按“F2”键进入程序“运行控制”子菜单，命令行与菜单条的显示如图7—35所示。

图7—35 程序运行子菜单

在运行控制子菜单下，可以对程序文件进行运行控制操作。

1）自动运行的启动、暂停、中止。

①自动运行的启动。按一下机床控制面板上的“自动”按键（指示灯亮）进入程序运行方式。

在程序功能子菜单（见图 7—26）下选择运行程序。

按一下机床控制面板上的“循环启动”按键（指示灯亮），机床开始自动运行调入的零件加工程序。

②自动运行的暂停。在程序运行的过程中，若需要暂停运行，则只需按下机床控制面板上的“进给保持”按钮（指示灯亮）即可，系统处于进给暂停状态。

在自动运行暂停状态下，按下“循环启动”按钮，系统将重新启动，从暂停前的状态继续运行。

③中止运行。在程序运行的过程中，需要中止运行，可按下述步骤操作。

- 在程序运行的任何位置，按一下机床控制面板上的“进给保持”按键（指示灯亮），系统处于进给保持状态。
- 按下机床控制面板上的“手动”键，将机床的 M、S 功能关掉。
- 此时如要退出，可按下机床控制面板上的“急停”按钮，中止程序的运行。
- 此时如要中止当前程序的运行，又不退出，可按下“程序”功能下的“F6”键（停止运行），弹出如图 7—36 所示对话框。

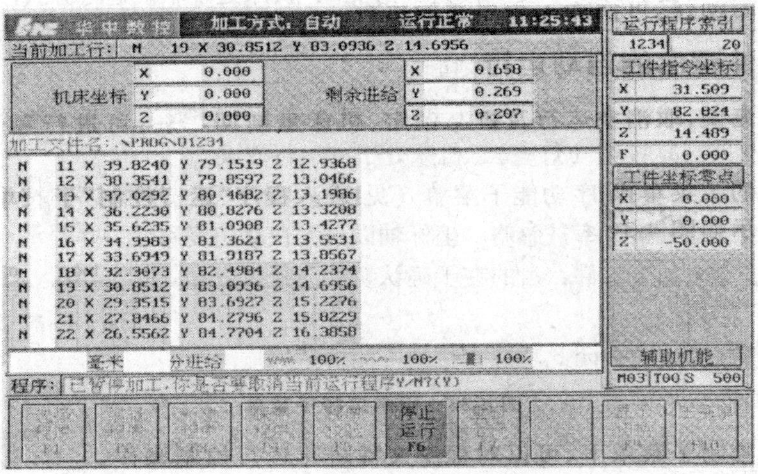

图 7—36　程序运行过程中暂停运行

按“N”键则暂停程序运行，并保留当前运行程序的模态信息（暂停运行后，可按“循环启动”键从暂停处重新启动运行）；按“Y”键则停止程序运行，并卸载当前运行程序的模态信息（停止运行后，只有选择程序后重新启动运行）。

④重新运行（F1→F7）。在当前加工程序中止自动运行后，希望程序重新开始运行时，可按下述步骤操作。

在程序菜单下，按“F7”键（重新运行），系统给出如图 7—37 所示提示。

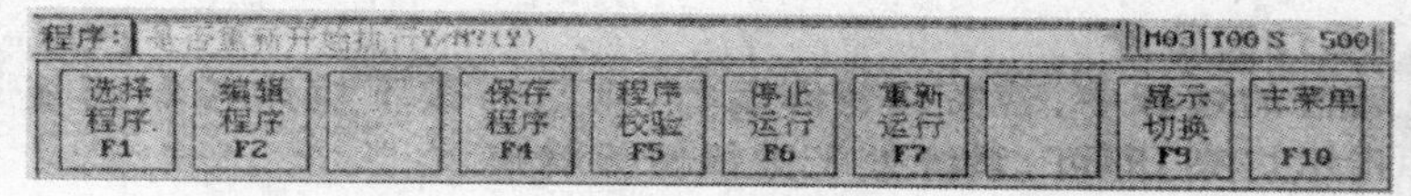

图 7—37　自动方式下重新运行程序

按“N”键则取消重新运行；按“Y”键则光标将返回到程序的第一行，再按机床控制面板上的“循环启动”按键，则从程序的首行开始重新运行当前加工程序。

2）自动运行的从任意行执行。在自动运行暂停状态下，除了能从暂停处重新启动继续运行外，还可控制程序从任意行执行。

①从红色行开始运行。从红色行开始运行的操作步骤如下：

- 在运行控制子菜单（见图 7—35）下，按机床控制面板上的“进给保持”按键（指示灯亮），数控系统处于进给保持状态。
- 用“▲”“▼”“PgUp”“PgDn”键移动蓝色亮条到要开始运行的行，此时蓝色亮条变为红色亮条。
- 按“F1”键，系统给出如图 7—38 所示对话框。
- 按“Enter”键选择“从红色行开始运行”选项，此时选中运行的行由红色亮条变为蓝色亮条。
- 按机床控制面板上的“循环启动”按键，程序从蓝色亮条（即红色行）处开始运行。

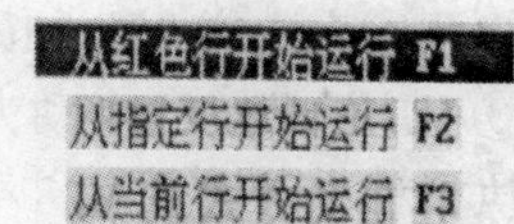

图 7—38　在暂停运行时从任意行运行

②从指定行开始运行。从指定行开始运行的操作步骤如下：

- 按机床控制面板上的“进给保持”按键（指示灯亮），数控系统处于进给保持状态。
- 在运行控制子菜单（见图 7—35）下，按“F1”键，系统给出如图 7—38 所示对话框。
- 用“▲”“▼”键选择“从指定行开始运行”选项，数控系统给出如图 7—39 所示提示。

图 7—39　从指定行开始运行

- 输入开始运行的行号，按“Enter”键。
- 按机床控制面板上的“循环启动”按键，程序从指定行开始运行。

③从当前行开始运行。从当前行开始运行的操作步骤如下：

- 按机床控制面板上的“进给保持”按键（指示灯亮），数控系统处于进给保持状态。
- 在运行控制子菜单（见图 7—35）下，按“F1”键，数控系统给出如图 7—38 所示对话框。

- 用“▲”“▼”键选择“从当前行开始运行”选项，按“Enter”键。
- 按机床控制面板上的“循环启动”按键，程序从蓝色亮条处开始运行。

3）运行时干预。

①进给快移速度修调。在自动方式或 MDI 方式下，当 F 代码编程的进给速度（快移速度）偏高或偏低时，可用进给修调（快速修调）右侧的“100%”和“+”、“-”按键，修调程序中编制的进给速度。

按压“100%”按键（指示灯亮），进给修调（快速修调）倍率被置为 100%；按一下“+”按键，进给修调（快速修调）倍率递增 2%；按一下“-”按键，进给修调倍率递减 2%。

②主轴速度修调。在自动方式或 MDI 方式下，当 S 代码编程的主轴速度偏高或偏低时，可用主轴修调右侧的“100%”和“+”、“-”按键，修调程序中编制的主轴速度。

按压“100%”按键（指示灯亮），主轴修调倍率被置为 100%；按一下“+”按键，主轴修调倍率递增 2%；按一下“-”按键，主轴修调倍率递减 2%。

③程序跳段。在自动方式下，按下“跳段”功能按钮（如果有此按钮）时，数控系统将不执行程序开头带有“/”符号的程序段，跳过此段执行下一个程序段。

4）加工断点保存与恢复。一些大零件的加工时间一般都会超过一个工作日。如果数控系统能在零件加工一段时间后，保存断点（记住此时的各种状态），关断电源，并在隔一段时间后，打开电源，能恢复断点（恢复上次中断加工时的状态），继续加工，这将为机床操作者提供极大的方便。“世纪星”数控系统便有此项功能。

①保存加工断点（F2→F5）。保存加工断点的操作步骤如下：

- 按下机床控制面板上的“进给保持”按键（指示灯亮），系统处于进给保持状态。
- 在运行控制子菜单（见图 7—35）下，按“F5”键，数控系统提示输入保存断点的文件名，如图 7—40 所示。

图 7—40　输入保存断点的文件名

- 按“Enter”键，数控系统将自动建立一个名为当前加工程序名，后缀为 BPl 的断点文件，编程人员也可将该文件名改为其他名字，此时不用输入后缀。

②恢复断点（F2→F6）。恢复加工断点的操作步骤如下：

- 如果在保存断点后，关断了数控系统电源，则上电后首先应进行回参考点操作，否则直接进入下一步骤。
- 在运行控制子菜单（见图 7—35）下，按“F6”键，数控系统给出所有的断点文件，如图 7—41 所示。
- 用“▲”　“▼”键移动蓝色亮条到要恢复的断点文件名处，如当前目录下的“O0001. BP1”。

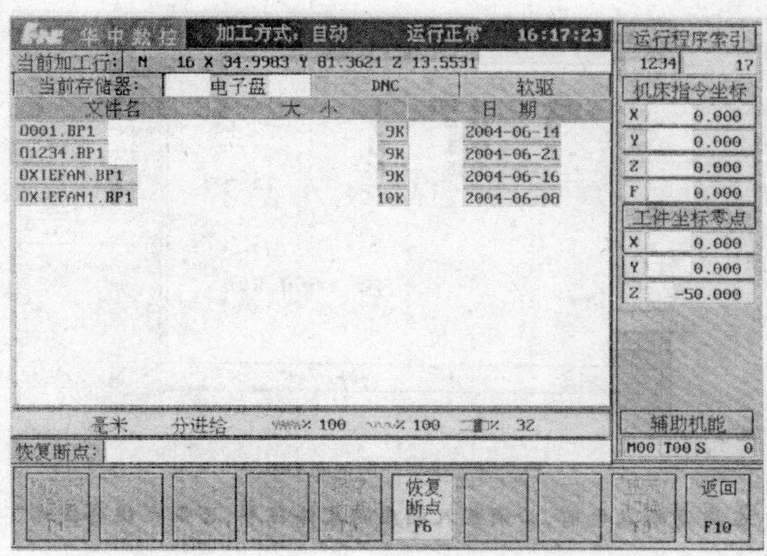

图 7—41　选择要恢复的断点文件名

• 按“Enter”键，数控系统会根据断点文件中的信息，恢复中断程序运行时的状态，并给出如图 7—42 所示提示。

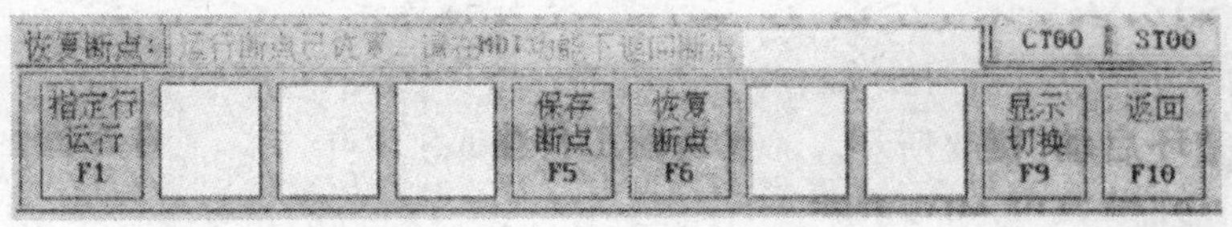

图 7—42　运行断点文件调入后的系统提示

③定位至加工断点（F3→F7）。在保存断点后，如果对某些坐标轴还进行过移动操作，那么在从断点处继续加工之前，必须先重新定位至加工断点。其具体操作如下：

• 手动移动坐标轴到断点位置附近，并确保在机床自动返回断点时不发生碰撞。

• 在 MDI 方式子菜单下按“F7”键，自动将断点数据输入 MDI 运行程序段，如图 7—43 所示。

• 按“循环启动”键启动 MDI 运行，系统将移动刀具到断点位置。

• 按“F10”键退出 MDI 方式。

定位至加工断点后，按机床控制面板上的“循环启动”键即可继续从断点处加工。

提示：在恢复断点之前，必须装入相应的零件程序，否则系统会提示“不能成功恢复断点”。

④重新对刀（F3→F8）。在保存断点后，如果工件发生过偏移需重新对刀，则需要重新对刀后继续从断点处加工，其步骤如下：

• 手动将刀具移动到加工断点处。

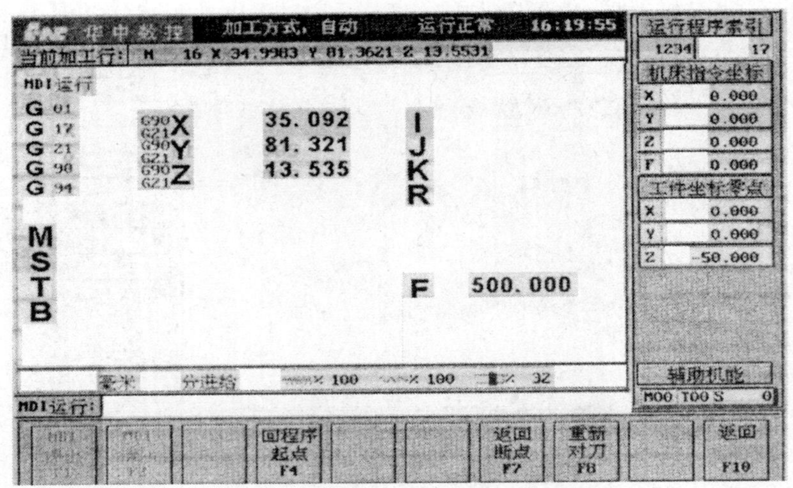

图 7—43　定位至断点系统界面

- 在 MDI 方式子菜单下按“F8”键，自动将断点处的工件坐标输入 MDI 运行程序段。
- 按“循环启动”键，系统将修改当前工件坐标系原点，完成对刀操作。
- 按“F10”键退出 MDI 方式。

在重新对刀并退出 MDI 方式后，按机床控制面板上的“循环启动”键即可继续从断点处加工。

（3）MDI 运行。在图 7—19 所示的主菜单下，按“F3”键进入 MDI 功能子菜单。命令行与菜单条的显示如图 7—44 所示。

图 7—44　MDI 功能子菜单

在 MDI 功能子菜单下，数控系统进入 MDI 运行方式，命令行的底色变成了白色，并伴有光标闪烁，如图 7—45 所示。这时可以从 MDI 键盘输入并执行一个 G 代码指令段，即“MDI 运行”。

提示：在自动运行过程中，不能进入 MDI 运行方式，但可在“进给保持”后进入。

1）输入 MDI 指令段。MDI 输入的最小单位是一个有效指令字。因此，输入一个 MDI 运行指令段有以下两种方法：

①一次输入，即一次输入多个指令字的信息。

②多次输入，即每次输入一个指令字信息。

例如要输入“G00 X100 Y1000”MDI 运行指令段，可以有以下两种方法：

- 直接输入“G00 X100 Y1000”并按“Enter”键，如图 7—45 显示窗口内关键字 G、X、Y 的值将分别变为 00、100、1000。

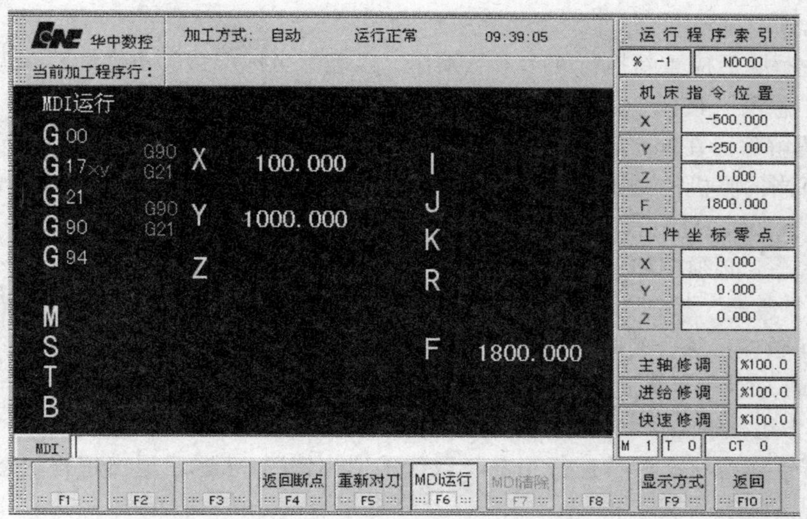

图7—45 MDI运行

• 先输入"G00"并按"Enter"键，图7—45显示窗口内将显示大字符"G00"，再输入"X100"并按"Enter"键，然后输入"Y1000"并按"Enter"键，显示窗口内将依次显示大字符"X100""Y1000"。

在输入命令时，可以在命令行看见输入的内容，在按"Enter"键之前，当发现输入错误时，可用"BS""▶""◀"键进行编辑；按"Enter"键后，若发现输入错误，则可按"F2"键将输入的数据清除；若输入了错误的代码或信息，则数控系统会提示相应的错误，此时可重新输入正确的数据。

2）运行MDI指令段。在输入完一个MDI指令段后，按一下操作面板上的"循环启动"键，数控系统将开始运行所输入的MDI指令。

如果输入的MDI指令信息不完整或存在语法错误，数控系统会提示相应的错误信息，此时不能运行MDI指令。

3）清除当前输入的所有尺寸字数据。在输入MDI数据后，按"F2"键可清除当前输入的所有尺寸字数据（其他指令字依然有效），显示窗口内X、Y、Z、I、J、K、R等字符后面的数据全部消失。此时可重新输入新的数据。

4）修改某一字段的值。在运行MDI指令段之前，如果要修改已经输入的某一指令字，可直接在命令行上输入相应的指令字符及数值来覆盖。

例如在输入"X100"并按"Enter"键后，希望X值变为109，可在命令行上输入"X109"并按"Enter"键即可。

5）停止当前正在运行的MDI指令。在数控系统正在运行MDI指令时，按"F1"键可停止MDI运行。

6. 紧急情况的处理

（1）急停。机床运行过程中，在危险或紧急情况下，应按下"急停"按钮，使CNC进入急停状态，这时，伺服进给及主轴运转立即停止工作（控制柜内的进给驱动电源被切断）；当故障排除后，可松开“急停”按钮（左旋此按钮即自动跳起），使 CNC 进入复位状态。

紧急停止解除后应重新执行回参考点操作，以确保坐标位置的正确性。在上电和关机之前建议按下“急停”按钮，以减少电网对设备的冲击。

（2）超程解除。在伺服轴行程的两端各有一个极限开关，其作用是防止伺服机构被碰撞而损坏。每当伺服机构碰到行程极限开关时，就会出现超程报警。当某轴出现超程报警（“超程解除”按键内指示灯亮）时，数控系统视其状况为紧急情况，自动进入急停状态。要退出超程状态，必须按如下方法操作：

- 松开“急停”按钮，置工作方式为“手动”或“手摇”方式。一直按压着“超程解除”按键（数控系统会暂时忽略超程的紧急情况）。
- 在手动（手摇）方式下，使该轴向相反方向移动，退出超程状态。
- 松开“超程解除”按键。

若显示屏上运行状态栏“运行正常”取代了“出错”，表示已退出超程状态，数控系统恢复正常状况。

7. 对刀和坐标系的建立（G54、G92）

（1）对刀。在粗铣加工时，可用试切法对刀。在刀具装好后，在手动方式下，移动 X、Y、Z 轴，让刀具与工件的左（或右）侧面留有一段距离（约 1 mm 以上），然后转为增量方式（主轴为旋转状态），移动 X 轴，在刀具刚好轻微接触到工件时，记下机床坐标系下的 X 值为 X_1。然后抬刀，移动 X 轴到工件的右（或左）侧，记下机床坐标值 X_2，用同样的方法记下 Y_1、Y_2。利用刀具端面与工件的上表面接触，记下 Z 值。

在精加工中，由于不能损伤工件表面，故在装夹后使用一标准 ϕ10 mm 的对刀杆对刀。先移动 Z 轴及 X、Y 轴，让对刀杆与工件的左侧留有一段间隙（略大于 1 mm），然后找 1 mm的塞尺放进去，手动调整 X 轴，直到松紧合适为止，记下此时机床坐标系下的 X 的坐标值 X_1。再移动 Z、X 轴到工件的右侧，用同样的方法记下机床坐标值 X_2。用同样的方法记下 Y_1、Y_2。换上键槽铣刀试切对刀，使刀具端面接触工件表面，记下Z 值。

在加工中心上可用一把最长的刀作标准刀，其他所有要用的刀全部装入刀库，用上述方法对刀，记下 Z 值。用标准刀的 Z 值（Z_b）减去所使用刀的 Z 值（Z_p），把差值填到刀偏表中。这样可保证每一把刀的端面在同一个 Z 面上。

（2）建立工件坐标系。

1）使用 G54 设定工件坐标系。假定工件坐标系的原点在工件的对称中心，那么，工件坐标系各轴原点在机械坐标系下的值为 $X_0=(X_1+X_2)/2$，$Y_0=(Y_1+Y_2)/2$，$Z_0=Z$。然后在华中（HNC－21/22M）系统的软件操作界面中，依次按“F5”→“F1”，输入 X_0、Y_0、Z_0到 G54 坐标系即可。假设 $X_0=0$，$Y_0=100$，$Z_0=200$，则显示结果如图 7—46 所示。

2）使用 G92 建立工件坐标系。使用 G92 可通过设置当前点（对刀点）在工件坐标系中的坐标来建立工件坐标系，对于粗铣平面用 G92 比较方便。

8. 刀具装卸

（1）刀具装入刀库。以 6 把刀具（均已装在刀柄上）为例，将它们分别装入刀库中的 1、2、3、11、12、13 号位置（即 T1、T2、T3、T11、T12、T13）。操作步骤如下：

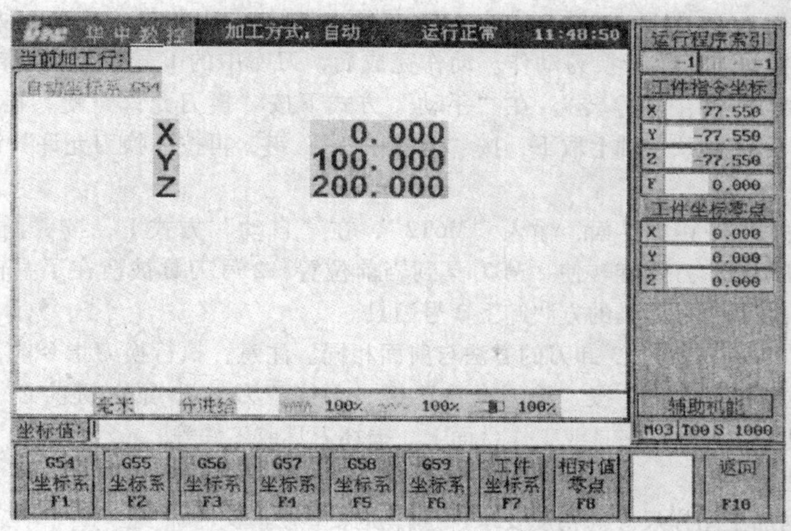

图 7—46　工件坐标系设置

1）检查刀库上的 1、2、3、11、12、13 号位置，保证没有刀具；检查刀库参数，按下主菜单中的韧具补偿丁按钮，再按“刀库表”按钮，此时显示刀库参数列表（见图 7—24），参数第一行中的“当前位置”为#0000，“刀号”应为刀库当前位置刀具号。若不正确，可按“Enter”键后输入正确的刀具号，再按“Enter”键进行修改，“组号”应为“0”。

2）机床返回参考点或开机后返回参考点。

3）按主菜单下“MDI”键，进入 MDI 界面，输入“M6T1”，在“自动”方式下按“循环启动”键，刀库执行换刀动作。动作完成后，刀库当前位置为 1 号，即主轴上的刀具号为 T1（主轴上没有刀具）。在“手动”方式下按“换刀允许”键，再按“刀具松/紧”键，将 1 号刀具装入主轴（刀柄上的键槽对准主轴上的定位键，按“刀具松/紧”键，再按“换刀允许”键，刀具固定在主轴上，完成换刀动作。

4）选择并进入 MDI 界面，输入“M6T2”，在“自动”方式下，按“循环启动”键，刀库执行换刀动作，将主轴上的 T1 刀具送到刀库当前位置 1 号，刀库旋转使 2 号刀具到当前位置；在“手动”方式下，以装入 1 号刀具的方法安装 2 号刀具，将其固定在主轴上。

5）T3、T11、T12、T13 装刀的方法与前面相同。

6）最后一把刀具（T13）装入主轴后，不需要用换刀指令将其送入刀库。因为自动执行程序中的换刀指令时，T13 被自动放入刀库中。

注意：执行换刀指令前，主轴位置应处于换刀点位置的正方向；安排刀库位置时，应考虑刀库的受力平衡，即刀具在刀库中对称放置。

（2）刀具从刀库中取出。将已装入刀库的 T1、T2、T3、T11、T12、T13 六把刀具从刀库中取出。操作步骤如下：

1）检查刀库中当前位置没有刀具，检查刀库参数（与装刀检查时方法相同）。

2）机床返回参考点或开机后返回过参考点。

3）按主菜单下“MDI”键，进入 MDI 界面，输入“M6T1”，在“自动”方式下按“循环启动”键，刀库执行换刀动作。动作完成后，刀库中的 1 号位置刀具被换在了主轴上，用手托住刀柄（主轴停转），在“手动”方式下按“换刀允许”键，再按“刀具松/紧”键，将 1 号刀具从主轴上取下，按“刀具松/紧”键，再按“换刀允许”键，完成卸刀动作。

4）选择并进入 MDI 界面，输入“M6T2”，在“自动”方式下，按“循环启动”键，刀库执行换刀动作，刀库旋转使 2 号刀具到当前位置，2 号刀具被换在了主轴上；在“手动”方式下，以卸 1 号刀具的方法卸下 2 号刀具。

5）T3、T11、T12、T13 卸刀的方法与前面相同。注意：执行换刀指令前，主轴位置应处于换刀点位置的正方向；按“换刀允许”键，再按“刀具松/紧”键前必须用手托住刀柄，以免刀具掉在工件、夹具或工作台面上，损坏刀具或工件等。

9. 加工步骤

(1) 根据加工图样尺寸与精度要求，选择机床型号。

(2) 分析零件，确定加工方案（包括：加工工序、各工序的装夹方式、加工刀具与切削参数、对刀的方法、工件坐标系的设定、工量具的选择以及测量方法)。

(3) 根据加工工序、刀具与切削参数进行列表，编写零件程序。

(4) 开机（所选机床），返回机床参考点；找正并装夹工件毛坯，对刀，设定坐标系，设置刀具长度补偿与半径补偿，把刀具放到刀库中对应的位置（与程序中的刀号对应)。

(5) 输入编写的程序，运用系统校验功能检查程序，确认无误。

(6) 自动加工零件，根据工序要求测量工件，修改刀具长度与半径补偿值，完成加工并符合图样要求。

(7) 拆卸工件与刀具（从刀库中取下)，打扫保养机床。

(8) 关机。

10. 超程解除

在伺服轴行程的两端各有一个极限开关，作用是防止伺服机构碰撞而损坏机床。每当伺服机构碰到行程极限开关时，就会出现超程。当某轴出现超程（“超程解除”按键内指示灯亮）时，系统工作方式显示“急停”，运行方式显示“出错”。退出超程状态的操作步骤如下：

(1) 一直按压着“超程解除”按键，控制器会暂时忽略超程的紧急情况。

(2) 3 ~ 4 秒钟后，系统工作方式显示原来的方式（如“自动”)，将加工方式切换为“手动”或“增量”方式，报警解除。

(3) 使该轴向相反方向退出超程状态。

(4) 松开“超程解除”按键，若显示屏上运行状态栏“运行正常”取代了“出错”，表示恢复正常，可以继续进行操作。

注意：在操作机床退出超程状态时，请务必注意移动方向及移动速率，以免发生撞机。

§7—3 对刀仪和加工中心在线检测系统的使用

一、对刀仪的使用

1. 数控机床的对刀要求及刀具尺寸测量方式

数控机床在加工零件时，由数控系统控制刀具和工件在数控坐标系内相对运动，通过刀具对工件的切削得到所需形状的零件。在加工过程中，数控系统需输入所用刀具的具体几何尺寸（例如：刀具的长度、直径），以确定控制刀具的运动轨迹。

确定刀具几何尺寸可采用实切法、机内对刀法、机外对刀法和刀具监控系统等。实切法是通过实际切削后测量加工出零件的实际尺寸经计算得到刀具尺寸参数的方法。机内对刀法是采用对刀块、光学对刀仪记录刀尖坐标值从而得到刀具尺寸参数的方法。机外对刀法是应用对刀仪测出刀具尺寸参数的方法。

为了提高数控机床的开动率，在进行数控机床工艺准备时，事先按工艺要求进行刀具准备，可在机外的一台小型测量装置上，测量出数控机床所需刀具的有关几何尺寸，这些参数随刀具装到加工机床上时提供给操作者，操作者根据这些参数直接修改数控系统中有关的程序内容和补偿参数（刀具长度及半径的补偿），然后再进行零件加工。这就是通常称为对刀仪（或刀具预调仪）的装置。如本书第三章图 3—25 所示。

按检测的方式分：常见的对刀仪有机械检测对刀仪、光屏检测对刀仪和综合对刀仪。

按检测的刀具分：对刀仪可分为数控车床车刀对刀仪和数控镗铣床、加工中心用对刀仪，也有综合两种功能的综合对刀仪。由于数控车床刀具夹持标准化水平不高，车刀对刀的精度要求相对低。所以，在对刀仪产品中，相对来说还是以加工中心用的对刀仪为主。

对刀仪的组成在本书 §3—2 已经讲述过，下面将介绍对刀仪的使用。

2. 对刀仪的使用

（1）使用方法。测量时首先用一个对刀心轴对对刀仪的 Z 轴、X 轴进行定标和定零位。而此对刀心轴又应该在所使用的数控机床主轴上测量过其误差，这样测量出来的刀具尺寸才能消除两个主轴之间的误差。然后再将被测刀柄换下对刀心轴。操纵 Z 轴和 X 轴移动测头至被测刀具刃部，测量刀长和半径。通过坐标显示读取刀具参数。

（2）影响刀具测量和实际使用之间误差的一些因素。

1）静态测量和动态加工的误差影响。刀具是在静态下测量其尺寸，而实际使用时是在回转条件下，又受到切削力和振动外力等影响，因此，加工出来的尺寸和预调尺寸不会一致，必然要有一个修正量。如果刀具质量比较稳定，加工情况比较正常，一般轴向尺寸和径向尺寸有 0.01 ~ 0.02 mm 的修调量。

2）刀具质量的影响。注意刀具的质量和动态刚度将直接影响加工尺寸。

3）测量技术影响。使用对刀仪技巧欠佳也可能造成 0.01 mm 以上误差。

4）零点漂移影响。使用电测量系统应注意，长期工作时系统可能产生零漂，要定期检查。

5）仪器精度的影响。目前普通对刀仪的精度：一般轴向（Z 向）在 0.01 ~ 0.02 mm，径向（X 向）在 0.005 mm 左右。好的对刀仪也可达 0.002 mm 左右，但好的对刀仪必须有高精度刀具系统来配合。

以上误差应根据机床和工具系统质量，由操作者凭经验修正。

二、在线检测系统的使用

在加工中心上使用在线检测系统，可方便工件安装与调整，缩短辅助时间，提高生产率；可在加工过程中进行尺寸测量，根据测量结果自动修改加工程序，改善加工精度。使机床既是加工设备，亦兼备测量机的某些功能，保证工件从单件到批量的质量稳定，节省检测和调试时间，从而提高机床使用效率。

在线检测系统有工件测量和刀具测量系统。

1. 工件测量系统

（1）功能。

1）快速找正夹具位置，减少手工调整时间。

2）精确地测量，找正工件位置，自动修正工件坐标系。

3）进行首件在机测量检查，不需脱机。

4）简化夹具设计，降低夹具费用。

5）提高生产率及批量加工尺寸的一致性。

6）缩短机床的辅助时间，提高生产率。

7）进行循环中测量，监控工件的尺寸和位置自动修正偏置量。

8）增强无人化加工的信心。

（2）触发式测头测量系统。触发式测头测量系统中的触发式测头通常具有三维测量功能，其工作原理相当于一个重复精度很高的触点开关，在测量软件的控制下，可在数控机床上进行自动测量。当测头碰触到被测量的目标时，发出触发信号，数控系统接收到此开关信号后，就中断测量运动，并采集此瞬间的坐标值，由运行的程序读出并记入相应的变量中，可与原存储的坐标值进行比较，得出该测量点的定位值的偏移量。重复上述过程，可测出第二点的偏移量并通过数据运算得到这两点间的尺寸。因此，触发式测头测量系统具有下列一些典型用途：加工前检测工件参考点（面）的安装位置，据此调整工件的坐标零点，以保证后续加工有较均匀的余量，使加工条件合理化；对加工后的工件进行在线检测，自动校正刀具和工件的坐标位置，以补偿刀具磨损和机床的误差；在机床上对新更换的刀具作对刀检查，并按实际的刀尖位置的偏差进行刀具补偿，以修正刀具安装误差；对刀具状态（如刀片破损、钻头折断等）进行检验，及时报警更换。

（3）触发式测头测量系统的类型。

1）按工作方式分类。有常开触点式和常闭触点式。

2）按触发信号传输至控制接口的办法分类。有连线传输式、电磁耦合传输式和红外辐射传输式。

3）按结构形式分类。有整体单元式和组合式（测量回路与机床结构连在一起，而非独立的单元）。

目前最常使用的是常闭触点式整体单元的测头，它的外形和结构如图 7—47 所示。常闭触点式整体单元测头（以下简称为触发式测头）的优点是触点封闭在结构内部，防护条件好，且成独立单元，不依赖于主机的结构，便于推广应用。其工作原理：当测量杆端球碰触被测物体时，触点脱开，因而容许有较大的超程，使测量过程中能避免因失误超程而出现的刚性碰撞，故安全性较高。

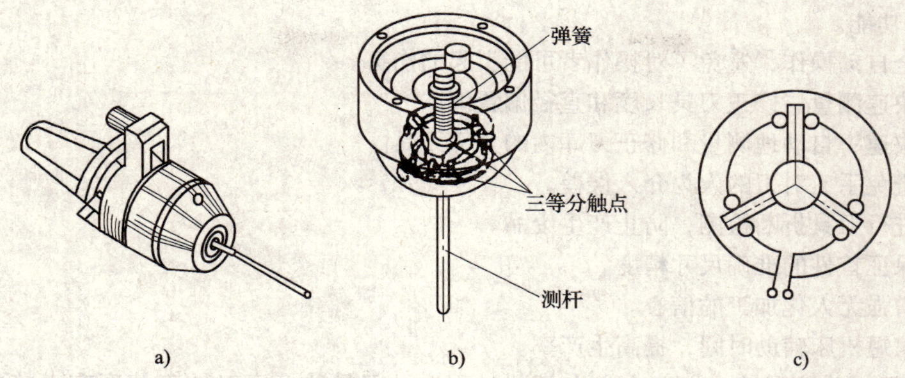

图 7—47　常闭触点式整体单元测头
a）外形图　b）结构简图　c）三组串接触点示意图

（4）组成触发式测头测量系统的五部分。

1）触发式测头。其结构见图 7—47b。测量时，测杆与被测对象接触后，当接触力克服弹簧压力时测量杆出现微量偏移，而使球面与圆柱组成的三等分触点中一个或两个触点断开，使原来经过三个触点构成的串联电路（见图 7—47c）出现断路而产生一个阶跃信号，以此表示接触到被测物体的瞬间。

2）信号传输器。根据触发时测头的安装调制可分为信号连线传输式、信号电磁耦合式和信号红外辐射传输式三类。电磁耦合式和红外辐射式均为无线传输，用于测头和刀具交换的场合，加工中心上使用的测头就需要这样的信号传输器。一般电磁耦合式的结构简单、可靠性较高。但当主轴本身有伸出和缩回运动时，电磁耦合式就无法保证规定的间隙，因而，此时使用红外辐射传输就最为灵活方便和合适。

3）控制器接口。它是测头与数控系统连接的中间环节。一方面它能使数控系统经此供给测头电压（一般为 5 V）；另一方面能将触发时产生的带有不规则振荡的信号经整形后输送给数控系统。信号经整形后呈理想的阶跃信号，以保证触发的控制信号无延时，并避免因信号振荡而引起误控。

4）坐标数据采集和处理单元。在接受经过整形的触发信号后，用此信号控制数控系统的跳跃功能、中断程序的运行，并记下当前的坐标值。然后转入下一个测量程序段运行，并重复上述过程，读取所需各点的坐标值。所采集的坐标值数据可经数控系统宏程序功能或外接的运算装置计算出误差值，由显示屏显示或打印输出。

5）补偿控制单元。根据反馈的误差信号，自动执行刀具的偏置或工件坐标的调整，以补偿测量出的误差，保证下一个工件获得正确的加工尺寸。

触发式测头测量系统在线检测的示意图如图 7—48 所示。

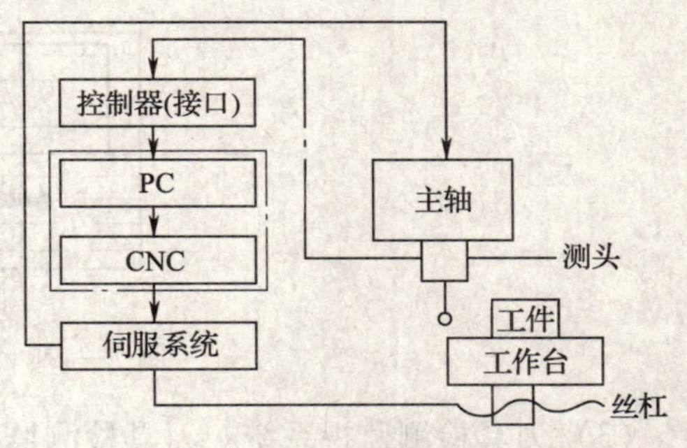

图 7—48　触发式测头测量系统在线检测示意图

2. 刀具测量系统

（1）功能。

1）全自动操作，避免了对操作者可能引起的伤害。

2）快速测量、修正刀具长度和直径偏置值。

3）快速、自动地测量和修正刀库内的全部刀具。

4）避免手工对刀的人为介入误差。

5）进行刀具折断检测，防止产生废品。

6）保证首件的准确尺寸精度。

7）增强无人化加工的信心。

8）缩短机床辅助时间，提高生产率。

（2）刀具监控系统。加工中心在切削过程中，刀具的精度对加工精度有直接的影响，尤其是刀具的失效（主要包括磨损、破损和刀刃塑变）引起加工精度下降和周期性地停机、换刀，从而影响加工效率。

数控机床加工时，刀具的具体尺寸（如刀具长度、刀具直径等）需输入数控系统，以控制刀具的运动轨迹。刀具测量系统可通过刀具实时监控系统对刀具的尺寸磨损、刀具的破损和加工状态实时监控，并与机床数控系统互联（信息、数据通信）组成实时闭环控制系统。通过刀具实时监控系统不仅能得到刀具尺寸参数，而且还能对刀具状态、加工状态实现管理，以提高加工精度和机床效率。例如，图 7—49 所示是红外线刀具长度/破损监控方式用于对刀和刀具状态监控。

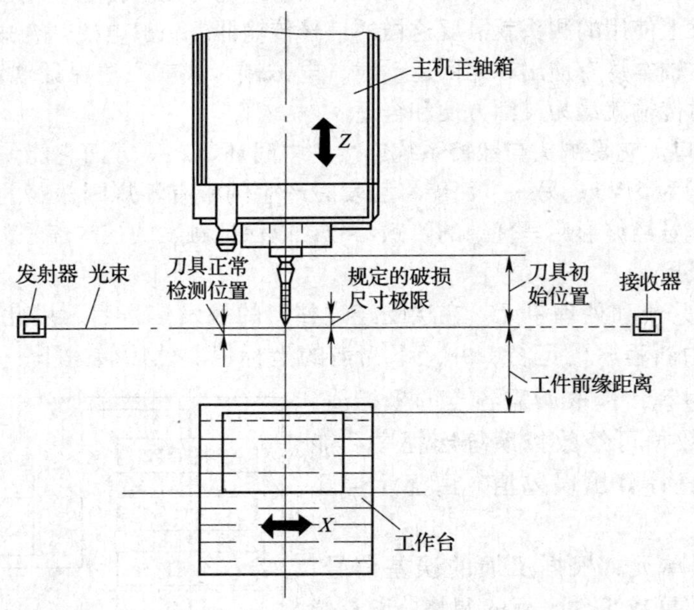

图 7—49　红外线刀具监控系统

（3）刀具检测监视系统。刀具检测监视系统由切削过程参数传感器检测单元、信号处理单元、接口电路和识别决策单元等组成。根据代表切削过程刀具工况的参数，如刀具前、后刃面的磨损与破损，切削力（扭矩），主轴和进给电动机电流与功率，切削振动，切削过程声发射和工件尺寸精度与表面粗糙度等直接和间接评价刀具工况的相应参数，以它们为检测监视系统的输入信号。在机床上安装相应的传感器（包括相应的前置放大器等），实时获得输入信号，并将它们转换成电压和电流信号。信号处理单元对上述电信号进行预处理（包括选频滤波、信号放大、检波、求均、去除趋势项及其他改善信噪比的处理项）和特征提取，形成表征刀具工况的低维特征集合，作为识别决策单元的输入集。应用计算机在线分析，建立识别决策模型和算法。识别决策单元只输入或固化实时识别决策程序来完成实时诊断。监视系统的输出是报警信号（显示报警灯或报警蜂鸣器）与交联信息。监测监视系统经交联接口（触点或串、并行接口）接受 CNC 系统的复位、工序（或刀具）变换、执行监视等指令。

3. 英国雷尼绍公司的测量系统

英国雷尼绍公司是机床自动测量系统的专业生产厂商，在测头技术及系统方面居世界领先水平。其产品有：

（1）NC3 激光对刀测头系统。适用于普通及多工位加工中心，它可以实现高速非接触对刀及刀具破损监测，特别是无人加工中心的刀具破损监测，可进行钻头的旋转对刀，端铣刀等刀具的刀长旋转对刀、镗刀直径旋转对刀，以及多齿面铣刀中的每个刀片的检测。不会损坏 CBN 刀具的易损镀层。测头可测量直径小到 0.2 mm 的刀具，测量分辨率为 1 μm。

激光光源无需预热，刀具可在发射器与接收器之间的任意位置上进行测量，测量精度一致。NC3 激光对刀测头有固定式和分离式两种，安装简便，无需维护。

（2）测量软件。雷尼绍公司不仅具有各种测头开发、应用的经验，并开发多种用于工件测头和对刀测头的测量软件。

对刀测头软件可自动计算出刀具长度或直径，并自动更新相关刀具的偏置量。工件测头软件可对工件的位置、尺寸进行测量（见图 7—50），自动设定工件坐标系及刀偏量，缩短工件安装调整时间并降低昂贵的夹具费用，提高加工精度及批量加工时精度的一致性。

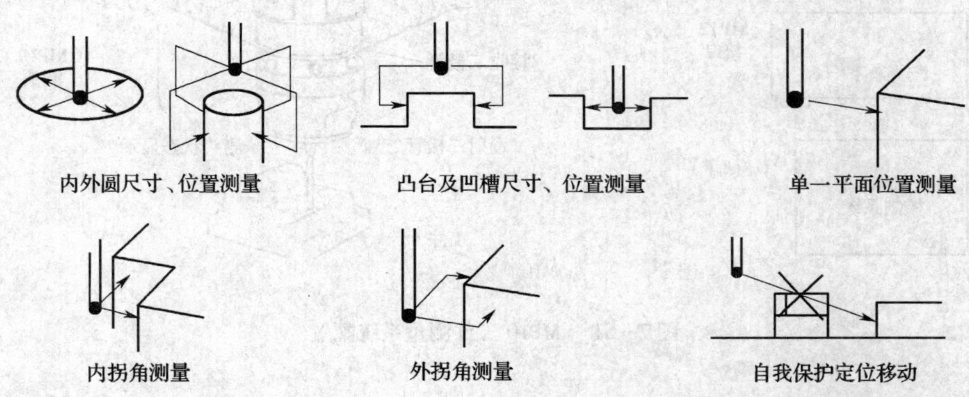

图 7—50　加工中心工件测量软件测量功能

Easyprobe 是雷尼绍公司最新设计的更易于使用的加工中心工件测量软件包。软件包由最常用的用于工件基准设定和测量的所有循环组成，包括坐标系旋转和第 4 轴工件偏置的设定。该软件包大幅度压缩了测量程序的长度，其对数控系统的内存容量要求仅为 6 K（15 m

纸带长)。Easyprobe 特别适用于单件、小批量生产。而对于大批量的生产来说，可把测量循环直接编入加工程序中。

测量软件分为四类：加工中心用工件测量软件（Inspection 和 Inspection Plus)、加工中心用刀具测量软件、数控车床用工件测量软件和数控车床用刀具测量软件。为使测头能更好地发挥功效，雷尼绍公司开发的测量软件包可适配大多数数控系统。

(3) MP10 及 MP12 测头系统。MP10 及 MP12 是雷尼绍光学式传输测头系列中的主要成员，安装方便。它既可以自动启动，也可以由机床的 M 代码启动，因此，延长了电池的使用寿命。二者的区别是 MP12 的 Z 向尺寸较小，适用于 Z 轴行程短的机床。系统包括：测头(含电池)、安装工具、MP12 接口、测量软件、OMM 接收器及安装架、ϕ6 mm × 50 mm 探针(见图 7—51)。

MP700 测头为应变片结构，具有很高的重复精度和各向同性，使用更长的探针（最长 200 mm)，适合多方位测量。

MP10E 和 MP700E 测头是用于五轴及大型机床的新产品。采用大功率红外信号传输系统，增加了信号的覆盖空间，信号的最大传输距离为 12 m。

(4) JCP 寻边器。JCP1、JC30C 寻边器用在加工中心上主要是手动找正夹具、工件及进行简单的测量，如测量高度、深度、内外轮廓、孔径等。当探针碰到工件时，JCP1 上的 LED 给操作者以发光指示，而 JC30C 可输出触发信号到数控装置上，便于操作者读出此点数值。

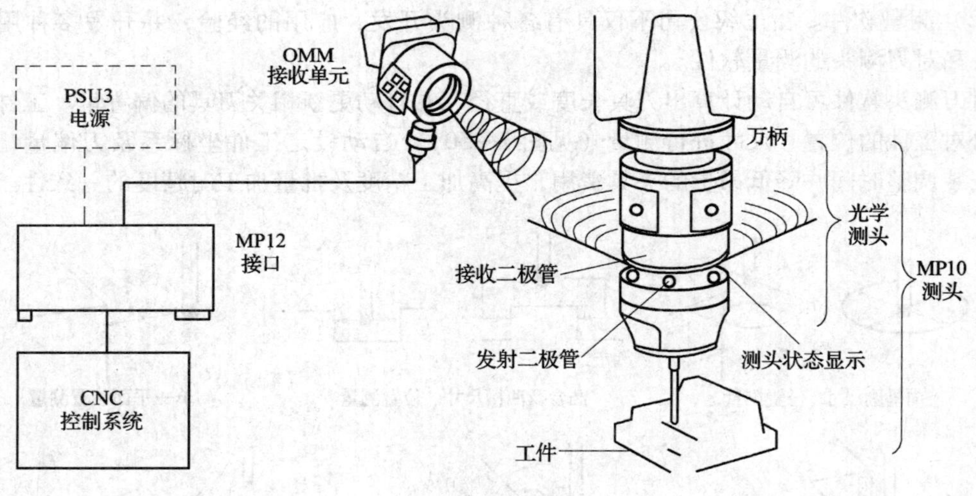

图 7—51　MP10 工件测量系统配置

§7—4　加工中心的操作规程

为了正确合理的使用加工中心，保证加工中心正常运转，必须制定比较完整的加工中心操作规程。

一、工件加工前的注意事项

（1）机床通电后，检查各开关、按钮是否正常、灵活，机床有无异常现象。

（2）检查电压、油压、气压是否正常，有手动润滑的部位先要进行手动润滑。

（3）各坐标轴手动回参考点（机床原点）。若某轴在回参考点位置前已处在零点位置，必须先将该轴移动到距离原点 100 mm 以外的位置，再进行手动回参考点。

（4）在进行工作台回转交换时，台面上、护罩上、导轨上不得有异物。

（5）NC 程序输入完毕后，应认真校对，确保无误。其中包括代码、指令、地址、数值、正负号、小数点及语法的查对。

（6）按工艺规程安装找正好夹具。

（7）正确测量和计算工件坐标系，并对所得结果进行验证和验算。

（8）将工件坐标系输入到偏置页面，并对坐标、坐标值、正负号及小数点进行认真核对。

（9）刀具补偿值（长度、半径）输入偏置页面后，要对刀具补偿号、补偿值、正负号、小数点进行认真核对。

二、工件加工过程中的注意事项

（1）无论是首次加工的零件，还是周期性重复加工的零件，首先都必须按照图样工艺、程序和刀具调整卡，进行逐把刀逐段程序的试切。

（2）单段试切时，快速倍率开关必须置于较低挡。

（3）每把刀首次使用时，必须先验证它的实际长度与所给补偿值是否相符。

（4）在程序运行中，要重点观察数控系统上的几种显示。

坐标显示：可了解目前刀具运动点在机床坐标系及工作坐标系中的位置，了解这一程序段的运动量，还剩余多少运动量等。

寄存器和缓冲寄存器显示：可看出正在执行程序段各状态指令和下一程序段的内容。

主程序和子程序：可了解正在执行程序段的具体内容。

（5）试切进刀时，在刀具运行至工件表面 30 ~ 50 mm 处，必须在进给保持下，验证坐标轴剩余坐标值和 X、Y 轴坐标值与图样是否一致。

（6）对一些有试刀要求的刀具，采用“渐进”的方法。例如：镗孔，可先试镗一小段长度，检测合格后，再镗到整个长度。使用刀具半径补偿功能的刀具数据，可由小到大，边试切边修改。

（7）试切和加工中，更换刀具、辅具后，一定要重新测量刀具长度并修改好刀具补偿值和刀具补偿号。

（8）程序检索时应注意光标所指位置是否合理、准确，并观察刀具与机床运动方向坐标是否正确。

（9）程序修改后，对修改部分一定要仔细计算和认真核对。

（10）手摇进给和手动连续进给操作时，必须检查各种开关所选择的位置是否正确，弄清正负方向，认准按键，然后再进行操作。

三、工件加工完毕后的注意事项

（1）全批工件加工完毕后，应核对刀具号、刀具补偿值，使程序、偏置页面、调整卡及工序卡中的刀具号、刀具补偿值完全一致。

（2）从刀库中卸下刀具，按调整卡或程序，清理编号入库。磁盘与工艺、刀具调整卡成套入库。

（3）卸下夹具，某些夹具应记录安装位置及方位，并做出记录，存档。

（4）关机前必须把加工中心打扫清理干净，并将各坐标轴停在中间位置。

习 题 七

一、何谓加工中心的参考点？返回参考点的方式有哪两种？简要说明两者特点。

二、简述 G04 指令在加工中心中的应用场合。

三、加工中心通电后，通常要进行哪些检查？

第八章

加工中心的维护与常见故障的处理

考核要点

· 加工中心的维护保养方法
· 加工中心的常见故障及其处理方法

§8—1 加工中心的维护保养

加工中心是机电一体化的技术密集设备，要使机床长期可靠地运行，很大程度上取决于对其的使用与日常维护。正确地使用可避免突发故障，延长无故障时间。精心维护可使其处于良好的技术状态，延缓劣化。因此，加工中心不仅要严格地执行操作规程，而且必须重视加工中心的维护工作。

一、加工中心定期维护保养项目

加工中心的维护保养要有科学的管理，有计划、有目的地制定相应的规章制度，对此应该严格遵守。对维护过程中发现的故障隐患应及时加以清除，避免停机待修，从而延长平均无故障时间，增加机床的开动率。表8—1为加工中心定期维护保养的项目表。

表8—1　　加工中心定期维护保养项目表

维护保养周期	检查及维护保养内容
日常维护保养	1. 清除围绕在工作台、底座、十字滑台等周围的切屑灰尘以及其他的外来物质 2. 清除机床表面上下的润滑油、切削液与切屑 3. 清除无护盖保护的导轨上的所有外来物质 4. 清理导轨护盖 5. 清理外露的极限开关及其周围 6. 小心地清理电气组件 7. 检查中央润滑油箱的油量液面，应时常维持油量在适当的液位 8. 检查并确认空气过滤器的杯中积水已被完全排除干净 9. 检查所需的压力值是否达到正确值 10. 检查管路有无漏油，如果发现漏油，应采取必要的对策 11. 检查切削液、切削液管，切削液箱中是否有外来物质。如果有将其清除 12. 检查切削液容量，如有需要则添加补充 13. 检查操作面板上的指示灯是否正常或是闪烁不定

续表

维护保养周期	检查及维护保养内容
每周维护保养	1. 完成日常保养 2. 检查主轴前端，刀塔与其他附件是否出现锯齿状裂纹或其他的损伤 3. 清理主轴的四周围 4. 检查液压系统的油液位，如有需要添加补充所指定的液压油
每月维护保养	1. 完成每周保养 2. 清理电气箱内部与NC设备，如果空气过滤器已脏则更换，不要使用溶剂清洗过滤网 3. 检查机床水平，检查其地脚螺栓与固锁螺帽的松紧度并调节 4. 清理导轨的刮油片，如果有耗损或破裂情形则更换 5. 检查变频器与极限开关是否功能正常 6. 清理主轴头润滑单元的油路过滤器 7. 检查配线是否牢固，有无松脱或中断的情形 8. 检查互锁装置的功能是否正常 9. 更换切削液，清洗切削液箱及管路内部，重新加入新的切削液
半年维护保养	1. 完成每周与每月的保养 2. 清理NC设备中电气控制单元与机床 3. 更换液压油以及主轴头与工作台的润滑剂，在供应新的液压油或是润滑剂之前，先清理箱体内部 4. 清理所有的电动机 5. 检查电动机的轴承有无噪声，如果有异音，将其更换 6. 目视检查电气装置与操作面板 7. 检查每一个指示器与电压计，看是否正常。如有需要，将其调整或是更换 8. 冲洗润滑泵，按照制造者的指示，清洗主轴头润滑过滤器 9. 使用一个测试用卷尺，检查机床的移动 10. 测量每一个驱动轴的间隙，如有必要调整其间隙

二、维护保养时应注意的事项

（1）事先妥善规划维护保养与检查计划。

（2）执行维护保养与检查工作之前，应先按下紧急停止开关或关闭主电源。

（3）为了使加工中心维持最高效率的运转，以及随时得以安全的操作，维护保养与检查工作必须持续不断地进行。

（4）如果保养计划与生产计划抵触，也应安排执行。

（5）不要以压缩空气清理加工中心，这样会导致油污、切屑、灰尘或砂粒从细缝侵入精密轴承或堆积在导轨上面。

（6）在电气箱内工作或是在加工中心内部维修时，应将电源关闭并加以闭锁。

（7）尽量少开电气控制柜门。加工车间飘浮的灰尘、油雾和金属粉末落在电气柜上容易造成元器件间绝缘电阻下降，从而出现故障。因此，除了定期维护和维修外，平时应尽量少开电气控制柜门。

三、其他维护保养内容

1．加工中心电气柜的散热通风

通常安装于电柜门上的热交换器或轴流风扇，能对电控柜的内外进行空气循环，促使电控柜内的发热装置或元器件，如驱动装置等进行散热。应定期检查控制柜上的热交换器或轴流风扇的工作状况，风道是否堵塞，否则会引起柜内温度过高而使系统不能可靠运行，甚至引起过热报警。

2．支持电池的定期更换

数控系统存储参数用的存储器采用 CMOS 器件，其存储的内容在数控系统断电期间靠支持电池供电保持。在一般情况下，即使电池尚未消耗完，也应每年更换一次，以确保系统能正常工作。电池的更换应在 CNC 系统通电状态下进行。

3．备用印制电路板的定期通电

对于已经购置的备用印制电路板，应定期装到 CNC 系统上通电运行。实践证明，印制电路板长期不用易出故障。

4．数控系统长期不用时的保养

数控系统处于长期闲置的情况下，要经常给系统通电，在加工中心锁住不动的情况下，让系统空运行。系统通电可利用电器元件本身的发热来驱散电气柜内的潮气，保证电器元件性能的稳定可靠。实践证明，在空气湿度较大的地区，经常通电是降低故障的一个有效措施。

§8—2　加工中心的常见故障及其处理方法

一般地说，加工中心故障可以分为：机械故障、数控系统故障和伺服系统故障三种。

一、机械故障的排除

近年来的数控机床，由于可靠性逐渐提高，由错误动作引起的机械冲撞逐渐减少，随着连接装置的发展，机械损伤也被抑制到最小限度。机械故障多数原因是由于操作者的错误动作和程序错误而发生的。机械故障又分为：

1．机械本体故障

（1）主轴部件。主轴箱出现的故障有自动拉紧刀柄装置、自动调速装置、主轴快速运动的精度保持性等。

1）主轴运转发出异常的声音。若主轴运转发出异常的声音越来越大造成机床运转停止，可以判断主轴轴承破损。一般来说，当机床购进几年后，会发生主轴轴承损伤的现象，特别是在铸铁件、铸钢件的重切削加工条件下。

2）主轴箱运转过程中有噪声。此时应：①改善润滑条件，使其润滑油量充足。②调整轴承后盖，使其压紧轴承端面，拧紧锁紧螺母。

3）主轴箱不能移动。此时应：①检查机床坐标轴上的联轴节，拧紧联轴节上的螺钉。②卸下压板，观察压板是否研伤，调整压板与导轨间隙，保证间隙为 0.02～0.03 mm。③检查主轴箱镶条，松开镶条止退螺钉，用旋具顺时针旋转镶条螺钉，使坐标轴能灵活移动，在塞尺不能塞入后锁紧止退螺钉。④观察主轴箱导轨面是否研伤，用细砂布修磨导轨面的伤痕。

（2）进给系统故障。进给传动链普遍采用滚珠丝杠，故障大部分是由于运动质量下降、定位精度下降、反向间隙过大、机械爬行、轴承噪声大等原因造成的。其具体表现在下列方面：

1）工作台 X、Y 向不能移动。检查机床各坐标上的电动机与丝杠联轴节上的螺钉是否松动，调整工作台移动导轨的间隙，使各坐标轴能灵活移动。用砂布擦掉导轨面上的伤痕，充分供给润滑油的油量。调整滚珠丝杠的间隙，调整滚动螺母的预紧力，调整补偿精度。

2）滚珠丝杠润滑状况不良。检查 X、Y 轴滑座，取下罩壳，涂上润滑脂。

3）X、Y 坐标轴抖动现象。对 X 轴进行单轴运转试验，若无抖动现象，就排除了 X 轴机械传动链和伺服电动机的影响。若数控系统控制很均匀，就排除了控制系统的原因。X 轴的伺服电动机若装在 Y 轴的床鞍上，X 轴的控制电缆在 Y 轴运动时被来回拖动，当 X 轴单轴往复运动时，用于拖动 X 轴电动机的控制电缆出现了抖动现象，证明 X 轴控制电缆接触不良。

（3）刀库及换刀机械手的故障。加工中心的刀库及换刀机械手结构复杂，且在工作中又频繁运动，所以故障率较高，目前加工中心 50% 以上故障都与它们有关。刀库及换刀机械手的常见故障及排除方法见表 8—2。

表 8—2　　刀库及换刀机械手的常见故障及排除方法

序号	故障现象	故障原因	排除方法
1	刀库不能旋转	联接电动机轴与蜗杆轴的联轴器松动	紧固联轴器上的螺钉
		刀具重量超重	刀具重量不得超过规定值
2	刀套不能夹紧刀具	刀套上的调整螺钉松动或弹簧太松，造成卡紧力不足	顺时针旋转刀套两端的调节螺母，压紧弹簧，顶紧卡紧销
		刀具超重	刀具质量不得超过规定值
3	刀套上不到位	装置调整不当或加工误差过大而造成拨叉位置不正确	调整好装置，提高加工精度
		限位开关安装不正确或调整不当造成反馈信号错误	重新调整安装限位开关
4	刀具不能夹紧	空气泵气压不足	使空气泵气压在额定范围内
		增压漏气	关紧增压
		刀具卡紧液压缸漏油	更换密封装置，卡紧液压缸不漏
		刀具松卡弹簧上的螺母松动	旋紧螺母
5	刀具夹紧后不能松开	松锁刀的弹簧压力过紧	调节锁刀弹簧上的螺钉，使其最大载荷不超过额定值
6	刀具从机械手中脱落	机械手卡紧销损坏或没有弹出来	更换卡紧销或弹簧
		换刀时主轴箱没有回到换刀点或换刀点发生漂移	重新操作主轴箱运动，使其回到换刀点位置，并重新设定换刀点
		机械手抓刀时没有到位，就开始拔刀	调整机械手手臂，使手臂爪抓紧刀柄后再拔刀
		刀具超重	刀具质量不得超过规定值

续表

序号	故障现象	故障原因	排除方法
7	刀具夹紧后不能松开	松锁的弹簧压合过紧	调松夹刀弹簧上的螺钉，使其最大载荷不得超过规定值
8	机械手换刀速度过快或过慢	气压太高或节流闪阀开口过大	保证气泵的压力和流量，旋转节流阀到换刀速度合适
9	换刀时换不到刀	刀位编码用组合行程开关、接近开关等元件损坏、接触不好或灵敏度降低	更换损坏元件

2. 零件加工精度不好

随着数控机床的发展，对机床的控制功能和加工精度的要求越来越高。为了保证工件的加工精度，可测出刀具的基准点和由于刀具磨损产生的误差，并根据测得的误差进行补偿。

在操作者操作过程中，人为因素也会产生错误。如补偿输入错误和刀具选择和识别错误。

为了保持机床的定位精度，操作者需随时注意机床的精度变化和补偿值的正负号，补偿值的位数和数值的大小。这些符号的错误，就是发生故障的原因。因此，需要经常对补偿值进行检查，避免事故发生。

3. 程序错误引起的故障

若机床控制程序出现错误，会引起加工不良或发生冲撞。机床数控系统应有避免产生程序错误的功能，使机械故障防患于未然。

首先程序组成的语言有错误时要发出报警。发生程序错误时，可对工件形状和刀具轨迹进行检验。工件形状检验可通过显示画面来确认，而刀具运动轨迹是用刀尖的动态运动轨迹表示。还要对切削量、走刀速度、进给量等进行校验。

通过刀具形状的显示，可确认刀具选定的错误。

二、数控系统故障排除的方法

由于数控系统是高技术密集型产品，要想迅速而正确地查明原因并确定其故障的部位，不借助于诊断技术将是很困难的，有时甚至是不可能的。随着微处理器的不断发展，诊断技术也由简单的诊断朝着多功能的高能诊断或智能化方向发展。诊断能力的强弱也是评价当今CNC 数控系统性能的一项重要指标。目前所使用的各种 CNC 系统的诊断方法归纳起来大致可分为三大类：

1. 启动诊断

所谓启动诊断是指 CNC 系统每次从通电开始进入正常的运行准备状态为止，系统内部诊断程序启动执行的诊断。诊断的内容为系统中最关键的硬件和系统控制软件，如 CPU、存储器、I/O 单元等模块以及 CRT/MDI 单元等装置或外部设备。有的 CNC 系统启动诊断程序还能对配置进行检查，用以确定所有指定的设备模块是否都正常工作。只有当全部项目都确认正确无误后，整个系统才能进入正常运行的准备状态。

2. 在线诊断

在线诊断是指通过 CNC 系统的内装程序，在系统处于正常运行状态时对 CNC 系统本身及与 CNC 装置相连的各个伺服单元、伺服电动机、主轴伺服单元和主轴电动机以及外部设备等进行自动诊断、检查。只要系统不停电，在线诊断就不会停。

在线诊断的内容很丰富。一般来说，包括自诊断功能的状态显示和故障信息显示两部分。其中自诊断功能状态显示有上千条，常以二进制的 0、1 来显示其状态，借助状态显示可以判断出故障发生的部位。这些信息大都以报警号和适当的注释形式出现，一般可分为下述几大类：过热报警类、系统报警类、存储器报警类、编程/设定类（这类故障均为操作、编程错误引起的软故障）和伺服类（与伺服单元和伺服电动机有关的故障报警、行程开关报警类、印制线路板间的连接故障类）。

3. 停机检查

这主要是指 CNC 系统制造厂家或专业维修中心，利用专用的软件和测试装置在 CNC 系统出现故障后，进行停机检查。

随着电信技术的发展，一种新的通信诊断技术——海外诊断技术也正在进入应用，它是利用电话通信线，把带故障的 CNC 系统和专业维修中心的专用通信诊断计算机通过连接进行测试诊断。

我国现有的数控机床上所用的 CNC 系统，品种极其繁多，数控系统维修比较困难，这里只介绍故障检查的一些常用基本方法。

当数控系统出现报警，发生故障时，维修人员不要急于动手处理，而应多进行观察和试验，主要有两条：①充分调查故障现场，这是维修人员取得第一手材料的重要手段。一方面要向操作者调查，详细询问出现故障的全过程，查看故障记录单，了解发生过什么现象，曾采用过什么措施等；另一方面，对现场要做细致的勘察，从系统的外观到系统内部各印制线路板都应细心查看是否有异常之处。在确认系统通电无危险的情况下，方可通电，观察系统有何异常，察看 CRT 显示的内容等。②认真分析产生故障的原因。由于数控系统发生故障的原因各异，当前的 CNC 系统还不能自动诊断出发生故障的确切原因和部位，往往是同一报警号可以有多种起因，不可能将故障缩小到具体的某一部件。因此在分析故障的起因时，一定要开阔思路。

检查故障的常用方法有：

（1）直观法。这是一种最基本的方法。维修人员通过对故障发生时的声、光、味等异常现象的观察以及认真查看系统的每一处，往往可将故障范围缩小到一个模块或一块印制线路板。这要求维修人员具有丰富的实际经验，要有多学科的较宽的知识和综合判断的能力。

（2）诊断功能法。现代的数控系统虽然尚未达到智能化很高的程度，但已经具备了较强的自诊断功能，能随时监视数控系统的硬件和软件的工作状况。一旦发现异常，立即在 CRT 上显示报警信息指出故障的大致起因。利用自诊断功能，也能显示出系统与主机之间接口信号的状态，从而判断出故障发生在机械部分或是数控系统部分，并指出故障的大致部位。这个方法是当前维修时最为有效的一种方法。

（3）参数检查法。数控参数直接影响数控机床性能。参数通常保存在磁泡存储器或保存在需有电池保持的 CMOS RAM 中，一旦电池不足或由于外界的干扰因素使个别参数丢失或变化而发生混乱，使机床无法正常工作。此时通过核对、修正参数，就能将故障排除。当机床长期闲置一段时间以后再工作时，如无缘无故地出现不正常现象或有故障而无报警，就应根据故障特征检查和校对有关参数。

（4）功能程序测试法。所谓功能程序测试法就是将数控系统的常用功能和特殊功能，如直线定位、圆弧插补、螺纹切削、固定循环、用户宏程序等用手工编程或自动编程方法，编制成一个功能测试程序，存储在相应的介质上，需要时送入数控系统中，启动数控系统使之运行，以检查机床执行这些功能的准确性和可靠性，进而判断出故障发生的可能起因。

另外，经过长期运行的数控机床，由于其机械传动部件出现磨损、电气元器件性能变化等原因，也需对有关参数进行调整。如坐标轴精度定点补偿、丝杠间隙补偿、有关电气时间常数设定等，有些机床的故障往往就是因为未及时修改某些不适应的参数所致。当然这些故障都是属于软故障的范围。

（5）测量比较法。CNC 系统生产厂在设计印制线路板时，为了调整、维修的方便，在印制线路板上设计了许多检测用端子。用户可利用这些端子比较测量正常的印制线路板和有故障的印制线路板之间的差异，可以检测这些测量端子的电压或波形，分析故障的起因及故障所在的位置。

（6）转移法。所谓转移法就是将 CNC 系统中具有相同功能的两块印制线路板、模板、集成电路芯片或元器件相互交换，观察故障现象是否随之转移，以此可迅速确定故障的部位。

（7）原理分析法。根据 CNC 系统组成的原理，可以从逻辑上分析各点的逻辑电平和特征参数（如电压值与波形），然后用万用表、逻辑笔、示波器或逻辑分析仪进行测量、分析和比较，从而对故障定位。采用这种方法，要求维修人员必须对整个系统或每个电路的原理有清楚的、深入的全面了解。

（8）敲击法。当 CNC 系统出现的故障表现为时有时无时，往往可以用敲击法检查出现故障的部位所在。这是由于 CNC 系统是由多块印制电路板组成，每块板上又有许多焊点，板间或模块间又通过接插件及电缆相连，因此任何虚焊或接触不良都可能引起故障。当用绝缘物轻轻敲打有虚焊或接触不良的疑点处，故障会肯定重复再现。此时再根据故障可能存在的部位进行进一步仔细检查，重新焊接，就有可能修复。

（9）局部升温法。CNC 系统经过长期运行后元器件均会逐步出现老化，性能变坏。当它们尚未完全损坏时，出现的故障会变得时有时无。这时，可用热吹风机或电烙铁等来局部升温被怀疑的元器件，加速其老化，以彻底暴露故障部件。

三、伺服系统常见故障的处理

1. 进给伺服系统常见故障处理

进给伺服系统的故障报警现象有三种：一是利用软件诊断程序在 CRT 上显示报警信息；二是利用伺服系统上的硬件（如发光二极管、熔断器等）显示报警；三是没有任何报警指示。

（1）软件报警形式。现代数控系统都具有对进给系统进行监视、报警的能力。在 CRT 上显示进给驱动的报警信号大致可分为三类：

1）伺服进给系统出错报警：这类报警的起因，大多是速度控制单元方面的故障引起的，或是主控制印制线路板内与位置控制或伺服信号有关部分的故障。

2）检测出错报警：它是指检测元件（测速发电机、旋转变压器或脉冲编码器）或检测信号方面引起的故障。

3）过热报警。

（2）硬件报警形式。硬件报警包括速度单元上的报警指示灯和熔丝熔断以及各种保护用的开关跳开等报警。报警指示灯的含义随速度控制单元设计上的差异也有所不同。一般有下述几种：

1）电流报警：此时多为速度控制单元上的功率驱动模块损坏。检查方法是在切断电源的情况下，用万用表测量模块集电极和发射极之间的阻值，与正常值相比较，以确认该模块是否损坏。

2）高电压报警：原因是由于输入的交流电源电压超过了额定值的10%，或是电动机绝缘能力下降，或是速度控制单元的印制线路板接触不良。

3）电压过低报警：由于输入电压低于额定值的85%或是电源连接不良引起的。

4）保护开关动作：此时应首先分清是何种保护开关动作，然后再采取相应的措施解决。如伺服单元上热继电器动作，应先检查热继电器的设定是否有误，然后再检查机床工作时的切削条件是否太苛刻或机床摩擦力矩是否太大。

5）速度反馈断线报警：多是由伺服电动机的速度或位置反馈线不良或连接器接触不良引起的。

6）过载报警：造成过载报警的原因有机械负载不正常，或是速度控制单元上电动机电流的上限值设定得太低。

（3）无报警显示的故障。这类故障多以机床处于不正常运动状态的形式出现，故障的根源却在进给驱动系统。

1）机床振动：此时应首先确认振动周期与进给速度是否成比例变化。如果成比例变化，则产生振动的原因是机床、电动机、检测器不良，或是系统插补精度差，检测增益太高；如果不成比例，且大致固定时，则大都是因为与位置控制有关的系统参数设定错误，速度控制单元上短路棒设定错误或增益电位器调整不好，以及速度控制单元的印制线路不好。

2）机床失控：由于伺服电动机内检测元件的反馈信号接反或元件故障本身造成的。

3）机床在快速移动时振动或冲击：原因是伺服电动机内的测速发电机电刷接触不良。

4）机床过冲：数控系统的参数（快速移动时间常数）设定的太小或速度控制单元上的速度环增益设定太低都会引起机床过冲。另外，如果电动机和进给丝杠间的刚度太差，如间隙太大或传动带的张力调整不好也会造成此故障。

2. 主轴伺服系统常见故障处理

交流主轴伺服系统的常见故障与处理方法是：

（1）主轴电动机不转或达不到正常转速：可能原因有速度指令不正常，主轴电动机不能运动等。

（2）电动机过热：原因可能有负载过大、电动机冷却系统太脏、电动机的冷却风扇损坏和电动机与控制单元之间连接不良。

（3）主轴电动机有异常噪声和振动：这类故障若在减速过程中产生，则故障发生在再生回路。此时应检查回路处的熔丝是否熔断及晶体管是否损坏。若在恒速下产生，则应先检查反馈电压是否正常，然后突然切断指令，观察电动机停转过程中是否有噪声。若有噪声，则故障出现在机械部分，否则，多在印制线路板上。若反馈电压不正常，则需检查振动周期是否与速度有关。若有关，应检查主轴与主轴电动机尾部的脉冲发生器是否不良；若无关，则可能是印制线路板调整不好或不良，或是机械故障。

（4）电动机速度超过额定值：可能原因是设定错误、所用软件不对或印制线路板故障。

习　题　八

一、简述滚珠丝杠螺母副的维护内容。

二、在使用加工中心时，应该如何对液压系统进行维护？

三、加工中心故障可以分为哪几种？数控系统故障排除的方法有哪几种？

第九章 加工中心中级技能考核实例

考核要点

·根据零件图纸编制正确的程序，并使用加工中心加工出符合要求的零件，要求达到加工中心中级操作工的水平。

§9—1 考核实例一

例9—1 零件如图9—1所示，毛坯为90×90×30（mm）方料，材料为45钢，在加工中心上编程并加工零件。

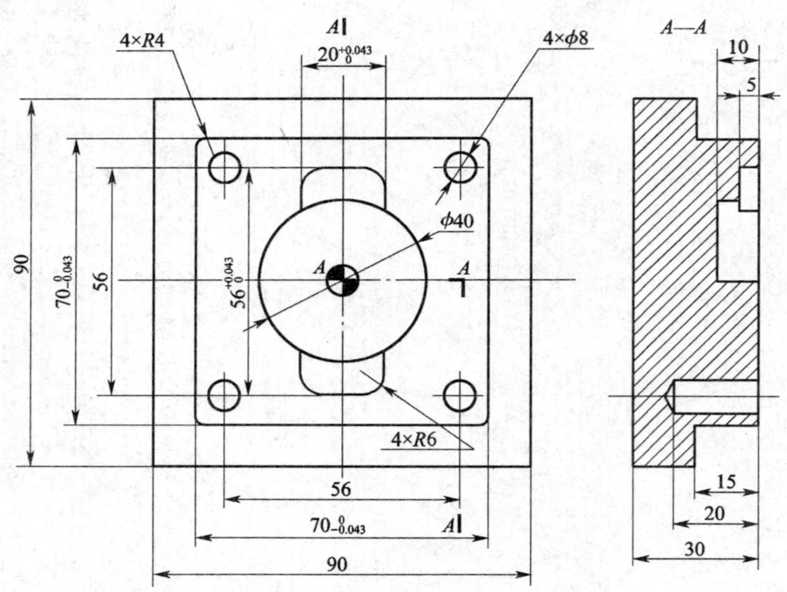

图9—1 考核实例一零件图

1．工艺分析

先加工凸台，再加工槽，最后加工孔。工件原点设在零件上表面与其轴线的交点处。

2．加工步骤

（1）铣凸台。T1，ϕ8 mm 平底刀。

（2）铣方槽。T2，ϕ10 mm 平底刀。

(3) 铣圆槽。T3，ϕ16 mm 平底刀。

(4) 钻孔。T4，ϕ8 mm 钻头。

3. 程序编制，使用 FANUC 系统编程

```
N10 T1 M6;                                    换 φ8 mm 平底刀
N20 G90 G54 G0 X0 Y-18. S500 M3;
N30 G43 H1 Z50.;
N40 Z10.;
N50 G1Z-5. F100;                              去方槽余量
N60 Y18.;
N70 G0 Z10.;
N80 X0 Y-67.;                                 铣凸台
N90 Gl Z-14.8 F100;                           深度留 0.2 mm 余量
N100 D1 M98 P1002;                            D1 粗刀补为 9.2 mm
N110 Z-15.;
N120 D11 M98 P1002;                           D11 精刀补为 9.0 mm，实测调整
N130 G0 Z50. M5;
N140 T2 M6;                                   换 φ10 mm 平底刀
N150 G90 G0 X0 Y0 S700 M3;
N160 G43 H2 Z50.;
N170 Z10.;
N180 G1 Z-5. F80;
N190 D2 M98 P1012;                            D2 粗刀补为 5.2 mm
N200 D22 M98 P1012;                           D22 精刀补为 5.0 mm，实测调整
N210 G0 Z50. M5;
N220 T3 M6;                                   换 φ16 mm 平底刀
N230 G90 G0 X0 Y0 S500 M3;
N240 G43 H3 Z50.;
N250 Z10.;
N260 G1 Z-10. F100;
N270 X1 0.;
N280 G3 I-10.;
N290 D3 M98 P1013;                            D3 粗刀补为 8.2 mm
N300 D33 M98 P1013;                           D33 精刀补为 8.0 mm，实测调整
N310 G0 Z50. M05
N320 T4 M06;                                  换 φ8 mm 钻头
N330 M03 S400;
N340 G99 G81 X-28.0 Y-28.0 Z-20.0 R2.0 F50;
N350 X28.0 Y-28.0;
N360 X28.0 Y28.0;
```

```
N370 X-28.0 Y28.0;
N380 G91 G28 Z0 M5;
N390 M30;
```

铣凸台子程序：

```
O1002;
N10 G41 G1 X16. Y-51.;
N20 G3 X0 Y-35. R16.;
N30 G1 X-27.;
N40 G2 X-35. Y-27. R8.;
N50 G1 Y27.;
N60 G2 X-27. Y35. R8.;
N70 G1 X27.;
N80 G2 X35. Y27. R8.;
N90 G1 Y-27.;
N100 G2 X27. Y-35. R8.;
N110 G1 X0;
N120 G3 X-16. Y-51. R16.;
N130 G1 G40 X0 Y-67.;
N140 M99;
```

铣方槽子程序：

```
O1012;
N10 G41 Y-10.;
N20 G3 X10. Y0 R10.;
N30 G1 Y22.;
N40 G3 X4. Y28. R6.;
N50 G1 X-4.;
N60 G3 X-10. Y22. R6.;
N70 G1 Y-22.;
N80 G3 X-4. Y-28. R6.;
N90 G1 X4.;
N100 G3 X10. Y-22. R6.;
N110 G1 Y0;
N120 G3 X0 Y10. R10.;
N130 G1 G40 Y0;
N140 M99;
```

铣圆槽子程序：

```
O1013;
N10 G1 G41 Y-10.;
N20 G3 X20. Y0 R10.;
N30 G3 I-20.;
N40 G3 X10. Y10. R10.;
N50 G1 G40 X0 Y0;
N60 M99;
```

§9—2　考核实例二

例9—2　零件如图9—2所示，毛坯为方料，工件6个表面已经加工，其尺寸和表面粗糙度等要求均已符合图样要求，材料为45钢。在加工中心上编程并加工内、外轮廓。

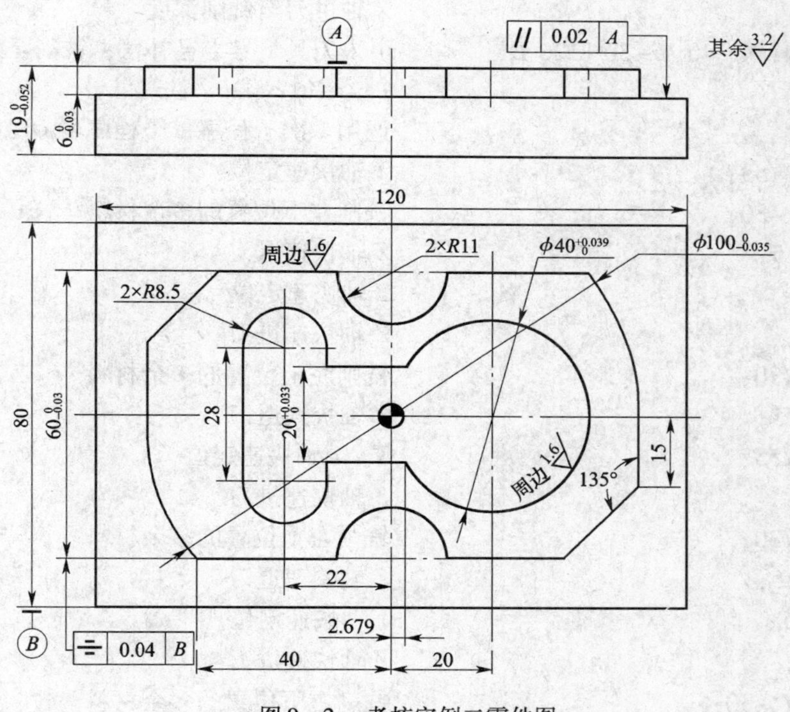

图9—2　考核实例二零件图

1. 加工方案确定

选用机床用平口虎钳装夹工件，校正平口钳固定钳口的平行度以及工件上表面的平行度后夹紧工件。利用偏心式寻边器找正工件的 X、Y 轴零点（位于工件上表面的中心位置），设定 Z 轴零点与机床坐标系原点重合（见图9—2），刀具长度补偿利用 Z 轴设定器设定。图示上表面为执行刀具长度补偿后的零点表面。

根据图样的形位尺寸及表面粗糙度要求，选择 $\phi16$ mm 的粗齿、细齿高速钢直柄立铣刀，对内、外轮廓表面分别进行粗精加工，加工时的切削参数见表9—1。

表 9—1　　平面内、外轮廓铣削的切削参数

内、外轮廓铣削	选用刀具	主轴转速（r/min）	进给率（mm/min）	刀具长度补偿	刀具半径补偿
粗加工	ϕ16 mm 粗齿三刃立铣刀	500	120	H1/T1D1	D1 = 8.3 mm
精加工	ϕ16 mm 细齿四刃立铣刀	600	60	H2/T2D1	D2 = 7.99 mm

2. 程序编制

用 FANUC 系统编程，程序如下。

程序	说明
O4511;	程序名
N1 G54 G90 G17 G21 G94 G49 G40;	建立工件坐标轴绝对编程，*XY* 平面，公制编程，分进给，取消刀具长度、半径补偿
N2 M03 S500 M06 T1;	主轴正转，转速 500 r/min，换 1 号刀
N3 G00 G43 Z150 H1;	*Z* 轴快速定位，调用刀具 1 号长度补偿
N4 X-20 Y-55 M07;	*X*，*Y* 轴快速定位，切削液开
N5 Z-6;	*Z* 轴进刀至铣削深度
N6 G01 G41 X-40 Y-30 F120 D1;	引入刀具 1 号半径补偿，铣削至外轮廓始点，进给率 120 mm/min
N7 M98 P1;	调用 1 次子程序，子程序名 O1（外轮廓）
N8 G00 X-53;	*X* 轴快速定位
N9 G01 Y-30;	铣削左下位置的多余材料
N10 G00 Z5;	*Z* 轴快速退刀
N11 Y55;	*Y* 轴快速定位
N12 Z-6;	*Z* 轴快速进刀
N13 G01 Y30;	铣削左上位置的多余材料
N14 G00 Z5;	*Z* 轴快速退刀
N15 X53 Y55;	*X*，*Y* 轴快速定位
N16 Z-6;	*Z* 轴快速进刀
N17 G01 Y30;	铣削右上位置的多余材料
N18 G00 Z5;	*Z* 轴快速退刀
N19 Y-55;	*Y* 轴快速定位
N20 Z-6;	*Z* 轴快速进刀
N21 G01 Y-30;	铣削右下位置的多余材料
N22 G00 Z5;	*Z* 轴快速定位
N23 X0 Y0;	*X*，*Y* 轴快速定位
N24 G01 Z0;	*Z* 轴进给至工件表面
N25 X20 Z-6 F80;	斜向进刀至内轮廓深度，进给率 80 mm/min
N26 G41 X2.679 Y10 D1 F120;	引入刀具 1 号半径补偿，铣削至内轮廓始点，进给率 120 mm/min
N27 M98 P2;	调用 1 次子程序，子程序名 O2（内轮廓）
N28 G00 Z150 M09;	*Z* 轴快速定位，切削液关

N29 M05;	主轴停转
N30 M06 T2;	换 ϕ16 mm 细齿立铣刀
N31 M03 S600;	主轴正转，转速 600 r/min
N32 G00 G43 Z150 H2;	*Z* 轴快速定位，调用刀具 2 号长度补偿
N33 X－20 Y－55 M07;	*X*，*Y* 轴快速定位，切削液开
N34 Z－6;	*Z* 轴进刀至铣削深度
N35 G01 G41 X－40 Y－30 F60 D2;	引入刀具 2 号半径补偿，铣削至外轮廓始点，进给率 60 mm/min
N36 M98 P1;	调用 1 次子程序，子程序名 O1（外轮廓）
N37 G00 Z5;	*Z* 轴快速定位
N38 X20 Y0;	*X*，*Y* 轴快速定位
N39 G01 Z－6;	*Z* 轴进刀至铣削深度
N40 G41 X2.679 Y10 D2;	引入刀具 2 号半径补偿，铣削至内轮廓始点，进给率 60 mm/min
N41 M98 P2;	调用 1 次子程序，子程序名为 O2（内轮廓）
N42 G00 G49 Z－50;	取消刀具长度补偿，*Z* 轴快速定位
N43 M30;	程序结束回起始位置，机床复位（切削液关，主轴停转）
O1;	子程序名（外轮廓）
N1 G02 X－50 Y0 R50;	*R*50 mm 凸圆弧铣削
N2 G01 Y15;	
N3 X－35 Y30;	
N4 X－11;	
N5 G03 X11 R－11;	*R*11 mm 凹圆弧铣削
N6 G01 X40;	
N7 G02 X50 Y0 R50;	*R*50 mm 凸圆弧铣削
N8 G01 Y－15;	直线铣削
N9 X35 Y－30;	斜线铣削
N10 X11;	直线铣削
N11 G03 X－11 R－11;	*R*11 mm 凹圆弧铣削
N12 G01 X－40;	直线铣削
N13 G40 X－20 Y－55;	取消刀具半径补偿，离开轮廓起点
N14 M99;	子程序结束，返回主程序
O2;	子程序名（内轮廓）
N1 G01 X－13.5;	
N2 Y14;	
N3 G03 X－30.5 R－8.5 ;	*R*8.5 mm 凹圆弧铣削

```
N4 G01 Y-14;
N5 G03 X-13.5 R-8.5;          R8.5 mm 凹圆弧铣削
N6 G01 Y-10;
N7 X2.679;
N8 G03 Y10 R-20;              φ40 mm 凹圆弧铣削
N9 G01 G40 X20 Y0;            取消刀具半径补偿，离开内轮廓起点
N10 G0 Z5;                    Z 轴快速退刀
N11 M99;                      子程序结束，返回主程序
```

§9—3　考核实例三

例 9—3　零件如图 9—3 所示，毛坯为 82×72×40（mm）方料，材料为 45 钢，在加工中心上编程并加工零件。

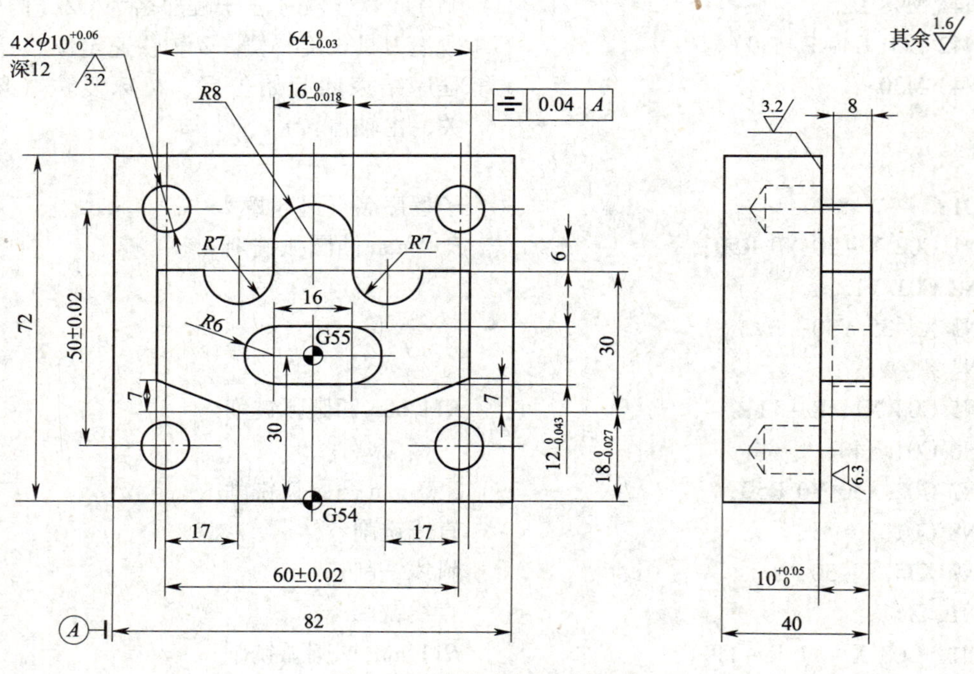

图 9—3　考核实例三零件图

1．工艺分析

此零件铣削内容是凸台、封闭槽及孔的加工。凸台加工时要选择合适的刀具合理地去除余量。孔加工时采用 A3 中心钻钻中心孔、ϕ9.8 mm 钻头钻孔、ϕ10 mm 铰刀铰孔。零件实体图如图 9—3 所示。

2．加工步骤

（1）粗铣外形。T1，ϕ20 mm 平底刀。

（2）精铣外形。T2，ϕ12 mm 平底刀。

（3）铣封闭槽。T3，ϕ10 mm 平底刀。

（4）钻中心孔。T4，A3 中心钻。

（5）钻孔。T5，ϕ9.8 mm 钻头。

（6）铰孔。T6，ϕ10 mm 铰刀。

3. 程序编制，使用 FANUC 系统编程

```
O0007;
N10 T1 M6;                                  换φ20 mm 平底刀
N20 G90 G54 G0 X52. Y7. M3 S600;
N30 G43 Z50. H01;
N40 Z10.;
N50 G1 Z-10.02 F100;
N60 X-43.;
N70 Y60.;
N80 X-19.;
N90 Y73.;
N100 X-41.;
N110 X19.;
N120 Y60.;
N130 X38.;
N140 Y72.;
N150 X43.;
N160 Y0;
N170 G0 Z50.;
N180 M5;
N190 T2 M6;                                 换φ12 mm 平底刀
N200 G90 G0 X-50. Y55. M3 S700;
N210 G43 Z50. H02;
N220 Z10.;
N230 G1 Z-10.02 F100;
N240 X-15.;
N250 Y48.;
N260 Y54.;
N270 G2 X15. Y54. I15. J0;
N280 G1 Y48.;
N290 Y55.;
N300 G1 G41 X32. D02;
N310 Y25.;
N320 X15. Y18.;
N330 X-15.;
```

```
N340 X-32. Y25.;
N350 Y48.;
N360 X-22.;
N370 X-8. I7. J0;
N380 G1 Y54.;
N390 G2 X8. I8. J0;
N400 G1 Y48.;
N410 G3 X22. I7. J0;
N420 G1 X33.;
N430 G40 Y55.;
N440 G0 Z50.;
N450 M5;
N460 T3 M6;                                  换φ10 mm平底刀
N470 G90 G55 G0 X8. Y0 M3 S700;
N480 G43 Z50. H03;
N490 G1 Z-8. F100;
N500 X-8.;
N510 G41 X6. D3;
N520 G3 X0 Y6. R6.;
N530 G1 X-8.;
N540 G3 Y-6. I0 J-6.;
N550 G1 X8.;
N560 G3 Y6. I0 J6.;
N570 G3 X-6. Y0 R6.;
N580 G1 G40 X0;
N590 G0 Z50.;
N600 T4 M6;                                  换A3中心钻
N610 G90 G56 X30. Y25. M3 S800;              G56为零件外形轮廓对称中心
N610 G43 Z50. H04;
N620 Z10.;
N630 G98 G81 Z-15. R-7. F60;
N640 M98 P1000;
N650 G0 Z50.;
N660 T5 M6;                                  换φ9.8 mm钻头
N670 G90 G56 G0 X30. Y25.0 M3 S600;
N680 G43 Z50. H05;
N690 Z10.;
N700 G98 G83 Z-27. R-7. Q5. F100;
N710 M98 P1000;
```

```
N720 G0 Z50.;
N730 M5;
N740 T6 M6;                              换φ10 mm 铰刀
N750 G90 G56 G0 X-30. Y-25. M3 S200;
N760 G43 Z50. H6;
N770 Z10.;
N780 M98 P1001;
N790 G0 X30.;
N800 M98 P1001;
N810 G0 Y25.;
N820 M98 P1001;
N830 G0 X-30.;
N840 M98 P1001.;
N850 G0 Z50.;
N860 X0 Y0;
N870 M5;
N880 M30;
```

钻孔（孔位）子程序：

```
O1000;
N10 X-30.;
N20 Y-25.;
N30 X30.;
N40 M99;
```

铰孔子程序：

```
O1001;
N10 G0 Z-8.;
N20 G1 Z-22. F60;
N30 Z-8. F120;
N40 G0 Z1.;
N50 M99;
```

§9—4 考核实例四

例 9—4 零件如图 9—4 所示，毛坯为 120×80×20（mm）方料，材料为 45 钢，除上、下表面以外的其他四面均已加工并符合图样要求，在加工中心上编程并加工零件。

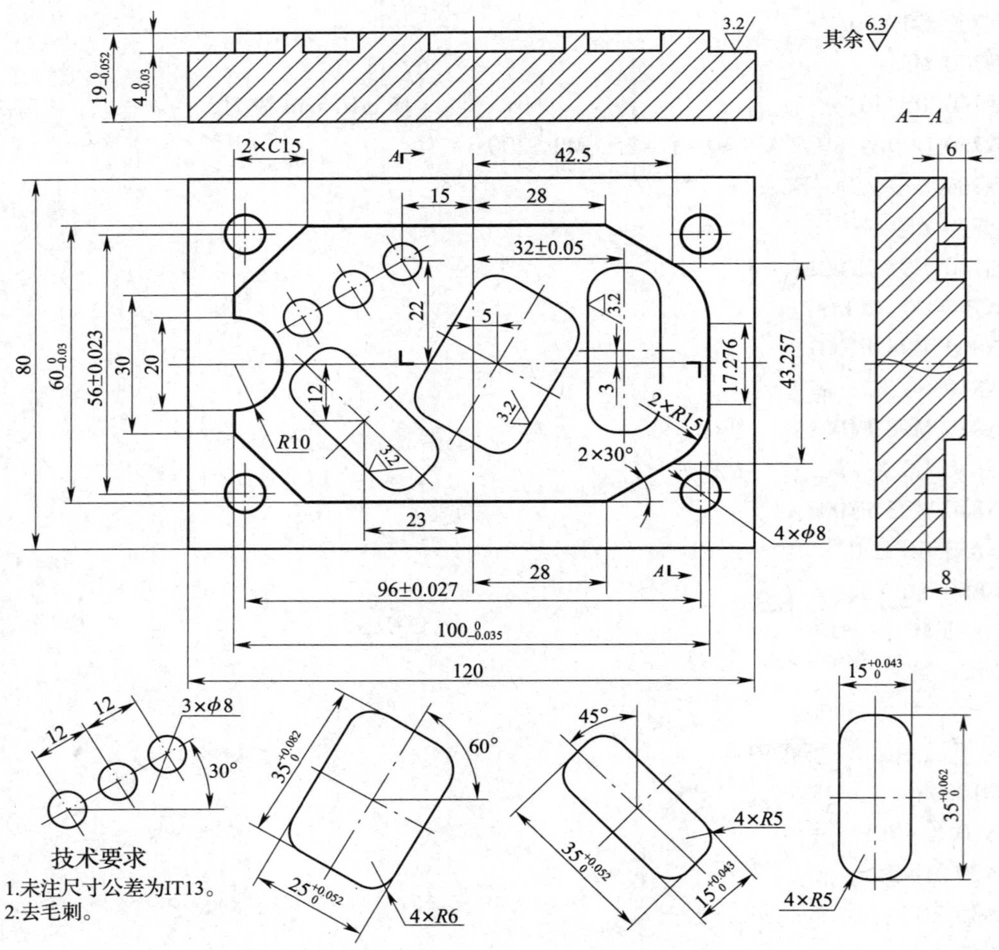

图 9—4　考核实例四零件图

1. 工艺分析

如图 9—4 所示，零件外形规则，被加工部分的各尺寸、形位要求较高，表面粗糙度值要求较小。图中包含了平面、内外轮廓、开槽、钻孔、铰孔以及铣孔等加工，且大部分的尺寸均达到 IT8 ~ IT7 级精度。

选用机用平口虎钳装夹工件，校正平口钳固定钳口与工作台 *X* 轴移动方向平行，在工件下表面与平口钳之间放入精度较高且厚度适当的平行垫块，工件露出钳口表面不低于 6 mm，利用木锤或铜棒敲击工件，使平行垫块不能移动后夹紧工件。利用寻边器找正工件 *X*、*Y* 轴零点位于工件对称中心位置，设置 *Z* 轴零点与机械原点重合，刀具长度补偿利用 *Z* 轴定位器设定（有时也可不使用刀具长度补偿功能，而根据不同刀具设定多个工件坐标系零点进行编程加工）。工件上表面为执行刀具长度补偿后的 *Z* 零点表面。

2. 确定加工工步和选择刀具

根据零件图样要求确定的加工工步和选择刀具如下：

（1）装夹工件，铣削 120 mm × 80 mm 的平面（铣出即可），选用 ϕ80 mm 可转位铣刀。

（2）重新装夹工件（已加工表面朝下），铣削表面，保证总厚度尺寸 19 mm。选用

ϕ80 mm可转位铣刀。

（3）粗加工外轮廓及去除多余材料，保证深度尺寸4 mm，选用 ϕ16 mm 三刃立铣刀。

（4）粗加工中间旋转大型腔，保证深度尺寸4 mm，选用 ϕ10 mm 键槽铣刀。

（5）粗加工两相同型腔，保证深度尺寸4 mm；选用 ϕ8 mm 键槽铣刀。

（6）铣孔 3 × ϕ8 mm，保证孔的直径和深度，选用 ϕ8 mm 键槽铣刀。

（7）精加工外轮廓与三个型腔，保证所有相关尺寸，选用 ϕ10 mm 三刃立铣刀。

3．切削参数的选择

各工步及刀具的切削参数见表 9—2。

表 9—2　　各工序刀具的切削参数

加工工步	刀具与切削参数						
加工内容	刀具规格			主轴转速（r/min）	进给率（mm/min）	刀具补偿	
	刀号	刀具名称	材料			长度	半径（mm）
工步 1：铣平面	T1	ϕ80 mm 端铣刀（5 个刀片）	硬质合金	600	120	H1	
工步 2：铣另一平面							
工步 3：粗加工外轮廓/去余料	T2	ϕ16 mm 三刃立铣刀	高速钢	400	100	H2	D2 = 8.1
工步 4：粗加工大型腔	T3	ϕ10 mm 键槽铣刀		900	40	H3	D3 = 5.1
工步 5：粗加工两小型腔	T4	ϕ8 mm 键槽铣刀		1 000	30	H4	D4 = 4.1
工步 6：铣 ϕ8 mm 的孔					15		
工步 7：精加工所有轮廓	T11	ϕ10 mm 三刃立铣刀		800	80	H11	D11 = 4.99

4．编写程序，使用华中（HNC－21/22M）系统编程

工序 1 铣削平面在 MDI 方式下完成，不必设置坐标系；在执行加工工序 2 之前要进行对刀，将刀具送入刀库（对号入座）并设置工件坐标系以及补偿等参数，工序 2～7 由以下程序完成加工，正式加工前必须进行程序的检查和校验，确认无误后自动加工。

%1	程序名
N1 G53 GG0 G0 Z0	Z 轴快速抬刀至机床原点
N2 M6 T1	调用 1 号刀具：ϕ80 mm 端铣刀（工序 2）
N3 G54 G90 M3 S600	G54 工件坐标系，绝对坐标编程，主轴正转，600 r/min
N4 G0 G43 H1 Z200 M8	Z 轴快速定位，调用 1 号长度补偿，切削液开
N5 X－105 Y－20	X、Y 轴快速定位至起刀点
N6 Z5	Z 轴快速定位
N7 G1 Z0 F120	Z 轴直线进给，进给率为 120 mm/min
N8 X105	X 轴直线进给，铣削平面
N9 G0 Y20	Y 轴快速定位
N10 G1 X－105	X 轴直线进给，铣削平面
N11 G49 G0 Z0 M09	取消长度补偿，Z 轴快速定位到机械原

	点，切削液关闭
N12 M5	主轴停转
N13 M6 T2	调用 2 号刀具：ϕ16 mm 三刃立铣刀（工序 3）
N14 M3 S400	主轴正转，400 r/min
N15 G0 G43 H2 Z200 M8	*Z* 轴快速定位，调用 2 号长度补偿，切削液开
N16 X－70 Y50	*X*、*Y* 轴快速定位至起刀点
N17 Z5	*Z* 轴快速定位
N18 G1 Z－4 F100	*Z* 轴直线进给，进给率为 100 mm/min
N19 G41 X－60 Y30 D2	*X*、*Y* 轴进给，引入刀具半径补偿 D2（D2＝8.1 mm）
N20 M98 P2	调用子程序加工外轮廓，程序名为%2
N21 G0 Z5	*Z* 轴快速定位
N22 X－40 Y－50	*X*、*Y* 轴快速定位
N23 Z－4	*Z* 轴快速下刀，去除多余材料
N24 G1 X－60 Y－36	*X*、*Y* 轴直线进给
N25 Y36	*Y* 轴方向进给
N26 X－40 Y80	*X*、*Y* 轴直线进给
N27 G0 X40	*X* 轴快速定位
N28 G1 X60 Y36	*X*、*Y* 轴直线进给
N29 Y－36	*Y* 轴方向进给
N30 X40 Y－50	*X*、*Y* 轴直线进给
N31 G49 G0 Z0 M09	取消长度补偿，*Z* 轴快速定位到机械原点，切削液关闭
N32 M5	主轴停转
N33 M6 T3	调用 3 号刀具：ϕ10 mm 键槽铣刀（工序 4）
N34 M3 S900	主轴正转，900 r/min
N35 G0 G43 H3 Z200 M8	*Z* 轴快速定位，调用 3 号长度补偿，切削液开
N36 X5 Y0	*X*、*Y* 轴快速定位至起刀点
N37 Z5	*Z* 轴快速定位
N38 G1 Z－4 F20	*Z* 轴直线进给，进给率为 20 mm/min
N39 G68 X5 Y0 P60	坐标系旋转，相对逆时针旋转 60°
N40 G41 G91 G1 X－9.5 Y8 D3 F40	相对编程，引入刀具半径补偿 D3（D3＝5.1 mm），进给率为 40 mm/min
N41 M98 P3	调用子程序加工，程序名为%3
N42 X10	*X* 轴直线进给，去除多余材料
N43 G0 Z5	*Z* 轴快速定位

N44 G69	取消坐标系旋转
N45 G49 G0 Z0 M09	取消长度补偿，*Z* 轴快速定位到机械原点，切削液关闭
N46 M5	主轴停转
N47 M6 T4	调用 4 号刀具：ϕ8 mm 键槽铣刀（工序 5）
N48 M3 S1000	主轴正转，1 000 r/min
N49 G0 G43 H4 Z200 M8	*Z* 轴快速定位，调用 4 号长度补偿，切削液开
N50 X32 Y3	*X*、*Y* 轴快速定位至起刀点
N51 Z5	*Z* 轴快速定位
N52 G1 Z -4 F15	*Z* 轴直线进给，进给率为 15 mm/min
N53 G41 G91 G1 X -2. 5 Y17. 5 D4 F30	相对编程，引入刀具半径补偿 D4（D4 = 4. 1 mm），进给率为 30 mm/min
N54 M98 P4	调用子程序加工，程序名为%4
N55 X -23 Y -12	*X*、*Y* 轴快速定位至起刀点
N56 G1 Z -4 F15	*Z* 轴直线进给，进给率为 15 mm/min
N57 G68 X -23 Y -12 P45	坐标系旋转，相对逆时针旋转 45°
N58 G41 G91 G1 X -2. 5 Y17. 5 D4 F30	相对编程，引入刀具半径补偿 D4（D4 = 4. 1 mm），进给率为 30 mm/min
N59 M98 P4	调用子程序加工，程序名为%4
N60 G69	取消坐标系旋转
N61 X -15 Y22	*X*、*Y* 轴快速定位
N62 G68 X -15 Y22 P30	坐标系旋转，相对逆时针旋转 30°（工序 6）
N63 G82 G99 X -15 Y22 Z -6 R2 P3 F15	固定循环加工 ϕ8 mm 孔，进给率 15 mm/min
N64 X -27	固定循环加工 ϕ8 mm 孔
N65 X -39	固定循环加工 ϕ8 mm 孔
N66 G69	取消坐标系旋转
N67 X -48 Y28 Z -8	加工左上方 ϕ8 mm 孔
N68 Y -28	加工左下方 ϕ8 mm 孔
N69 X48	加工右下方 ϕ8 mm 孔
N70 Y28	加工右上方 ϕ8 mm 孔
N71 G49 G0 Z0 M09	取消长度补偿、固定循环，*Z* 轴快速定位到机械原点，切削液关闭
N72 M5	主轴停转
N73 M6 T11	调用 11 号刀具：ϕ10 mm 三刃立铣刀（工序 7）
N74 M3 S800	主轴正转，800 r/min
N75 G0 G43 H11 Z200 M8	*Z* 轴快速定位，调用 11 号长度补偿，切

	削液开
N76 X -70 Y50	X、Y 轴快速定位至起刀点
N77 Z5	Z 轴快速定位
N78 G1 Z -4 F80	Z 轴直线进给，进给率为 80 mm/min
N79 G41 X -60 Y30 D11	X、Y 轴进给，引入刀具半径补偿 D11（D11 =4.99 mm）
N80 M98 P2	调用子程序加工外轮廓，程序名为%2
N81 G0 Z5	Z 轴快速定位
N82 X5 Y0	X、Y 轴快速定位至起刀点
N83 G1 Z -4	Z 轴直线进给
N84 G68 X5 Y0 P60	坐标系旋转，相对逆时针旋转 60°
N85 G41 G91 G1 X -9.5 Y8 D11	相对编程，引入刀具半径补偿 D11（D11 = 4.99 mm）
N86 M98 P3	调用子程序加工，程序名为%3
N87 G0 Z5	Z 轴快速定位
N88 G69	取消坐标系旋转
N89 X32 Y3	X、Y 轴快速定位至起刀点
N90 Z5	Z 轴快速定位
N91 G1 Z -4	Z 轴直线进给
N92 G41 G91 G1 X -2.5 Y17.5 D11	相对编程，引入刀具半径补偿 D11（D11 = 4.99 mm）
N93 M98 P4	调用子程序加工，程序名为%4
N94 X -23 Y -12	X、Y 轴快速定位至起刀点
N95 G1 Z -4	Z 轴直线进给
N96 G68 X -23 Y -12 P45	坐标系旋转，相对逆时针旋转 45°
N97 G41 G91 G1 X -2.5 Y17.5 D11	相对编程，引入刀具半径补偿 D11（D11 = 4.99 mm）
N98 M98 P4	调用子程序加工，程序名为%4
N99 G69	取消坐标系旋转
N100 G49 G0 Z0 M09	取消长度补偿，Z 轴快速定位到机械原点，切削液关闭
N101 M05	主轴停转
N102 M30	程序结束，返回起始行
%2	子程序名
N1 G1 X28	X 向直线进给，切向切入轮廓
N2 X42.5 Y21.628	X、Y 向直线进给
N3 G2 X50 Y8.638 R15	顺时针圆弧 R15 mm 进给
N4 G1 Y -8.638	Y 向直线进给

N5 G2 X42.5 Y-21.628 R15	顺时针圆弧 *R*15 mm 进给
N6 G1 X28 Y-30	*X*、*Y* 向直线进给
N7 X-35	*X* 向直线进给
N8 X-50 Y-15	*X*、*Y* 向直线进给
N9 Y-10	*Y* 向直线进给
N10 G3 Y10 R10	逆时针半圆弧 *R*10 mm 铣削进给
N11 G1 Y15	*Y* 向直线进给
N12 X-25 Y40	*X*、*Y* 向直线进给
N13 G40 X-70 Y50	取消刀具半径补偿至起刀点
N14 M99	子程序结束，返回主程序%1 中
%3	子程序名
N1 G3 X-8 Y-8 R8	过渡圆弧进给，切向切入轮廓
N2 G1 Y-6.5	*Y* 向直线进给
N3 G3 X6 Y-6 R6	逆时针圆弧 *R*6 mm 进给
N4 G1 X23	*X* 向直线进给
N5 G3 X6 Y6 R6	逆时针圆弧 *R*6 mm 进给
N6 G1 Y13	*Y* 向直线进给
N7 G3 X-6 Y6 R6	逆时针圆弧 *R*6 mm 进给
N8 G1 X-23	*X* 向直线进给
N9 G3 X-6 Y-6 R6	逆时针圆弧 *R*6 mm 进给
N10 G1 Y-6.5	*Y* 向直线进给
N11 G3 X8 Y-8 R8	过渡圆弧进给，切向切出轮廓
N12 G90 G40 G1 X5 Y0	绝对编程，取消刀具半径补偿
N13 M99	子程序结束，返回主程序%1 中
%4	子程序名
N1 G3 X-5 Y-5 R5	逆时针圆弧 *R*5 mm 进给
N2 G1 Y-25	*Y* 向直线进给
N3 G3 X5 Y-5 R5	逆时针圆弧 *R*5 mm 进给
N4 G1 X5	*X* 向直线进给
N5 G3 X5 Y5 R5	逆时针圆弧 *R*5 mm 进给
N6 G1 Y25	*Y* 向直线进给
N7 G3 X-5 Y5 R5	逆时针圆弧 *R*5 mm 进给
N8 G1 X-5	*X* 向直线进给
N9 G40 G1 X2.5 Y-17.5	取消刀具半径补偿
N10 G90 G0 Z5	绝对编程，*Z* 轴快速定位
N11 M99	子程序结束，返回主程序%1 中

%5	子程序名
N1 G3 Y－15 R7.5	逆时针半圆弧 $R7.5$ mm 进给
N2 G1 X12.5	X 向直线进给
N3 G3 Y15 R7.5	逆时针半圆弧 $R7.5$ mm 进给
N4 G1 X－12.5	X 向直线进给
N5 G90 G40 G1 X－7.5 Y0	绝对编程，取消刀具半径补偿
N6 G0 Z5	Z 轴快速定位
N7 M99	子程序结束，返回主程序%1 中

§9—5　考核实例五

例 9—5　零件如图 9—5 所示，毛坯为 75×50×12（mm）方料，材料为 45 钢，在加工中心上编程并加工零件。

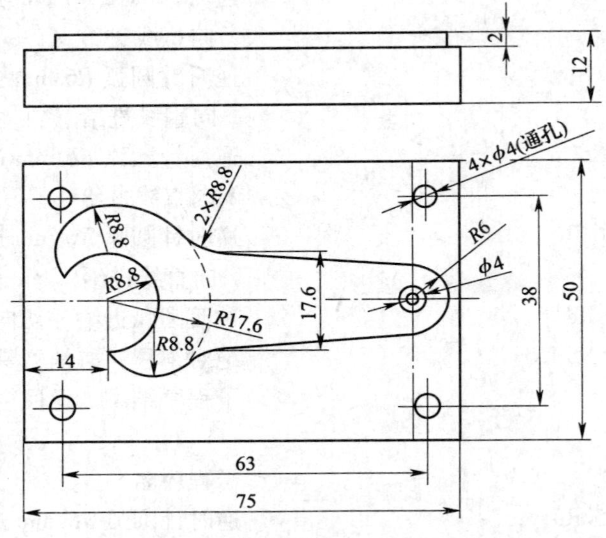

图 9—5　考核实例五零件图

1. 工艺分析

如图 9—5 所示为一扳手零件，四周有 4 个 ϕ4 mm 的通孔。首先选用较大的刀具对工件外形进行粗铣，去除多余的毛坯余量，然后根据工件的外形选用合适的精加工刀具精铣轮廓，最后进行钻孔。工件坐标系的原点设在 $R6$ mm 圆弧中心处。

加工步骤如下：

（1）粗铣外轮廓。选用 ϕ20 mm 平底刀（T1），刀具长度补偿 H01。

（2）精铣外轮廓。选用 ϕ8 mm 平底刀（T2），刀具长度补偿 H02。

（3）钻孔。选用 ϕ4 mm 麻花钻（T3），刀具长度补偿 H03。

2. 编写程序，使用华中（HNC－21/22M）系统编程

N10 M06 T1	ϕ20 mm 平底刀，粗铣外轮廓

N20 G54 G90 G00 X0 Y0 M03 S800 M08	建立工件坐标系，切削液开
N30 G43 H01 Z50	建立刀具长度补偿 *Z* 轴快速定位
N40 Z10	*Z* 快速定位至安全高度
N50 X20	*X* 向快速定位
N60 G01 Z－2 F200	*Z* 向切入工件 2 mm 深
N70 X16. 5	*X* 直线进给
N80 Y－15. 19	*Y* 直线进给
N90 X－32. 98 Y－19. 92	*X*、*Y* 直线进给
N100 Y－24	*Y* 直线进给
N110 X－54. 78 Y－24	*X*、*Y* 直线进给
N120 X－72 Y－4. 25	*X*、*Y* 直线进给
N130 Y25	*Y* 直线进给
N140 X－66. 8	*X* 直线进给
N150 Y29	*Y* 直线进给
N160 X－32. 98 Y29	*X*、*Y* 直线进给
N170 X－32. 98 Y19	*X*、*Y* 直线进给
N180 X16. 5 Y15. 19	*X*、*Y* 直线进给
N190 Y0	*Y* 直线进给
N200 G49 G90 G00 Z100	取消刀具长度补偿，*Z* 轴快速定位
N210 M05 M09	主轴停，切削液关
N220 M06 T2	ϕ8 mm 平底刀，精铣外轮廓
N230 G54 G90 G00 X0 YO M03 S800 M08	建立工件坐标系，切削液开
N240 G43 H02 Z50	建立刀具长度补偿，*Z* 轴快速定位
N250 Z10	*Z* 快速定位至安全高度
N290 X11 Y0	*X*、*Y* 快速定位
N300 G01 Z－2 F200	*Z* 向切入工件 2 mm 深
N310 G41 G01 Y5 D2	建立刀具半径补偿 D2＝4 mm
N320 G03 X6 Y0 R5	圆弧切入
N330 G02 X0. 5 Y－5. 98 R6	铣 *R*6 mm 圆弧
N340 G01 X－33. 85 Y－8. 83	*X*、*Y* 直线进给
N350 G03 X－39. 08 Y－11. 12 R8. 8	铣 *R*8. 8 mm 圆弧
N360 G02 X－52. 8 Y－8. 8 R8. 8	铣 *R*8. 8 mm 圆弧
N370 G03 X－60. 42 Y4. 4 R－8. 8	铣 *R*8. 8 mm 圆弧
N380 G02 X－52. 8 Y17. 6 R8. 8	铣 *R*8. 8 mm 圆弧
N390 G02 X－39. 68 Y11. 73 R17. 6	铣 *R*17. 6 mm 圆弧
N400 G03 X－33. 85 Y8. 83 R8. 8	铣 *R*8. 8 mm 圆弧
N410 G01 X0. 5 Y5. 98	*X*、*Y* 直线进给
N420 G02 X6. Y0 R6	铣 *R*6 mm 圆弧
N430 G03 X11 Y－5 R5	圆弧切出

N440 G40 G01 Y0	取消刀具半径补偿
N450 G49 G90 G00Z100	取消刀具长度补偿，*Z* 轴快速定位
N460 M05 M09	主轴停，切削液关
N470 M06 T3	钻孔循环，ϕ4 mm 麻花钻
N480 G54 G90 G00 X0 Y0 M03 S1000 M08	建立工件坐标系，切削液开
N490 G43 H03 Z50	建立刀具长度补偿，*Z* 轴快速定位
N500 Z10	*Z* 快速定位至安全高度
N510 G98 G83 X0 Y0 Z－15 R5 Q5 F80	钻孔循环
N520 X2.2 Y19	*X*、*Y* 快速定位
N530 X－60.8	*X* 快速定位
N540 Y－19	*Y* 快速定位
N550 X2.2	*X* 快速定位
N560 G80	取消循环
N570 G49 G90 G00 Z100	取消刀具长度补偿，*Z* 轴快速定位
N580 M5 M9	主轴停，切削液关
N590 M30	程序结束并返回程序头

习 题 九

一、中级模拟题一：零件如题图 9—1 所示，毛坯为 800×300×40（mm）方料，材料为 45 钢，在加工中心上编程并加工零件。

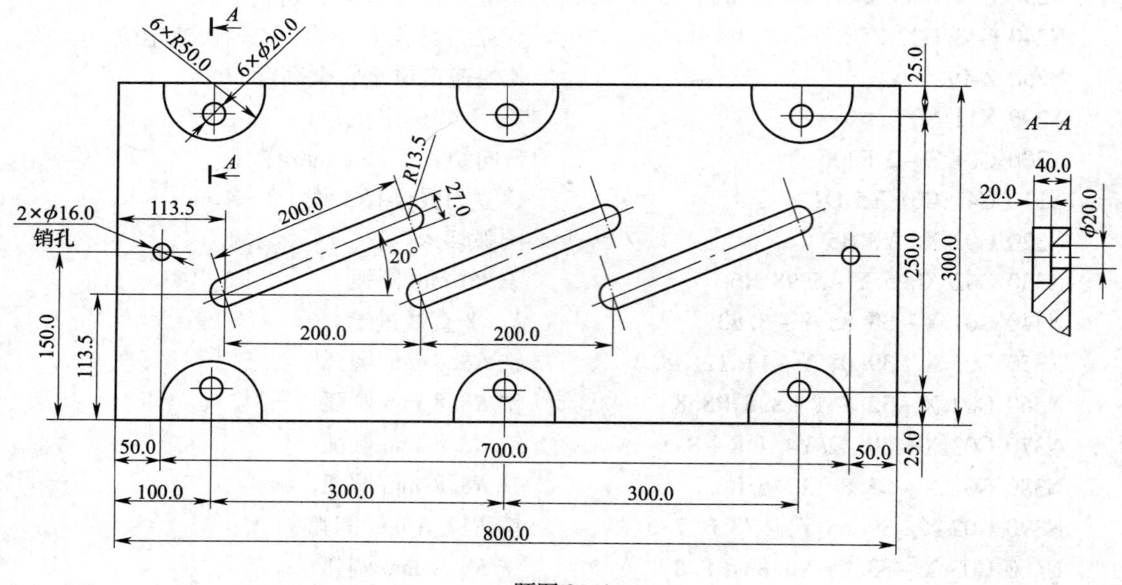

题图 9—1

二、中级模拟题二：零件如题图 9—2 所示，毛坯为 76×86×40（mm）方料，材料为 45 钢，在加工中心上编程并加工零件。

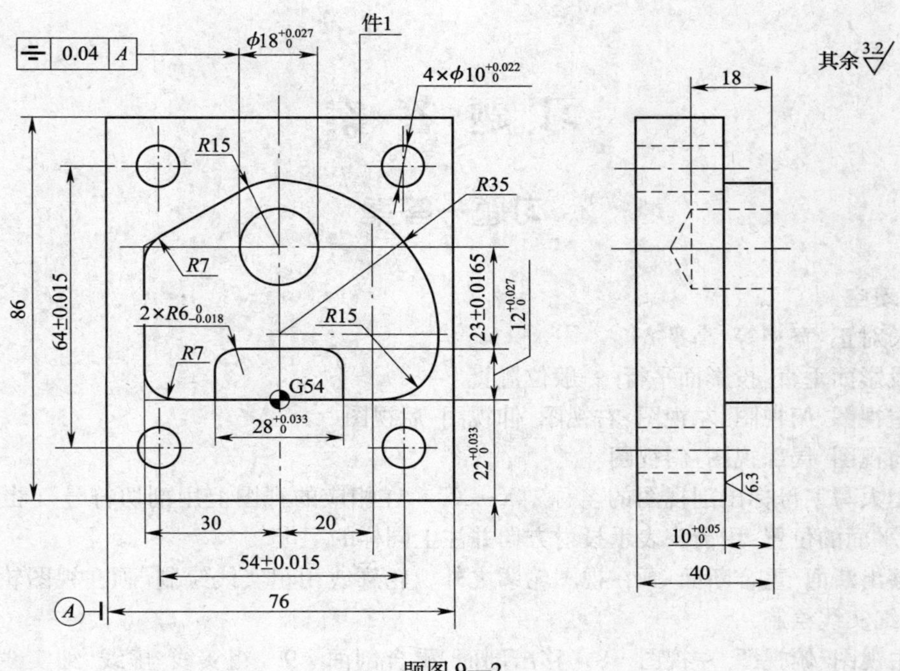

题图 9—2

三、中级模拟题三：零件如题图 9—3 所示，毛坯为 75×50×12（mm）方料，材料为 45 钢，在加工中心上编程并加工零件。

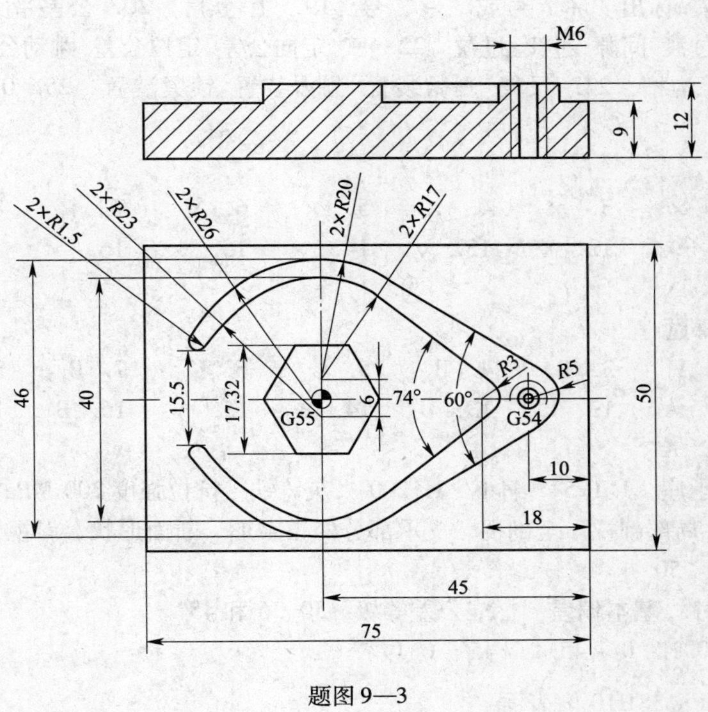

题图 9—3

习 题 答 案

习题一答案

一、填空

1．长对正 宽相等 高平齐

2．投影面垂直 投影面平行 一般位置直

3．主视图 俯视图 左视图 右视图 仰视图 后视图

4．向视图 局部视图 斜视图

5．用大写字母标出剖视图的名称“X—X” 在相应的视图上用剖切符号（粗短画线）表示剖切平面的位置 用箭头表示投射方向并注上同样的字母

6．移出断面 重合断面 画在视图轮廓之外，轮廓线用粗实线绘制 画在视图轮廓之内，轮廓线用细实线绘制

7．主视图 俯视图 左视图 8．移出剖面 重合剖面 9．粗实线 虚线 细实线 细点画线 1/3 10．图形 实物相应要素的线性尺寸 11．尺寸线 尺寸界线 尺寸数字 12．最后完工 毫米 13．起始点 长、宽、高 14．主要 辅助 面 线 点 15．公差带大小 公差带位置 极限偏差 公差数值 16．基孔制 基轴制 间隙 过盈 过渡 17．H 下偏差 h 上偏差 18．代数差 标出“+”号或“-”号 19．上 实际 20．公差带大小 公差带位置 21．间隙 过盈 过渡 间隙 过渡 过盈 22．三 定向公差 定位公差 跳动公差 23．内外径尺寸 孔距 壁厚 沟槽 24．尺架 测微装置 测力装置 锁紧装置 25．0.01 0~3 0~5 0~10

二、判断题

1．× 2．× 3．× 4．× 5．× 6．√ 7．× 8．√ 9．√
10．√ 11．√ 12．√ 13．√ 14．× 15．× 16．× 17．× 18．×
19．√ 20．√

三、单项选择题

1．B 2．A 3．B 4．B 5．C 6．C 7．B 8．C 9．D
10．B 11．A 12．C 13．D 14．B 15．A 16．B 17．C 18．C
19．D 20．A

四、（1）轴承座 1:1.5 缩小 HT200 灰铸铁 抗拉强度 200 MPa

（2）2 2 局部剖视 全剖视 支承部分的工字形 断面形状 斜视

（3）14 和 9 50

（4）基本尺寸 基本偏差 标准公差等级 50、6 和 45°

（5）45 +0.1 0 45.1 45 0.1

（6）$\overset{3.2}{\bigtriangledown}$ $\overset{6.3}{\bigtriangledown}$ ϕ38H10 内表面

（7）两个螺孔　普通螺纹　基本尺寸（大径）　1　中径和顶差的公差带代号　右旋

习题二答案

一、判断题

1. ×　2. √　3. ×　4. √　5. √　6. ×　7. ×　8. ×　9. √
10. √　11. ×　12. ×　13. ×　14. √　15. √　16. ×　17. ×　18. ×
19. √　20. ×　21. √　22. √　23. ×　24. √　25. ×　26. √　27. ×
28. ×　29. √　30. √

二、单项选择题

1. A　2. B　3. B　4. B　5. B　6. C　7. B　8. D　9. B
10. A　11. A　12. C　13. A　14. C　15. B　16. C　17. D　18. A
19. A　20. D　21. C　22. C　23. B　24. A　25. C　26. A　27. A
28. B　29. C　30. C

习题三答案

一、判断题

1. ×　2. ×　3. √　4. √　5. √　6. ×　7. ×　8. ×　9. √
10. ×　11. √　12. ×　13. √　14. ×　15. √　16. √　17. ×　18. ×
19. ×　20. √

二、单项选择题

1. D　2. B　3. C　4. A　5. A　6. C　7. C　8. B　9. B
10. C　11. B　12. B　13. A　14. B　15. A　16. C　17. A　18. B
19. A　20. B

三、简答题

1. 目前用于制造刀具的材料可分为金属材料和非金属材料两大类。金属材料有碳素工具钢、合金工具钢、高速硬质合金。非金属材料有人造金刚石和立方氮化硼及陶瓷。其中碳素工具钢和合金工具钢的热硬性能较差（200～400℃），已很少用来制造车刀。

2. 与普通机床切削相比，数控机床对刀具的要求更高。不仅要求精度高、刚度好、使用寿命长，而且要求尺寸稳定、安装调整方便等。

3. 难加工材料由已加工表面的质量及切屑形成和排出的难易程度三个方面来衡量。只要上述三个方面有一项明显差，就可认为是难加工材料。

4. 表现在以下五个方面：（1）由于难加工材料的热导率大多比较低，热强度高，故铣削温度比较高；（2）切屑变形系数大，变形硬化程度严重；（3）材料的强度和热强度一般都较大，故铣削力大；（4）铣刀磨损快，故使用寿命短；（5）卷屑、断屑和排屑都较困难。

5. 应采取如下改善措施：（1）选择合适的、切削性能好的刀具材料；（2）选择合理的铣刀几何参数；（3）采用合适的切削液；（4）选择合理的铣削用量。对一些塑性变形大、热强度高的冷硬程度严重的材料，尽可能采用顺铣。端铣也尽量采用不对称顺铣。

习题四答案

一、判断题

1. √　2. √　3. ×　4. √　5. √　6. ×　7. ×　8. ×　9. ×
10. ×　11. ×　12. √　13. √　14. ×　15. ×　16. √　17. ×　18. ×
19. ×　20. √　21. √　22. √　23. √　24. √　25. ×

二、单项选择题

1. C　2. B　3. B　4. D　5. B　6. D　7. C　8. C　9. D
10. D　11. B　12. B　13. B　14. A　15. C　16. B　17. C　18. C
19. B　20. B　21. B　22. A　23. B　24. A　25. D　26. A　27. C
28. C　29. A　30. B

三、简答题

1. 答：加工中心工艺制订主要包括以下方面：（1）加工方法的选择；（2）加工阶段的划分；（3）加工顺序的安排；（4）装夹方案的确定和夹具的选择；（5）刀具的选择；（6）进给路线的确定；（7）切削用量的选择。

2. 答：工序集中就是将工件的加工集中在少数几道工序内完成，每道工序的加工内容较多。这样减少了机床数量、操作工人数和占地面积，一次装夹后加工较多表面，不仅保证了各个加工表面之间的相互位置精度，同时还减少工序间的工件运输量和装夹工件的辅助时间。

3. 答：在确定零件的工艺流程时，应将粗精加工分阶段进行，各表面的粗加工结束后再进行精加工，尽可能不要将粗、精加工交叉进行，也不要在机床上进行粗加工以后进行精加工，这就是粗精加工分开。这样加工可以合理使用机床，并使粗加工时产生的变形及误差在精加工时得到修正，有利于提高加工精度，此外，还可提早发现裂纹、气孔等毛坯缺陷，及时终止加工。

4. 答：由于夹具的定位元件与刀具及机床运动的相对位置可以事先调整，因此，加工一批零件时采用夹具工件，既不必逐个找正，又快速方便，且有很高的重复精度，能保证工件的加工要求。

5. 答：进给路线的确定与工件表面状况、要求的零件表面质量、机床进给机构的间隙、刀具使用寿命以及零件轮廓形状等有关。

四、综合题

加工工艺：

（1）粗铣上表面和圆台；

（2）精铣上表面和圆台；

（3）钻孔 ϕ38 mm，镗孔 ϕ40 mm 到尺寸；

（4）钻孔 $2\times\phi13$ mm；

（5）加工孔 $2\times\phi22$ mm；

（6）粗铣下表面；

（7）精铣下表面；

（8）以 2 × ϕ22 mm 孔定位，加工四周轮廓。

习题五答案

一、判断题

1. √　2. ×　3. ×　4. √　5. √　6. √　7. ×　8. ×　9. √
10. √　11. ×　12. ×　13. √　14. √　15. ×　16. ×　17. √　18. ×
19. ×　20. ×

二、单项选择题

1. B　2. C　3. D　4. A　5. A　6. C　7. B　8. A　9. B
10. D　11. B　12. A　13. B　14. D　15. C　16. D　17. C　18. A
19. B

三、简答题

1. 答：（1）结构形状复杂、普通机床难加工的零件。

（2）既有平面又有孔系的零件。

（3）外形不规则的异型零件。

（4）加工精度较高的中小批量零件。

2. 答：（1）按功能特征分类，可分为镗铣、钻削和复合加工中心。

1）镗铣加工中心。镗铣加工中心是机械加工行业应用最多的一类数控设备，有立式和卧式两种。其工艺范围主要是铣削、钻削、镗削。

2）钻削加工中心。以钻削为主，刀库形式以转塔头形式为主，适用于中、小批量零件的钻孔、扩孔、铰孔、攻螺纹及连续轮廓铣削等多工序加工。

3）复合加工中心。可代替多台机床实现多工序的加工，这种方式既能减少装卸时间，提高机床生产效率，减少半成品库存量，又能保证和提高形位精度。

（2）按主轴的位置不同分类，分卧式、立式和五面加工中心，这是加工中心通常的分类方法。

（3）按支撑件的不同分类，分龙门式镗铣加工中心和动柱式镗铣加工中心。

习题六答案

一、判断题

1. √　2. ×　3. √　4. ×　5. ×　6. √　7. ×　8. √　9. √
10. ×

二、单项选择题

1. D　2. C　3. C　4. B　5. B　6. C　7. C　8. D　9. C
10. A

三、1. 工艺分析

（1）装夹方案的确定。本例中毛坯规则，采用机床用平口虎钳装夹即可。

（2）刀具选择及预调对刀。在本例中选择了以下 4 种刀具，ϕ10 mm 中心钻用于打定位孔，ϕ10 mm 钻头用于加工孔；其余加工采用立铣刀，考虑到排屑情况，粗加工采用双刃铣刀，精加工采用 4 刃铣刀，并且经预调对刀完毕；刀具测定值及补偿设定值见答表 6—1；四边形、五边形及圆形加工路线如答图 6—1 所示。

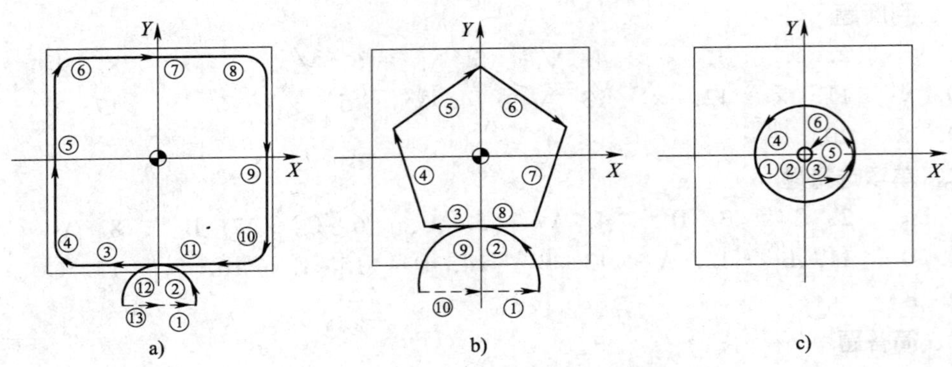

答图 6—1　加工路线

a）四边形加工路线　b）五边形加工路线　c）圆形加工路线

表中对同一刀具采用了不同的刀径补偿值是为了逐步切除加工余量，是加工中心常采用的一种切削方法。对于钻头类刀具，不需要测定直径方向的值，但要注意两切削刃是否对称等问题。将表上的数值输入控制装置内存的刀补表（OFFSET）中，以备切削加工时使用。测量完毕的刀具就可以装在刀库上，并在控制装置上进行登录。

答表 6—1　　**刀具补偿值**

刀具号码	刀具名称	刀长测定值/mm	刀径测定值	刀长补偿码	刀长补偿值/mm	刀径补偿码	刀径补偿值/mm
T01	ϕ20 二刃铣刀	145. 85	ϕ20. 005	H01	145. 85	D11 D12	10. 002 22. 0
T02	ϕ16 四刃铣刀	170. 51	ϕ16. 036	H02	170. 51	D21 D22	8. 018 8. 038
T03	ϕ10 中心钻	150. 15		H03	150. 15		
T04	ϕ10 钻头	240. 55		H04	240. 55		

在 MDI 状态下以 M57 码的登录方法如下：

输入代码	说明
M57；	以 M57 设定登录
T01；	将 T01 号刀设定在第 1 号刀座上
T02；	将 T02 号刀设定在第 2 号刀座上
T03；	将 T03 号刀设定在第 3 号刀座上
T04；	将 T04 号刀设定在第 4 号刀座上

2. 确定加工坐标原点

加工坐标原点定为零件中心上表面。

3. 编写加工程序，用 FANUC 系统编程

程序	解释
O0018;	第 18 号程序
T99;	刀具交换，粗加工
T01;	
M98 P8999;	调 O8999 号子程序（交换刀具子程序）
G00 G17;	粗加工
S796 H01 T02;	
M98 P8998;	调 O8998 号子程序（刀具接近加工子程序）
Y -60. 0;	
Z5. 0;	
G01 Z -14. 8 F200;	
D11 F318;	
M98 P2001;	调 O2001 号子程序（加工四边形子程序）
Z -9. 8;	
D12;	
M98 P2002;	调 O2002 号子程序（加工五边形子程序）
D11;	
M98 P2002;	
210. 0;	
X0 Y0;	
G01 Z -15. 8 F200;	加工圆
X9. 8 F318;	
G03 I -9. 8;	
G00 X0;	
Z100. 0;	
M98 P8999;	调 O8999 号子程序（交换刀具）
S1194 H02 T03;	精加工
M98 P8998;	
Y -60. 0;	
Z5. 0;	
G01 Z -15. 0 F200;	
D21 F239;	
M98 P2001	调 O2001 号子程序（加工四边形子程序）
Z -9. 98;	
D22;	
M98 P2002;	调 O2002 号子程序（加工五边形子程序）
Z -10. 0;	
D2l;	

```
M98 P2002;
Z10.0;
X0 Y0;
G01 Z-15.98 F200;
D22;
M98 P2003;                                调 O2003 号子程序（加工圆子程序）
Z-16.0;
D21;
M98 P2003;
G00 Z100.0;
M98 P8999;
S3135 H03 T04;                            中心孔加工
M98 P8998;
G90 G98 G81 X-35.0 Y-35.0 Z-18.0;
R-5.0 F200;
Y35.0;
X35.0;
Y-35.0;
G00 G80 X0 Y0;
M98 P8999;
S1659 H04 T99;                            孔加工
M98 P8998;
G90 G98 G73 X-35.0 Y-35.0 Z-25.0;
R-5.0 Q5.0 F200;
Y35.0;
X35.0;
Y-35.0;
G00 G80 X0 Y0;
M98 P8999;
M30;                                      程序结束

O2001;                                    四边形子程序，加工路线如答图 6—1a 所示
G90 G00 G41 X15.0;
G03 X0 Y-45.0 R15.0;
G01 X-35.0;
G02 X-45.0 Y-35.0 R10.0;
G01 X-35.0;
G02 X-35.0 Y45.0 R10.0;
G01 X-35.0;
```

```
G02 X-45.0 Y-35.0 R10.0;
G01 Y-35.0;
G02 X-35.0 Y-45.0 R10.0;
G01 X0;
G03 X-15.0 Y-60.0 R15.0;
G00 G40 X0;
M99;
```

```
O2002;                              五边形子程序，加工路线如答图 6—1b 所示
G90 G00 G41 X28.056;
G03 X0 Y-31.944 R28.056;
G01 X-23.512;
X-37.82 Y12.36;
X0 Y40.0;
X37.82 Y12.36;
X23.512 Y-31.944;
X0;
G03 X-28.056 Y-60.0 R28.056;
G00 G40 X0;
M99;
```

```
O2003;                              圆形子程序，加工路线如答图 6—1c 所示
G90 G01 G41 X9.0 Y-10.0 F239;
X10.0;
G03 X20.0 Y0 R10.0;
I-20.0;
X10.0 Y10.0 R1-0.0;
G01 G40 X0 Y0;
M99;
```

```
O8998;                              刀具接近加工子程序
G90 G54 X0 Y0 M03;
G43 Z100.0;
M08;
M99;
```

```
O8999;                              交换刀具子程序
M09;
G91 G28 Z0 M05;
```

G49 M06;

M99; 返回主程序

四、用华中（HNC－21/22M）系统编程

1. 工艺分析

题图 6—2 所示零件的形状较简单，为了对程序进行优化，先对工件外形进行粗加工，去掉多余的毛坯余量，然后再编制四分之一轮廓，通过坐标旋转，从而加工出整个外形尺寸。

（1）加工步骤。

1）粗铣外形　选用 ϕ20 mm 平底刀（T1），刀具长度补偿 H01。

2）精加工中间轮廓　选用 ϕ16 mm 平底刀（T2），刀具长度补偿 H02。

（2）工件坐标系原点为该工件中心。

2. 程序

```
%0001
N05 T1 M06                           换φ20 mm 平底刀
N10 G54 G90 G00 X0 Y0 M03 S800       建立工件坐标系
N20 G43 H01 Z50                      建立刀具长度补偿
N30 Z10 M08                          快速定位在安全距离，切削液打开
N40 G00 X55                          快速定位在下刀点
N50 G01 Z－5 F200                    切入工件深 5 mm
N60 X45                              X 向进刀至 45 mm
N70 G02 I－45                        铣削整圆，去除多余毛坯
N80 G01 X40                          进刀至 X40 mm 处
N90 C02 I－40                        铣削整圆，去除多余毛坯
N100 G49 G00 Z100                    取消刀具长度补偿
N110 M05 M09                         主轴停，切削液关
N120 T2 M06                          φ16 mm 平底刀，换刀
N130 G54 G90 G00 X0 Y0 M3 S800       建立工件坐标系
N140 G43 Z50 H02                     建立刀具长度补偿
N150 Z10 M8                          快速定位在安全距离，切削液打开
N160 M98 P40002                      调用子程序，循环四次
N170 G69                             取消坐标旋转
N180 G90 G49 G00 Z100                取消刀具长度补偿
N190 M05 M09                         主轴停，切削液关
N200 M30                             程序结束并返回程序头
```

子程序

```
%0002
N1 G90 G00 X30 Y30                   快速定位至循环起始点
N2 G01 G41 X7. 11 Y28. 12 D2         建立刀具半径补偿 D＝8 mm
```

N3 G03 X28.12 Y7.11 R15　铣削 $R15$ mm 圆弧
N4 G02 X28.115 Y－7.11 R29　铣削 $R29$ mm 圆弧
N5 G01 G40 Y－20　取消半径补偿
N6 G00 Z5　快速抬刀
N7 G68 X0 Y0 G91 P90　坐标系旋转 90°（增量）
N8 M99　子程序结束

五、用华中（HNC－21/22M）系统编程

1．刀具选用

刀具选用见答表 6—2。

答表 6—2　**刀具与工艺参数选择**

刀具号及名称	加工内容	主轴转速（r/min）	长度补偿	进给率（$mm \cdot min^{-1}$）
T1：ϕ25 麻花钻	钻削孔 1	300	H1	30
T2：ϕ16 立铣刀	铣削孔 1	400	H2	180
T3：ϕ4 中心钻	点钻孔 2～5	1 200	H3	120
T4：ϕ10.3 麻花钻	钻削孔 2～5	600	H4	100
T5：ϕ15.8 麻花钻	扩孔 3、5	400	H5	50
T6：M12 机用丝锥	攻螺纹孔 2、4	150	H6	1.75（导程）
T7：ϕ16 机用铰刀	铰孔 3、5	250	H7	40
T8：ϕ40 微调镗刀	镗孔 1	1200	H8	100

2．编写程序（程序文件名为 O5013）

%1　程序名
N10 G53 G90 G00 Z0　Z 轴快速抬刀至机床原点
N20 M6 T1　调用 1 号刀具：ϕ25 mm 麻花钻
N30 G54 G90 M3 S300　G54 工件坐标系，绝对坐标编程，主轴正转，300 r/min
N40 G00 G43 H1 Z200 M08　Z 轴快速定位，调用 1 号长度补偿，切削液开
N50 X0 Y0　X、Y 轴快速定位
N60 G73 G99 X0 Y0 Z－35 R2 Q－6 K1 F30　钻孔加工孔 1，进给率 30 mm/min
N70 G49 G00 Z0 M09　取消长度补偿与固定循环，Z 轴快速定位到机械原点，切削液关闭
N80 M05　主轴停转
N90 M6 T2　调用 2 号刀具：ϕ16 mm 立铣刀
N100 M3 S400　主轴正转，400 r/min
N110 G00 G43 H2 Z200 M08　Z 轴快速定位，调用 2 号长度补偿，

	切削液开
N120 X0 Y0	X、Y 轴快速定位
N130 G00 Z－10	Z 轴快速进给
N140 G01 X11.7 F80	X 轴切削进给，铣孔加工孔 1，进给率 80 mm/min
N150 G03 I－11.7	整圆切削进给
N160 G01 X0	X 轴进给退刀
N170 G00 Z－20	Z 轴快速进给
N180 G01 X11.7	X 轴切削进给
N190 G03 I－11.7	整圆切削进给
N200 G01 X0	X 轴进给退刀
N210 G49 G00 Z0 M09	取消长度补偿与固定循环，Z 轴快速定位到机械原点，切削液关闭
N220 M05	主轴停转
N230 M6 T3	调用 3 号刀具：ϕ4 mm 中心钻
N240 M3 S1200	主轴正转，1 200 r/min
N250 G00 G43 H3 Z200	Z 轴快速定位，调用 3 号长度补偿
N260 X0 Y0	X、Y 轴快速定位
N270 G81 G99 X40 Y20 Z－2 R2 F120	点孔加工孔 2，进给率 120 mm/min
N280 X－40	点孔加工孔 3
N290 Y－20	点孔加工孔 4
N300 X40	点孔加工孔 5
N310 G49 G00 Z0	取消长度补偿与固定循环，Z 轴快速定位到机械原点
N320 M05	主轴停转
N330 M6 T4	调用 4 号刀具：ϕ10.3 mm 麻花钻
N340 M3 S600	主轴正转，600 r/min
N350 G00 G43 H4 Z200 M08	Z 轴快速定位，调用 4 号长度补偿，切削液开
N360 X0 Y0	X、Y 轴快速定位
N370 G73 G99 X40 Y20 Z－25 R2 Q－6 K1 F100	钻孔加工孔 2，进给率 100 mm/min
N380 X－40	钻孔加工孔 3
N390 Y－20	钻孔加工孔 4
N400 X40	钻孔加工孔 5
N410 G49 G00 Z0 M09	取消长度补偿与固定循环，Z 轴快速定位到机械原点，切削液关闭
N420 M05	主轴停转
N430 M6 T5	调用 5 号刀具：ϕ15.8 mm 麻花钻
N440 M3 S400	主轴正转，400 r/min

N450 G00 G43 H5 Z200 M08	Z 轴快速定位，调用 5 号长度补偿，切削液开
N460 X0 Y0	X、Y 轴快速定位
N470 G73 G99 X−40 Y20 Z−28 R2 Q−6 K1 F50	扩孔加工孔 3，进给率 50 mm/min
N480 X40 Y−20	扩孔加工孔 5
N490 G49 G00 Z0 M09	取消长度补偿与固定循环，Z 轴快速定位到机械原点，切削液关闭
N500 M05	主轴停转
N510 M6 T6	调用 6 号刀具：M12 机用丝锥
N520 M3 S150	主轴正转，150 r/min
N530 G00 G43 H6 Z200 M08	Z 轴快速定位，调用 6 号长度补偿，切削液开
N540 X0 Y0	X、Y 轴快速定位
N550 G84 G99 X40 Y20 Z−25 R2 F1.75	攻螺纹加工孔 2，螺纹导程 1.75 mm
N560 X−40 Y−20	攻螺纹加工孔 4
N570 G49 G00 Z0 M09	取消长度补偿与固定循环，Z 轴快速定位到机械原点，切削液关闭
N580 M05	主轴停转
N590 M6 T7	调用 7 号刀具：ϕ16 mm 机用铰刀
N600 M3 S250	主轴正转，250 r/min
N610 G00 G43 H7 Z200 M08	Z 轴快速定位，调用 7 号长度补偿，切削液开
N620 X0 Y0	X、Y 轴快速定位
N630 G85 G99 X−40 Y20 Z−25 F40	铰孔加工孔 3，进给率 40 mm/min
N640 X40 Y−20	铰孔加工孔 5
N650 G49 G00 Z0 M09	取消长度补偿与固定循环，Z 轴快速定位到机械原点，切削液关闭
N660 M05	主轴停转
N670 M6 T8	调用 8 号刀具：ϕ40 mm 微调镗刀
N680 M3 S1200	主轴正转，1 200 r/min
N690 G00 G43 H8 Z200 M08	Z 轴快速定位，调用 8 号长度补偿，切削液开
N700 X0 Y0	X、Y 轴快速定位
N710 G76 G99 X0 Y0 Z−22 R2 I1 F100	镗孔加工孔 1，进给率 100 mm/min
N720 G49 G00 Z0 M09	取消长度补偿与固定循环，Z 轴快速定位到机械原点，切削液关闭
N730 M05	主轴停转
N740 M30	程序结束，返回起始行

习题七答案

一、答：加工中心参考点又名原点或零点，是机床的机械原点和电气原点相重合的点，是原点复归后机械上固定的点。

按机床检测元件检测原点信号方式的不同，返回机床参考点的方法有两种。一种为栅点法，另一种为磁开关法。

栅点法的特点是如果接近原点速度小于某一固定值，则伺服电动机总是停止于同一点。也就是说，在进行回原点操作后，机床原点的保持性好。磁开关法的特点是软件及硬件简单，但原点位置随着伺服电动机速度的变化而成比例地漂移，即原点不确定。

二、答：（1）切槽至槽底时为了槽底平整应暂停几秒钟。

（2）加工平底孔时为了孔底平整应暂停几秒钟。

（3）镗孔至深度时，以免退刀时拉出螺旋刀痕，应暂停再抬刀。

三、答：加工中心通电后，通常要进行下列检查：

（1）检查 CRT 显示有无报警。

（2）检查回参考点的动作是否正确。

（3）检查快速移动开关和倍率开关速度变化的正确性。

（4）检查润滑、液压等处的油标指示以及机床照明灯是否正常。

（5）将状态开关置于 JOG 位置，分别进行各坐标正、反方向的点动操作，检查超程保护的可靠性。

（6）将状态开关置于 MDI 或 JOG 位置，检查主轴的运转情况和速度显示的正确性。

习题八答案

一、答：滚珠丝杠螺母副的维护内容包括：

（1）轴向间隙的调整。消除轴向间隙可以提高反向传动精度和轴向刚度。

（2）支承轴承的定期检查。以便确定丝杠支承与床身的连接是否有松动或是支承是否损坏等。

（3）滚珠丝杠副的润滑，用润滑油或润滑脂对滚珠丝杠副进行润滑，可以提高滚珠耐磨性和传动效率。

（4）滚珠丝杠的防尘。避免硬质灰尘或切屑污物进入。

二、答：要点如下：

要点（1）：对液压系统进行维护，重点是：①保持油液的清洁；②控制油液的温升；③防止系统的泄漏。

要点（2）：具体维护方法：

①保持油液的清洁：定期清理池底、清洗过滤器，防止各种杂质进入润滑油箱，更换油箱中的润滑油和液压泵滤油器。

②控制油液的温升：检查恒温油箱，调节温度范围，保证油量充足。应注意保持油箱中正确的油面高度，使系统中有足够的冷却条件。在保证机床正常工作的条件下，泵、阀的压

力应调低些，以减少能量损失和发热。

③防止系统的泄漏更换密封件。

三、答：一般地说，加工中心故障可以分为：机械故障、数控系统故障和伺服系统故障三种。

数控系统故障排除的方法有：启动诊断、在线诊断、停机检查。

习题九答案

一、

1. 工艺分析

以底面为加工基面，以工件左下角点为工件坐标系原点，Z 轴方向零点为零件上表面。用一对等高垫铁垫在工件下面，打表找正，用机床用平口虎钳夹紧工件。

工步如下：

（1）铣 3 个斜长槽。

（2）铣 $6\times R50$ mm 深 20 mm 的窝。

（3）钻 $6\times\phi20$ mm 通孔。

（4）钻 $2\times\phi16$ mm 销孔。

2. 加工参数及刀具参数

见答表 9—1 刀具卡片。

答表 9—1 **刀具卡片**

刀具号 T	刀具	长度及半径补偿	转速（r/min）	切深（mm）	进给量（mm/min）
1	$\phi3$ mm 中心钻	H1	1 000		100
2	$\phi25$ mm 钻头	H2	200		25
3	$\phi25$ mm 立铣刀	H3 D3	220		16
4	$\phi30$ mm 立铣刀	H4 D4（补偿值 37） D5（补偿值 15）	160		16
5	$\phi20$ mm 钻头	H5	250		25
6	$\phi15.8$ mm 钻头	H6	220		25
7	$\phi16$ mm 铰刀	H7	150		15

3. 编写数控加工程序，使用 FANUC 系统编程

程序	解释
O0020；	第 20 号主程序
N10 T1 M6；	换 1 号刀
N20 G90 G54 G0 X0 Y0 M3 S1000；	调用 G54 坐标系并给定主轴转数
N30 G43 G0 Z100 H1；	1 号刀长度补偿 H1

```
N40 M8;                                  切削液开
N50 G98 G81 X113.5 Y113.5 Z-4 R1 F100;   G81 钻孔循环，G98 回起始点
N60 X313.5;                              点位坐标
N70 X513.5;
N80 X701.4 Y181.9;
N90 X501.4;
N100 X301.4;
N110 G80 G0 Z100 M9;                     钻孔循环取消，切削液停
N120 T2 M6;                              换 2 号刀（φ25 mm 钻头）
N130 G90 G0 X113.5 Y113.5 M3 S200;       G0 定位并给定主轴转数
N140 G43 G0 Z100 H2;                     2 号刀长度补偿
N150 M8;                                 切削液开
N160 G98 G81 Z-50 R1 F25;                G81 钻孔循环，G98 回起始点
N170 X313.5;                             点位坐标
N180 X513.5;
N190 X701.4 Y181.9;
N200 X501.4;
N210 X301.4;
N220 G80 G0 Z100 M9;                     钻孔循环取消，切削液停
N230 T3 M6;                              换 3 号刀（φ25 mm 立铣刀）
N240 G90 G0 X113.5 Y113.5 M3 S220;       G0 定位并给定主轴转数
N250 G43 G0 Z100 H3;                     3 号刀长度补偿
N260 M8;                                 切削液开
N270 M98 P2 L3;                          调用 2 号子程序，调用子程序 3 次
N280 G90 G0 X113.5 Y113.5;               G0 定位
N290 M98 P3 L3;                          P3 调用 3 号子程序，L3 调用子程序3 次
N300 G90 G0 Z100 M9;                     切削液停
N310 T4 M6;                              刀（φ30 mm 立铣刀）
N320 G90 G0 X100 Y-20 M3 S160;           G0 定位并给定主轴转数
N330 G43 G0 Z100 H4 M8;                  4 号刀长度补偿
N340 D4;                                 4 号刀半径补偿 D4
N350 M98 P4 L3;                          P4 调用 4 号子程序，L3 调用子程序 3 次
N360 G90 G0 X100 Y-20D5;                 4 号刀半径补偿 D5
N370 M98 P4 L3;                          P4 调用 4 号子程序，L3 调用子程序 3 次
N380 G90 G0 X700 Y320 D4;                4 号刀半径补偿 D4
N390 M98 P5 L3;                          P5 调用 5 号子程序，L3 调用子程序 3 次
N400 G90 G0 X700 Y320 D5;                4 号刀半径补偿 D5
N410 M98 P5 L3;                          P5 调用 5 号子程序，L3 调用子程序 3 次
N420 G90 G0 Z100 M9;                     切削液停
```

N430 T5 M6;	换 5 号刀（ϕ20 mm 钻头）
N440 G90 G0 X100 Y25 M3 S250;	G0 定位并给定主轴转数
N450 G43 G0 Z100 H5;	5 号刀长度补偿
N460 M8;	切削液开
N470 G98 G81 Z－50 R－18 F25;	G81 钻孔循环，G98 回起始点
N480 X400;	点位坐标
N490 X700;	
N500 Y275;	
N510 X400;	
N520 X100;	
N530 G80 G0 Z100 M9;	切削液停
N540 T6 M6;	换 6 号刀（ϕ15. 8 mm 钻头）
N550 G90 G0 X50 Y150 M3 S220;	G0 定位并给定主轴转数
N560 G43 G0 Z100 H6;	6 号刀长度补偿
N570 M8;	切削液开
N580 G98 G81 Z－50 R1 F25;	G81 钻孔循环，G98 回起始点
N590 X750;	点位坐标
N600 G80 G0 Z100 M9;	钻孔循环取消，切削液停
N610 T7 M6;	换 7 号刀（ϕ6 mm 铰刀）
N620 G90 G0 X50 Y150 M3 S150;	G0 定位并给定主轴转数
N630 G43 G0 Z100 H7;	7 号刀长度补偿
N640 M8;	切削液开
N650 G98 G85 Z－50 R1 F15;	G85 铰孔循环，G98 回起始点
N660 X750;	点位坐标
N670 G80 G0 Z100 M9;	钻孔循环取消，切削液停
N680 M5;	主轴停
N690 M30;	程序结束

O2;	2 号子程序（粗铣槽）
N10 G90 G0 Z100;	G0 定位
N20 Z2;	从工件上表面距离为 2 mm 的地方开始下刀
N30 G1 Z－20 F20;	Z 向进刀深 20 mm，走刀量 20 mm/min
N40 G91 X187. 9 Y68. 4;	相对坐标编程
N50 Z－22;	Z 向进刀深 42 mm
N60 X－187. 9 Y－68. 4;	
N70 G90 G0 Z100;	绝对坐标定位 Z100
N80 G91 X200;	相对坐标 X 向移动 200 mm
N90 M99;	返回主程序

O3;	3 号子程序（精铣槽）
N10 G90 G0 Z100;	G0 定位
N20 Z2;	从工件上表面距离为 2 mm 的地方开始下刀
N30 G1 Z-42 F50;	*Z* 向进刀深 42 mm，走刀量 50 mm/min
N40 G91 G42 G1 X-4.6 Y12.7 D3 F20;	3 号刀半径补偿 D3，G42 右刀补
N50 X187.9 Y68.4;	直线插补
N60 G2 X9.2 -25.4 R13.5;	顺圆插补
N70 G1 X-187.9 Y-68.4;	直线插补
N80 G2 X-9.2 Y25.4 R13.5;	顺圆插补
N90 G40 G1 X4.6 Y-12.7;	取消刀具半径补偿
N100 G90 G0 Z100;	绝对坐标定位 *Z*100
N110 G91 X200;	相对坐标 *X* 正向移动 200 mm
N120 M99;	返回主程序

O4;	4 号子程序（铣下排窝）
N10 G90 G0 Z-20;	G0 定位
N20 G91 G42 G1 X-50 Y20 F16;	相对坐标编程，右刀补，走刀量16 mm/min
N30 G2 X100 Y0 R50;	顺圆插补
N40 G40 G0 X-50 Y-20;	取消刀具半径补偿
N50 G90 G0 Z100;	绝对坐标定位 *Z*100
N60 G91 X300;	相对坐标 *X* 正向移动 300 mm
N70 M99;	返回主程序

O5;	5 号子程序（铣上排窝）
N10 G90 G0 Z-20;	G0 定位
N20 G91 G42 G1 X50 Y-20 F16;	相对坐标编程，右刀补，走刀量 16 mm/min
N30 G2 X-100 Y0 R50;	顺圆插补
N40 G40 G0 X50 Y20;	取消刀具半径补偿
N50 G90 G0 Z100;	绝对坐标定位 *Z*100
N60 G91 X-300;	相对坐标 *X* 负向移动 300 mm
N70 M99;	返回主程序

二、

1. 加工步骤

（1）粗铣去余量。T1，ϕ20 mm 平底刀。

（2）精铣外形。T2，ϕ20 mm 平底刀。

（3）精铣 28 mm 宽半封闭槽。T3，ϕ10 mm 平底刀。

（4）加工 4×ϕ10 mm 孔。T4，A3 中心钻；T5，ϕ9.8 mm 钻头钻孔；T6，ϕ10 mm 铰刀

铰孔。

（5）加工 ϕ18 mm 孔。T4，A3 中心钻；T7，ϕ15 mm 钻头钻孔；T8，ϕ17. 7 mm 钻头钻孔；T9，ϕ18 mm 铰刀铰孔。

2. 编写加工程序，使用 FANUC 系统编程

```
O0010;
N10 T1 M6;                                        换φ20 mm 平底刀，去余量
N20 G90 G54 G0 X-50. Y-16. M3 S600;
N30 G0 G43 Z50. H1;
N40 G1 Z-10.0 F100;
N50 G2 X-41. Y7. R18.;
N60 G1 Y46.;
N70 X-33. Y46.;
N80 X-7. Y61.;
N90 G2 X46. Y15. R46.;
N100 X20. Y-11. R26.;
N110 G1 X0;
N120 G0 Z50. M5;
N130 M6;                                          换φ20 mm 平底刀，精铣外形
N140 G90 G54 G0 X0 Y-11. M3 S700;
N150 G0 G43 Z50. H2;
N160 Z10.;
N170G1 Z-10.02 F100;
N180 M98 P1009;
N190 G0 Z50. M5;
N200 T3 M6;                                       换φ10 mm 平底刀，精铣28 mm 宽
                                                  半封闭槽
N210 G90 G54 G0 X0 Y-1.0 M3 S800;
N220 G0 G43 Z50.0 H3;
N230 Z10.;
N240 G1 Z-10.02 F80;
N250 G41 X14. D3;
N260 Y6.01;
N270 G3 X8.01 Y12. R5.99;
N280 G1 X-8.01;
N290 G3 X-14.0 Y6.01 R5.99;
N300 G1 Y-1.;
N310 G40 X0;
N320 G0 Z50. M5;
N330 T4 M6;                                       换 A3 中心钻，加工4×φ10 mm 孔
```

```
N340 G90 G55 G0 X27.0 Y32.0 M3 S800;        G55 为零件对称中心
N340 G43 Z50.0 H04;
N350 Z10.;
N360 G98 G81 Z-15.0 R-7.0 F60;
N370 M98 P1019;
N380 G0 Z50.;
N390 M5;
N400 T5 M6;                                  换φ9.8 mm 钻头，钻4×φ10 mm 孔
N410 G90 G55 G0 X27.0 Y32.0 M3 S600;
N420 G43 Z50.0 H05;
N430 Z10.;
N440 G98 G83 Z-46. R-7 Q5 F100;
N450 M98 P1019;
N460 G0 Z50.;
N470 M5;
N480 T6 M6;                                  换φ10 mm 铰刀，铰4×φ10 mm 孔
N490 G90 G55 G0 X27.0 Y-32.0 M3 S200;
N500 G43 Z50.0 H6;
N510 Z10.;
N520 M98 P1020;
N530 G0 Y32.:
N540 M98 P1020;
N550 G0 X-27.;
N560 M98 P1020;
N570 G0 Y-32.;
N580 M98 P1020;
N590 G0 Z50.;
N600 X0 Y0;
N610 M5;
N620 T4 M6;                                  换 A3 中心钻，钻中心孔
N630 G90 G54 G0 X0 Y35.015 M3 S800;
N640 G43 Z50.0 H04;
N650 Z10.;
N660 G98 G81 Z-5.0 R5.0 F60;
N670 G0 Z50.;
N680 M5;
N690 T7 M6;                                  换φ15 mm 钻头，钻孔
N700 G90 G54 G0 X0 Y35.015 M3 S500;
N710 G43 250. H07;
```

```
N720 Z10. ;
N730 G98 G83 Z-23. R5. Q8000 F60;
N740 G0 Z50. ;
N750 M5;
N760 T8 M6;                                    换φ17.7 mm 钻头，钻孔
N770 G90 G54 G0 X0 Y35.015 M3 S300;
N780 G43 Z50.0 H08;
N790 Z10. ;
N800 G98 G83 Z-27.0 R5.0 Q8000 F60;
N810 G0 Z50. ;
N820 M5;
N830 T9 M6;                                    换φ18 mm 铰刀，铰孔
N840 G90 G54 G0 X0 Y35.015 M3 S200;
N850 G43 Z50.0 H09;
N860 Z10.0;
N870 Z5.0;
N880 G1 Z-18.0 F40;
N890 Z5.0 F100;
N900 G0 Z50;
N910 M5;
N920 M30;
```

铣外形子程序：

```
O1009;
N10 G0 X0 Y-11.0;
N20 G41 Y0 D2;
N30 X-23. ;
N40 G2 X-30 Y7 R7;
N50 G1 Y30.959;
N60 G2 X-26.5 Y37.021 R7;
N70 G1 X-7.5 Y47.99;
N80 G2 X0 Y50 R15. ;
N90 G2 X35 Y15 R35. ;
N100 X20 Y0 R15;
N110 G1 X0;
N120 G1 G40 Y-11;
N130 G0 Z10;
N140 M99;
```

孔位子程序：
O1019；
N10 X－27.；
N20 Y－32.；
N30 X27.；
N40 M99；

铰 ϕ10 mm 孔子程序：
O1020；
N10 G0 Z－8；
N20 G1 Z－46. F60；
N30 Z－8. F120；
N40 G0 Z1.；
N50 M99；

三、

1. 工艺分析

根据对题图 9—3 所示零件的分析，该零件为一钳形零件，中间有岛屿，最小处凹圆弧半径为 R3 mm，所以限制了对刀具的选用。为了编程方便，在工件处建立了两个工件坐标系 G54、G55，以简化计算，便于程序的编制。

加工步骤如下：

（1）粗铣轮廓余量　选用 ϕ20 mm 平底刀（T1），刀具长度补偿 H01。

（2）粗铣六边形余量　选用 ϕ8 mm 平底刀（T2），刀具长度补偿 H02。

（3）精铣轮廓　选用 ϕ4 mm 平底刀（T3），刀具长度补偿 H03。

（4）钻孔　选用 ϕ5 mm 麻花钻（T4），刀具长度补偿 H04。

（5）攻螺纹　选用 M6 丝锥（T5），刀具长度补偿 H05。

（6）精铣六边形　选用中 ϕ8 mm 平底刀（T2），刀具长度补偿 H02。

2. 编写程序，使用华中（HNC－21/22M）系统编程

%0001

N10 M06 T1	ϕ20 mm 平底刀，粗铣轮廓余量
N20 G54 G90 G00 X0 Y0 M03 S800	建立工件坐标系
N30 G43 H01 Z50	建立刀具长度补偿
N40 Z10 M08	快速定位在安全距离，切削液打开
N50 X25	X 直线进给
N60 G01 Z－3 F200	切入工件 3 mm 深
N70 X15.5	X 直线进给
N80 Y－33.5	Y 直线进给
N90 Y－8.95	Y 直线进给
N100 X－27.02 Y－33.5	X、Y 直线进给
N110 X－51.05	X 直线进给

N120 X-68. Y-19.05	X、Y 直线进给
N130 Y19.05	Y 直线进给
N140 X-51.05 Y33.5	X、Y 直线进给
N150 X-27.02 Y33.5	X、Y 直线进给
N160 X15.5 Y8.95	X、Y 直线进给
N170 Y33.5	Y 直线进给
N180 Y0	Y 直线进给
N190 G49 G90 G00 Z50. M09	取消刀具长度补偿，Z 轴快速定位
N200 M05 M09	主轴停，切削液关
N210 M06 T2	ϕ8 mm 平底刀，粗铣六边形余量
N220 G54 G90 G00 X0 Y0 M03 S800 M08	建立工件坐标系
N230 G43 H02 Z50	建立刀具长度补偿 Z 轴快速定位
N240 Z10	Z 轴快速定位至安全高度
N250 X-75	X 直线进给
N260 G01 Z-3. F200	Z 向切入工件 3 mm 深
N270 X-51. Y0	X、Y 直线进给
N280 X-43. Y13.86	X、Y 直线进给
N290 X-28.89 Y13.86	X、Y 直线进给
N300 X-10.49 Y0	X、Y 直线进给
N310 X-28.89 Y-13.86	X、Y 直线进给
N320 X-43. Y-13.86	X、Y 直线进给
N330 X-51. Y0	X、Y 直线进给
N340 Y3.6	Y 直线进给
N350 X-65	X 直线进给
N360 Y-3.6	Y 直线进给
N370 X-50	X 直线进给
N380 G49 G90 G00 Z100	取消刀具长度补偿，Z 轴快速定位
N390 M05 M09	主轴停，切削液关
N400 M06T3	ϕ4 mm 平底刀，精铣轮廓
N410 G54 G90 C00X0 Y0 M03 S1200 M8	建立工件坐标系，切削液开
N420 G43 H03 Z50	建立刀具长度补偿，Z 轴快速定位
N430 Z10	Z 轴快速定位至安全高度
N440 X10	X 直线进给
N450 C01 Z-3 F200	Z 向切入工件 3 mm 深
N460 G41 G01 Y5 D3	建立刀具半径补偿 D=2 mm
N470 G03 X5 Y0 R5	圆弧切入
N480 G02 X2.5 Y-4.33 R5	铣削 R5 mm 圆弧
N490 G01 X-25.191 Y-20.317	X、Y 直线进给
N500 G02 X-35.837 Y-22.987 R20	铣削 R20 mm 圆弧

N510 G02 X - 57. 517 Y - 10 R26	铣削 *R*26 mm 圆弧
N520 G02 X - 54. 919 Y - 8. 5 R1. 5	铣削 *R*1. 5 mm 圆弧
N530 G03 X - 35. 912 Y - 19. 982 R23	铣削 *R*23 mm 圆弧
N540 G03 X - 25. 007 Y - 16. 572 R17	铣削 *R*17 mm 圆弧
N550 G01 X - 6. 195 Y - 2. 396	*X*、*Y* 直线进给
N560 G03 X - 6. 19 Y 2. 396 R3	铣削 *R*3 mm 圆弧
N570 G01 X - 25. 007 Y16. 572	*X*、*Y* 直线进给
N580 G03 X - 35. 912 Y19. 982 R17	铣削 *R*17 mm 圆弧
N590 G03 X - 54. 919 Y8. 5 R23	铣削 *R*23 mm 圆弧
N600 G02 X - 57. 517 Y10. R1. 5	铣削 *R*1. 5 mm 圆弧
N610 G02 X - 35. 827 Y22. 987 R26	铣削 *R*26 mm 圆弧
N620 G02 X - 25. 191 Y20. 317. R20	铣削 *R*20 mm 圆弧
N630 G01 X2. 5 Y4. 33	*X*、*Y* 直线进给
N640 G02 X5 Y0 R5	铣削 *R*5 mm 圆弧
N650 G03 X10 Y - 5 R5	圆弧切出
N660 G40 G01 Y0	取消刀具半径补偿
N670 G49 G90 G00 Z100	取消刀具长度补偿，*Z* 轴快速定位
N680 M05 M09	主轴停，切削液关
N690 M06 T2	ϕ8 mm 平底刀，精铣六边形
N700 G55 G90 G00 X0 Y00 M03 S1200 M08	建立工件坐标系
N710 G43 H02 Z50	建立刀具长度补偿，*Z* 轴快速定位
N720 Z10	*Z* 轴快速定位至安全高度
N730 X25 Y0	*X*、*Y* 直线进给
N740 G01 Z - 3 F200	*Z* 向切入工件 3 mm 深
N750 G41 G01 X10 Y0 D2	建立刀具半径补偿 D = 4 mm
N760 G01 X5 Y - 8. 66	*X*、*Y* 直线进给
N770 G01 X - 5 Y - 8. 66	*X*、*Y* 直线进给
N780 G01 X - 10 Y0	*X*、*Y* 直线进给
N790 G01 X - 5 Y8. 66	*X*、*Y* 直线进给
N800 C01 X5 Y8. 66	*X*、*Y* 直线进给
N810 G01 X10 Y0	*X*、*Y* 直线进给
N820 G40 G01 X20 Y0	取消刀具半径补偿
N830 G49 G90 G00 Z100	取消刀具长度补偿，*Z* 轴快速定位
N840 M05 M09	主轴停，切削液关
N850 M06 T4	ϕ5 mm 麻花钻
N860 G54 G90 G00 X0 Y0 M03 S1000	建立工件坐标系
N870 G43 H04 Z50	建立刀具长度补偿，*Z* 轴快速定位
N880 Z10 M08	快速定位至安全高度，切削液开
N890 G01 Z5 F80	*Z* 轴定位

N900 G98 G83 X0 Y0 R5 Q5 Z－13 F60	钻孔循环
N910 G80	取消循环
N920 G49 G90 G00 Z100	取消刀具长度补偿，*Z* 轴快速定位
N930 M05 M09	主轴停，切削液关
N940 M06 T5	M6 丝锥，攻螺纹循环
N950 G54 G90 G00 X0 Y0 M03 S200 M08	建立工件坐标系，切削液开
N960 G43 H05 Z50	建立刀具长度补偿，*Z* 轴快速定位
N970 Z10	快速定位至安全高度
N980 G01 Z5 F100	
N990 G98 G84 X0 Y0 Z－13 R5	攻螺纹循环
N1000 G80	取消循环
N1010 G49 G90 G00 Z100 M09	取消刀具长度补偿，*Z* 轴快速定位
N1020 M05 M09	主轴停，切削液关
N1030 M30	程序结束并返回程序头

参 考 文 献

1 机械工业技师考评培训教材编审委员会编. 机械制图. 北京：机械工业出版社，2001.6

2 金大鹰主编. 机械制图. 北京：机械工业出版社，2005.7

3 金大鹰主编. 机械制图. 北京：机械工业出版社，2003.2

4 周虹编. 数控机床操作工职业技能鉴定指导. 北京：人民邮电出版社，2004.10

5 机械工业职业技能鉴定指导中心编. 机械识图与制图技能鉴定考核试题库. 北京：机械工业出版社，1999.11

6 机械工业职业技能鉴定指导中心编. 机械识图. 北京：机械工业出版社，1999.5

7 劳动和社会保障部教材办公室组织编写. 机械识图. 北京：中国劳动社会保障出版社，2000.6

8 孙开元、赵德龙主编. 机械制图. 北京：化学工业出版社，2005.5

9 张林主编. 极限配合与测量技术. 北京：人民邮电出版社，2006.4

10 黄云清主编. 公差配合与测量技术. 北京：机械工业出版社，2001.3

11 邓建新、赵军编著. 数控刀具材料选用手册. 北京：机械工业出版社，2005.2

12 覃岭、冯建雨主编. 机械制造技术基础. 北京：化学工业出版社，2005.11

13 娄海滨主编. 数控铣床和加工中心技术实训. 北京：人民邮电出版社，2006.10

14 劳动和社会保障部中国就业培训技术指导中心组织编写. 加工中心操作工（基础知识 中级技能）. 北京：中国劳动社会保障出版社，2000.12

15 天津市机电工业控股集团公司等主编. 高级加工中心操作工. 天津：天津科学技术出版社，2004.5

16 劳动和社会保障部中国就业培训技术指导中心组织编写. 加工中心操作工（基础知识 高级技能）. 北京：中国劳动社会保障出版社，2001.5

17 卜云峰编著. 加工中心操作工技能鉴定考核培训教程. 北京：机械工业出版社，2006.6

18 翟瑞波主编. 数控铣床/加工中心编程与操作实例. 北京：机械工业出版社，2007.7

19 翟瑞波主编. 数控机床编程与操作实例. 北京：中国劳动社会保障出版社，2005.9

20 惠延波等编著. 加工中心的数控编程与操作技术. 北京：机械工业出版社，2001.7

21 胡育辉主编. 数控加工中心. 北京：化学工业出版社，2005.4

22 王荣兴主编. 加工中心培训教程. 北京：机械工业出版社，2006.5

23 沈建峰等主编. 数控铣工/加工中心操作工（高级）. 北京：机械工业出版社，2007.1

24 邓广敏主编. 加工中心操作工. 北京：化学工业出版社，2004.8

25 曾艳明等编. 加工中心操作工. 北京：化学工业出版社，2006.6